嘤其鸣

明清社会经济论评

高寿仙　著

人民出版社

目　录

前　言

　　明清社会经济史研究已经形成一个悠久而深厚的传统，名家辈出，成果斐然。然而，无论是在对明清社会经济发展与转型的宏观判断方面，还是对很多具体问题的把握和解释方面，都存在着巨大的分歧甚至根本的对立。笔者读大学和研究生的时候，正赶上中国社会转型和经济腾飞，因而像当时很多人一样，对中国早期现代化产生了浓厚兴趣；受所学专业限制，关注的焦点主要集中在被认为产生了"资本主义萌芽"的明清时期。然而笔者学识太浅，功力太差，对这些问题不但难以形成自己的明晰认识，面对众说纷纭的各种看法，有时反而有越读越想越糊涂之感。在阅读相关论著的过程中，为了不致陷入迷糊阵中，我经常会随手写一些札记。这些札记本来是为了给自己看的，但有时觉得某个札记较为系统，对别人或许有点用处，也整理出来发表了一些。2006年出版《明代农业经济与农村社会》时，曾在"学术回顾与理论反思"部分，收录了阅读明清社会经济史名家傅衣凌、黄宗智、李伯重先生以及日本学者相关论著的札记。收入本书的文章，除少数几篇专题研究外，大多亦属读书札记性质。

　　第一章《明代的徭役佥派与优免》，包括四节：

　　（1）《关于明初的均工夫役》，发表于《北京大学学报》2017年第4期。"均工夫"是明代最早的役法，中、日学者对其进行了很多研究，但众说纷纭，分歧很大。本节对均工夫役本身及各家见解进行了系统的梳理分析，指出均工夫役实际上包含三种既有联系又有区别的役法，以往出现分歧和争论的最主要原因，恐怕是未能充分了解均工夫形态的多样性。

（2）《明前期驿递夫役佥派方式初探》，发表于《东岳论丛》1999年第1期；《新华文摘》1999年第7期"论点摘编"。明朝建立后，构筑了一个遍布全国的驿递系统，需要投入巨大的人力和物力加以维持。本节系统梳理了明朝前期驿递夫役佥派方式，认为主要是以随田粮佥派夫役，并杂以特殊人、户充当驿役。由于驿递系统体系庞大，耗费至巨，加之推行日久，弊病百出，以致驿递夫役不堪重负，成为一个严重的社会问题。

（3）《"行业组织"抑或"服役名册"？——宋代"团行"和明代"铺行"的性质与功能》，发表于《北京大学学报》2011年第6期；《新华文摘》2012年第3期、《中国社会科学文摘》2012年第5期、人大复印资料《宋辽金元史》2012年第2期、《历史学文摘》2012年第2期转载；此外还收入赵轶峰、万明主编《世界大变迁视角下的明代中国》，吉林人民出版社2012年版。中国古代存在同业性的"行"，学术界以欧洲的"行会"为参照物，围绕"行"的性质和功能发表了多种见解，或认为两者颇为相似，或认为全然不同，但无论如何，多数学者都将"行"视为一种实体性的组织。本节对这一问题进行了比较分析，认为从资料略微详细的宋代"团行"和明代"铺行"的情况看，它们只不过是官府设置的一种徭役制度，不但与欧洲的"行会"没有相同之处，而且可能只是一种"役籍"即服役名册，而非实体性的组织。

（4）《明代徭役优免类型概说》，发表于《故宫学刊》第10辑，故宫出版社2013年版。明代16岁至60岁的男丁皆应承当各种徭役，但也有部分人获得免除杂泛差役的权利，称为"优免"。本节对明代徭役优免进行了细致考察，认为可将其分为"随机性优免"和"身份性优免"

两个大类，后者之下又包括"补偿性优免"和"优崇性优免"两个子类，而"优崇性优免"又可细分为"伦理性优免"和"特权性优免"两个小类。根据法令规定，优免只限于杂泛差役，但由于明代佥派徭役的对象兼用丁田，而且前后有所变化，所以优免内容也经历了一个免田→免丁→免丁粮→免丁田→免田的过程。需要特别强调，本节是李雪慧先生与笔者合作撰写的，而且对明代优免的类型划分也主要是他的贡献。

第二章《明代财政数据的解读与评估》，包括三节：

（1）《晚明户部的财政经制与实际收支——对〈万历会计录〉收支数字的说明与评估》，发表于《史学集刊》2018年第4期。万历前期编纂的《万历会计录》，汇集了户部掌握的各种财政数据，有助于了解当时国家的财政规模和收支结构。不过，书中所载各种数字的性质比较复杂，要想准确理解和恰当使用这些数字，必须首先弄清其产生背景及其内含意义。本节探讨了《万历会计录》的性质，对其所载收支数字进行了汇集和评估，认为此书所载数字本折混杂、年份不一，而且与实际收支有一定差异；此外还将此书与地方文献中的相关财政数据做了对比，认为与地方财税数据相比较，《万历会计录》中记为本色的项目，实际上绝大多数都已折征银两，而且地方实际征收的数额，比户部定额高出不少。

（2）《晚明工部的财政收支及存在问题——对〈工部厂库须知〉财政数据的整理与分析》，发表于《北京联合大学学报》2018年第3期；人大复印资料《经济史》2018年第6期转载；《新华文摘》2018年第20期"论点摘编"。明代工部是户部之外最重要的财政部门，但对于工部的财政状况，目前还缺乏系统了解。万历后期编纂的《工部厂库须知》，系统记述了工部四司的职掌及相关收支数据，为了解工部财政经制提供了一扇窗口。本节对《工部厂库须知》中所载常规收入和支出的项目与数额进行了汇总整理，大致估计出当时工部一个年份的常规财政规模和收支结构，并根据书中所录巡视题疏、工部复疏以及各机构后所附议约、条议，分析了当时工部财政运行中存在的主要问题。

（3）《整理解读明代财政数据应注意的几个问题——以赖建诚〈边镇粮饷：明代中后期的边防经费与国家财政危机，1531—1602〉为例》，发表于《史学月刊》2015 年第 1 期；人大复印资料《经济史》2015 年第 3 期、《新华文摘》网络版 2016 年第 1 期转载。明代财政研究近年逐渐成为热点，但对基础数据的挖掘和利用还不够充分。在整理使用明代财政数据过程中，笔者深感其猥杂繁乱，稍有不慎便会出现错误。本节以赖建诚先生的《边镇粮饷：明代中后期的边防经费与国家财政危机，1531—1602》为例，提出整理解读明代财政数据应注意的四个问题，即历时性研究必须准确判断财政数字的年代，转录财政数字必须辨清各项目之间的分合关系，比较财政数字必须以性质相同、口径一致为原则，解读财政数字必须明了当时的财政制度。

第三章《明清社会经济转型的新认识》，包括五节：

（1）《建构中国本位的历史发展体系——读赵轶峰〈明清帝制农商社会研究（初编）〉》，发表于《史学月刊》2018 年第 3 期。近些年，明清社会经济研究成果丰硕，本节对几部代表性著作进行了比较细致的评论。其中赵轶峰先生的《明清帝制农商社会研究（初编）》，对"西方中心主义"历史观提出批评，力图从真正的"本土"视角出发，呈现和阐释中国文明、文化、社会共同体的结构模式与演进历程，提出"明清帝制农商社会"这样一个统摄性概念，并围绕这个概念对明清时代的政治、经济、社会、文化等各个方面的变化情况进行了系统的梳理和分析，充分展示了"大历史"的活力和魅力。本节揭示了此书对于建构中国本位的历史发展体系的重要价值，并提出一些值得进一步思考和深化的问题。

（2）《社会变迁与身分重组——以高桥芳郎对"雇工人"法律身分

的理解为线索》，是新近整理出来的一篇文章。关于明清"雇工人"的身分地位问题，早在20世纪40年代就已引起中日学者注意，其后明清社会、经济、法制史领域的许多学者都曾针对这个问题发表过看法。如果粗略概括一下，相关研究主要是沿着两条理路展开的：一条是从生产关系的角度着眼，重点考察雇佣劳动者，特别是农业雇工身分解放的问题；另一条是从身分法的角度着眼，重点考察国家在私人社会关系平台中设定法律身分差别的问题。本节从后一理路入手，梳理了宋代"雇佣人"和明清"雇工人"的法律身分问题。

（3）《真实与虚幻：全球视野中的近代早期世界经济图景——对贡德·弗兰克〈白银资本〉的几点反思》，发表于《史学理论研究》2001年第1期；人大复印资料《经济史》2001年第3期转载；此外还收入于沛主编《全球化和全球史》，社会科学文献出版社2007年版。德国学者安德烈·贡德·弗兰克（Andre Gunder Frank）撰写的《白银资本——重视经济全球化中的东方》（中央编译出版社2000年版），以重磅炸弹向长期雄踞于社会历史理论之峰巅的"欧洲中心主义"堡垒发起猛烈轰击，而把中国置于亚洲的中心，把亚洲置于全球经济的中心，引起了巨大反响和激烈争论。本节对此书主要观点进行了评论和反思，认为弗兰克描绘的关于近代早期的世界经济图景，既有真实的部分，也有虚幻的部分。

（4）《用另一种眼光看清代江南农业经济——读李伯重〈江南农业的发展（1620—1850）〉》，发表于《中国图书评论》2008年第1期；人大复印资料《经济史》2008年第3期转载。李伯重先生长期从事江南经济史研究，发表了许多影响巨大的著作。其代表作之一《江南农业的发展（1620—1850）》（上海古籍出版社2007年版），以大量资料和数据为基础，对清代前中期江南农业各个方面的变化，都进行了细致梳理和深度分析，认为明清江南农业经济走着一条与西欧完全不同的道路，以往明清经济史研究中影响广泛的那些成说，如"人口压力"说、"技术停滞"说、"劳动生产率下降"说，以及"高水平均衡陷阱"、"过密型增长"等理论模式，其出发点都是西方中心论。本节总结了该书的主要观点和学术贡献，同时对书中使用的部分数据和证据提出一些商榷性意见。

（5）《关于明清歇家的几个问题——以对史料的把握与解读为焦点》，是阅读胡铁球先生《明清歇家研究》的一篇札记，全文未曾发表，但从中抽取部分内容，形成《准确把握历史的细节和碎片——也以明清歇家为例》、《怎样在史料体系中理解历史的细节和碎片——仍以明清歇家为例》两篇文章，分别发表于《光明日报》2017年7月26日第11版、11月6日第14版。拙文发表后，胡先生随即发表两篇回应文章（《在史料体系中理解历史中的细节与"碎片"——对〈明清歇家研究〉评论的回应》，《光明日报》2017年8月25日第11版；《如何在史料体系中解读历史的细节与案例》，《澎湃新闻·上海书评》，http://www.thepaper.cn/newsDetail_forward_2025247，希望读者参看。《明清歇家研究》对以往较少关注的歇家做了系统考察，探讨了歇家在经济、社会、法律等各个领域发挥的重要功能，并试图通过歇家观察明清社会转型的轨迹。本节针对此书对部分史料的解读提出一些不同看法，认为基于这些史料做出的一些论断尚有进一步斟酌的余地。

第四章《明清经济发展的制度约束》，包括五节：

（1）《中国原始工业化中的资本与制度问题——以英国的原始工业化为参照》，系提交1995年在昆明举办的"第九届全国史学理论研讨会"的会议论文，后从中抽取部分内容，以《试论中国原始工业化时期商业资本转化为工业资本的制度性障碍》为题，发表于《新视野》1997年第4期。本节比较了中国与英国这两个独立发展而又结局迥异的国家的原始工业化，特别是讨论了中国原始工业化时期的商业资本为什么不像英国那样以较快的速度、较大的规模流向农村工业的问题，认为市场经济需要能够保障个人权利的制度，但正是在这一点上，中国与英国显示出了巨大差异。

（2）《制度：儒家伦理与经济发展的中介——以中日韩的现代化进程为例》，发表于中国中央民族大学韩国文化研究所与韩国暻园大学亚细亚文化研究所编《亚细亚文化研究》第一辑，民族出版社1996年版。从20世纪80年代到90年代，儒家伦理与经济发展的关系一直是学术热点，笔者对此也颇有兴趣，遂应邀撰写了此文，认为应该将这个论题区分为两个层面：一个是儒家伦理在政治结构、经济结构和社会结构发生了实质转变的现代社会中对经济发展的影响；另一个是儒家伦理在传统的儒教社会中对经济发展的影响。本节的基本观点，是认为富于活力的制度安排是经济发展的关键，儒家伦理不会孕育出这种制度体系，但当这种体系形成后，却能佐助这一体系更加和谐有效地运行，从而产生巨大的经济效益。

（3）《资本主义兴起的法律阐释——由泰格、利维〈法律与资本主义的兴起〉想到的》，发表于《史学理论研究》1999年第3期。在《中国原始工业化中的资本与制度问题》中，笔者曾引用美国法律史学家伯尔曼《法律与革命：西方法律传统的形成》一书中的观点，伯氏是"宗教法理学"的代表人物，侧重于从中世纪宗教革命的角度解释西方法律传统的形成；与此同时，还出现了一个以泰格为代表的"造反法理学"，主要依据法律意识形态的历史分析对西方法治形成予以解释。本节梳理了泰格与利维合著的《法律与资本主义的兴起》的主要观点，并进而比较了中西法律与政治结构的差异，认为至迟自宋代以降，随着经济规模的扩大和市场经济的发展，中国存在着对相应的法律的强烈的制度需求，民间契约的普遍化、复杂化和规范化就是其明证。但这种自发的发展很难形成精密、系统和思辨的法律体系，也难以发挥像西方的商法那样的效用。

（4）《前近代中国的民事法秩序、人际信任与经济发展——对相关学术观点的梳理和思考》，发表于《新视野》2001年第1期。随着对市场经济所依赖的法制环境的认识不断加深，人们对前近代时期中国法律与经济发展之间的关系问题的兴趣也与日俱增。本节通过梳理相关学术观点对这一问题进行了初步思考，认为尽管习惯法和关系网络在前近代中国的商业化进程中发挥了很大作用，但并不能由此得出结论说，前近代中国的民事法秩序已足可支撑一个现代化的市场经济体系，或为这样一个经济体系的出现提供了动力和基础。

（5）《帝制中国晚期的民事法律、审判与调解——读黄宗智〈民事审判与民间调解：清代的表达与实践〉》，发表于《北京行政学院学报》2000年第1期。为了解作为现代化之展开背景的前近代时期中国的民事法秩序以及此种秩序与经济发展之间的互动关系，帝制中国晚期民事法律关系的演变、民间纠纷的产生与解决机制之类的问题，一度成为法律史和社会史学者思考的重要课题，黄宗智先生的《民事审判与民间调解：清代的表达与实践》就是代表性成果之一。本节对此书提出的主要观点做了梳理，并结合其他学者对其看法的评论，谈了一点个人的思考和疑惑，认为从重视政治控制和伦理教化的文化传统中生长起来的中国古代正式法和习惯法，以及建基于宗族乡里关系之上的人际信任，具有不利于"私法"发展的内存缺陷，恐怕难以适应一个日趋复杂化的商业经济社会。

本书收录的文章，在时间上跨度较大，有些文章带有写作时代的鲜明印记，尤以第四章的几篇文章最为明显。不过，尽管话语体系发生了变化，但问题本身其实依然一直受到关注，许多学者仍在思考和讨论这样一个问题：为何西方自发地实现了工业化而中国却未能如此？有些学者试图摆脱文化和制度的因素，从市场、资源等方面给出新的解释。比如，弗兰克的《白银资本——重视经济全球化中的东方》告诉我们，欧洲的崛起，只不过是欧洲利用从美洲获得的金钱强行分沾了亚洲的生产、市场和贸易的好处，并以此为阶梯暂时站到了亚洲的肩膀上，而与理性、制度、创业精神、技术、地理等所谓欧洲特有而其他地区缺乏的独特性质毫无关系。彭慕兰（Kenneth Pomeranz）在《大分流：欧洲、中国及现代世界经济的发展》（江苏人民出版社 2003 年版）中指出，到 18 世纪后期，中国的江南和英国都面临着大体相等的生态制约和走向内卷化的危险，但英国可以方便地得到煤炭从而缓解了能源的制约，开辟了新大陆从而缓解了土地的制约，而江南却没有这种幸运，这就是两者出现"大分流"的根本原因。李伯重的《江南的早期工业化（1550—1850 年）》（社会科学文献出版社 2000 年版）则试图通过扎实研究证明，英国之所以实现了近代工业化，"并不仅是靠通过海外扩张攫取新的资源，甚至也不是靠通过制度变革，而是靠世界史上没有前例的矿物能源大开发"，而中国"由于缺乏煤铁资源，江南不可能出现能源革命（以及材料革命），因此当然也不可能发展到近代工业化"。

对于这些新的解释，我既感到深受启发，又不免心存疑惑。我个人觉得，决定经济发展和转型的因素决不是单一的，而是多方面的。无论是研究西方还是中国的经济史，都应当把制度、人口、资源、技术、观念等因素综合起来加以考虑。之所以在第四章中收录几篇非常肤浅、极不成熟的旧文，也是因为至今我依然相信，中国与西方差别极大的制度、法律和文化，肯定会对双方的经济发展模式或道路产生决定性的影响。

第一章　明代的徭役佥派与优免

一、关于明初的均工夫役

明朝初期，在京师（南京）周边地区曾实行均工夫役。各种论著只要谈及明代徭役，基本都会提到这种役法，不少学者还做过或详或略的专门探讨。① 但由于相关资料较少，再加上《明会典》、《明史》对均工夫的概述不够准确，以致围绕该役的各个方面，几乎都存在不同看法。本节是在阅读相关论著过程中撰写的一篇短札，在检视相关史料和斟酌各家见解的基础上提出一点个人看法，敬请方家教正。

---

① 参见清水泰次：《明代の税、役与诡寄》（下），《东洋学报》17 卷 4 号，1928 年；《明初の赋役》，《东亚经济研究》18 卷 2 号，1934 年。山根幸夫：《明初の均工夫について》，《东洋学报》39 卷 3 号，1956 年；又见氏著：《明代徭役制度の展开》，东京女子大学学会 1966 年版，第 8—13 页。藤井宏：《明初に於ける均工夫と税粮との关系——山根幸夫氏の新说をめぐる诸问题》，《东洋学报》44 卷 4 号，1962 年。伍跃：《均工夫役浅析》，《北京大学学报（哲学社会科学版）》1984 年第 1 期。唐文基：《明初的杂役和均工夫》，《中国社会经济史研究》1985 年第 3 期；《明代赋役制度史》，中国社会科学出版社 1991 年版，第 107—108 页。岩见宏：《明代徭役制度の研究》，同朋舍 1986 年版，第 7—9 页。张志斌：《明初赋役制度新探——关于户帖、均工夫和黄册》，《松辽学刊》1990 年第 4 期。夏维中：《洪武初期江南农村基层组织的演进》，《江苏社会科学》2005 年第 6 期。丁亮：《明代役的结构研究》，辽宁师范大学硕士学位论文，2010 年。

1. 最初确定的佥役地域和方式

均工夫定于洪武元年二月，《明太祖实录》记载：

> 上以立国之初，经营兴作，必资民力，恐役及贫民，乃命中书
> 省验田出夫。于是省臣奏议：田一顷出丁夫一人，不及顷者以别田
> 足之，名曰均工夫。直隶应天等十八府州及江西饶州、九江、南康
> 三府，计田三十五万七千二百六十九顷，出夫如田之数。遇有兴
> 作，于农隙用之。①

朱元璋所说"经营兴作"并非泛指，乃是特指京师营建工程，所以
拟定的佥役地域，限于直隶 18 府州，以及江西布政使司毗邻京师的饶
州、九江、南康 3 府。藤井宏根据《明太祖实录》中"工部欲发苏、松、
嘉、湖四府均工夫"②之记载，认为佥役地域还包括浙江的嘉兴、湖州
二府，并批评清水泰次、山根幸夫没有注意到这一点，实则自己失察，
因为当时嘉兴、湖州府不隶浙江而属直隶③。均工夫的佥役原则，是"田
一顷出丁夫一人，不及顷者以别田足之"，所以《国榷》称此法为"均
土"④。山根幸夫认为，按照这一原则，田地不满一顷者，要与他人的田
地合并为一顷，共同承担均工夫役；蒋兆成也认为，田少者由数户凑足
一顷，合出一夫。⑤ 其实需要凑合者并不限于田少之家，田地超过一顷
以至多顷者，满顷后的余额，肯定也要与他人的田地凑合。具体出夫

① 《明太祖实录》卷 30，洪武元年二月乙丑条。
② 《明太祖实录》卷 36 上，洪武元年十一月甲寅条。
③ 关于洪武初期直隶所辖府州变化情况，前揭伍跃《均工夫役浅析》有详细考述。
④ 谈迁：《国榷》卷 3，太祖洪武元年二月乙丑条。其文云："议役法，田一顷役一人，不
　及顷则凑之，曰均土。遇有兴作，农隙征发。"
⑤ 蒋兆成：《明代杭嘉湖地区役制的演变》，《中国社会经济史研究》1993 年第 2 期。

时，需要解决两个问题：一是数户田地凑成一顷，应由哪户出夫服役；二是田多丁少之家，通过什么方式弥补人丁不足。在没有具体规定的情况下，何户出夫，恐怕只能由各户商定或官府指定，不出夫者出米资助；而田多丁少之家，恐怕只能出米以找人代役，出米多少由双方自行商定。当年十一月，"工部欲发苏、松、嘉、湖四府均工夫修浚城池"，户部侍郎杭琪提出两条反对理由：一是"各郡秋租未输，农方种麦，时不可违，若令给役京师，计其往复道途及役作之期，必经两月，未免费粮食、妨农功"；二是"今北征军士战袄未备，亦欲令民制办，宜从宽假，以纾民力"。朱元璋"遂罢四府均工夫，止令制战袄以给军士"。①学者多认为此次均工夫并未实行，确有这种可能；但也不能完全排除曾从四府之外的府州佥役的可能性。

洪武三年，对均工夫役做了进一步规范：

> 命编置直隶应天等十八府州及江西九江、饶州、南康三府均工夫图册。每岁农隙，其夫赴京供役，岁率三十日遣归。田多丁少，以佃人充夫，其田户出米一石资其费用；非佃人而计亩出夫者，其资费则每田一亩出米二升五合，百亩出米二石五斗。②

《明会典》记载此事，谓"洪武元年定役法，每田一顷、出丁夫一人。二年，置直隶应天府等十八府州，及江西九江、饶州、南康三府均工夫图册"③云云。其中所说"二年"，应当是"三年"之误。但杨国庆结合刘辰所说："太祖既得建康，为军少，集太平、建康、镇江、宣州、广德五府民户为军，谓之民兵。太祖即位，曰：'亏了五府供给，永远

---

① 《明太祖实录》卷36上，洪武元年十一月甲寅条。
② 《明太祖实录》卷54，洪武三年七月辛卯条。
③ 万历《明会典》卷206《工部二十六·夫役》。

饶了他秋粮，止当均工夫役。'"① 认为《明会典》谓洪武二年始征均工夫役有一定根据，不过当时金役范围只有应天等 5 府，洪武三年才扩展到直隶 18 府州和江西 3 府。② 这种看法恐属误解。洪武三年新规的要点有三：一是下令编置直隶 18 府州和江西 3 府"均工夫图册"，其目的应当是使金役田地数和出夫人数相对固定下来；二是洪武元年规定"于农隙用之"，冬季数月都可视为"农隙"，有可能造成过度役民，所以此次明确限定每年服役 30 日；三是针对"田多丁少"之家规定了出米标准："以佃人充夫"，每夫资米 1 石；"非佃人而计亩出夫"，每顷田地需出米 2.5 石。两者相差悬殊，当是因为佃户与田主之间存在一定的人身依附关系。

《永乐大典》所录《吴兴续志·赋役》中，保存了一些均工夫资料，可以窥见其具体金役方法之一斑。③ 根据这项资料，可知当时湖州府共有三种役："国初，各都仍立里长。洪武三年以来，催办税粮军需，则为小黄册之法。夫役，则有均工夫之制。总设粮长以领之。祗候、禁子、弓兵、驿夫、铺兵点差，皆验苗额之数。"三种役金派方式各不相同，里长是"推丁力田粮近上者"担任，均工夫是"每田一顷出夫一名"，而祗候、禁子等则是"验苗额之数"点差。编役时，里长应当是以里为单位派定，而均工夫乃是通计一县应役田数而确定出夫名数，两者均由粮长统领。有些学者以德清县出夫 4256 名、分为 43 队为根据，认为赴京服役时，百人左右编为一队。④ 但湖州府六县中，只有德清县和乌程县有编队的记载，而且乌程县出夫 6014 名，分为 81 队，平均每队不到 75 人。笔者认为，当时可能并无必须分队的要求，是否分队以及如何

---

① 刘辰：《国初事迹》，郑士龙辑：《国朝典故》卷 4。
② 杨国庆：《南京明城墙砖文中的基层组织研究》，《东南文化》2011 年第 1 期。
③ 参见《永乐大典》第 1 册，中华书局 1986 年版，第 886—889 页。
④ 郑天挺等主编：《中国历史大辞典》，上海辞书出版社 2000 年版，第 1303 页。

分队，由各县自行决定。

到洪武八年，对均工夫役又做了一次微调：

> 诏计均工夫役。初，中书省议民田每顷出一丁为夫，名曰均
> 工夫役，民咸便之。至是，上复命户部计田多寡之数，工部定
> 其役。每岁冬农隙，至京应役一月遣归。于是检核直隶应天等
> 一十七府，江西所属一十三府，为田五十四万五百二十三顷，出夫
> 五十四万五百二十三人。①

这次调整，佥役标准和服役时间都没有变化，只是扩大了佥役范
围，即江西由 3 府扩展到所有 13 府，因而佥役人数由原定的 357269
名增加到 540523 名，增加幅度超过了 51%。《国榷》记此事云："诏计
田均工役。初田一顷出一丁，至是计田定役，农隙赴京，役三旬遣归。
田浮丁少，充以佃人，资粟一石，亩出米二升五合。他郡县杂差亦如
之。"②显然是将洪武三年与此年两次调整误为一次，因行文过简所言出
米标准亦失于含混。惟所说"他郡县杂差亦如之"，并不见于《实录》。
若如此，则是将均工夫原则推广到全国各地的杂差佥派。笔者管见所
及，尚未从其他典籍找到佐证，或许只是谈迁之误说。

不过，根据南京和凤阳明城墙砖铭文透露的信息，佥发均工夫役
的地区，的确不限于直隶府州及江西应役诸府。③ 比如，洪武八年以
前，江西临江府并不在均工夫佥役范围之内，然而"临江府新淦县洪

① 《明太祖实录》卷 98，洪武八年三月壬戌条。
② 谈迁：《国榷》卷 6，太祖洪武八年三月辛酉条。
③ 参见杨国庆：《南京明城墙砖文中的基层组织研究》，《东南文化》2011 年第 1 期；同氏：
　《南京明代城墙》，南京出版社 2002 年版，第 145—169 页。夏玉润：《朱元璋与凤阳》，
　黄山书社 2003 年版，第 306—311 页。

武四年均工夫造"、"新喻县四十一都洪武四年均工夫造"、"临江府新喻县提调官知县□□□□武七年八月烧造均工城砖匠人张□造"等铭文显示，这些城墙砖确实是佥派均工夫烧造的。还有其他大量铭文，虽然没有"均工夫"字样，但学者们认为也都是均工夫烧造。① 佥役地域除江西外，还扩展到湖广，现存砖铭有"常德府武陵县提调官知县杨□汉司□□□□监烧人肖福九□福洪武七年月日造"、"武昌府武昌县提调官主簿马兴祖司吏张□作匠袁兴洪武七年八月日"、"长沙府善化县提调官主簿明理司吏凌原富作匠黄宗原柳万一洪武七年八月日三十六都"、"荆州府公安县提调官知县□大用司吏王琪作匠姚李华洪武七年九月日"等等。② 关于洪武年间派烧和运输城砖，文献中也有一些记载。如时人乌斯道谈到："洪武丙辰（九年）冬，朝廷诏江西、湖广郡县民，验田多寡陶大甓，家裕饶者，又造舟运甓之京师。"③ 刘菘曾追述说，明初"会有旨，起均粮城甓"，萧自成"以田税及等，任总甲事，造运舟"④。两条记载可以相互印证，但也有一点差别：按乌斯道的说法，应是根据田地数量佥派；而根据刘菘的说法，则是根据税粮数量佥派。

怎样理解这种现象，是否像学者们认为得那样，均工夫佥役范围超出官方规定地域？我个人认为，可以把这一阶段的均工夫役分为两个版本：一是标准版，或说是狭义的均工夫役，佥发地域除直隶外，江西起初只有三府，洪武八年扩展到全省，其特点是每年冬季30日赴京服役；二是扩展版，或说是广义的均工夫役，除原定均工夫佥役府州外，还扩

① 参见王裕明：《明代总甲设置考述》，《中国史研究》2006 年第 1 期；杨国庆：《南京明城墙砖文中的基层组织研究》，《东南文化》2011 年第 1 期。
② 按，杨国庆《南京明代城墙》所列湖广烧砖府州中，有开州府、开州、开水县。据周运中《南京明城砖铭文新探》（《东南文化》2005 年第 4 期）考证，开州实即蕲州、开水县实即蕲水县。
③ 乌斯道：《春草斋集·文集》卷 2《骈义传》。
④ 刘菘：《槎翁文集》卷 2《五荆传》。

展到江西其他各府（洪武八年前）以及湖广各府州，其特点是临时佥发人夫就地烧造城砖，并让富裕人户负责造船运输到京师或中都。前者按田一顷出夫一人的标准佥征，服役时间固定在冬季，时间是一个月；后者根据本地情况，可以按照田地数量佥派，也可以按照税粮数量佥派，服役时间并不一定都在冬季农闲时节。现存带有月份的城砖铭文显示，烧造时间有二月、三月、八月、九月等，其中湖州诸府城砖多系八、九月烧制的。

2. 佥役地域和方式的改变

《明史·食货志》概述明初役法云："役法定于洪武元年。田一顷出丁夫一人，不及顷者以他田足之，名曰均工夫。……迨造黄册成，以一百十户为一里，里分十甲，曰里甲。以上、中、下户为三等，五岁均役，十岁一更造。"[1]这样概述，很容易使人认为均工夫是黄册编制前的一种役法。可能是受到这段文字的影响，再加上洪武十三年后《明太祖实录》中再未提到均工夫役，许多学者将均工夫视为"黄册制度的前驱"，或认为洪武三年推行户帖制度后，均工夫图册的办法就被户帖制度所代替[2]；或认为均工夫图册是"在黄册编成之前的一种过渡性质的赋役册"[3]；或认为洪武十八年命天下府州县官"第其民户上中下三等为赋役册"后，"验田出夫"的均工夫役制因而渐次消失[4]。

---

① 　《明史》卷78《食货二·赋役》。

② 　参见韦庆远：《明代黄册制度》，中华书局1961年版，第15—16页。

③ 　参见李洵校注：《明史食货志校注》，中华书局1982年版，第87页。前揭张志斌《明初赋役制度新探——关于户帖、均工夫和黄册》也认为："洪武13年是关于均工夫役的最后一次记载，似可以认为，均工夫役作为一种临时性的役法在黄册出现后与原来的里甲之役合并了，成了黄册的内容。"

④ 　参见傅衣凌主编，杨国桢、陈支平著：《明史新编》，人民出版社1993年版，第92页。

同时，也有一些学者注意到，《明宣宗实录》中还曾提到均工夫役，如宣德六年六月，巡抚周忱奏请"以南京每冬所起本县均工民夫，候农隙之时"①修筑溧水县永丰圩内水利设施。同年九月，南京工部言："孝陵外垣及大名、临安、怀庆、福清诸公主坟，历代帝王、功臣庙，垣墉多颓坏，请以直隶州县均工夫修葺。从之。"②因此认为"均工夫大约消失于宣德时"③。山根幸夫分析说，随着役法的次第整备，带有特殊性质的均工夫失去了存在意义，特别是正统年间推行均徭法后，均工夫也就消解于一般赋役体系之中。④

就均工夫这个名称而言，确实是到宣德以后才消失不见的。但值得思考的一个问题是：洪武后期到宣德年间实行的均工夫，与洪武前中期实行的均工夫，能够视为同一种役法吗？

关于洪武后期的均工夫役，最完整的表述见于《诸司职掌》（亦见于《大明会典》）：

> 凡在京城垣、河道，每岁应合修缮，其用工数多，须于农隙之时，于近京免粮应天、太平、镇江、宁国、广德等五府州，预先定夺奏闻，行移各府起取。除役占等项，照依钦定则例优免外，其余人户，每四丁共辏一夫，着令各备锹锸篮担，委官部领，定限十月初赴京。计定工程，分拨做造，满日放回。⑤

《中国历史大词典》之"均工夫"条谓"洪武后期此法渐废"，见郑天挺等主编：《中国历史大辞典》，第 1303 页。

① 《明宣宗实录》卷 80，宣德六年六月辛丑条。

② 《明宣宗实录》卷 83，宣德六年九月壬午条。

③ 王毓铨主编：《中国经济通史·明代经济卷（上）》，经济日报出版社 2000 年版，第 252 页。

④ 参见山根幸夫：《明初の均工夫について》，《东洋学报》39 卷 3 号，1956 年。

⑤ 《诸司职掌·工部·屯部·夫役》。

提及均工夫的学者，大多都强调其"验田出夫"的特征，没有把这项资料与均工夫联系起来。有的虽然注意到两者的联系，但也没有意识到佥役方式的改变。比如山根幸夫强调，均工夫与其他徭役的不同，就表现在"专以田土为单位科派"，他从万历《明会典》卷206《夫役》中引述这一史料时，干脆将"每四丁共辏一夫"等内容省略掉了，只强调到洪武末年，均工夫实施地域缩小到应天等五府，似乎并未发现前后佥役基准的不同。藤井宏对山根氏的观点提出批评，认为里甲制确立以前的洪武初期，并非只是均工夫，其他很多差役也都是以田土为基准课派。他指出，如果寻求均工夫与其他徭役的不同特质，那就是其他徭役并非直接以田土为基准，而是以基于田土的税粮额为基准，而且到洪武中期以后，除税粮额外，还要考虑"丁粮多寡"、"产业厚薄"等因素；而均工夫是直接以田土面积为基准科派，而且直到其废止之时，这一特点始终未变。他还提示说，当其他杂役科派改为综合考虑人丁事产时，为何惟独均工夫保持着当初确定的以田土为基准的特点而没有发生变化，这一点值得进一步考察。可以看出，藤井氏也完全没有意识到均工夫佥役基准曾发生变化。

当然，并非所有学者都没有注意到这个问题。如岩见宏在论述均工夫时，根据前揭《诸司职掌》的史料，认为均工夫的适用地域缩小到应天等五府州，出夫的基准由田土面积变为人丁数。他还推测，考虑到在免除税粮的地域，如果以田土面积为基准佥派均工夫役，可能会引起人民不必要的不安，所以变更为以丁数为基准。岩见氏的论述非常简单，而且《诸司职掌》并未说明所载役法为均工夫，为何将其视为均工夫，其实需要提供相应的证明。

唐文基对此进行了较为明确的论证。在较早发表的《明初的杂役和均工夫》一文中，唐氏注意到《诸司职掌》所述役法在佥役目的、服役期限等方面"与均工夫有相似之处"，但同时又指出两者之间存在重大差别，其结论是："显然，这是均工夫取消之后，京师城垣、河道的修缮，采取新的金役办法，但它还保留着旧制度的某些痕迹。……可以肯定，至洪武二十六年时，均工夫已消失一段时间了。"①但在后来出版的《明代赋役制度史》中，他确定《诸司职掌》所述役法就是变化了的均工夫役："第一，里甲制度建立之后，均工夫之役实施的地区，只限于江南地区田赋负担较轻的南京、太平、宁国、广德、镇江五府州；第二，均工夫金派原则从以往计田变为计丁。"不过，唐氏这一新看法，并未得到学界关注和认可，此后出版的各种论著和工具书，所述内容仍然限于"验田出夫"的均工夫。

作为证据，唐氏除《诸司职掌》外，还引用了洪武二十九年一道提到均工夫的诏令："皇帝诏曰：朕平天下之初，一应供给，皆出于太平、宁国、应天、广德、镇江五府州之民。宇内康宁已有年矣，思民效劳，无以抚劳，今特以洪武二十九年秋粮，不分官民田地，尽行蠲免，均工夫依期来赴。"②此外，《明太宗实录》中，还有一条直接称此役为"均工夫"的史料，而为唐氏所未引，其文云："初洪武中，免直隶应天等五府州之民夏秋二税，但籍其丁壮，每岁农隙十月至十二月，有事则供力役，名均夫工，著为令。及是，内□淤塞不可行舟，上命发均工夫浚治。"③根据这些资料可以判断，洪武后期至宣德年间，按照每四丁出一夫的原则，金发应天等五府州百姓到京师（南京）修浚城垣河道。与洪武前中期实行的均工夫相比，这种役法在金派地域和基准上已有重大改变，但仍沿用了"均工夫"的名称。因此，关于均工夫消失的时间，认

---

① 《中国大百科全书》中"均工夫"条由即由唐先生撰写，认为"自十七年后，徭役改为通过里甲按丁粮多寡为标准的户等金派，验田出夫原则失效，均工夫役废而不行。"参见《中国大百科全书·中国历史（缩印本）》，中国大百科全书出版社 1994 年版，第325 页。

② 《皇明诏令》卷 3《再赐兴王五郡秋粮诏》。

③ 《明太宗实录》卷 25，永乐元年十一月壬辰条。

为在洪武中期或宣德年间都有道理，前者所言限于"验田出夫"的均工夫，后者所言则是包含"验田"与"验丁"两种方式的均工夫。只不过大多数学者都没有意识到这是名同实异的两种役法，以致在解释和分析时经常发生混淆。

以"验田出夫"为原则的均工夫役何时废止，尚未发现明确记载，但洪武十四年推行黄册制度后，此种均工夫役并未马上废止，而仍实行了一段时间。据《金陵梵刹志》记载：

> （洪武十六年）正月二十一日，天界善世禅寺住持行椿具奏："荷蒙圣恩，钦赏上元县丹阳乡靖安湖墅镇田地二十九顷有零，溧水县永宁乡相国圩田三十七顷有零，溧阳县永城等乡黄芦、雁挖、西赵三圩田三十九顷有零，每顷田一夫，常住盘费艰难，将田土献纳还官。"奉圣旨："差鸿胪寺序班李真等官并旗校，到各县地方一一丈量东西四至分明，造成文册，还与他天界善世禅寺，岁收租米供众，免他夫差。钦此。"①

其中提到"每顷田一夫"的"夫差"，应当就是均工夫役，此外未见当时还有按此原则佥派的其他徭役。那么，是否像很多学者主张的那样，因为洪武十八年"命天下府州县官，第其民户上中下三等为赋役册，贮于厅事，凡遇徭役，则发册验其轻重而役之"②，均工夫与这种新的佥役原则不合，所以渐次消失了呢？笔者认为，这个问题要分两个方面来说：一是在应天等五府州之外停止佥征均工夫役的原因，二是应天等五

---

① 葛寅亮：《金陵梵刹志》卷2《钦录集》。
② 《明太祖实录》卷170，洪武十八年正月己卯条。据《大诰·造册科敛第五十四》，造册办法是"止将黄册底册，就于各府州县，官备纸札，于底册内挑选上中下三等，以凭差役"，而不许团局置造，扰动乡村。

府州由原来的验田出夫改为验丁出夫的原因。

就第一个方面而言，停止在应天等五府州之外金征均工夫役的时间，可能确实与编造赋役册的时间大致重合，但两者之间未必有因果关系。笔者推测，其真实原因应当是随着京城主体工程完成，不再需要征发大量人夫了。虽然洪武时期京师营建一直进行[①]，但大规模工程集中在洪武前中期，洪武十九年前已基本完成。该年四月，根据工部侍郎秦逵的奏请，久议未行的工匠轮班制付诸实施[②]。朱元璋在《大诰三编》中曾谈到此事："（秦逵）躬亲来奏，其辞曰：'创造已定，工技有劳甚久。虽有些须未完，所用人匠甚不须多。臣将应用数目，立定限期，编成班次，使轮流而相代之。其九万之人，一班诸色匠人不满五千，以此轮之，四年有余，方轮一交。'朕见其词善，可其奏，不月编成。"朱元璋自己也认为："工作人匠，将及九万。往者为创造之初，百工技艺尽在京城，人人上不得奉养父母，下不得欢妻抚子，如此者二十六七年。迩年以来，工多成就，人匠应合省差。"[③] 在这种情况下，恐怕不会再大规模征发均工夫役。[④] 停征均工夫，确实正好在编制赋役册之后，但这只是时间上的巧合。均工夫是为京师城垣河道的营建修浚而征发的一种专门徭役，金役

---

① 参见张泉：《明初南京城的规划与建设》，中国古都学会编：《中国古都研究》第二辑，浙江人民出版社 1986 年版；杨国庆：《明代南京城墙建造年代考略》，《东南文化》2000 年第 9 期。

② 《明太祖实录》卷 177，洪武十九年四月丙戌条。

③ 《大诰三编·工匠顶替第三十》。按，《大诰三编》之序和后序均撰于洪武十九年十二月，而《工匠顶替第三十》谈到工匠轮班，却有"如此者将一年余，第四班人匠心生奸计"之说，似与《明太祖实录》所载实施时间不合。不过，《排陷大臣第四十》中提到"洪武二十年正月"，看来此书实际撰成和颁布时间应是洪武二十年。

④ 洪武年间最后一次规模较大的京师营建工程，是洪武十九年底"诏中军都督府督造通济、聚宝、三山、洪武等门……新筑内湖城及中山王、岐阳王、黔国公坟茔，六部围墙并廊房、街道，并以罪人输作。"（《明太祖实录》卷 179，洪武十九年十二月乙酉条）看来此次工程主要由军士和罪人完成。

地域和方法都有一定的特殊性，编制赋役册时应当不会将其并入新役法。大规模营建虽然结束，小规模修浚工程却是经常会有的，但已用不着太多人手，所以便将佥役地域缩小到应天等五府州，这一事实也说明均工夫仍然是一个独立役目，并未融入包含其他众多杂役的体系。

就第二个方面而言，在应天等五府州佥征均工夫役时，将基准由田改为丁，可能确实与编成赋役册有关。正如藤井宏所指出的，洪武前中期佥役的基准，除均工夫为田地外，其他杂役基本上都是税粮，而没有考虑人丁和事产。以前揭湖州府为例，"小黄册"只与里长、甲首的轮充有关，其他杂役皆验苗点差，其中驿夫是"验苗十石之下、五石之上点充"，祗候、禁子、弓兵是"验苗二石五斗之上、三石之下点差"，铺兵是"验苗一石五斗之上、二石之下点差"。洪武十四年推行的黄册制度，可能仍然只是佥派里甲正役的依据。因为没有固定化的杂役册，吏胥容易上下其手，卖富差贫。洪武十七年七月，朱元璋谕各府州县官："凡赋役，必验民之丁粮多寡、产业厚薄，以均其力。"[①]翌年正月，又命府州县官编制赋役册，综合考虑人丁、税粮、产业，把民户分为上、中、下三等。此次编制赋役册，并非重新调查相关数据，朱元璋特地说明："止将黄册底册，就于各府州县，官备纸札，于底册内挑选上中下三等，以凭差役，庶不靠损小民。"[②]赋役册编成后，便成为点差徭役的依据。比如衙门所用吏人，以前是验苗点充，这时朱元璋"命揭黄册，照丁数点选"[③]。应该正是在这种背景下，应天等五府州佥派均工夫役时，也由验田改为计丁。[④]

---

① 《明太祖实录》卷163，洪武十七年七月乙卯条。

② 《大诰·造册科敛第五十四》。

③ 《大诰三编·揭籍点吏第二十八》。

④ 岩见宏推测，考虑到在免除税粮的地域，如果以田土面积为基准佥派均工夫役，可能会引起人民不必要的不安，所以变更为以丁数为基准。此说未必妥当，因为五府州的均工夫役并非新增加的，此前一直存在，当时应当是和其他府州一样"验田出夫"，即

从《明实录》记载看，明宣宗即位初期，因大规模修缮南京宫殿，曾在应天等府大量起取民夫。如洪熙元年七月，行在工部奏："南京修理宫殿，已令应天等府以丁多民夫五千五百人供役。切虑工程繁重，卒难成功，请再起万人，每三月一更，粮赏皆如例。"①宣德元年二月，行在工部又奏："修理南京宫殿，军民供役者少，欲令应天等府起丁多民夫协助，每班二万人，给粮赏如例，每三月一更。从之。"②到十一月，工程基本结束，民夫皆被放遣。③不过，从金役规模和时间上看，此次金夫并不属于均工夫役，而属于临时性的夫役征发。均工夫役只是在冬季农隙赴京从事小规模的修缮工程。《明实录》最后提到均工夫役，是在宣德六年，此后便未再出现相关记载。成化年间，应天府尹于冕等奏称："南京外罗城周围一百三十余里，城门一十七座，比先年间，原系工部委官验工计料，差拨人匠军夫修理。近年以来，遇有城垣坍塌，应天府与工部分修。现今各县一年一次或二次起拨人夫，多者一百四五十名，少者六七十名，每夫集价银一两，动经七八百两至一千余两。"④根据这段史料判断，均工夫役确实早已停止，让应天府和工部一起承担外罗城和城门的修缮工程，是成化年间新出现的事例。

3.均工夫与赋役优免的关系

在研究均工夫时，山根幸夫提出一个新观点，即认为承担均工夫役者被免除了税粮。其依据主要有两条：一是前揭万历《明会典》(《诸

使仍以田土面积为基准金派，也不存在引起不安的问题。

① 《明宣宗实录》卷3，洪熙元年七月甲戌条。

② 《明宣宗实录》卷14，宣德元年二月丙寅条。

③ 《明宣宗实录》卷22，宣德元年十一月壬辰条。

④ 王恕：《王端毅奏议》卷6《定夺修城营葬工料奏状》。

司职掌》同）所说："凡在京城垣、河道，每岁应合修缮，其用工数多，须于农隙之时，于近京免粮应天、太平、镇江、宁国、广德等五府州，预先定夺奏闻，行移各府起取。"二是《明太宗实录》所说："旧制：应天、太平、镇江、宁国、广德五府州例免税粮，但每岁农隙，召其丁夫役京师一月。"① 他还分析说，一般的徭役都是以"丁粮多寡、事产厚薄"为基准科派，而均工夫役专以田土为单位科派，与一般的徭役在性质上迥然有异，这一点值得注意。②

山根氏的新观点，遭到藤井宏的严厉批评。藤井氏的批评从两方面展开：一是细致梳理了《皇明诏令》和《明太祖实录》中的相关诏令，指出免除或减轻应天、太平、镇江、宁国、广德等五府州税粮的理由，是为了酬报这五府州在明太祖创业之际所付出的物资和劳力（军需供给和劳力提供），而并非是为了让其承担均工夫而免除其税粮③；二是根据前揭《永乐大典》所录《吴兴续志》中保存的湖州府田地和税粮数据，证明承担均工夫的田地不可能免除税粮，因为倘若秋粮全部都由不承担均工夫的官田负担，其每亩税负水平显然太高了。

藤井氏的批评颇有道理，山根氏认为"验田出夫"的均工夫役，是以免除税粮为前提的，这一观点确实不能成立。但由于藤井氏与山根氏一样，也没有意识到均工夫金役基准的变化，所以其论证也有一点瑕疵："验田出夫"时期的均工夫，确实与税粮免除并无关系；但当废止其他各府的均工夫，惟独让应天等五府州按照"每四丁共辏一夫"的办法

---

① 《明太宗实录》卷11，洪武三十五年八月丙子条。

② 山根幸夫在《十五・十六世纪中国における赋役劳动制の改革——均徭法を中心として》（《史学杂志》60卷11号，1951年）一文中也谈及此点，认为均工夫与一般徭役（正役和杂役）的差别体现在两点：一是实行于特定地域，二是替代了应承担的田赋。

③ 除藤井氏引录的众多诏令外，朱元璋本人对此也有明确说明。《大诰・妄告水灾第六十三》谈到："镇江府，京师羽翼之郡，肇基先劳之民，天下既平，数免征税，止是当夫。"此处所说"当夫"无疑是指均工夫。

承担均工夫时，则又确实是以这五府州长期享受税粮优免为前提的。换句话说，藤井氏对山根氏的批评，适用于"验田出夫"时期的均工夫，但却不适用于"计丁出夫"时期的均工夫；山根氏的失误，是把"计丁出夫"时期的金役原则，扩展到"验田出夫"时期了。

藤井氏在假设承担均工夫田地免税条件下计算官田税负时，将全部秋粮都平均到官田上面，其实也不够准确，因为他完全忽略了徭役优免问题，有些民田免当均工夫役但要交纳税粮。此外，唐文基在比较前后两种均工夫役时，认为其差别之一，是"原均工夫没有优免规定，如今凡有优免权者可以免役"。这种说法也值得斟酌。

明朝的优免，大致可以分为"随机性优免"和"身份性优免"两类，前者是指政府针对某种突发事件或出于某种需要而临时授予的优免权，后者是指因属于某种户籍或身份而依照法律规定获得的优免权；而"身份性优免"又可分为"优崇性优免"和"补偿性优免"两种，如对功臣、官员的优免就属于前者，而对各种杂役户的优免就属于后者。[①] 就均工夫役而言，朱元璋对"优崇性优免"确实控制比较严格，洪武十三年还特地"命户部移文诸郡县，凡功臣之家有田土，输纳税粮并应充均工夫役之外，如粮长、里长、水马驿夫等役悉免之"[②]。正役和杂役全免，惟独均工夫不免，这可能是因为在出米代夫的条件下，均工夫米颇似田赋的附加税，故尔不予除免。但在特殊情况下，也有给予"优崇性优免"的事例，前揭朱元璋下令免除天界寺之"夫差"，就是一例。

更重要的是，在"验田出夫"的条件下，各种杂役户是可以享受"补偿性优免"的，《永乐大典》所录《吴兴续志》中对此有明确说明："凡兵夫之役者不预焉。"何谓"兵夫之役"，书中未予说明，但对比当时湖

---

① 详见李雪慧、高寿仙：《明代徭役优免类型概说》，《故宫学刊》第10辑，故宫出版社2013年版。
② 《明太祖实录》卷134，洪武十三年十二月丁巳条。

州府存在的役种，"兵夫之役"应当是指祗候、禁子、弓兵、驿夫、铺兵，凡被点差这些职役者，便不用再承担均工夫役。当然，这些职役人数有限，每县也就一二百名，免役田地不会数量太多。朱元璋在《大诰三编》中，谈到"丹徒县丞李荣中，并应天府吏任毅等六名，先为受赃五百七十五贯，卖放均工夫一千二百六十五名"，他下令砍断受赃官吏十指，"押回本处，将所卖人夫着勾赴工"，这些人"却谓先时已受各人财物，虽匿其名，反将应免夫役铺兵、弓兵、生员、军户周善等数百余家，一概遍乡勾拿动扰，意在搪塞于内"①。可见铺兵、弓兵、生员、军户都可免除均工夫役，其中生员属"优崇性优免"，铺兵、弓兵和军户都属"补偿性优免"。可以肯定地说，从均工夫法创立开始，就有了相应的优免规定，佥役方法改变后的优免，是延续旧制而非新创，当然在优免范围上或许略有扩大。

根据《吴兴续志》，湖州府的"熟田土"分为田、地、山、荡四类，前揭《明太祖实录》洪武八年那条记载，清楚说明"民田每顷出一丁为夫"，可知四类田土中属官部分不用承担均工夫役。那么，四类田土中属民部分是否都要承担均工夫役呢？藤井宏推测，只有田、地两项承担，而山、荡不用承担。这种说法确有道理。

表1.1 洪武年间湖州府田地山荡与均工夫役统计

项 目 \ 县 别	乌程县	归安县	长兴县	武康县	德清县	安吉县	合 计
田地山荡（顷）	9875.68	9560.40	11635.35	1839.84	5596.73	10984.65	49492.97
其中田（顷）	6816.49	6264.09	5764.96	840.17	3951.74	1605.16	25242.63
地（顷）	789.68	962.52	1371.91	365.10	869.29	872.79	5231.33
山（顷）	1842.74	1552.32	4233.02	384.05	325.52	8474.15	16811.83
荡（顷）	426.75	781.44	265.43	250.51	450.17	32.52	2206.86

① 《大诰三编·戴刑肆贪第三十八》。

续表

县别 项目	乌程县	归安县	长兴县	武康县	德清县	安吉县	合 计
均工夫田地（顷）	6014.00	5831.48	6425.95	1100.00	4256.00	2215.45	25842.88
均工夫役（名）	6014.00	5831.00	6426.00	1100.00	4256.00	2215.00	25842.00
均工夫田地占田地山荡总数比例（%）	60.90	61.00	55.23	59.79	76.04	20.17	52.22
均工夫田地占田地两项合计数比例（%）	79.07	80.69	87.51	91.27	88.28	89.41	84.80

资料来源：《永乐大典》第 1 册，中华书局 1986 年版，第 885—892 页。

从表 1.1 可以看出，湖州府共有"熟田土"49492 顷余（洪武十年数字），而六县均工夫田地合计为 25842 顷余，后者约为前者的 52%。当时湖州府官田数量未见记载，据嘉靖《浙江通志》所载数据计算，湖州府田地山荡总计 58434.75 顷，其中属官者 15925.5 顷，占 27.25%，属民者 42509.25 顷，占 72.75%；若只计田地两项，共计 33211.6 顷，其中属官者 7741.77 顷，占 23.31%，属民者 25469.83 顷，占 76.69%[①]。编制均工夫图册时，官田所占比重应当较其后为小[②]，即使加上"兵夫"户优免的民田，数量也不可能太多。若以田地山荡总额为基数计算，各县承担均工夫役部分占比相差很大，最高的德清县占 76%，而最低的安吉县只占 20%，六县平均占比为 52%，显然偏低；而若以田、地两项为基数计算，则各县占比较为均衡，最高的武康县占 91%，最低的乌程县占 79%，六县平均占 84%，比较合理。查各县均工夫基数，或

---

① 嘉靖《浙江通志》卷 17《贡赋志》。
② 据森正夫研究，洪武三年至十二年间，江南地区除去个别的事例之外，没有进行过大规模的籍没，其后则运用籍没等手段对江南地区的富民进行了严酷的镇压。参见森正夫：《明代江南土地制度研究》，伍跃、张学锋等译，江苏人民出版社 2014 年版，第 58—73 页。

曰"田",或曰"田地",从未提及山、荡,看来不产粮食的山、荡,可能确实不在编役之列。

4. 小结

均工夫是明初实行的一种重要徭役。围绕这一役法,产生了许多研究性和介绍性的文字,但也出现了许多歧义和争论。造成歧义和争论的最主要原因,恐怕是未能充分了解均工夫形态的多样性。笔者认为,"均工夫"这一名称,实际包含三种既有联系又有区别的役法。

第一种可视为标准版的均工夫役,其任务是修缮京师城垣河道等,金役地域除直隶各府州外,洪武八年前还包括江西九江、饶州、南康三府,洪武八年又扩展到江西十三府。金役办法是以民田数量为基准,每田一顷出夫一人。被金充此役者,每年冬季农隙,到京师服役一个月。此种均工夫开始于洪武元年,停止时间不详,大约在洪武十九年。各种论著和工具书中介绍的,基本上都是此种均工夫役。

第二种可视为扩展版的均工夫役,其任务是烧造并输送京师和中都营建所用城砖,金役地域除直隶、江西外,还扩展到湖广各府。金役办法是以田地面积或税粮数量为基准,根据需要临时金征,烧造地点多在本地或邻近地方,时间并不限于冬季农隙。其中田粮多者,往往被点充总甲,承担造船运砖的重役。此种均工夫实行的时间不详,应当是在京师营建的高峰期,大约比第一种开始晚而结束早。

第三种可视为转化版的均工夫役,或者说是第一种均工夫役的压缩版,就是把原来由直隶和江西所有府州共同承担的京师修缮任务,集中到长期享受税粮蠲免的直隶应天、太平、镇江、宁国、广德五府州身上,同时金役基准由田地转为人丁,每四丁共出一夫。此种均工夫开始于第一种均工夫停止之后,一直延续到宣德年间,此后便消失不见。

二、明前期驿递夫役佥派方式初探

驿递是古代中国中央政府控制辽阔地域的重要手段之一。朱元璋建立大明帝国后，对驿递机构的恢复和建设极为重视，逐渐构筑了一个以南京为中心的全国性交通网络，这对初生的明王朝的政权巩固和疆域拓展发挥了很大作用。朱棣迁都北京后，进行了一些调整，使全国驿递网的中心由南京移到北京。驿递具有"宣上德、达下情、防奸宄、诛暴乱、驭边疆"①等项功能，堪称"天下之血脉"②。但是，要保持庞大的驿递系统的畅通无阻，需要投入巨额人力物力。而一应人力物力，均需向百姓佥派。大体说来，在明代前半期（洪武至弘治），驿递夫役主要以税粮为标准佥派，并适当考虑人丁状况，被佥点者要亲身应役。此外，尚有若干特殊情况。正德以降，逐步折征银两，雇人代役，役法大变。本节拟对明代前半期驿递夫役的佥派作一探讨，不妥之处，尚祈方家教正。

1. 人力物力的配置和供应

明代驿递系统由会同馆、水马驿、递运所和急递铺组成。明初设会同馆于南京，供"四方进贡使客所居"，其旁又设乌蛮驿，"以待四夷进贡使人"③。永乐三年，扩建会同馆，乌蛮驿并入其中。④永乐六年，建北京会同馆⑤，

---

① 余子俊：《申明旧例事》，黄训编：《名臣经济录》卷34。
② 中国第一历史档案馆：《明崇祯年间驿递制度史料》（方裕谨编选），《历史档案》1983年第1期。
③ 《洪武京城图志·楼馆》。
④ 《明太宗实录》卷45，永乐三年八月丁丑条。
⑤ 《明太宗实录》卷82，永乐六年八月辛巳条。

正统时又定为南、北二馆，北馆六所，南馆三所①。会同馆的任务，是接待各地王府差遣进奏人员、云贵等边远各处土官以及朝鲜、日本、安南等国使臣。此外，因海外诸国来朝使臣较多，永乐三年"命于福建、浙江、广东市舶提举司各设驿以馆之，福建曰来远，浙江曰安远，广东曰怀远"②，三驿性质与会同馆相似。水马驿的普遍设立是在洪武元年，当时沿袭元代称站，寻改站为驿③。水马驿是驿递系统的主干，大致60里或80里设一站，陆路曰马驿，水路曰水驿，任务是递送使客、飞报军务、转运军需等物。递运所亦从洪武元年开始设立，皆设于驿道可通、运输繁重之处，主要任务是运递粮物。急递铺也是洪武元年下令在全国普设的，大致每10里设一铺，负责传递公文。④

对于各驿递机构人力物力的配置和供应，明政府作了详细规定。大体说来，主要包括三个方面：

其一，交通工具的设置。会同馆额设马171匹，驴137头⑤；南京会同馆额设马45匹，驴30头⑥，马驴均要配置相应铺陈。马驿位于冲要去处者，设马80匹、60匹、30匹不等；其余虽非冲要，亦系经行道路，则设马20匹、10匹、5匹不等，数目与上中下马之比例均视任务繁简而定，如应天府浦子口至睢阳共11驿，每驿各设上马20匹，中马10匹，下马10匹⑦。马驿还要设驴，海瑞《驿传议》便有"国初五马二驴之法，海内通行"⑧之说。但翻检一些方志，驿驴与驿马数目之间并

①　万历《明会典》卷145《兵部二十八·驿传一·会同馆》。
②　徐学聚：《国朝典汇》卷162《兵部二十六·邮驿》。
③　徐学聚：《国朝典汇》卷162《兵部二十六·邮驿》。
④　《明太祖实录》卷29，洪武元年正月庚子条。
⑤　万历《明会典》卷145《兵部二十八·驿传一·会同馆》。
⑥　万历《明会典》卷158《兵部四十一·南京兵部·车驾清吏司》。
⑦　《明太祖实录》卷29，洪武元年正月庚子条。
⑧　陈义钟编校：《海瑞集》，中华书局1962年版，第27页。

无固定比例关系，可知是根据设驿地点、任务性质等情况变通置备。驿站马驴，也要一起置备鞍辔毡衫什物。水驿设置船只，如系使客通行正路，设船 20 只、15 只、10 只不等，分行偏路设船 7 只或 5 只，亦根据任务轻重而定。水驿无设置马驴之规定，但事实上不少水驿根据需要加以设置。递运所在水路者，设置一定数量的船只，洪武初只设红船，到洪武十年因运送四川、云南市易马及贡马之需，令武昌、岳州、荆州、归州制造马船，自此始有马船之设。① 置于陆路的递运所则设车、牛，载米 10 石的大车每辆配牛 3 头，载米 3 石的小车每辆配牛 1 头，另置布袋等物。② 急递铺所用为脚力，不设交通工具，要求铺兵各置夹板一副、铃攀一副、缨枪一把、棍一条、回历一本。③

其二，人力的配备。各驿递机构的成员，按其身份可分为官、吏、夫役三种，前两种属于管理者，不在本文论述范围之内。会同馆的夫役，主要是"专造饭食，以供使客"的馆夫，北京会同馆额设 400 名，南京额设 59 名④，此外，还有马夫、驴夫，其数与马、驴之数相等。马驿设有马夫、驴夫（朋充者称马头、驴头，亦可统称驿夫），一般也是 1 马或 1 驴 1 夫。水驿按船设水夫，每船 1 只设水夫 10 名⑤。从一些方志记载的情况看，仅有车、船不敷使用，一些驿站设置了步夫等夫役，为过客提供脚力。此外，水、马驿皆有馆夫的设置，有的还设有库子、房夫一类的角色，数目不一。水递运所夫役按船设立，船 600 料（1

① 万历《明会典》卷 200《工部二十·河渠五·桥道·马船》。
② 《明太祖实录》卷 29，洪武元年正月庚子条；万历《明会典》卷 148《兵部三十一·驿传四·驿递事例》。
③ 《明太祖实录》卷 29，洪武元年正月庚子条；万历《明会典》卷 149《兵部三十二·驿传五·急递铺》。
④ 万历《明会典》卷 145《兵部二十八·驿传一·会同馆》；卷 158《兵部四十一·南京兵部·车驾清吏司》。
⑤ 万历《明会典》卷 148《兵部三十一·驿传四·驿递事例》。

料相当于 1 石)、500 料、400 料、300 料分别设水夫 13 名、12 名、11 名、10 名①，马船每只设 30 夫②。陆递按牛数定，每牛 1 头出 1 夫。③急递铺设铺司、铺兵，铺司一般都是 1 名，铺兵要路每铺 10 名，僻路 5 或 4 名。④

其三，伙食的供应。会同馆供应使客伙食，所用粮米由户部支给，其数量有明确规定，如"凡夷人饭食，用粮米一百石"⑤。在外水马驿也供应伙食，这在具有官员身份者称"支廪给"，其所带家人等不具备官员身份者称"支口粮"。廪给凡属经过者给米 3 升，止宿者 5 升，口粮不论过、止，均给米 1.5 升。⑥ 从方志等有关记载看，伙食供应所需粮米，大多由当地政府从额征田赋中拨付，但也有的地方由马、驴夫等夫役轮办；此外还有由户部筹措的事例，如洪武二十年，"命户部自四川永宁至云南，每驿储米二百五十石，以给谪戍云南者"⑦。为了防止使客多支廪给，《大明律》中曾作如下规定："凡出使人员多支廪给者，计赃以不枉法论。当该官吏与者，减一等。强取者，以枉法论，官吏不坐。"⑧

以上所述只是制度规定的情况，而在事实上，随着时间推移，制度废弛，驿递额设交通工具和人夫远远不能满足实际需求，只能在额外不

---

① 《明太祖实录》卷 29，洪武元年正月庚子条；万历《明会典》卷 148《兵部三十一·驿传四·驿递事例》。

② 《明会典》卷 200《工部二十·河渠五·桥道·马船》。

③ 《明太祖实录》卷 29，洪武元年正月庚子条；万历《明会典》卷 148《兵部三十一·驿传四·驿递事例》。

④ 《明太祖实录》卷 29，洪武元年正月庚子条；万历《明会典》卷 149《兵部三十二·驿传五·急递铺》。

⑤ 万历《明会典》卷 148《兵部三十一·驿传四·驿递事例》。

⑥ 《明太祖实录》卷 29，洪武元年正月庚子条；万历《明会典》卷 145《兵部二十八·驿传一·会同馆》。

⑦ 《明太祖实录》卷 183，洪武二十年七月丁未条。

⑧ 姚思仁：《大明律附例注解》卷 17《兵律·邮驿·多支廪给》。

断增设，给百姓造成极大负担。嘉靖三十七年兵部指出："国初设驿递宣传王命，飞报军情。比者成法尽更，縻费十倍，既有站、红船，又增设官民座船；既有额定马、驴，又增设帮马；既有正差应付，又有借冒关牌、分外逼索者。"①

2.驿递诸役的金派办法

驿递的夫役，主要从民户中金派。总的原则是随田粮金派，不过因负担轻重有异，各种机构的金派方式是不同的。

会同馆。洪武时期会同馆馆夫大约是从南京附近民户中金点，具体办法不详。此外也有"法司囚人问充者"。北京会同馆馆夫由北直隶民户中金充，具体分派名额是在顺天府所属州县金347名，三年一替换，真定、保定、河间、顺德、广平、大名、永平七府金53名，一年一替换。②明初徭役分为里甲正役和杂泛差役两种，正统时又从杂役中分离出均徭一种。对于从事某种专业徭役的特殊户，政府给予一定范围的优免杂役待遇。会同馆馆夫属于杂役之一种，一旦金充，需全年或连续三年在馆服役，与特殊徭役户有些类似，故予以优免二丁。③馆夫由兵部委官提点，如有逃亡者，则从其家勾解他丁补役。在实际服役时，由于主管官员羁留，或由于本人不愿脱役回乡，常有过期不替者，近馆无籍之徒也常有用强揽当者，故弘治十三年制定了一项法律对上述现象加以限制。会同馆的马匹，派北直隶顺天府53匹，南直隶镇江、常州、苏州三府32匹，浙江绍兴府4匹，江西南昌、抚州、广信、饶州、袁州五府82匹，各随马置办铺陈。额设的137头驴，均由顺天府所属州县

---

① 《钦定续文献通考》卷16《职役·历代役法》。
② 万历《明会典》卷145《兵部二十八·驿传一·会同馆》。
③ 万历《明会典》卷206《工部二十六·夫役》。

验粮编当。① 马、驴均佥马夫、驴夫出备,佥点办法与马驿相同,详下。

水马驿。洪武元年规定,马驿所需马分上、中、下三等,验民田粮出备。大率上马一匹,该粮 100 石,中、下马分别为 80 石、60 石。先尽各驿附近去处佥点,如果不敷,再从相邻府县点差。如果一户粮数不及百石,则由众户凑数共当一夫,各夫照田粮数额按比例出资购买马匹、鞍辔等物。② 为了贯彻富者多出的原则,洪武五年强调,"自今马夫,必以粮富丁多者充之"③,亦即要求朋充者由经济实力强的人户出当马头。水驿的水夫则于纳粮 5—10 石民户中点充,也可朋充,"俱验所该粮数轮流应当"④。马夫与水夫佥充的税粮标准相差很大,这是因为水、陆运输条件不同,陆路费用比较浩大。也正因为如此,洪武八年朝廷念及"天下驿传马夫出赀买马,早夜供亿,劳费倍于他役",决定在一定范围内和一定程度上优免其田粮,具体办法是:自南京至宿州 13 驿马夫,田租全免;自百善道至郑州,免三分之二;自荥阳至陕西、山西、北平,免三分之一。⑤ 洪武二十七年调整夫役佥派办法时,范围包括全体水驿、马驿及递运所,且明言均"蠲其税粮"。优免田赋,自然是想纾缓民力,但效果却很不理想。其原因在于,一旦被佥充,"转递往复,久不得代,船坏马毙,则易买补偿",实际成了变相的世袭性差役,故尔"虽巨室甲户,亦惮其役,吏缘为奸,往往富者以贿免,而贫者愈困"。洪武二十七年对佥派粮额的调整,就是为了改变这种局面才进行的。大体说来,此次新定制度在佥派原则上并无改变,仍以税粮为基准,其不同之处是:第一,将粮额扩大 5 倍,如原来税粮 100 石出上

---

① 万历《明会典》卷 145《兵部二十八·驿传一·会同馆》。
② 《明太祖实录》卷 29,洪武元年正月庚子条;万历《明会典》卷 145《兵部二十八·驿传一·水马驿上》。
③ 《明太祖实录》卷 76,洪武五年九月丁酉条。
④ 万历《明会典》卷 145《兵部二十八·驿传一·水马驿上》。
⑤ 《明太祖实录》卷 98,洪武八年三月乙酉条;《钦定续文献通考》卷 16《职役·历代役法》。

马一匹，改为 500 石粮出上马一匹，其余依此递加。第二，仍以所隶民户田粮照额均派，但服役者不限于民户，军、匠户有民田者，亦在佥充之列。第三，废除长期服役的做法，按一定原则编成序列，依次轮充，周而复始。第四，取消水夫、马夫优免田赋待遇，只保留杂役优免，其数额为二丁。① 水马驿的馆夫，在丁粮相应人户内佥充。

递运所。洪武元年规定，陆递所需人夫（牛夫、车夫），于 15 石粮户内点充，如无相应人户，则由众户凑粮共当。也就是说，每粮 15 石出 1 夫，每夫 1 名置办牛 1 头。车辆置办无明确规定，大约配备 3 牛的大车，由 3 夫共办；配备 1 牛的小车，由该牛夫独办。水递所需水夫，比水驿水夫佥派的税粮标准要低，皆于 5 石以下粮户内点差，每 13 名、12 名、11 名、10 名水夫，分别共置 600 料、500 料、400 料、300 料船 1 只。永乐十年，令"凡递运所夫头，于船内选丁粮多者为之，常川在所应役，其单丁粮少，令津贴夫头"②。可见，由于 5 石之上的粮户皆点充水驿水夫或其他夫役，遗下的户中税粮达到 5 石者不多，亦须众户朋充 1 夫，因而出现了类似正户、贴户的制度，丁粮多者充夫头应役，丁粮少者则津贴夫头。

急递铺。洪武元年规定，铺兵"于附近民有丁力、田粮一石五斗以上、二石之下者充之，必少壮正身"③。在各驿递机构中，铺兵负担最轻，故税粮标准也最低。铺兵的优免，据《大明令·兵令》是"与免杂泛差役"，大约是其家杂役全免。后制定夫役优免则例，规定可优免二丁。④ 按照规定，铺兵须由身强力壮的正身应役，不得替代，但有些无籍之徒却强行包揽，从中渔利，故弘治十三年规定："各铺司兵，若

---

① 《明太祖实录》卷 231，洪武二十七年正月丁亥条。
② 万历《明会典》卷 148《兵部三十一·驿传四·驿递事例》。
③ 《明太祖实录》卷 29，洪武元年正月庚子条。
④ 万历《明会典》卷 206《工部二十六·夫役》。

有无籍之徒不容正身应当，用强包揽，多取工钱，致将公文稽迟沉匿等项，问罪，旗军发边卫，民并兵丁等发附近，俱充军。"①

在元代，站户与军户、灶户一样，是世袭的。明代户籍制度大体沿袭元代，军、灶、匠户亦皆为世籍，但却取消了将站户编为世代罔替的固定户籍的做法，这是一个进步。不过，明代从民户中佥点的水夫（船户）、马夫（马户）等，仍带有一些世袭制的残迹。在洪武朝大部分时期，水夫、马夫是"久不得代"的，亡故者则由其家人顶役。洪武二十七年以后，实行"依次轮充"制度，即在已划为水夫、马夫的各户中轮充，自不涉及其他未划入民户。《大明律·户役·人户以籍为定》规定："凡军、民、驿、灶、医、卜、工、乐诸色人户，并以籍为定。若诈冒脱免、避重就轻者，杖八十。其官司妄准脱免，及变乱版籍者，罪同。"从该法令也可看出，一旦划入驿（马、船）户，便有了单独户籍，与普通民户有别。当然，随着时间推移，各户经济状况会有变化，为了不使驿递缺乏人力物力，自明初就建立了"佥替"制度，规定："粮佥水马递运人户，陈告消乏，驿所即申闻有司，体勘是实，就便佥替，不许刁蹬靠损。"② 在全国普遍推行黄册制度后，每十年磨勘审编，重编黄册一次。作为徭役的一个重要组成部分，驿递差役的磨勘重编与攒造黄册同时进行，每十年一次。不过，磨勘重编，虽说是将现有册籍作废，而根据丁粮状况重新编造，但对各色夫役户，却不是按照原定标准从丁粮相应的民户中重新佥点，而是仍保持原定户籍，在其内部进行调整，实在不足，方才另行佥替。此从天顺时制定的这条法令中可以明显看出："天下驿递夫役，每十年一次磨勘重编，丁粮相应者作正，消乏者作贴，应佥替者即与佥替。"③可见驿户一旦被佥点，除非沦为赤贫

① 万历《明会典》卷149《兵部三十二·驿传五·急递铺》。
② 万历《明会典》卷148《兵部三十一·驿传四·驿递事例》。
③ 万历《明会典》卷148《兵部三十一·驿传四·驿递事例》。

才能除籍另佥外，只要保持着一点经济实力，就要世世代代应承斯役，无世袭之名，而有世袭之实。铺兵的情况，与驿户相似，许多地方志中载有"铺兵户"数目，可见佥充者亦列入单独户籍。在驿递诸役中，大约只有馆夫未编入单独户籍，有明确的服役年限，即使家庭经济状况无任何变化，役满亦脱役回乡，担当民差。

除会同馆馆夫及马夫、驴夫需到两京服役外，驿递夫役从民户中佥充者，一般就在家乡服役，如果不敷，需要他府县协济，也只从相邻府县佥派，服役地点离家乡不致太远。但是，也有一些人被派到远离家乡的地方服役，其情况有三种：第一，因设驿地点变动，应役人员随之被迁移，如洪武十七年开通自眉州至建昌驿道，以温江至建昌各驿移置峨眉新驿。① 第二，边境地区人员稀少，有时不得不佥发距离较远民户当役，如凉州至庄浪之间的马驿和递运所有不少临洮等府夫役，"其民去乡既远，赀给不充，往往逋逃"②。第三，因北方地区迭经战乱，经济残破，处于要路的驿道因任务繁重，当地百姓难以承受，政府便从南方佥发夫役前来当役，如永乐二年，下令"暂借南方百姓买马当差，过二年乃着土民买马替他回来"，于是南方一些州县，"于额粮及人丁编佥马头，买马解送北直、山东、河南、固镇、江北等处各驿"③。到远方服役，消费大增，有关人员的负担加重许多。

3. 出马当役的特殊人户

在佥派民户之外，明政府还强迫一些特殊的人和户为驿递出马当役，以补充某些地区人力物力之不足。这类人户主要有南方粮佥夫役、

① 徐学聚：《国朝典汇》卷162《兵部二十六·邮驿》。
② 《明太祖实录》卷247，洪武二十九年九月庚申条。
③ 崇祯《吴县志》卷9《役法》。

市民马户、囚充站户、军充站户、原额站户等。

南方粮佥夫役。据记载，"洪武间，以北方地广人稀，于江浙苏松等府照粮佥拨，于各处养马走递"①。由于洪武时期所佥限于江浙所属府县，故将这些人户统称为"两浙税户"，其实主要是在浙西诸府佥点。洪武十六年，朱元璋下令："佥苏、松、嘉、湖四府民，占田四十顷之上者，出上马一匹；三十顷之上，出中马一匹；二十顷之上，出下马一匹。"②这里有一个问题需辨析一下。本次佥派驿马，标准很宽，以上马为例，苏、松、嘉、湖皆属重赋地区，每亩平均负担田赋数分别为 0.2853 石、0.2377 石、0.1889 石、0.1144 石，40 顷田的田赋，分别为 1141.2 石、950.8 石、775.6 石、457.6 石，比当时通行的粮 100 石出上马 1 匹的则例高出甚远，即使以全国平均亩赋数 0.0346 石计算③，40顷田之赋仍达 138.4 石，较 100 石尚多出 1/3 强。据此，似乎这是放宽了佥充条件。其实不然，朱元璋这样做，目的是打击江南富户，是在他们已承担了法定的各项夫役的基础上，额外附加上去的一种负担。既属额外徭役，自不能按照一般佥点标准办理，因为一般民户佥为马户，其他杂役随之优免，而在江南特佥的这些马户却仍须担当其他杂役。洪武二十七年改革驿夫佥派方式时，特别声明两浙税户"仍旧应当，不在均派之例"④，由此可见这种佥充之性质。朱元璋之所以这样做，是因为他认为"富民多豪强，故元时，此辈欺凌小民，武断乡曲，人受其害"⑤，遂悉召至京，亲加训谕。不过，仅凭一番训谕，很难改变积习，于是朱元璋采取诛杀、籍没、迁徙等办法，力行打击。但是，在财利吸引下，

---

① 嘉靖《上海县志》卷 2《户役》。
② 万历《明会典》卷 148《兵部三十一·驿传四·驿递事例》。
③ 参见唐文基：《明代赋役制度史》，第 86 页。
④ 万历《明会典》卷 148《兵部三十一·驿传四·驿递事例》。
⑤ 《明太祖实录》卷 49，洪武三年二月庚午条。

幸存以及新生的富户仍有诸多逃避赋役行为，故洪武十五年朱元璋曾榜谕两浙、江西之民，指斥他们"有田而不输租，有丁而不应役"，劝导他们"宜从速改过从善，为吾良民"，警告他们"苟或不悛，不但国法不容，天道亦不容"①。第二年，即有在江南四府佥点马户之举，以作为打击措施之一种。上引永乐二年"暂借南方百姓买马当差"，虽声明过二年即让土民应役，实际上沿袭了相当长时间，其含义与朱元璋的做法相同。此外，《明会典》记永乐二年"令江西八府民充马户，每粮五百石佥上马一匹，如一户粮不及数，许并户佥充，粮多者充马头"②。这或者就是"暂借南方百姓买马当差"的一部分。从有关方志记载的情况看，江南除直隶苏、松等府外，江西袁、瑞二府赋税亦特重，说明这里经济承受力较强。而且这里与两浙一样，是逃避赋役的严重地区。故尔朱棣仿效乃父先例，不但在两浙再行佥点马户，还将这种做法推行到江西。只不过这时仅佥点人户较少的富户不够用，故亦可朋充，但仍由粮多的富户负主要责任。南方粮佥夫役在北方驿所服役持续到成化元年，是年朝廷下令："南、北直隶及山东等处各驿马夫，俱于本地相应人户内佥充，免其赋役。其南方粮佥夫役，悉与开除。"③

市民马户。据刘辰《国初事迹》记载，市民之被佥，系因"沈瑢自杭州赴京，奏市民子弟不务生理，美丽身服，出入公门，结交官吏，说事过钱，坏法害民"。按，沈瑢当作沈溍，钱塘人，洪武十八年进士，后任职于兵部，"卫所世籍及军卒勾补之法"皆其所定。④ 查《实录》，朱元璋佥市民为马户，在洪武二十年，当时"命兵部遣使籍杭、湖、严、衢、金华、绍兴、宁波及直隶徽州等府市民富实者，出赀市马，充凤

---

① 《明太祖实录》卷150，洪武十五年十一月丁卯条。
② 万历《明会典》卷148《兵部三十一·驿传四·驿递事例》。
③ 万历《明会典》卷148《兵部三十一·驿传四·驿递事例》。
④ 《明史》卷138《唐铎传附沈溍传》。

阳、宿州抵河南郑州驿马户"①。朱元璋这样做，固然可能由沈潜之言所促发，但更与他一向痛恨游手好闲、不务生理之徒有关。朱元璋认为这些人"非帮闲在官，则于闲中为盗。帮闲在官，教唆官吏，残害于民，不然为贼乡里"②。居住于城市及近郊的市民之中，不务生理、出入公门之徒最多，尤以江南为甚，如松江一府坊厢中就有此种人1350名，苏州坊厢则有1521名。③对于这种人，朱元璋采取了许多措施加以打击，让他们承担杂役即是一种。他曾规定，"凡祗应、禁子、弓兵，悉佥市民，毋役粮户"④。洪武二十年佥点市民马户，亦属此种性质。其后不久，佥点范围即扩大到直隶江南各府，服役地点在凤阳、河南外，又扩大到陕西、北平等处紧要驿所，并规定了具体佥点标准：138户出上马1匹，118户出中马1匹，98户出下马1匹。每马各就原定户内选丁多者4户充马头，在驿走递；如马头户绝，体勘明白，仍于本马原编户内佥补。后因将苏州等处包括马户在内的不少市民起取赴京，马户有缺，朱元璋又想到了受人轻贱的船居人户，下令"除军、匠、灶丁外，每三千料以上编马一匹，市民有故，令补缺应当"。佥点的市民马户，皆编入特殊户籍，世代应役，直到成化年间，才作出"市民马户有告消乏者，并许勘实佥替"的规定，沦为赤贫者虽可脱籍，但仍须佥其他市民补役。⑤明代后期，市民马户"皆派于均徭内"⑥，但其名目迄未取消。

囚充站户。明初常令罪犯服劳役以代刑罚，如洪武八年敕令："自今凡杂犯死罪者，免死输作终身，徒流罪限年输作。"⑦输作项目不一，

---

① 《明太祖实录》卷186，洪武二十年十月乙丑条。
② 《大诰续编·再明游食第六》。
③ 《大诰续编·罪除滥设第七十四》。
④ 《明史》卷78《食货二·赋役》。
⑤ 万历《明会典》卷148《兵部三十一·驿传四·驿递事例》。
⑥ 茅元仪：《掌记》卷2。
⑦ 《明太祖实录》卷97，洪武八年二月甲午条。

有屯种、煎铁、筑城、代农民力役等，发充水夫、马夫、馆夫亦是一种劳役形式。由于罪行轻重不同、经济状况有异，囚充站户也可区分为三种情形：第一种，政府给予运输工具，让他们到交通不便的递运所和驿站运输军用粮饷。如洪武十八年，"命法司录罪人应流、徒者，发凉州木速秃、杂木口、双塔儿三递运所充车夫，俾运军需"①。三十年，"诏发赎罪囚人于平凉诸处立递运所，令其转运粮饷，以给军士"②。根据陕西行都司的一份奏疏，自凉州至庄浪间的大河、黑松林、岔口三驿也均以谪发刑徒充役。③ 与他们承担相同工作的恩军和民户的衣食均要自行解决 ④，看来这些刑徒亦要自筹衣食。第二种，是将他们发到边远地区和交通困难地区充当驿夫，运输工具由政府置备，并拨与田土以供衣食之资。如洪武二十年，"命左军都督府自山海卫至辽东置马驿一十四，驿各给官马三十匹，以赎罪囚徒为驿夫，驿百二十人，仍令田其旁近地以自给"⑤。二十一年，"湖广五开至靖州置驿十二，驿夫以刑徒充之，仍令屯田自给"⑥。第三种，是让家庭经济条件较好的罪犯出资置办交通工具，并亲身服役。如洪武二十三年，"令刑部、都察院于徒囚内审有丁粮者，每二名买马一匹，杖囚一名充水夫一名，十名造船一只，常川走递，其用车去处，徒、流囚四名共办一辆"⑦。永乐八年，于广西横州海棠桥置递运所，"以本处囚徒充水夫，置船递送"⑧。十五年，令"杂犯死罪囚，审有力者，每二名买马一匹，并随马铺陈什物，终身

---

① 《明太祖实录》卷 173，洪武十八年六月癸巳条。

② 《明太祖实录》卷 255，洪武三十年十月己丑条。

③ 《明太祖实录》卷 247，洪武二十九年九月庚申条。

④ 《明太祖实录》卷 244，洪武二十九年二月戊戌条。

⑤ 《明太祖实录》卷 183，洪武二十年七月丙戌条。

⑥ 《明太祖实录》卷 190，洪武二十一年四月丁巳条。

⑦ 万历《明会典》卷 148《兵部三十一·驿传四·驿递事例》。

⑧ 《明太宗实录》卷 140，永乐八年五月壬午条。

走递"①。囚充站户属于强制性劳役，服役期限根据刑期长短而定。囚充
站户服役期间，不可逃跑。按照规定，问充会同馆馆夫的囚人逃跑，一
旦抓获，则永远充役。②问充水夫、马夫者，当然也要给予此类处罚。

军充站户。关于此种，《明会典》概述说："凡军充站户，辽东、大
宁、云南、四川及陕西、山东、山西等处驿站，俱有问发恩军、囚军，
或官给马匹，或令自备，与民夫相兼走递。其边卫无有司处马驿，俱
系谪发官军应役。逃亡事故，照例清勾。"③由此大体可以看出军充站户
的基本制度状况：其一，与囚充站户一样，军充站户亦可区分为几种不
同情形。第一种，谪发罪人为之，由政府提供运输工具，但衣食须自
备。洪武末，陕西行都司指挥金事张豫在一份上疏中，谈到"凉州、肃
州马驿及递运所见役恩军，多系曾经籍没之人，所以衣食不给，往往逃
故"④。经张豫奏请，见役者才人给月米3斗，并决定以后对弛刑编军之
徒不再抄没家财，以使其家有力供养见役者。第二种，谪发罪人为之，
给与田地，用田地所产以供驿役。如洪武二十四年，"置永宁至沾益州
邮传四十八，贵州都指挥同知马烨巡示所置邮传，未有邮卒，请以谪戍
军士应役，每十铺置百户一人总之，就屯田自给，从之"⑤。第三种，谪
发罪人为之，由他们自备运输工具和衣食。如洪武三十年规定，"杂犯
死罪者，自备车牛，运米输边，本身就彼为军"⑥。以上三种，在明初是
军充站户的主要部分。据《明史·兵志》说，谪发与从征、归附军一样，
"皆世籍"，可见洪武时谪发者皆改入军籍，世世服役。而且随着时间推
移，上述三种的差别也逐渐消失，都获得军队拨与的田土，用其收入供

---

① 万历《明会典》卷148《兵部三十一·驿传四·驿递事例》。
② 万历《明会典》卷145《兵部二十八·驿传一·会同馆》。
③ 万历《明会典》卷148《兵部三十一·驿传四·驿递事例》。
④ 《明太祖实录》卷244，洪武二十九年二月戊戌条。
⑤ 《明太祖实录》卷211，洪武二十四年八月甲戌条。
⑥ 《明太祖实录》卷253，洪武三十年五月甲寅条。

办驿递所需经费和设备。第四种，从官军中拨充。这类军充站户明初即有，如凉州至庄浪间各马驿、递运所，就曾由庄浪等卫军士与囚徒、民夫共同当役。①洪武二十四年，北平参议周倬奏云："大宁、会州、山海三卫所属驿马，皆屯田军士牧养，有丁产者，衣食仅足，刍菽可供；其贫窭者，家且不给，何有于马？宜贫者仍发为军，而于大宁各卫选军士之稍富者充之。"上命廷臣议行。②可见该三卫属驿马户亦由官军承当。其后，谪发刑徒逃亡者多，其缺额往往从官军中拨补。如宣德时，辽东总兵官巫凯奏称，"自山海关外，辽东所属凡二十四驿，其十八驿俱在极边，洪武以谪戍等递送，今四十余年，逃亡者多"，"今朝廷调青州中护卫官军及其诸属于辽东诸卫，臣等计议，请以所调军及于旁近卫所调军协助，各以官领之，分置诸驿，以充递送，就给旁近地耕种，如例征收子粒，及时积草"，从之。③这样，官军在军充站户中的比例越来越大。其二，军充站户主要分布在汉族与一些少数民族交汇的边远地区，这些地方交通困难，居民较少，而运输任务却比较繁重，使用军充站户，既可满足需求，又可节省民力。其三，所谓与民夫相兼走递，在有的地方是大家共同在一个驿站或递运所服役，如上述凉州至庄浪间各驿递，即属这种情况；有的地方是设立专门的军站，其夫役全由军士担当，但在一条交通运输线上，则是军站与民户供役的驿递相间并存。其四，军充站户如有逃亡事故，要按照通行军政条例清勾④，也就是说，军充站户既属军人身份，对他们的管理与操守、屯田军士相同。

原额站户。所谓原额站户，就是在元朝已被佥编为站户者。元朝政府为了满足各项需要，从民户中佥发一部分人从事各种专门职业，统称

① 《明太祖实录》卷247，洪武二十九年九月庚申条。
② 徐学聚：《国朝典汇》卷162《兵部二十六·邮驿》。
③ 《明宣宗实录》卷26，宣德二年三月丁未条。
④ 参见吴晗：《明代的军兵》，《读史札记》，三联书店1956年版。

之为"诸色户"，类别有军户、匠户、盐户等等，站户是其中户数较多的一类，仅次于军户。包括站户在内的诸色户在国家户籍上各自成类，世代沿承，不许变易。明朝建立后，基本上沿袭了元代的户籍制度，将百姓依类收籍。在洪武元年颁行的《大明令·兵令》中，曾规定水站所需水夫，"于旧额有粮站户内点充"，"如旧额站户不敷，始于有司相应人户内纳粮五石之上、十石之下差充"。也就是说，原额站户只要还"有粮"，未沦为赤贫，就要优先从他们之中金充，不足才另金民户。洪武元年正是普设驿递之时，原额站户被重新金点应当旧役者，当为数不少。洪武二十七年调整驿夫金编粮额时，申明"湖广、山西原额站户，已免垛集充军者，仍旧应当，不在均派之例"[1]。由此推测，大约明初军伍缺乏，元时站户与军户性质颇有相似之处，故原额站户大多被垛集为军，改入军籍，湖广、山西免于垛集充军者，仍当驿役。其他各地，当亦有未垛集充军者，史籍未见记载，或已混同于军户，不再有专门户籍。

4. 小结

总括言之，明朝沿袭前代制度，并有所创新，在全国构筑了一个庞大的驿递系统。各驿递机构要置办交通工具，配备人夫，还要供应过往使客的伙食，耗费的人力物力是十分巨大的。这些人力物力，主要是从民户中获取，其原则是随田粮金派夫役，也要考虑人丁因素。被金充者，虽不像军、匠、灶户那样世代承役，不得变易，但除非沦为赤贫，也极难脱籍，带有明显的世袭制残迹。除金派民户外，明政府还强迫一些特殊的人和户担当驿役，这些人、户的情况比较复杂，有成为打击对象的富户、市民，有以劳役赎罪的刑徒，有拨充应役的官军，也有在元

---

[1]　万历《明会典》卷148《兵部三十一·驿传四·驿递事例》。

朝已被金编入籍的站户。应该说，驿递系统对维护政府的统治，巩固辽阔的疆域，以及对于交通运输的通畅，经济贸易的发展，都发挥了不少的作用；但另一方面，也使服役者遭受了巨大困苦，在朱明一代，驿递负担成为贯穿始终的一个社会问题。

三、"行业组织"抑或"服役名册"？
——宋代"团行"和明代"铺行"的性质与功能

1. 引言

欧洲中世纪的城市中，广泛存在着商人或手工业者的同业组织，不同语言里其称呼各不相同 [1]，英语称之为"guild"或"gild"，中文通译为"行会"，有时也译为"同业公会"，或音译为"基尔特"。欧洲不同城市的行会组织差异颇大，但又有共同的特征，正如皮雷纳所说："尽管各地的同业行会在内部自治权的限度上、在政治势力上都有所差异，但是它们的经济组织在整个欧洲却是一样的。无论在哪里，它们的基本特征相同。"据皮雷纳总结："中世纪的同业行会在本质上可以解释为一种工业公会，根据公共权力所承认的规则，而享有某项职业独占权"，"它的主要目的是保护工匠免受外来的竞争，也免受同行之间的竞争"。[2] 布罗代尔谈到："行会的职责是要协调本行业成员间的关系，并

---

[1] 参见亨利·皮雷纳：《中世纪的城市》，陈国樑译，商务印书馆 1985 年版，第 74 页；亨利·皮朗：《中世纪欧洲经济社会史》，乐文译，上海人民出版社 1964 年版，第 161 页；费尔南·布罗代尔：《15 至 18 世纪的物质文明、经济和资本主义》第二卷，顾良译，三联书店 1993 年版，第 330 页。

[2] 亨利·皮朗：《中世纪欧洲经济社会史》，第 164—166 页。

在琐碎的涉及日常生活的争执中，保护本行业成员的利益免受其他人的侵犯。"[①] 马克垚指出，行会首先是一个经济组织，同时也是一个政治性的组织，还是一个社会组织。[②] 金志霖指出："行会基本上是一个享有封建特权的封闭性组织。其封建特权主要表现在对外拥有就业垄断权，对内则实行超经济的强制性管理和监督。"[③] 总括各家见解，可以看出，行会是一个同业者组成的实体组织，其基本功能是：对外享有行业垄断特权以避免外来竞争，对内实行管理和监督以避免内部竞争。

20世纪上半叶以来，一些中外学者以欧洲行会为参照物[④]，梳理和分析中国古代城市中的"行"，将其视为在一定程度上与欧洲行会类似的组织。其中两项成果具有开创意义：一是全汉昇1934年出版的《中国行会制度史》[⑤]，通过"行会的起源"、"萌芽时代"、"隋唐时代的行会"、"宋代的行会"、"元明时代的行会"、"会馆"、"近代的手工业行会"、"近代的商业行会"、"近代的苦力帮"等专题，勾勒了中国行会的发展轨迹；二是1935年加藤繁发表的长篇论文《论唐宋时代的商业组织"行"并及清代的会馆》[⑥]，对"商人同业组织的行"、"元明清时代的行"、"行

---

① 费尔南·布罗代尔：《15至18世纪的物质文明、经济和资本主义》第二卷，第331页。

② 马克垚：《西欧封建经济形态研究》，人民出版社1985年版，第324—326页。

③ 金志霖：《英国行会史》，上海社会科学院出版社1996年版，第5页。

④ 在欧洲，商人行会和手工业行会既是两种行会类型，也代表了行会发展的两个阶段。商人行会"每个城市只有一个，它们基本上由其所在城市从事工商业的市民组成"，"是一个全面监督和管理城市工商业活动的机构"；后起的手工业行会则"只局限于某一特定的范围，或者说某一部门之中"。手工业行会的出现，是导致商业行会衰落的主要原因。欧洲行会的基本特征，在手工业行会中表现得最为典型。（参见金志霖：《英国行会史》，第32、69—70、72—74页）。中国学术界所说的行会，特别是作为中国古代"行"之参照物的行会，主要是指手工业行会。

⑤ 全汉昇：《中国行会制度史》，新生命书局1934年版。以下本文所引为百花文艺出版社2007年重印本。

⑥ 原载日本《史学》第14卷第1期，收入氏著：《中国经济史考证》第一卷，吴杰译，商务印书馆1959年版，第337—369页。在此文中，加藤先生谈到自己在昭和二年

和会馆"、"隋唐以前同业商店的街区"等问题做了比较深入的探讨。读过这两篇论著，人们很容易形成如下两点认识：第一，前近代中国也存在着"行会"组织，其性质和功能虽然与欧洲的行会有很大差异，但也不乏类似之处，两者都是工商业者自发组织的行业组织；第二，中国的"行会"组织的发展，经历了一个从"团行"、"铺行"到"会馆"、"公所"的演变过程。

上述两项成果问世以来，尽管时冷时热，中国的行会问题一直没有淡出学术视野，陆续发表了一批论著。随着研究成果的增加，学术观点也日益多样化，或认为中国的"行"与欧洲行会不乏类似之处，或认为两者完全不同，甚至根本不能称之为"行会"。①但总体看来，上揭两点认识，迄今仍是比较流行的基本看法。笔者在阅读相关史料和论著的过程中，感觉关于中国古代"行"的性质和功能，虽然已经是个老问题，但由于迄今仍然众说纷纭，而且存在诸多误解，主流看法似乎也难以成立，故不揣浅陋，以资料略微详细一些的宋代"团行"和明代"铺行"为中心，谈一点不成熟的看法和疑问，以就教于学界同仁。

2. 关于宋代"团行"的性质和功能

尽管全汉昇等学者试图将"行"溯源到先秦时代，但直到隋唐时期，才正式出现"行"的名称和具体记载。而将分散经营的工商业者组编成"行"，承担为官府买办物料等任务，更是宋代才确立的新制度。这种引

（1927年）发表了《唐宋时代的商人组织——行》，此后继续研究，产生了一些新的见解，并发现该文考证部分存在错误，遂重新撰写了此文。按，加藤先生《唐宋时代の商人组合"行"に就いて》一文，刊载于池内宏编《东洋史论丛：白鸟博士还历记念》，该书由岩波书店于大正十四年（1925年）出版。

① 参见朱英：《中国行会史研究的回顾与展望》，《历史研究》2003年第2期；魏天安：《宋代行会制度史》，东方出版社1997年版，第74—76页。

人注目的制度变迁，正如许多论者所指出的，是城市管理体制和空间结构发生重大变化的结果。自先秦以迄唐代的城市，长期保持着"坊市分离"格局。"坊"又称"里"，或合称"坊里"，是城市中的居住单元和基层单位，四周由坊墙围绕，坊内不许开设店铺；城中的交易场所称为"市"，亦用墙垣围绕。魏晋以前，载于"市籍"的工商业者均要居住在市内，其后管制有所松动，工商业者可以在市外居住，但其交易则必须到市内进行。到唐代后期，随着商品经济的发展繁荣，在坊内或破墙侵街开设店铺者越来越多，"坊市分离"制受到强烈冲击。五代时期，临街开门的行为，正式得到法令的许可。降及北宋，坊墙逐渐消失，原来封闭的坊市被开放的街巷所代替，店铺与住宅混杂交错，最终形成了"坊市合一"的城市格局。

唐代的"行"，是由在"市"内相对聚集的同业者组成的，每个"行"都有"行头"。贾公彦解释《周礼》中之"肆长"时，即举"行头"以与之对应："肆长，谓行头，每肆则一人，亦是市中给繇役者"；"此肆长，谓一肆立一长，使之检校一肆之事，若今行头者也"①。唐德宗贞元九年（793 年），针对"陌内欠钱"问题敕曰："自今已后，有因交关用欠陌钱者，宜但令本行头及居停主人、牙人等检察送官。如有容隐，兼许卖物领钱人纠告。其行头、主人、牙人，重加科罪。"②可见官府确实利用"行头"以控制其众。对于这些史料，学者们有不同理解。如胡如雷认为，"行头并不是工商业者的代表，而是代表地主政权在市场上掌握政令的职官"③；而肖建乐认为，"行头"是被同行业者选举出来的，通常出面代表本行业与官府打交道④。细绎文义，"行头"应是官府所"立"

① 贾公彦：《周礼注疏》卷 9《地官司徒第二》"胥师"条、卷 15《地官司徒第二》"肆长"条。
② 《旧唐书》卷 48《食货上》。
③ 胡如雷：《中国封建社会形态研究》，三联书店 1979 年版，第 268 页。
④ 肖建乐：《唐代后期市民阶层的形成》，《东南文化》2007 年第 6 期。

的"给繇役者"，而非同业选举出来的代表，胡氏之说似更妥帖；当然，"行头"是否为"职官"还可斟酌，更可能是一种"职役"。换句话说，唐代的"行"，乃是官府管理市场和佥派繇役的工具。因同业者在"市"内相对聚集，也可以将"行"视为一种"组织"，但它仅存在于"市"内，功能单一，与西欧的"行会"在性质和功能上有着根本的差别。

与唐代的"行"相比，有关宋代"行"的记载更加丰富一些。其中最常为人引用的，是耐得翁和吴自牧的记载。耐得翁记云："市肆谓之行者，因官府科索而得此名。不以其物大小，但合充用者，皆置为行。虽医卜亦有职，医克择之差占，则与市肆当行同也。内亦有不当行而借名之者，如酒行、食饭行是也。又有名为团者，如城南之花团、泥路之青果团、江下之鲞团、后市街之柑子团是也。其他工伎之人，或名为作，如篦刀作、腰带作、金银镀作、钑作是也。"①吴自牧亦云："市肆谓之团行者，盖因官府回买而立此名。不以物之大小，皆置为团行。虽医卜工役，亦有差使，则与当行同也。然虽差役，如官司和雇支给钱米，反胜于民间雇倩工钱，而工役之辈，则欢乐而往也。其中亦有不当行者，如酒行、食饭行，而借此名。有名为团者，如城西花团、泥路青果团、后市街柑子团、浑水闸鲞团。又有名为行者，如官巷方梳行、销金行、冠子行，城北鱼行，城东蟹行……。更有名为市者，如炭桥药市、官巷花市、融和市南坊②珠子市、修义坊肉市、城北米市。……其他工役之人，或名为作分者，如碾玉作、钻卷作、篦刀作……等作分。又有异名行者，如买卖七宝者谓之骨董行、钻珠子者名曰散儿行、做靴鞋者名双线行、开浴堂者名香水行。"③除京师外，地方城镇也置有行，真德

① 耐得翁：《都城纪胜·诸行》。

② 按，"融和市南坊"，别本有作"融和西坊"、"融和坊南官巷"者。据《梦粱录》卷13《铺席》："自融和坊北至市南坊，谓之珠子市。"则珠子市地跨融合、市南两坊。

③ 吴自牧：《梦粱录》卷13《团行》。按，曲彦斌认为《梦粱录》卷19"社会"条所列遏云社、

秀谈到："黄池一镇，商贾所聚，市井贸易稍稍繁盛。州县官凡有需索，皆取办于一镇之内。诸般百物，皆有行名。人户之挂名籍，终其身以至子孙，无由得脱。若使依价支钱，尚不免为胥吏减克，况名为和买，其实白科。"① 今河南省滑县四间房乡北呼村有一通元祐八年（1093 年）重修古庙的布施碑，从碑文可知，宋时白马县有磨行、绳行、食行、果子行、斛斗行、青果行、酒行、车马行、泥圬行、纸马行等。②

对于宋代"行"的性质和功能，学者们的看法颇有分歧，难以一一揭示和辨析，以下围绕比较核心的几个问题略加申论。

第一，宋代的"行"是官府强制置立的，还是自发组织的？为了说明"行"属于"行会"，不少学者试图论证"行"是工商业者的自发组织。如全汉昇认为："官吏常对于工商业加以不法的课税或其他压迫，后者为维持工商业上的利益计，联合起来组织行会以对抗之。"③加藤繁也试图否认"行役"是"行"成立的基础，他指出："行役，应该看做主要是对于特权的报偿，有了行，有了行的特权，就开始发生行役，而行却不是为了行役才产生的。"④魏天安也主张"行"是工商业者自发组织的，官府置行"本质上不过是对业已存在的行业组织的承认，并让其为官府承担义务而已"⑤。傅筑夫的说法有点模棱两可，他认为：宋代"工商业者之所以要组织行，不是从各人的经营的需要上感到有自行组织起来的必要，而是在外力强制之下，不得不组织起来。强制力量来自两个

清音社、傀儡社、穷富赌钱社、蹴鞠社、打球社、射水弩社等，都属于"市井娱乐业行会"（《行会史》，上海文艺出版社 1999 年版，第 28—29、54—55 页）。此说恐难成立。
① 真德秀：《西山先生真文忠公文集》卷 7《申御史台并户部照会罢黄池镇行铺状》。
② 李合群：《北宋"供百物有行"的见证——河南滑县北宋商行碑》，《中国经济史研究》2011 年第 2 期。
③ 全汉昇：《中国行会制度史》，第 5—6 页。
④ 加藤繁：《中国经济史考证》第一卷，第 357—358 页。
⑤ 魏天安：《宋代行会制度史》，第 109 页。

方面：一是来自工商业者自己，这是同业的工商业者为了应付官府的科索，为了祗应官差，而不得不组织起来，以便与官府打交道；二是来自政府，这是最主要的强制力量，即政府为了对工商业者进行科索，为了便于征调工商业者的徭役，强制工商业者按照其所属行业组织起来"①。傅氏承认工商业者为了对付官府科索而自发组织"行"的可能性，但更倾向于认为"行"是官府强迫组织的。上引史料中，耐得翁谓"皆置为行"，吴自牧谓"皆置为团行"。此外，《宋会要辑稿·食货·和市》有"初，京师供百物有行，官司所须，皆并责办"②之说。南宋绍兴年间，户部尚书兼权知临安府韩仲通上言："居民日用蔬菜果实之类，近因牙侩陈献，置团拘卖，克除牙钱太多，致细民难于买卖。"③这些史料，明显是说"行"或"团"系官府为"科索"、"回买"而"置"的，它们不是工商业者保护自身利益的组织，而是封建政权对工商业者进行统治和征敛的工具。④如将"团行"解释为工商业者自发成立以对付官府科索的组织，恐怕与史料本意正好相反。至于加藤繁、魏天安的先有"行"后有"行役"的说法，则难免凭空臆断之嫌，因为他们并未给出相应的史料根据，提供一个可以佐证工商业者自发创"行"的确凿事例。

第二，宋代的"行"是否像欧洲行会那样，也享有行业垄断权？不少学者给出肯定的回答。加藤繁尽管发现"在宋代，没有说明作为同业组织的行独占商业的文献流传下来"，但还是推测"行的最重要的意义，就在于它是维护他们的共同利益的机关，而共同利益中最主要的，大约就是垄断某一营业"⑤。全汉昇认为，"行会因为对政府尽了相当的义务，

---

① 傅筑夫：《中国经济史论丛》（下），三联书店 1980 年版，第 417 页。

② 徐松辑：《宋会要辑稿》，中华书局 1957 年版，第 5467 页。

③ 《建炎以来系年要录》卷 173，绍兴二十六年七月辛亥条。

④ 胡如雷：《中国封建社会形态研究》，第 265—273 页。

⑤ 加藤繁：《中国经济史考证》第一卷，第 354—356 页。按，加藤繁引录《续资治通鉴长编》卷 60 景德二年五月壬子条"其输边粟者，非尽行商，率其土人……"，认为"文

政府亦特许它对于各种职业的独占，并答应以政府的力量来维持行会规约的威严——取缔行会以外之工商业者的存在"①。他援引《文献通考》所载《郑侠奏议跋》为据："有指挥：元不系行之人，不得在街市卖坏钱纳免行钱人争利。仰各自诣官投充行人，纳免行钱，方得在市卖易；不赴官自投行者有罪，告者有赏。此指挥行凡十余日之间，京师如街市提瓶者必投充茶行，负水担粥以至麻鞋头发之属，无敢不投行者。"②实际上，正如胡如雷所指出的，根据这条资料并不能断言宋代行会具有垄断市场、防止竞争的职能。③郑侠所说，属于王安石变法时期的特殊情况，宋代更为通常的情况，是资本微薄的小商人不必投行。欧洲行会的垄断权，主要表现为非会员不得在本地从事相关的工商业活动。宋代并无此类限制，人们可以自由地选择某项职业，但从业后要投行应役，这是政府的要求，而非"行"的权利，所以才会出现"每年行人为供官不给，辄走却数家，每纠一人入行，辄诉讼不已"④，即攀扯他人入行的现象。魏天安将"垄断商品及服务市场"列为宋代"行"的四大职能之一⑤，

中所谓行商，大约是开封的米行商人"，并结合《宋会要辑稿》食货36《榷易》一则有关交引铺的资料，推测"大约是米行商人团结起来，谋同行者相互的利益，同时会对侵犯他们利益的行外商人加以排斥"。此处所谓"行商"是指不同于"土人"的外来流动商人，加藤繁之解释当属望文生义。

① 全汉昇：《中国行会制度史》，第54—55页。不少学者持类似看法。如徐东升《宋代农民流动与经济发展》（《中国社会经济史研究》1999年第1期）一文谈到："流入城市的农民是不能自由地受雇于人或独立地从事工商业，而必须加入行会，这主要因为经济发展没有提供充足的谋生机会，从业者为免除新来者的竞争，组成行会，划界经营，维持着对某一区域某一行业的垄断。"亦引《郑侠奏议跋》为证。

② 马端临：《文献通考》卷20《市籴一》。按，《文献通考》中此段文字，为不少学者所引用，然其中"不得在街市卖坏钱纳免行钱人争利"一句文义难通，据郑侠《西塘集》卷1《免行钱事》当作："不得在街市卖易，与纳免行钱人争利。"

③ 参见胡如雷：《中国封建社会形态研究》，第269—270页。

④ 《续资治通鉴长编》卷240，熙宁五年十一月丁巳条。

⑤ 参见魏天安：《宋代行会制度史》，第55—63页。

然观其具体论述，多属大商人依靠经济实力经营批发业务、垄断市场、盘剥中小商人，而并非"行会"垄断市场不准非行会成员经营，这些行为似与"行会"这个组织本身的职能并无关系，也不一定以"行会"作为依托 ① ；至于所列供水、掏粪等服务业划分地盘垄断经营的行为，从资料更为丰富的清代北京的类似情况看，根本与行会无涉 ② 。

第三，宋代的"行"仅仅是一种徭役佥派方式，还是多功能的社会经济组织？全汉昇虽然发现"行会组织的详细情形，在宋代遗下的材料中很难找到"，还是相信宋代的"行"是一个会员地位平等的社会经济组织，但他的看法难以成立，多属对史料的误读。如他认为，"行老"对外有"向官府交涉本行的种种权利"，所举例证有二：一是肉行徐中正等请求纳钱免役，但徐中正等是否"行老"，他的上奏是"行"的集体行动还是个人行为，并不清楚；二是《为政九要》要求司县到任"密问三姑六婆、茶房、酒肆、妓馆、食店、柜坊、马牙、解库、银铺、旅店，各立行老，察知物色名目，多必得情，密切告报"，只能证明"行老"是官府设立的职役，是地方官的耳目，不能证明"行老"是"行"的领袖和代表。③ 再如，他认为"行老"对内"关于行会中的种种事宜

① 在谈到市易法的作用时，王安石指出："今修市易法，即兼并之家，以至自来开店停客之人并牙人，又皆失职。兼并之家，如茶一行，自来有十余户。若客人将茶到京，即先馈献设燕，乞为定价。"（《续资治通鉴长编》卷236，熙宁五年闰七月丙辰条）据此可以判断，宋代垄断商品及服务市场的事例，与明清时期势力较大的"牙行"、"歇家"的行为如出一辙，当属同类性质。关于"歇家"、"牙行"的研究论著较多，可参见杨其民：《买卖中间商"牙人"、"牙行"的历史演变——兼释新发现的〈嘉靖牙帖〉》，《史林》1994年第4期；许文继：《歇家与明清社会》，中国社会科学院历史研究所明史研究室编：《明史研究论丛》第六辑，黄山书社2004年版；胡铁球：《"歇家牙行"经营模式的形成与演变》，《历史研究》2007年第3期。

② 参见邱仲麟：《水窝子——北京的供水业者与民生用水（1368—1937）》，李孝悌编：《中国的城市生活》，新星出版社2006年版；刘小萌：《清代北京旗人社会》，中国社会科学出版社2008年版，第351—356页。

③ 鉴于宋代文献中除米行头曹赟外，没有记载其他行头的举动，加藤繁推断说："行首、

负设施上的责任"，并举《梦粱录》卷2"诸库迎煮"条所记行首"各雇赁银鞍闹妆马匹，借倩宅院及诸司人家虞候押番"为例，但细看此条，所谓"行首"，实际上是"着红大衣，带皂时髻"的妓女。又如，他认为行会有宗教活动，《东京梦华录》、《梦粱录》等书确实记载逢北极佑圣真君、东岳天齐仁圣帝等神灵诞辰日，"诸行市户"、"诸行百姓"要奉献特色物品，但这属于"行"的有组织的活动还是各行业的习惯性做法，同样也不清楚。复如，他认为行会有娱乐功能，列举《东京梦华录》卷6"正月"条"坊巷以食物动使果实柴炭之类，歌叫关扑，如马行、潘楼街，州东宋门外……"，以及同样提到"马行"的卷6"十六日"条、卷8"七夕"条为例，但通看这几条，"马行"实指"马行街"，乃是一个地名，与所谓行会的娱乐毫不相关。傅筑夫虽然不同意将"行"视为"行会"，但也认为"行"是实体组织，所列"各行的组织与活动"，与全汉昇基本相同。[①] 魏天安主张宋代的"行"具有"联络同业人之间的感情"的功能，所举不过是各行业往往有特殊的服饰、语言，共同参与迎神赛会等[②]，其实即使在没有行会组织的情况下，同业之间也会形成一些共同习俗，并通过一些活动联络感情。此外，还有一些学者力图证明宋代行会具有与欧洲行会类似的功能，在商品质量、价格、学徒制度等方面都要受行规约束。[③] 观其所列论据，多属牵强附会，不一一辨析。

既然宋代的"行"是官府为科索而强制置立的，既不享有行业垄断权，也缺乏内部的监督与管理功能，那么显然不能将其视为"行会"，

行老大约不一定是由官府的命令设置的，官府只是对于茶房酒肆等奸人易于潜入的特定营业特别命令设置行首、行老，为了取缔奸细而利用他们。"（《中国经济史考证》第一卷，第354—356页）此说是否成立，因史料不足尚难断定。

① 傅筑夫：《中国经济史论丛》（下），第428—433页。

② 魏天安：《宋代行会制度史》，第71—73页。

③ 杨德泉：《唐宋行会制度之研究》，邓广铭、程应镠编：《宋史研究论文集》，上海古籍出版社1982年版。

除非我们把"行会"的内涵扩展到没有任何实质意义的地步。更进一步说，宋代所谓"置行"或"置团"，可能只是设立一种徭役类别，而非设立一种组织。前引真德秀所述黄池镇的情况，显然就是将各行商人登记在册，使其成为承担某种特定徭役的"役户"，并且要世代承役，不得脱籍。这一点从岳珂所述各地木工情况也可以得到印证："今世郡县官府营缮创缔，募匠庀役，凡木工，率计在市之朴斫规矩者，虽启楔之技无能逃。平时皆籍其姓名，鳞差以俟命，谓之当行。"①很显然，各地官府将木工籍记在册，需要时按册点佥，而木工之间并未结成实体性组织。前举河南省滑县四间房乡北呼村遗存的宋代碑刻，虽然出现了十几个行名，但内中只有冶作人并列了三人，磨行虽有潘贵、曹庆两人，却又分在两处，其他行则都只一人。一两个人虽可成"行"，但显然难以形成"组织"；磨行两人分列两处，说明各行工商业者是以个人身份而非行业组织参加了重修古庙的活动。至于"行头"，《续资治通鉴长编》有这样一条记载："昨米行有当旬头曹赟者，以须索糯米五百石不能供，至缢经以死。"②从"当旬头"三字推测，米行的行头可能每十天一轮。若果如此，则所谓"行头"，肯定不像学界普遍认为的那样是"行"的首领，很可能是对牵头当役者的称呼。综合各种资料判断，宋代的"行"很可能只是一种"役籍"，即服役名册，而并非实体性的行业组织。官府将工商业和服务业者按照行业编成服役名册，"各令行人等第给限供纳"③，即让他们按照编定次序承役当差；而载入同一册籍的役户之间，并没有组织性的联系或活动。关于这一点，从明代关于"铺行"的资料中可以看得更加清楚。

---

① 岳珂：《愧郯录》卷13《京师木工》。
② 《续资治通鉴长编》卷251，熙宁七年三月辛酉条。
③ 徐松辑：《宋会要辑稿》，第6120页。

3. 关于明代"铺行"的性质和功能

宋代的"团行"制度是否被元朝所继承，限于史料尚难判断。[1] 元代官方文书中曾提到"诸行铺户"、"各路行铺之家"[2]，王恽曾弹劾"在都前市令冯时升，于行铺人户处取受行钱钞六锭一十一两三钱五分、黄米七石、面一百斤"[3]。所谓"诸行铺户"、"行铺人户"，或许只是对工商业者的笼统称呼，因为从元代史料中，没有发现行铺人户需要当行买办的任何线索。现存《元长兴州修建东岳行宫碑》，碑阴为施主题名，可以看出许多建筑是由各业商人捐建的，节引部分如下：子孙司，五熟行因元贵、徐富、周敬；都城隍司，香烛行宋文政、钱思诚、邹文贵、姚源、姚福、徐全祖、宋荣祖；龙王司，银行吴永祥、杨新；速报司，玉麈行陈荣、周二秀、倪成、因通、王德、姚胜、倪子龙、许明；李王祠，度生行陈安、钱通、周元、俞厚、卞良；土地司，浇烛打纸印马行陈聪、沈应、雷章辉；水府司，篙师行俞庆、沈林、周庆、毛富；昭登司，净发行姚珍、桑琇、费荣、钱大亨、俞庆；放生司，锦鳞行杨富、包源、费政；掠剩司，饭食行俞厚、卞良、沈敬。[4] 学者们大多认为，碑中所说的"行"，就是商人或工匠的"同业组织"。[5] 然细审碑文，不

---

[1] 全汉昇论述元代行会时，引据马可·波罗叙述杭州之言云："在这个城市里面，有十二个不同的手工业行会，并且每个行会的工人占有一万二千所房子。"（《中国行会制度史》，第85—87页）而冯承钧对这段话的翻译是："此城有十二种职业，各业有一万二千户。"（《马可波罗行纪》，冯承钧译，上海书店出版社2001年版，第353页）可见波罗所说是否为行会尚有疑问。另，全氏举元代妓女称"行首"为例，认为"元代职业行会发达，甚至妓女也组有行会"，亦属误解。

[2] 《大元圣政国朝典章》户部卷8《课程·盐课·新降盐法事理》、刑部卷19《杂禁·禁私斛斗秤尺》。

[3] 王恽：《秋涧集》卷88《弹市令冯时升不公事状》。

[4] 阮元编：《两浙金石志》卷15《元长兴州修建东岳行宫碑》。

[5] 加藤繁：《中国经济史考证》第一卷，第361页；曲彦斌：《行会史》，第59页。

少"行"只有两三户，有的人名还在不同"行"重复出现（如篦师行、净发行中都有俞庆，度生行、饭食行中都有俞厚、卞良）。笔者认为，碑中所说的"行"，可能是"行业"之义，不一定形成了"组织"。他们按行业捐建各司，应当是该司的功能与其职业有一定关联①，带有一点行业神崇拜的意味。

明代则确实存在着将工商业者编组成"行"的制度，称为"铺行"，被编入者称为"铺户"或"行户"。在讨论中国古代行业组织时，不少学者认为明代的"铺行"与宋代的"团行"属于同种类型的组织。如魏天安指出："明代行会的设立和行役负担与宋代相似"，"北京是明代首都，同北宋开封、南宋杭州一样是当时的工商业荟萃的中心。只要是可被官府所用的行业，都被政府清查登录，审编成行，这与宋代'不以物之大小，但合充用者，皆置为行'如出一辙。"② 许敏也谈到："明代铺户（行）与宋代团行等属于同种类型。"③ 相比而言，明代铺行的资料要比宋代团行更加丰富，可以对有关问题进行更加深入的了解。

关于明初"行"的资料较为稀少。《大明律·户律·市廛》"市司评物价"条规定："凡诸物行人评估物价，或贵或贱，令价不平者，计所增减之价论，坐赃论。"《诸司职掌·都察院·刷卷》要求风宪官巡历去处，查核祭祀猪羊、果品、香烛等项"是何行人物户时估"。宋朝时期，就有令"诸行铺人户"评估物价之制④，元代"街市货物，皆令行人每月一平其直"⑤。《大明律》所谓"诸物行人"、《诸司职掌》所谓"行

---

① 这一点从非商人的捐建者也可以看出，如：监生司，收生陈阿范等；瘟疫司，医户沈竹孙、宋仲仁、姚元善；冤枉司，本州书状承发司；恶死司，本州禁子；等等。

② 魏天安：《宋代行会制度史》，第109—110页。

③ 许敏：《关于明代铺户的几个问题》，中国社会科学院历史研究所明史研究室编：《明史研究论丛》第二辑，江苏人民出版社1983年版，第180页。

④ 徐松辑：《宋会要辑稿》，第5756、6120页。

⑤ 《大元圣政国朝典章》户部卷12《科役·物价》。

人物户"，应当就是经营各种商品的"行铺人户"。朱元璋亲撰《御制纪非录》，所列秦王罪状内有一条云："强买民间夏布，将行头人等枷令在街。"根据这些资料推测，明初沿袭前代制度，应当也存在着"行"，但其性质和功能如何，目前尚不清楚。但可以肯定的是，朱元璋严禁官府科索害民，所需物品或直接向商人或生产者购买，或坐派地方政府买办，当时并不存在强制工商业者为官府买办的制度。① 强制性的"铺户买办"，应当是从永乐年间开始的，永乐十三年（1415 年）的一道圣旨为此提供了确凿证据，圣旨云："那军家每在街市开张铺面做买卖，官府要些物料，他怎么不肯买办？你部里行文书，着应天府知道：今后若有买办，但是开张铺面之家，不分军民人等，一体着他买办。敢有违了的，拿来不饶。"②

从现有资料看，明代的铺行都是由官府强制金编的，为官府承担买办之役似乎是铺行的惟一功能。关于北京铺行的情况，沈榜记述云："铺行之起，不知所始。盖铺居之民，各行不同，因以名之。国初悉城内外居民，因其里巷多少，编为排甲，而以其所业所货注之籍。遇各衙门有大典礼，则按籍给值役使，而互易之，其名曰行户。或一排之中，一行之物，总以一人答应，岁终践更，其名曰当行。"③ 南京的情况，上元县知县程炌谈到："南京内府各监局物料，皆上元、江宁二县铺户出办，是二县铺户为内府成造上用服色器皿而编也。"④ 顾起元亦记述云："铺行之役，不论军民，但买物则当行。大者如科举之供应与接王选妃之大礼，而各衙门所须之物，如光禄之供办，国学之祭祀，户部之草

---

① 参见高寿仙：《市场交易的徭役化：明代北京的"铺户买办"与"召商买办"》，《史学月刊》2011 年第 3 期。

② 嘉靖《通州志略》卷 4《贡赋志·杂赋》。

③ 沈榜：《宛署杂记》卷 13《铺行》。

④ 张永明：《张庄僖文集》卷 2《议处铺行疏》。

料，无不供役焉。……两县思以应上司之急，乃籍其人于官以备呼唤，于是有审行之举，每行列名以次轮流承应。"① 两京之外，其他城镇也有铺户买办之制。崇祯年间，曾经担任河南巡抚的范景文疏言："至其患苦之莫可解免者，莫如差役一事。如钱粮之收有收户，解有解户，驿递有马户，供应有行户。皆金有力之家充之，名曰大户。固以有田则有赋，有赋则有庸，则壤作贡，理或然也。而所金实非真大户，何也？ 大户之钱能通神，力能使鬼，不难幸免。而免脱雉罗，大半皆中人耳。中人之产几何？ 役一著手，家便立倾，辗转数年，邑无完室。"② 南明隆武帝朱聿键曾禁止地方官"官买"，他指出："府州县之行户，实地方害民之恶政。官之稍有良心者，尚以官价买之，比市价十去五六；全无良心者，直票取如寄。胥吏缘之，奸孔百出。朕昔潜邸，久知此弊，宜行永革。"③

由于城市之大小、铺户之多寡、官府需索之数量差异很大，对铺户的编审也有繁有简。④ 叶春及任福建惠安知县时，免除了铺户置簿当役制度，他指出："本县虽冲实小，原无铺户，非如大县，可以分行，朔望上状于庭，月主有司应办者也。只一人领纲银，共具过客，亦名铺户，实无居货。其它鱼菜列于衢，果布陈于肆，不足当通都五家之市。……今欲置簿，无可主领之人，且使不肖之吏，按簿而诛之曰'尔铺户、尔铺户'，则不得辞，不如与之相忘。若大县原有铺户者，自当如令。"⑤ 惠安县人口较少，经济不发达，并无真正的铺户，但也金点一名"实无居货"的百姓，并名之曰"铺户"，让其承担差役。叶春及到任后，致力于兴利除弊，遂将铺户之役免除。从叶春及的记述可知，在

---

① 顾起元：《客座赘语》卷 2《铺行》。

② 《崇祯长编》卷 33，崇祯三年四月丙寅条。

③ 南沙三余氏：《南明野史》卷中《绍宗皇帝纪》。

④ 不少学者没有将"铺户买办"与"召商买办"区别清楚，在论述"铺户编审"时，掺杂了不少编审商人（金商）的内容。兹处所论仅限于"铺户编审"。

⑤ 叶春及：《石洞集》卷 8《免铺户置簿》。

经济较为发达的大县，一般都要编审铺户，并造册登记，每半月一轮应当差役。明代铺户编审，以南、北两京最为完备①，到明代中叶，形成了每十年审编一次的定例，明宪宗谕曰："这京城内外，不拘有免无免者，要照依委官，从公取勘出来，一体当差。不许徇情作弊，亦不许势要之家妄告优免，概给票帖。不许靠损贫难。如违，许被害之人，赴巡城御史处首告，治罪不饶。"②正德年间，又形成了被称为"牌甲法"的事例，将行户"分为上中下三等，编作牌甲，协力凑办"③。万历年间，又将审编期限从十年缩短到五年。如果说，对于宋代"团行"是官府强编还是自发组织的，学术界尚有疑问的话，那么从明代审编铺户的过程可以看出，这完完全全是一种强迫性的官府行为，主持编审者都是官员，所有铺户都不能脱免，只有权势之家才可以享受一定程度的优免待遇。

明初建立的地域性的里甲组织，除承担赋役外，还有其他职能，可说是多功能的社会组织。但铺行与之不同，除"当行买办"外，并无其他功能。细审相关资料，笔者认为，铺行并非实体性的组织，而只是一种"役籍"。前引范景文疏将"行户"与"收户"、"解户"、"马户"并列，这几种都是徭役类别，官府将所谓"大户"籍记在册，让他们分别承担某种徭役，但在册当役者并未按类别形成自己的组织。从资料较为丰富的北京的情况看，铺行虽是行业性的，但却以地域性的治安组织"铺"为单位编审。前引沈榜"悉城内外居民，因其里巷多少，编为排甲，而以其所业所货注之籍"，已交待得相当明白；明末毕自严建议仿照铺行

---

① 关于南、北两京的铺户清审情况，详见佐藤学：《明代南京における铺户の役とその改革——"行"をめぐる诸问题》，《国士馆大学人文学会纪要》第17号，1985年；高寿仙：《市场交易的徭役化：明代北京的"铺户买办"与"召商买办"》，《史学月刊》2011年第3期。

② 嘉靖《通州志略》卷4《贡赋志·杂赋》。

③ 汪应轸：《青湖先生文集》卷1《恤民隐均偏累以安根本重地疏》。

编审商役，也谈到其编审原则是"画地分界，稽类造册"①。编审的过程大致如下：首先是挨门清查铺内所有居民并登记造册，在册籍上注明各户的"所业所货"，然后将其中的工商业和服务业者摘出，按照营业类别即"行"分别编册，称为"类册"②。遇有买办，则以"类册"为根据，按照一定次序佥点派役。明代役户种类繁多，每逢大造黄册之年，除将各种户籍通编为黄册外，还要将各种重要役户摘出，类编为专职役户册籍，如军户有军黄册、兜底册、类卫册、类姓册，匠户有匠册，灶户有灶册或盐册等。③北京铺户或行户的"类册"，当与其性质相同，属于专职役户册籍之一种。按照规定，佥点差役时应当以"类册"为依据，但事实上官府常将"类册"束之高阁。嘉靖《通州志略》谈到："每十年科道审编也，造册发州，定有等第，遇差轮序拨充。若能依册而行，民亦不扰。然往往册发州县，所司置之高阁，遇有取差，则令地方总甲临时乱报，一差而骚扰百十。"④从"令地方总甲临时乱报"可以窥知，佥充差役时也是以地域性组织为依托的。这些情况说明，所谓"铺行"或"行"，应当只是一种"役籍"，而并非实体性的、自律的同业组织。⑤正因"铺行"不过是一种"役籍"，所以有时被编入者并不一定是本行的工商业者，甚至可能完全不从事工商业，不仅在上述福建惠安那样的小县存在这种情况，南京亦然，给事中张永明谈到，有的铺行"行役陪累

① 毕自严：《度支奏议·广西司》卷 1《覆御史黄仲晔补还青银佥报流商疏》。

② 关于"类册"，景泰年间给事中李赞等曾经提到："京师天下之根本，近因大兴、宛平二县奏：连年买办物料，供用不给，欲将京城内外开张铺店之家，逐一照依所卖物货名色报官，听候买办。见差给事中、御史等官，在外清查类册。"（《明英宗实录》卷255，景泰六年闰六月壬申条）

③ 参见栾成显：《明代黄册研究（增订本）》，中国社会科学出版社 2007 年版，第 35—40 页。

④ 嘉靖《通州志略》卷 4《贡赋志·杂赋》。

⑤ 参见佐佐木荣一：《商役の成立について》，《历史》第 15 号，1957 年；佐藤学：《明代北京における铺户の役とその银纳化》，《历史》第 62 号，1984 年；《明代南京における铺户の役とその改革》，《国士馆大学人文学会纪要》第 17 号，1985 年。

重难，则以城坊衣食得过之家充应，家无货物之储，官有铺行之役"①。

韩书瑞（Susan Naquin）在论述明代北京的社会组织时指出："出于征税的目的，国家将行业的联系（linking of businesses）确认为职业性的'行'，这是一种自中古时期就存在的组织形式，常被翻译为'行会'（guild）"；最好将"这种'行'理解为以职业为基础的团体"，"它们通过发挥作为税务责任协商单位的作用，在国家眼中获得了合法性，但也非正式地协调价格、建立标准，以及解决其'成员'间发生的纠纷"。但又加注释说："在明代北京，我还没有发现这些功能的证据，尽管它们肯定是存在的。"② 看来韩书瑞既想坚持学术界将"行"视为"行会"或"同业组织"的传统看法，又因找不到相关证据而感到疑惑。事实上，韩书瑞想要的证据，可能永远都找不到，因为铺行本来就没有这些功能。全汉昇认为"明代行会的习惯与宋代不相上下"，并举田汝成《西湖游览志余》卷 20"熙朝乐事"条"是日（除夕）官府封印，不复签押……而诸行亦皆罢市，往来邀饮"，以及"委巷丛谈"条"三百六十行，各有市语，不相通用"③ 为例，然而这只是行业习惯，不能证明"行"是一种组织。

从一些资料看，在明代一些城市的铺行中，确实存在着"行头"④。如在北京，弘治年间一条资料谈到："光禄寺买应用品物，旧例皆预支官钱，各行头及吏役等因而侵欺。后乃预令各行赊取报纳，然后领价，各行头复乘此为奸。"⑤ 南京亦有"行头"，张永明谈到："夫上之取于民

---

① 张永明：《张庄僖文集》卷 2《议处铺行疏》。

② Susan Naquin, *Peking: Temples and City Life,1400-1900,* Berkeley: University of California Press, 2000, p.198.

③ 全汉昇：《中国行会制度史》，第 87—88 页。

④ 一些学者认为，明代各行都应当有"行头"。明代留下的资料浩如烟海，笔者披览所及，发现提到"行头"者颇为少见，不免怀疑设置"行头"是否普遍现象。

⑤ 《明孝宗实录》卷 57，弘治四年十一月庚寅条。

也无常，则下之给于上也无尽。吏书得缘以为奸，而移易作弊之贿至矣；行头得欺以为利，而均摊小户之扰行矣。"①《中国历史大辞典》谓"行头"是"古代工商业组织之头目"，并谈到："明代规定，行头由同业人员于本行业有抵业者中提出人选，经官府批准后给以印信文簿。"②对于这种说法，笔者甚感怀疑，觉得所谓"行头"，很可能如同"廊头"、"马头"③一样，只是一种承役的"正户"。南京重纸铺户④为此提供了一个证据。嘉靖十五年（1536年），上元、江宁二县重纸铺户胡琏等告称："身等俱于二十年前佥编重纸行头……自后身等连年陪纳消乏，犹未造册更代，困苦难言。每班虽有贴户数名，年久逃亡，仅存一二，各皆贫窘。……为此冒罪连名上告，及单开贴户贺廷兰等三十九名俱各消乏，慎广明等四十四名俱已逃亡，见存止有陈佐等三十七名。"⑤从胡琏等人的申告可以看出，重纸铺户中的"行头"是由官府佥编的，其性质显然属于牵头当役的"正户"，因而不只一名，每名都佥配一定数量的"贴户"，以助其完成买办任务，除非官府"造册更代"，他们不能自行脱役。当然，如同上面的资料所显示的，"行头"也可以借机藉势苛剥"贴户"，但这并不能说明他们是管理本行内部事务的"首领"。

4. 结语

关于中国古代"行"的性质和功能，是中国社会经济史上的一个大

---

① 张永明：《张庄僖文集》卷 2《议处铺行疏》。

② 郑天挺等主编：《中国历史大辞典》，第 1104 页。另，曲彦斌谓：明代"诸行行首协助官府管理行户事务，例如，'如遇行户逃故消乏，许其（管理市场的官吏）告首（行首）查实豁免'"（《行会史》，第 63—64 页）。恐属望文生义。

③ 参见沈榜：《宛署杂记》卷 7《廊头》、卷 9《马政》。

④ 据张永明《张庄僖文集》卷 2《议处铺行疏》，重纸铺户的职责是"应办各衙门公用纸札"。

⑤ 孙懋：《孙毅庵奏议》卷下《十分贫乏铺行无力办纳重大纸张乞怜比例区处以便官民疏》。

问题，自 20 世纪二三十年代以来，不断有学者加以探讨，可谓众说纷纭，莫衷一是。对于是否可以将"行"视为"行会"，大致有如下几种意见：一是认为中国的"行"与欧洲的"行会"在性质和功能上有不少类似之处，所以中国的"行"就是"行会"；二是认为中国的"行"与欧洲的"行会"在性质和功能上存在着本质差别，但仍可以称为"行会"，可视之为不同于欧洲的一种行会类型；三是认为既然中国的"行"与欧洲的"行会"在性质和功能上存在着本质差别，就不能称之为"行会"，中国始终没有形成欧洲那样的行会制度。笔者认为，中国古代虽然有指称行业的"行"和含有组织意蕴的"社"、"会"或"社会"，但并无将"行"和"会"合起来指称组织的用例，所以"行会"并非像某些论者所说是一个本土词汇，而是一个与"guild"对应的外来概念。在使用这一概念时，尽管不能机械地以欧洲行会为模式来比附衡量①，但也不能完全不顾行会的共性，将其内涵扩展到没有多少实质意义的地步。

尽管在欧洲不同城市里，行会的起源、形态和作用差异很大，但它们却有着明显的共同特征，这就是对外享有行业垄断特权以避免外来竞争，对内实行管理和监督以避免内部竞争。但中国的"行"却完全不具备这两方面的功能。有些学者试图说明宋代的"团行"是工商业者自发组织的、享有对本行业的经营垄断权，但却未能提供令人信服的证据。他们举出的事例，只能证明当时存在着欺行霸市、盘剥中小商人的大商人，但无法证明这些大商人行使的是"行"的垄断权。因此，如果确实

---

① 比如，拜占庭的行会就与西欧诸国的行会差异颇大，它不是为其成员的利益服务，而是为国库的利益服务的，政府利用行会控制商品的数量、质量和价格，并规定了参加行会的资格和手续，行会成员的权利和义务，对所发生争执的处理办法等，迫使成员共同遵守（彭泽益主编：《中国工商行会史料集》，中华书局 1995 年版，"导论"，第 3—4 页）。拜占庭的行会虽由政府组织和管理，但仍具有作为同业组织的基本特征和功能。有学者认为，中国古代的行会与西欧中世纪的行会完全不同，但与拜占庭的行会存在一定的相近之处。事实上，中国的"行"并不具备拜占庭行会那样的功能。

存在"垄断"的话，那也只是有势力者的"个人垄断"，而非"行"的"组织垄断"。学者们列举的"行老"行使权力，以及内部管理和共同活动的事例，也很难令人信服，而且出现了不少误读和曲解。综合分析相关史料，可以确定，宋代的"团行"，除了承担官府差役，似乎并无其他功能，不能称为"行会"，硬要称之为"行会"，除了造成概念的混淆外，并无实质意义。更加丰富的明代史料显示，被认为与宋代"团行"属于同种类型的"铺行"，确凿无疑地是由官府强制佥编的。如同其他类别的役户一样，官府要对铺户定期清审，强迫他们轮流当役，而一些特权身份者可以享受优免待遇。

无论主张中国的"行"与欧洲的"行会"具有相似特征，还是认为两者完全不同，学者们大多将"行"视为一种实体性的组织，哪怕只是一种单一功能的赋役组织。但在检视相关史料后，笔者对这一点也产生了怀疑，感觉"行"很可能只是一种"役籍"，即服役名册，而并非实体性的行业组织。宋人所谓"平时皆籍其姓名，鳞差以俟命，谓之当行"，实际上已明确揭示了其性质。从资料较多的明代北京的情况看，铺行虽在一定程度上属于行业性的，但却以地域性的治安组织"铺"为单位编审，官府将工商业和服务业者摘出，按照营业类别编为"类册"，依排定顺序服役。① 南京的"重纸铺户"，为了解铺行的实态和"行头"的性质提供了一些细节性资料。资料显示，"重纸铺户"中有若干名"行头"，他们实际上是官府佥点的当役"正户"，为了保证他们完成数量浩繁的买办纸张的任务，官府还为每名"行头"佥配一定数量的"贴户"，但无论是作为一个行当的"重纸铺户"，还是"正户"与"贴户"组成的服役小组，都不是一个实体性的行业组织。正因"铺行"不过是一种

① 嘉靖末年以降，北京铺户改为纳银代役，铺户银都是按坊铺而非按行业征收，这也证明原本就不存在作为实体性组织的"行"。

"役籍"，所以在有的时候有的地方，并不从事工商业的富裕户也被强迫编佥当役。

最后顺便说明：在讨论中国行会问题时，不少学者勾勒了一个从"团行"、"铺行"到"会馆"、"公所"的变化过程。如李华云："行会在唐代称行，宋元一直到明初称'团行'，由明中叶到清末又改称'会馆'（按：指工商业会馆，并不包括同乡会馆在内）、'公所'、'公会'。名称不一，但内容与性质相同，——都是带有封建性的行会组织。……行会组织的首领，在明以前称'行首'或'行老'，明清时代称'值年'，由行内'富裕'的工商业者共同选举和轮流充当，故又称'轮值'，以主持行会内外的日常工作。"① 梁治平云："一般认为，中国的行会源起于唐（"行"），发展于宋（"行"、"团"），而发达于明清（"会馆"、"公所"、"堂"等）。"② 金志霖云："中国行会虽然组织名称多有变化，唐宋时代称'行'，宋元至明初称'团行'，明中叶以后称'会馆'、'公所'和'公会'，另外也称'帮'、'会'、'堂'、'庙'、'殿'等。"③ 韩书瑞指出铺行是以职业为基础的"行会"后接着说道："一些行会向团体性更强的同一体（a more corporate identity）的迅速转变，是明代新发展的一个重要组成部分。从对有一个地方可供集会和住宿的冲动中产生了一种新的组织形式，即被称为'会馆'的团体。"④ 这些看法不一定妥当。"会馆"或"公所"，实际上是发端于明、兴盛于清的一种新型的、自发的民间组织，与"团行"或"铺行"的性质全然不同，两者之间绝对没有传承转化关系。关于明清时期的"会馆"、"公所"等组织，学术界已有很多讨论，兹不赘论。

---

① 李华：《中国行会的产生及其历史作用》，《文史知识》1986 年第 3 期。

② 梁治平：《中国法律史上的民间法——兼论中国古代法律的多元格局》，《中国文化》第 15、16 期，1997 年。

③ 金志霖：《试比较中英行会的本质特征》，《史林》2005 年第 2 期。

④ Susan Naquin, *Peking: Temples and City Life, 1400-1900*, p.198.

四、明代徭役优免类型概说

1. 引言

中国古代的民众，必须按规定交纳赋税，承当徭役，正如明太祖所说："民有田则有租，有身则有役，历代相承，皆循其旧。"①明代赋役的基本原则，是"视田征租，量丁定役"②。此处所说的"丁"，专指男性而不包括妇女，其中不满十六岁者为"未成丁"，满十六岁则为"成丁"，"成丁而役，六十而免"③。换句话说，明代的服役对象限于男性，法定服役年龄是十六至六十岁；在此年龄段的男丁，如是已丧失劳动能力的"笃废残疾"，也无需承担徭役。为了维持国家机器的正常运转，满足皇室权贵的奢侈生活，明代对于赋役管理甚严，逃避者要受到刑事惩罚，《大明律》规定："若隐漏自己成丁人口不附籍，及增减年状，妄作老幼废疾，以免差役者，一口至三口，家长杖六十。每三口，加一等，罪止杖一百。不成丁三口至五口，笞四十。每五口，加一等，罪止杖七十。入籍当差。"④但是，出于稳定社会秩序、推行伦理教化、优崇贵族官僚等目的，朝廷也会免除某些人或长或短时间的赋税和徭役。

在明代文献中，通常称免除赋税为"蠲免"，免除徭役为"优免"。但需要注意，"蠲免"和"优免"有时被用作狭义的特殊概念，有时被用作广义的普通词汇，不可能绝对地区分开来。比如，在官方文件中，既可以见到"优免税粮"、"优免田粮"之类的说法，又可以见到"蠲免

---

① 《明太祖实录》卷165，洪武十七年九月己未条。
② 徐学聚：《国朝典汇》卷90《赋役》。
③ 《明史》卷78《食货二》。
④ 黄彰健编著：《明代律例汇编》，"中央研究院"历史语言研究所1979年版，第455页。

徭役"、"蠲免杂役"之类的说法，"蠲免"和"优免"两词可以互换使用。虽然存在模糊混用之处，但总体看来，两词的含义还是有明显区别的。当然，明代中叶以降，随着赋役改革的不断深入，许多徭役项目被摊入田亩之中，田赋与徭役皆归并征银，其外在形态变得有些混融难分，但在官府册籍上，各个徭役项目仍是独立存在的。

免除某些人徭役的做法，起源甚早，《周礼》中就规定："国中自七尺以及六十，野自六尺以及六十有五，皆征之。其舍者，国中贵者、贤者、能者、服公事者、老者、疾者皆舍。"郑众注云："舍者，谓有复除，舍不收役事也。"[1] 自先秦以至元代，皆有复除之制，但免役对象或多或少，以西汉和唐代较为宽泛。关于西汉的复除，《西汉会要》条列了21种[2]，实际还遗漏了官吏等人。唐代的复除对象，《新唐书》概括说："太皇太后、皇太后、皇后缌麻以上亲，内命妇一品以上亲，郡王及五品以上祖父兄弟，职事、勋官三品以上有封者若县男父子，国子、太学、四门学生、俊士，孝子、顺孙、义夫、节妇同籍者，皆免课役。凡主户内有课口者为课户。若老及男废疾、笃疾、寡妻妾、部曲、客女、奴婢及视九品以上官，不课。"[3] 此外，进士及第者，服兵役、色役者，官府所属某些商人，由狭乡迁移宽乡者、逃户归乡者、没落外蕃投化者，发生重大灾荒的地区，也都给予一定的复除优待。[4] 宋朝对复除控制较严，但官员、形势、衙前、将吏以及僧道、单丁等，均可免除诸色差役。北

---

[1]　阮元校刻：《十三经注疏》，中华书局1980年版，第716页。

[2]　即从军、丰沛、民产子、三老、孝弟力田、高年、边郡、守冢、给祠、宗室、功臣后、博士弟子、通经、车骑马、入奴婢、买复、流民、执丧、宫人、节妇，见《西汉会要》卷47《民政三·复除》。并参见张仁玺：《秦汉复除制述论》，《山东师大学报（社会科学版）》1993年第4期。

[3]　《新唐书》卷51《食货一》。

[4]　参见张泽咸：《唐五代赋役史草》，中华书局1986年版，第464—473页；张仁玺：《唐代复除制考略》，《山东师大学报（社会科学版）》1995年第6期。

宋末年，还规定"品官之家乡村田产得免差科"，并按照品级对免田数量做出明确规定。① 元代除贵族、官僚免除杂泛差役外，民户以外的各种人户，或因要承担特定徭役（如匠户、军户、站户、盐户、运粮户、打捕鹰房户等），或因受到尊崇优待（如儒户、医户、回回、僧、道、也里可温、答失蛮等），一般也不承当杂泛差役。②

明朝的徭役优免，将历代积累的做法大多都继承下来，并有新的增加，因而其对象多种多样。其中对社会经济影响最大者，是缙绅（包括品官、举人、监生、生员等）的优免问题，近人研究基本上都聚焦于此。如山根幸夫探讨了官吏优免内容的变化，认为当徭役摊入田土后，官吏便利用优免权受托他人田土以免徭役。③ 酒井忠夫梳理了乡绅优免标准的变化，指出明代中期以后，官僚、乡官利用优免特权，通过诡寄等手段大肆兼并土地。④ 高林公男探讨了明代绅士的优免特权及其滥用所造成的消极后果。⑤ 和田正广以优免条例的变化为线索，考察了明末举人的法律地位。⑥ 川胜守在研究一条鞭法和均田均役法时，非常

① 关于宋代的官户、形势户及其差科免除情况，参见朱家源、王曾瑜：《宋朝的官户》，邓广铭、程应镠编：《宋史研究论文集》，上海古籍出版社 1982 年版；殷崇浩：《宋代官户免役的演变与品官"限田"》，《中国史研究》1984 年第 2 期；梅原郁：《宋代の形势と官户》，《东方学报》第 60 号，1988 年。

② 参见陈高华、史卫民：《中国经济通史·元代经济卷》，经济日报出版社 2000 年版，第 692—702 页。

③ 山根幸夫：《十五·六世纪中国における赋役劳动制の改革——均徭法を中心として》，《史学杂志》60 卷 11 号，1951 年。

④ 酒井忠夫：《中国善书の研究》，弘文堂 1960 年版，第二章第三节。按，此书增补版作为《酒井忠夫著作集》之 1、2，1999 年由国书刊行会出版；其中译本《中国善书研究》（刘岳兵、何英莺译），2010 年由江苏人民出版社出版。

⑤ 高林公男：《明代の优免规定の变质について》，《鹿大史学》第 24 号，1976 年。

⑥ 和田正广：《徭役优免条例の展开と明末举人の法的位置——免役基准额的の检讨を通じて》，《东洋学报》第 60 卷第 1、2 号，1978 年；《明代举人层の形成过程に关する一考察——科举条例の检讨を中心として》，《史学杂志》第 87 卷第 3 号，1978 年。

关注乡绅的优免权及其滥用与限制问题。①滨岛敦俊对明末的役困和均田均役做了深入探讨，认为乡绅地主利用身份特权转嫁力役负担，造成了"中人"层逐渐没落。②伍丹戈比较全面地介绍了明代的徭役优免，并对官户优免及其负面作用做了重点考察。③张显清对缙绅地主的优免权进行了系统梳理，认为官绅优免加重了庶民"中户"的徭役负担和破产。④吴金成以绅士层的形成为着眼点，论述了生员、监生和举人的优免特权。⑤渡昌弘在前人研究基础上，将生员进一步分为廪膳生、增广生、附学生等类别，考察了他们的优免特权。⑥

　　对于缙绅之外的其他优免，学者们虽有所提及，但缺乏系统探讨。如岩见宏提到明代官户、贫户、寄庄地、庄田得以免除课役，承担特别徭役的军户、匠户、灶户等也不承担一般民户的徭役。⑦上揭伍丹戈文对"专业役户"的优免有所介绍，但内容比较简略。刘淼对灶丁免田进行了专门探讨，认为这是介于优免杂役和一条鞭法之间的免役法。⑧本节的目的，是对明代徭役优免进行比较全面的类型学考察。明代徭役优免种类繁杂，标准多样，但政书中缺乏完整记载。《大明会典·户部·赋役》项下列有"凡优免差役"条，以时间为序列举了洪武至隆庆年间的部分优免条例；《工部·夫役》项下载有"优免则例"，开列了优免二丁

<hr>

① 川胜守：《中国封建国家的支配构造——明清赋役制度史の研究》，东京大学出版会1980年版，第七、八章。

② 滨岛敦俊：《明代江南农村社会の研究》，东京大学出版会1982年版，第四章。

③ 伍丹戈：《明代徭役的优免》，《中国社会经济史研究》1983年第3期。

④ 张显清：《明代缙绅地主浅论》，《中国史研究》1984年第2期；《明代官绅优免和庶民"中户"的徭役负担》，《历史研究》1986年第2期。

⑤ 吴金成：《明代社会经济史研究——绅士层の形成とその社会经济的役割》，渡昌弘译，汲古书院1990年版，第一篇第一章。

⑥ 渡昌弘：《明代生员の徭役优免特权をめぐって》，《东方学》第97辑，1999年。

⑦ 岩见宏：《明代徭役制度の研究》，同朋舍1986年版，第109页。

⑧ 刘淼：《明朝灶丁免田制考》，《文史》第39辑，1995年。

的一些杂役项目，并说明年七十以上并废疾之人免一丁①，内容比较简单，包罗项目有限。清人龙文彬所编《明会要》，仿照《西汉会要》体例，于"民政"项下设立"优免"一目，分为帝乡、大臣、圣贤后裔、京民、京官和外官、致仕、王亲、从军、养民、老民、监生和生员、移徙、被兵、流民、节妇、匠役、养马户、土官等类别②，分类有些猥杂，而且每类例证多者不过数条，少者仅一条，使人难以窥见其全貌。

笔者在系统梳理相关史料后，认为明代的徭役优免，大致可以归并为两大类：一是"随机性优免"，即政府针对某种突发事件或出于某种需要而临时授予的优免权。此类优免基本上都是以专案特批的方式授予，属于非制度化的政策优惠，免役时间一般较短，只是在少数特殊情况下才授予终身性的免役权。二是"身份性优免"，指因属于某种户籍或因获得某种身份，依照法律规章能够自然取得的优免权。根据性质的不同，此类优免又可以划分为"补偿性优免"和"优崇性优免"两个子类，而优崇性优免又可细分为"伦理性优免"和"特权性优免"两个小类。身份性优免的共同特点，是都属于制度化的身份权利，免役时限一般较长，很多都是终身性的，甚至可以遗留给后代。

2. 优恤奖赏：随机性优免的适用对象

随机性优免包括对灾民、流民、垦荒者的赈济，对因公死亡或伤残者的优恤，以及对勤劳职事、擒杀或首报盗贼罪犯者的奖赏等。因情形有异，优免时限和范围也各不相同。

明代对于遭遇灾伤和战乱的地方，通常的救济办法是蠲免税粮，有

---

① 万历《明会典》卷20《户部七·户口二·赋役》；卷206《工部二十六·夫役》。
② 龙文彬：《明会要》卷52《民政三·优免》。

时也优免徭役，免役时限根据灾情临时决定。如洪武五年，"山东登、莱二州旱，遣人驰驿往谕山东省臣，勿征今年夏麦，其递年逋租及一切徭役悉蠲之"；"河间府宁津等县去年旱，饥民流移者，免其徭役"。二十五年，"北平府东安、文安等县被水灾，贫民二千五百余人流移乏食，上命有司悉免其租徭赈济之"。① 三十五年，"山东青州诸郡蝗，命户部给钞二十万锭赈民，凡赈三万九千三百余户，仍令有司免其徭役"②。宣德八年，南北直隶、河南、山东、山西大旱，令"被灾之家，优免一应差役一年"③。正统五年，顺天、保定等府贫民，"有因荒歉缺食，无力养亲，不得已将幼稚子女鬻斗斛之粟，活旦暮之命者"，官府取赎所鬻子女三十九人，给令完聚，"复其家二年，有亲者仍人赐米二石为赡养费"。景泰元年，山西巡按涂谦奏："太原府州县昔被寇扰，今值岁饥，民窘已甚，而易州柴炭夫役又且催逼，乞暂优免。"从之。④ 弘治九年，"浙江山阴、萧山二县同日大雨，山崩水涌，漂庐舍二千间，死者三百余人。事闻，上命量免被灾人户徭役"。十三年，"山西行都司并大同府军民被兵之余，重罹旱暵之害"，"命巡抚等官赈济之，仍优免粮役一年"。⑤ 正德元年，江西南赣建昌等府、直隶凤阳等府、陕西宁夏左屯卫皆有异常之灾，令抚绥赈济，"贫民之困于差役者，即与优免"⑥。嘉靖年间，福建兴化遭到倭寇攻掠，林润"特疏请蠲复三年，发帑金赈恤，乡人德之"⑦。隆庆元年，"石州被虏残破后，人无固志"，"令守臣修城浚池，劳来安集之，仍免其徭役三年"⑧；

① 《明太祖实录》卷74，洪武五年六月甲申、丙申条；卷217，洪武二十五年三月甲申条。
② 《明太宗实录》卷13，洪武三十五年十月辛未条。
③ 《明宣宗实录》卷101，宣德八年四月戊戌条。
④ 《明英宗实录》卷65，正统五年三月丙辰条；卷198，景泰元年十一月甲子条。
⑤ 《明孝宗实录》卷114，弘治九年六月庚寅条；卷163，弘治十三年六月己酉条。
⑥ 《明武宗实录》卷15，正德元年七月乙未条。
⑦ 《明史》卷210《林润传》。
⑧ 《明穆宗实录》卷14，隆庆元年十一月庚午条。

永平府亦遭寇掠，"蠲被掠地徭赋"①。

天灾人祸的频繁发生，加之赋役繁重，迫使许多百姓流离失所，以致社会动荡，土地荒芜。为了使流民重新附籍，让荒地得到垦辟，朝廷经常采用优免数年徭役的办法，以使缺乏生产资料的复业者安定下来。如洪武元年，鉴于元明之际人多流移，诏曰："州郡人民，因兵乱逃避他方，田产已归于有力之家，其耕垦成熟者，听为己业。若还乡复业者，有司于旁近荒田内，如数给与耕种。其余荒田，亦许民垦辟为己业，免徭役三年。"五年，镇守北平的傅友德言："流民越境，甚为边患，宜招抚安辑，宽其赋役，优免三年，则民力自苏，彼得安居矣。"② 十三年，"令各自荒闲田地，许诸人开垦，永为己业，俱免杂泛差徭，三年后，并依民田起科"③。二十一年，"迁山西泽、潞二州民之无田者，往彰德、真定、临清、归德、太康诸处闲旷之地，令自便置屯耕种，免其赋役三年"④。靖难战争中，北平地区受创严重，田地大量抛荒。明成祖即位诏曰："山东、北平、河南府州县人民，有被兵不能耕种者，并免三年差税。"⑤ 永乐四年，"徙山西民无田者实北平，赐之钞，复五年"。六年，"罢北京诸司不急之务及买办，以苏民困，流民来归者复三年"⑥。九年，"令自愿徙北京为民及免杖而徙者，免徭役五年；徙流而徙者，免徭役三年"⑦。十四年，"徙山东、山西、湖广民二千三百余户于保安州，免赋役三年"。十九年诏曰："逃移人户招回复业，优免杂泛差役一年，仍将本户递年拖欠税粮等项蠲免。"⑧ 宣德五年，

---

① 《明史》卷 221《郝杰传》。

② 《明太祖实录》卷 34，洪武元年八月己卯条；卷 161，洪武十七年四月壬午条。

③ 万历《明会典》卷 17《户部四·田土》。

④ 《明太祖实录》卷 193，洪武二十一年八月癸丑条。

⑤ 《明太宗实录》卷 10 上，洪武三十五年七月壬午条。

⑥ 《明史》卷 5《成祖一》；卷 6《成祖二》。

⑦ 万历《明会典》卷 20《户部七·户口二·赋役》。

⑧ 《明太宗实录》卷 182，永乐十四年十一月丁巳条；卷 236，永乐十九年四月乙巳条。

招抚开封等府逃民 115600 余户复业，命有司"厚加抚恤，免其徭役一年"。七年，"令各处逃移人户，自宣德六年四月以后复业者，其中系工匠站灶等役，有司毋辄勾扰，自复业日为始，免其差役一年，待一年之后生计已成，方令赴役"；"有不愿归本乡者，听于所在有司附籍为民，给与荒闲田地为业，免差役三年。"①

进入正统年间，流民问题日益严重，成化年间更是异常突出，大量流民聚集荆襄地区，引发数次暴动。于是朝廷恩威并施，一方面用武力镇压驱遣，另一方面用优免等政策诱导，力图让流民回原籍复业，或在其他地方附籍。正统五年诏曰："其逃民，限半年内赴所在官司首告，回还原籍复业，悉免其罪，仍优免其户下一应杂泛差役二年。"十四年又规定：各处逃民，"其有未附籍者，果居住已成业者，仍照例收籍，一体优免"；并又下诏赦免流民"或不得已抢夺财物过活，或造妖言扇惑人心为非"等罪，要求他们到地方政府登记，"即与量宜分拨安插处置，令不失所，仍免差役三年"。②成化年间，针对荆襄流民，朝廷数下优免之诏。如成化七年诏曰："荆襄等处流民，除已发遣回还原籍者，有司加意抚恤，优免粮差五年，其间或有逃匿山林、拒捕不出者，诏书到日，许令出官自首，悉宥其罪，令还原籍，一体存恤优免。"又根据总督军务项忠等人的建议，申明榜谕："凡流民已复业者，有司复其家三年，悉蠲公私逋负。"十一年诏曰："河南、山东、陕西等处流民，多有逃往湖广荆襄等处深山藏住。诏书到日，悉听各回原籍。沿途官司，量给口粮。所司务加存恤，优免粮差三年，公私债负不许追取。"二十年，山西、陕西荒甚，命"流民有复业者，自复业日为始，复其身一

---

① 《明宣宗实录》卷72，宣德五年十一月甲寅条；卷88，宣德七年三月庚申条；卷91，宣德七年六月乙巳条。
② 《明英宗实录》卷66，正统五年四月壬申条；卷179，正统十四年六月己巳条；卷186，正统十四年十二月丙辰条。

年"。① 弘治初，山东、河南、陕西等处，又有不少人因饥荒逃往荆襄等处潜住，弘治五年，再次诏令回原籍复业，"原籍官司务加存恤，优免粮差三年，公私债负不许追取"②。

弘治以后，流民问题仍不时出现，需用优免加以抚恤。如正德十四年，"诏山东、山西、陕西、河南、湖广流民归业者，官给廪食、庐舍、牛种，复五年"③。嘉靖九年，户部建议"逃移流民，设法招抚，仍给口粮牛种，及优免杂役"。二十四年诏曰："各处逃亡人户，流离他方，情愿复业者，除免差役二年，里长不许勾扰。其山东、淮扬、凤阳等处抛荒田土数多，许诸人告官承种，仍免粮差三年。"④ 隆庆元年，"招抚山东、河南被灾流民，复五年"⑤。二年诏曰："各处逃亡人户情愿复业者，俱免差役二年，里长不许勾扰。其山东、淮扬、凤阳等处抛荒田土数多，许诸人告官承种，仍免粮差五年，之后方照常办纳。"⑥

除安置流民外，当农民起义爆发时，朝廷有时也用优免方式加以招抚。如正统十三年，福建发生邓茂七起义，有参与者向官军诉称："我等俱是良民，苦被富民扰害，有司官吏不与分理，无所控诉，不得已聚众为非，乞奏闻朝廷，倘蒙宽宥，即当自散。"又言："我等家产破荡已尽，乞免差役三年，庶可生聚。"朝廷遂发榜曰："榜文至日，不分罪犯轻重，但能洗心改过，即日退散者，俱贷其死，仍免其徭役三年。"⑦景泰年间，广西大藤峡地区瑶壮人民起事，至成化年间才基本平定，两广

---

① 《明宪宗实录》卷98，成化七年十一月甲寅、辛酉条；卷147，成化十一年十一月癸丑条；卷256，成化二十年九月戊子条。

② 《明孝宗实录》卷61，弘治五年三月戊寅条。

③ 《明史》卷16《武宗纪》。

④ 《明世宗实录》卷112，嘉靖九年四月癸亥条；卷301，嘉靖二十四年七月壬戌条。

⑤ 《明史》卷19《穆宗纪》。

⑥ 《明穆宗实录》卷18，隆庆二年三月辛酉条。

⑦ 《明英宗实录》卷170，正统十三年九月戊戌条。

总督朱英"招抚瑶、僮效顺者，定为编户，给复三年，于是马平、阳朔、苍梧诸县蛮悉望风附"①。成化元年，招抚四川汉州叛乱者，"令兵部移文所司，赈给田屋衣粮，蠲免徭役"②。正德五年，京畿爆发农民起义，为分化起义军，次年张榜宣布："其自解散者，沿途官司不许邀杀报功，俱量给衣粮，资送还乡。原籍官司，给与牛具种子。田地为人侵占者，各还本主，仍复三年。"七年再次宣布，除刘六、刘七等为首者不赦外，"其余但能解甲投首者，俱勿论，仍复其身三年"；又恐"解散群盗反侧未安"，再次申明"给还故业，所司贷以牛种，复其家三年"。③

明代中叶以降，蒙古军队多次攻入塞内，掠去一些人口，也有一些汉人自愿流入蒙古地区。对于被掳逃回或自愿回归者，也都给予优免待遇。如景泰元年奏准："凡被虏人口有能自还者，军免差役三年，民免徭役终身。"④弘治十三年奏准："其被胁之人有能走回，带达马一匹者即赏银二十两，十匹、百匹以上悉照二十两之数给赏，仍复其家，永免粮差。"⑤不过，因明蒙关系紧张、战事频仍，有些降人被明军杀害，以致其他人不敢南归。嘉靖二十三年，兵部尚书戴金条陈备边十二事，其中一条为"处降人以收亡叛"："华人被虏，多为杀降以沮其念。得归者，亦能传报虏情，宜量赏之，仍复其身。"令有司斟酌举行。次年，工科给事中何云雁亦言："各边被虏者，每畏杀降，阻其归念，遂助虏为逆。嗣后有妄杀降者，罪如故杀律。……凡遇虏中脱归，给以随带马匹衣物，仍复其身。"从之。⑥隆庆二年，诏悬赏格："降人不问老幼男妇，督抚行各原

---

① 《明史》卷178《朱英传》。
② 《明宪宗实录》卷14，成化元年二月丙午条。
③ 《明武宗实录》卷81，正德六年十一月戊辰条；卷83，正德七年正月丁巳条；卷92，正德七年九月乙未条。
④ 《明英宗实录》卷189，景泰元年二月癸未条。
⑤ 《明孝宗实录》卷163，弘治十三年六月甲午条。
⑥ 《明世宗实录》卷293，嘉靖二十三年十二月庚辰条；卷298，嘉靖二十四年四月壬子条。

籍动支官银，分别查给，为宁家之资，仍复其身。行之九边，皆如例。"①

优免徭役的做法，还被用作抚恤阵亡或遇难者的手段。其中有些是针对官员的个案性优免。如明朝建立之前的壬寅年，洪都知府叶琛被叛军杀害，"追封南阳郡侯，复其家"②。宣德三年，追赠交阯死节谅江府知府刘子辅、谅山府知府易先为布政司参政，政平州知州何忠为府同知，"皆复其家"③。嘉靖二十三年，山西阳城县典史王标率兵捕杀"流贼"遇害，"命有司复其家，养赡其妻孥"。三十六年、四十年，御倭死事省祭张邦定、生员闵电、都指挥沃田、把总岳君宠、检校刘秉仁、典史林文等，或追升官衔，或给其子冠带，"仍复其家"④。有些则是成批地给予阵亡军士。如洪武十九年诏："累年开边，士卒亲冒矢石，或肌肤伤残，或因伤死亡，子息见存，不能生理者，悉放回原籍为民，复其家。垛集土军因征伐伤残者，优免军役三年，改为贴户。因伤死亡者，优免军役十年，本户改为民籍，仍免差役三年。"⑤正统十四年，击败福建沙县一伙暴动者，令"战没军夫，量复其家"⑥。弘治十年，"先是，江西龙南诸县数被流贼劫掠，义民军兵人等以捕贼死者二十人"，兵部议谓"死事义官，其子弟宜授以七品散官，复其家"⑦。正德六年，兵部议准：自四川用兵，"阵亡者，子孙照近例升一级，不愿升者，给冠带，复其家"⑧。嘉靖六年，山西巡按杜民表"勘覆往岁虏掠井坪、朔州、马邑诸

---

① 《明穆宗实录》卷23，隆庆二年八月辛卯条。

② 《明太祖实录》卷11，壬寅年三月癸亥条。

③ 《明宣宗实录》卷43，宣德三年五月辛未条。

④ 《明世宗实录》卷285，嘉靖二十三年四月己丑条；卷445，嘉靖三十六年三月庚辰条；卷451，嘉靖三十六年九月乙卯条；卷504，嘉靖四十年十二月辛巳条。

⑤ 《明太祖实录》卷178，洪武十九年五月乙卯条。

⑥ 《明英宗实录》卷178，正统十四年五月甲申条。

⑦ 《明孝宗实录》卷132，弘治十年十二月癸未条。

⑧ 《明武宗实录》卷74，正德六年四月戊申条。

边事"，"军民被害者，令镇巡官量恤之，仍复三年"。三十二年，在抗倭战争中"被杀者，给银五两，复其家"。① 泰昌元年，优恤东征陷没者，"其各官所有田地人等，生前优免者，死后不得遽尔开征；仍照各官品级应免徭银之数，查某官于某年月日战没，即以为始，再免六年"②。

对于较长时间从事某项繁重劳役者，或军士迁调边远地方、出征艰险之地，有时也给予优免以偿其劳费。如洪武十七年，"赐海运将校绮帛、胡椒、钞各有差，民夫则复其家一年，死者三年"③。永乐八年，"令各处军卫有司军匠在京充役者，免家下杂泛差役"④。十一年，徐皇后梓宫发引，舁梓宫军士千人，"复其家"。十二年，"发山东、山西、河南及凤阳、淮安、徐、邳民丁十五万，运粮赴宣府，其运粮民丁，悉给行粮及道里费，仍免徭差一年"。十八年，"诏在外军民夫匠于北京工作者，咸复其家"。二十年，"比以军饷役民塞外，往复非数月不得宁家，其令郡县各复其家一年"。⑤ 洪熙元年，天寿山营造民夫勤劳，令"移文原籍有司，免其户丁徭役，事毕仍旧"；又因工力不敷，于河南、山东、山西、直隶凤阳、大名诸府州起民夫五万助工，"满三月即放，仍令有司免其家两丁差役三月"。同年，差往哈密官军，皆"蠲其家丁役"。⑥ 宣德七年，甘州前后二卫所调补守备官军，"如湖广、四川调拨官军之例，优免一年差役"⑦。成化元年，两广少数民族暴动，选卫所旗军有丁力者前往征讨，"优免余丁三名，令自备鞍马"。五年，修理太岳

---

① 《明世宗实录》卷76，嘉靖六年五月辛巳条；卷393，嘉靖三十二年正月戊寅条。

② 《明光宗实录》卷3，泰昌元年八月丙午条。

③ 《明太祖实录》卷166，洪武十七年十月壬午条。

④ 万历《明会典》卷20《户部七·户口二·赋役》。

⑤ 《明太宗实录》卷136，永乐十一年正月丁酉条；卷147，永乐十二年正月辛丑条；卷223，永乐十八年三月己巳条；卷248，永乐二十年四月壬子条。

⑥ 《明宣宗实录》卷4，洪熙元年七月己丑、庚寅条；卷11，洪熙元年十一月壬子条。

⑦ 《明宣宗实录》卷97，宣德七年十二月丁未条。

太和山宫观及桥梁道路，"其调用官军一应差役，悉与优免"。八年，平房将军赵辅等建议修筑边墙，"动调人夫五万，优免徭役"，允之。① 嘉靖元年，南京都察院右副都御史胡瓒等言江防六事，谓"官军所以营求改差者，惮其劳也，恤其劳而优厚之，则人劝"，遂定军士"优免二丁，帮贴军装，增修窝铺"。二十四年，令"在京轮班操备已到做工官军，既有搬运木石之劳，合于本身及将户内亲丁一名，量免本卫杂泛差徭"。② 万历十一年，皇帝秋祀山陵，以昌平地隘差烦，优免其银、力二差。③

在繁重劳役中，不少夫匠死亡，朝廷偶尔也给予优免以示体恤。如洪武九年，时营建宫殿，"工匠甚劳，有不幸而死者"，命工部各给槽楔，"令国子生送致其家，赐钞以葬，蠲其家徭役三年"。④ 永乐八年敕户部："运粮民夫，死者人与钞十锭，复其家一年；冻伤手足，亦复一年。"十年，天寿山夫匠有亡殁者，令"有司函骨归葬乡里，仍复其家二年"。⑤

明代虽是"量丁定役"，但徭役的确定，其实还要结合田产综合考虑，正如雷梦麟所说："本朝以赋定役，视贫富为之等差，役非尽出于力也。"⑥ 没有财产的"贫难下户"，因缺乏承担徭役的能力，按规定应在免役之列。但由于缺乏明确的判断标准，实际编金徭役时，贫难下户往往不得豁免，放富差贫现象也屡见不鲜。如成化二十二年，凤阳知府章锐奏："金点均徭，近年巧立编剩人户名色，剥削银钱，害民最甚。

---

① 《明宪宗实录》卷13，成化元年正月甲子条；卷66，成化五年四月庚辰条；卷111，成化八年十二月丙子条。
② 《明世宗实录》卷13，嘉靖元年四月丁酉条；卷301，嘉靖二十四年七月壬戌条。
③ 《明神宗实录》卷141，万历十一年九月戊子条。
④ 《明太祖实录》卷106，洪武九年五月壬戌条。
⑤ 《明太宗实录》卷101，永乐八年二月乙丑条；卷132，永乐十年九月甲午条。
⑥ 雷梦麟：《读律琐言》卷4《户律·户役·脱漏户口》。

乞行禁约，止许丁力相应之家，余悉优免。"①多从其言。弘治二年兵部主事汤冕陈言："养马人户，富者率以赂免，惟累贫困。请如旧例，计粮丁分为三等，凡派养马匹，先尽上户，次中户。其鳏寡贫困者，一切优免。"太仆寺卿王霁亦言："顺天府所属二十七州县寄养备用马匹，其人户丁多者或得空闲，力乏者强令牧养，所以膘壮马匹渐致瘦损物故。宜行分管寺丞等官，审定上中下户。上户或养马三四匹，中户次之，下户或二户共养一匹。贫难者优免。"皆从之。十一年诏曰："其贫难下户，例该优免者，不许一概编当差役。"②嘉靖元年诏曰："其各州县贫难户丁，例该优免者，不许一概编当差役。"③万历三十四年诏曰："民间孤子十三岁以下，婺妇独居无人丁侍养者，准于万历三十四年见当差役，免粮一石、人一丁，以示哀恤。"④尽管屡次颁布相关诏令，但明朝对贫难下户的优免，始终停留在政策优惠层面，而未形成具有可操作性的制度规范。

除上述各种赈恤性优免外，免除徭役有时还被用作对捕盗及首告者的奖赏。如宣德元年，京城多盗，定立赏格："凡为强盗者，许诸人及四邻擒捕，如无力擒捕者，许指实赴官陈告。捕鞫是实，犯人依律处死，原捕及首者各赏钞一千贯，仍给犯人财产。为首者，官旗军校升一级，民及工匠人等，优免差役一年。"⑤十年，行在刑部言："初榜例捕获强盗者，官旗军校升一级，似此升授不免过滥。"遂修改赏格，"自今官军于该管地方捕获强盗，即系应捕人，不升赏"，但"军民匠役人等，

---

① 《明宪宗实录》卷275，成化二十二年二月庚子条。
② 《明孝宗实录》卷28，弘治二年七月甲申条；卷29，弘治二年八月辛卯条；卷145，弘治十一年十二月壬子条。
③ 《明世宗实录》卷12，嘉靖元年三月壬戌条。
④ 《明神宗实录》卷418，万历三十四年二月丁巳条。
⑤ 《明宣宗实录》卷13，宣德元年正月甲子条。

不拘地方，移文有司勘实，俱照旧例优免给赏"①。成化十年规定，"官吏军民僧道人等但有收藏妖书勘合等项"，许诸人赴官首告，"首告得实之人，官量给官钱充赏，优免杂泛差役三年"②。嘉靖三十二年规定，在御倭战争中，"土民有擒斩获功，授之职衔，仍复其家"③。

明代大臣例有优免，除此之外，作为一种奖赏或优恤，皇帝有时还特令免除某些官员或其后裔的徭役。洪武十九年，"以左都御史詹徽、通政使蔡瑄、左通政茹瑺、工部侍郎秦逵、户部侍郎杨靖在职公勤，诏有司复其家"④。但此种事例极为罕见，更常见的情形是免除致仕或亡故官员家的徭役。前一种情形，如永乐二十二年，户部尚书郭资致仕，"赐资白金百两、钞二万缗、彩币二十表里，命户部复其家"⑤。洪熙元年，山东左参议张旟不称职，因以前有守城功，"令旟以参议致仕，仍命有司复其家。自今以守城功得官，非赃罪而罢者，悉准此例。"宣德六年，礼部侍郎李嘉之子李栗自陈："臣父老疾致仕，臣无以报效，愿为陵户以供洒扫。"明宣宗谓行在礼部曰："朕念嘉老，令致仕。其子求为陵户，得非虑有他役乎？令有司复其家。"⑥正统元年，右都御史顾佐致仕，"赐敕褒谕，并钞五千贯，命户部复其家"⑦。后一种情形，如洪武二十年，"通政使蔡瑄以疾赐还乡里，至高邮卒，上亲制文遣祭，赐钞五十锭，复其家徭役三年"⑧。三十五年，诏建文时受到周、齐、湘、代、岷五府连累致罪的官员，"已故者，文官优免其家差役"。永乐十三

---

① 《明英宗实录》卷8，宣德十年八月乙丑条。
② 《明宪宗实录》卷128，成化十年五月戊申条。
③ 《明世宗实录》卷401，嘉靖三十二年八月壬寅条。
④ 《明太祖实录》卷178，洪武十九年五月丙寅条。
⑤ 《明仁宗实录》卷7，永乐二十二年十一月丙戌条。
⑥ 《明宣宗实录》卷10，洪熙元年十月甲戌条；卷85，宣德六年十二月甲辰条。
⑦ 《明英宗实录》卷18，正统元年六月乙巳条。
⑧ 《明太祖实录》卷184，洪武二十年八月戊午条。

年，兵部尚书兼詹事府詹事金忠卒，"遣官归其丧，命有司治祠坟，仍复其家"。① 宣德五年，户部尚书夏原吉卒，"官其子瑄为尚宝司丞，仍复其家"②。正统元年，都察院右都御史顾佐致仕，"赏赉甚厚，给驿舟以归，仍复其家"③。万历十年，免除功臣少师杨荣后裔丁粮。④ 崇祯元年，优恤被阉党迫害官员，"人亡子幼者，复其家"⑤。

以上叙述的各种优免，其原因和内容各不相同，免役时间长短不一，但它们都有一个共同特征，即都是出于皇帝的临时决策，没有形成固定的惯例。而下面叙述的身份性优免，无论是补偿性的还是优崇性的，则都固定化为一种身份性的制度权利。

3. 以役抵役：补偿性优免的适用对象

所谓补偿性优免，是指作为对承担某种专门徭役的补偿，而免除其他一般性的各种徭役。明朝实行户役制，将民众分为民、军、匠、灶等籍，皆世袭其籍而不得变更；而在民户之中，又有不少被佥充各种专门徭役，统称为杂役户。为了保证各种专业役户完成任务，于是免除他们一定数量的其他徭役。此种免役虽然习称"优免"，但这些人户并未真正获得免役权，所以只是一种补偿而非优待。

明代数量最多的专业役户是军户，永乐二年左都御史陈瑛言："以天下通计，人民不下一千万户，官军不下二百万家。"⑥ 依据其居住地的不同，军户可以划分为卫所军户和州县军户两个类型。卫所军户由都司

---

① 《明太宗实录》卷10，洪武三十五年七月壬午条；卷163，永乐十三年四月甲申条。
② 《明宣宗实录》卷62，宣德五年正月戊辰条。
③ 《明英宗实录》卷145，正统十一年九月壬辰条。
④ 《明神宗实录》卷124，万历十年五月庚申条。
⑤ 《崇祯长编》卷7，崇祯元年三月乙丑条。
⑥ 《明太宗实录》卷33，永乐二年七月庚寅条。

卫所直接管辖，一般每户出一丁服役，称为"正丁"，其余人丁称为"军余"或"余丁"；明代前期，止许余丁一名在营资给正军，其他遣还原籍承当差役，后余丁多不肯还乡，在营有三丁以上甚至七八丁者。州县军户则由地方政府管理并编入里甲体制，其主体是原籍军户，即卫所军户在原籍对应的军户，也称"贴户"；另有少部分是附籍军户，即卫所军户在原籍之外的其他州县附籍。① 州县军户和卫所军户承担的徭役不同，其优免方式和内容也有很大差别。

州县军户因要为卫所正军提供装备补贴，所以免除其一定数量的差役。洪武四年令："各府县军户，以田三顷为率，税粮之外，悉免杂役。余田与民同役。"② 但据洪武七年山东潍州判官陈鼎言："故事：正军、贴军地土多者，杂徭尽免。"看来实际执行时并未限于三顷，而是尽数全免。由于该州"军地多而民地少，民之应役者力日殚"，陈鼎疏请"正军全免差役，贴军免百亩之下，其百亩之外余田，则计其数与民同役"，从之。③ 二十六年颁布的《诸司职掌》规定，军户优免二丁。④ 明成祖夺位后，"定垛集军更代法"，要求正、贴户轮流当役，"当军之家，免一丁差役"⑤。宣德四年，鉴于"军士遇有征调，当自备衣装，供给为难"，令"其原籍宜与复除一丁，在营有丁者，亦免一人差遣，使专经

① 　按，关于明代军户的类型，学者分法不同。如李龙潜分为"郡县军户"和"在营军户"两类（《明代军户制度浅论》，《北京师范学院学报》1982 年第 1 期），顾诚分为"州县军户"和"卫所军户"两类（《谈明代的卫籍》，《北京师范大学学报》1989 年第 2 期），于志嘉则分为"原籍军户"、"卫所军户"和"附籍军户"三类（《论明代的附籍军户与军户分户》，《文集》编委会编：《顾诚先生纪念暨明清史研究文集》，中州古籍出版社2005 年版）。本文的分类，综合了顾诚和于志嘉的意见。

② 　万历《明会典》卷 20《户部七·户口二·赋役》。

③ 　《明太祖实录》卷 89，洪武七年五月壬午条。按，《明会典》引录此条，谓"令山东正军全免差役"云云，将范围扩及全省，不确。

④ 　《诸司职掌·工部·屯部·夫役》。

⑤ 　《明太宗实录》卷 15，洪武三十五年十二月壬戌条。

营以给军。"① 这项规定一直沿用下来。嘉靖年间，庞尚鹏谓"我国家定制，每军户免一丁"②，即指原籍军户而言。

卫所军户需要承当军役，其项目多种多样，不同地区差别很大。如江西卫所军士除承担操练、屯种、运粮、巡捕、守隘、成造军器等项"正役"外，还要承担军伴、直厅、守门、守监、守库、修河、筑城等各种杂役。③ 承当军役者本应限于正军，但当人数不敷使用时，也会役及余丁。正军本身的杂役，一般不能免除。明代中叶以降，军士战斗力薄弱，遂有选拔精锐之举，并给予优免待遇。如成化十九年，保国公朱永言："大同士卒强弱混杂，行伍不精，乞选精锐，别为一军，优免杂役。"④ 弘治十四年，大同新选军丁五千余名，"无事放回，遇警调用，杂役不许差拨"⑤。天启三年，给事中彭汝楠等言："标兵左营三千为总督亲兵，右营三千为协理亲兵，凡营中一切杂差，俱从优免。"⑥ 余丁的优免，上引宣德四年令，规定在营可免一人。由于正军数额减少，当时各卫强令余丁屯田。宣德十年，广西都指挥佥事田真疏言"余丁递年供应正军，复令屯田，实为重困"，遂优免余丁屯田。⑦ 如果佥点余丁为军，则会相应增加优免人数。如成化二年，在近京各卫丁多之家，"选一丁壮健者为马军，优免二丁津贴"⑧。

除在籍军户外，明代中期以降，北部边境地区还从民户中招募"土

---

① 《明宣宗实录》卷51，宣德四年二月庚子条。此令又见《明会典》卷20《户部七·户口二·赋役》；卷155《兵部三十八·军政二·起解》。文字微异。

② 庞尚鹏：《百可亭摘稿》卷1《通变宜民以苏困苦疏》。

③ 参见于志嘉：《卫所、军户与军役——以明清江西地区为中心的研究》，北京大学出版社2010年版，第152—181页。

④ 《明宪宗实录》卷245，成化十九年十月壬申条。

⑤ 《明孝宗实录》卷172，弘治十四年三月辛酉条。

⑥ 《明熹宗实录》卷42，天启三年十二月甲寅条。

⑦ 《明英宗实录》卷12，宣德十年十二月丙午条。

⑧ 《明宪宗实录》卷25，成化二年正月癸亥条。

军"。土军户的人丁，起初全部免当民差，正统六年，陕西平凉府开城县奏言"户有二三十丁者，止一军役，乞令兼应民差"，遂规定"土军优免五丁，余听科差"①。七年，"令其陕西土军、土民、余丁，若户丁有在边操备者，亦免杂泛差役"②。天顺年间，"命自辽东至甘肃一带，边民有强劲精壮愿报效者，募为土兵，收附近卫所，给与银布鞍马器械，秋冬操练，支与口粮，春夏务农住支，免其本户五石税粮、二丁杂差以供给之"③。弘治十年，大同巡抚疏请招集土兵，建议"止终本身，仍量本户税粮多少，优免人丁"；十四年，赏赐新募土兵900余名，"优免本户税粮五石，俾供贴军装"。④正德十一年，大同巡抚疏言："土兵抽选，宜如例免粮五石。若改充正军已食粮者，不得优免。"⑤此外，云南有"土马军"，正统四年，令其"自备鞍马兵器粮食听征者，免本户差役四丁"⑥。

明代中期开始，许多地方都佥选民户丁壮以为民兵，称为"民壮"或"机兵"，皆予优免杂役，其方式因时因地有所不同。如正统十三年，命陕西西安府所属州县募到善射壮丁随军操练，"优免其杂泛徭役"。景泰元年，直隶广平府奏称"近因选取民壮，本府各县民户有五六十丁者，有三四十丁者，止当民壮一役，稍有他役，辄自陈诉，上司惟知民壮为急，一概优免，公务缺人应办"，要求规定优免丁数，遂令"直隶府州县并山东布政司，将见操民壮，不分丁力多寡，每名优免三丁供给，其余仍应别役"。⑦成化十三年，令山西大同暨偏头等关更番协守民壮，"消

① 《明英宗实录》卷81，正统六年七月乙未条。

② 万历《明会典》卷20《户部七·户口二·赋役》。

③ 余继登：《典故纪闻》卷13。

④ 《明孝宗实录》卷127，弘治十年七月乙卯条；卷172，弘治十四年三月辛酉条。

⑤ 《明武宗实录》卷144，正德十一年十二月庚申条。

⑥ 万历《明会典》卷20《户部七·户口二·赋役》。

⑦ 《明英宗实录》卷164，正统十三年三月乙巳条；卷192，景泰元年五月戊午条。

乏者别为佥替，仍复其家二人，以资军用"①。弘治十三年，"于真定等六府选民壮五千人，并优免户丁徭役，令操练以备调用"②。正统年间，曾发山西郡邑民壮 21000 余人戍守雁门、宁武、偏头三关，嘉靖八年决定将其分为四班，"其一戍边，则其二守本郡邑城，其三、其四放归农作，在边者给行粮四斗五升，复其家二人"③。

作为专业役户的匠户，也分为住坐匠和轮班匠两种。前者是迁到服役地（大多在京师）居住，附籍于当地政府，在内府各监局服役，通例是每月上工十日，歇二十日；后者则由地方政府管辖，按照规定编成班次，轮流赴京师当役。徭役的优免规定，主要是针对轮班匠户。洪武十九年，确定工匠轮班制，"量地远近以为班次，且置籍为勘合付之，至期赍至工部听拨，免其家他役"④。不久又对优免丁数做出限制，《诸司职掌》规定：轮班工匠"本户差役定例，与免二丁，余丁一体当差。若单丁重役及一年一轮者，开除一名。年老残疾户无丁者，相视揭籍，明白疏放"⑤。实际执行中，老疾匠户往往被迫服役。宣德二年，"广平民六人以匠艺起赴工，老疾不堪供役，奏乞优免"，令"诸色工匠有老疾者，即勘实一体放免"⑥。此外还有一户多役情况，天顺八年，明宪宗即位诏宣布："有一户应当住坐，又关勘合轮班，若有原领勘合二三名以上者，止令一名轮班，其余悉与优免"；"正统年间以后，有挟仇妄报，并一户分作二三户以上轮班当匠，有司曾经勘明者，止当一匠，余皆除豁"⑦。明

---

① 《明宪宗实录》卷 168，成化十三年七月癸酉条。
② 《明孝宗实录》卷 163，弘治十三年六月丙戌条。
③ 《明世宗实录》卷 99，嘉靖八年三月甲子条。
④ 《明太祖实录》卷 177，洪武十九年四月丙戌条。
⑤ 《诸司职掌·工部·营部·工匠》；《诸司职掌·工部·屯部·夫役》下，亦载明轮班人匠优免二丁。
⑥ 《明宣宗实录》卷 28，宣德二年五月癸巳条。
⑦ 《明宪宗实录》卷 1，天顺八年正月乙亥条。

代中后期，不少民户到两京投充匠户，以逃避其他徭役。在官员们的要求下，朝廷对投充者的优免做出限制。如嘉靖七年奏准："其民匠优免，宜如正德六年例，系近年投充者，听贴二丁，毋得影占全户。"①

灶户即煎盐户。《明史·食货志》云："明初仍宋元旧制，所以优恤灶户者甚厚……仍免其杂役。"似乎灶户免役是直接从元代沿袭下来的。这种说法不够确切。洪武十七年，两淮都运盐使司上言："灶户既验丁煎盐，复应有司徭役，恐妨岁课。如蠲其他役，增其盐额，实为民便。"可知此前灶户也是要承担杂役的。明太祖认为："既免他役，而增盐额，与不免同，岂诚心爱民哉？"遂令"蠲其杂役，盐额如故"②。永乐初，再次申明免除灶户杂役。但在编派养马差役时，地方政府却将灶户编入，影响了盐课，所以宣德二年，根据两淮都运盐使司的建议，再次"申饬所司遵洪武、永乐旧例优免"③。但在有些地方，这一政策并未得到落实。正统八年，户部奏称山东石河场盐课司逃亡灶户383户，"其见在灶户，岁有课额，又当有司杂差"，皇帝允准"优免见在户差役"；山东水利场盐课司亦奏称"灶户因蝗旱灾伤，赋役烦重，挈家逃移"，要求优免灶户差徭，明英宗谓户部曰："祖宗令典，有司奈何不行？"下令"见在者不许泛差"。景泰五年，两浙都转运盐使司同知王彪言："灶丁煎盐，四时不得休息。户丁有例优免杂差，以备给赡。而有司视为泛常，不容优免，致使灶丁贫窘，不能办课。"他请求"移文各该有司，今后灶丁户下，除正粮办纳，其余杂役，悉为优免"，命户部行之。④

由于优免户丁杂役之法难以顺利执行，到明代中叶，遂改行优免

---

① 《明世宗实录》卷91，嘉靖七年八月乙巳条。

② 《明太祖实录》卷169，洪武十七年十二月乙酉条。

③ 《明宣宗实录》卷33，宣德二年十一月丙申条。

④ 《明英宗实录》卷102，正统八年三月乙丑条；卷106，正统八年七月乙亥条；卷244，景泰五年八月丙子条。

灶田杂役之法。① 根据《福建运司志》中的相关资料，弘治以前，似乎就存在着"盐户每一成丁办盐，例该免田二十五亩"② 的惯例。到弘治十八年，根据两浙巡盐御史邢昭的提议，按照灶丁数量对灶户免田标准作出等差规定："办纳盐课灶丁，一丁至三丁者，每丁免田七十亩；四丁至六丁者，每丁免田六十亩；七丁至十丁者，每丁免田五十亩；十一丁至十五丁者，每丁免田四十亩；十六丁至十九丁者，每丁免田三十亩；三二十丁者，全户优免。"③ 不过，这一规定并未得到实施，两浙盐场仍是沿用每丁免田二十五亩的旧规。到嘉靖二十六年，再次调整优免田数："除原额大丁外，止以实征小丁纳银之数为主。如六钱至七钱者，照旧三丁折算原额一大丁，免田一百亩。四钱至五钱者四丁，二钱至三钱者五丁，俱折算原额一大丁。其余一钱者，必朋足一两八钱之数，方准折算优免。此外照例一体科差，仍止出银津贴，不许力差烦扰。"④ 条例中所说"大丁"指"正丁"，"小丁"指"余丁"，小丁按照一定比率折算为大丁，每大丁免田一百亩。这种优免政策，主要是针对沿海灶户制定的，未必适用于其他地方。如嘉靖三十三年，清理四川云南盐法户部主事陈惟誉言："云南课灶，既无优免田粮，亦无可差财力。而所司科扰多方，致损正课。今自本役外，不得复一有所委。"诏可。⑤ 可见直到此时，云南灶户才获得优免补偿。

　　除军、匠、灶三种专业役户外，明代还有其他各种杂役户，优免办法各不相同。如水站水夫、急递铺铺兵等，《大明令》中规定免其杂

---

① 详见刘淼：《明朝灶丁免田制考》，《文史》第39辑，1995年。
② 谢肇淛：《福建运司志》卷6《经制·攒造盐册》。
③ 万历《明会典》卷20《户部七·户口二·赋役》。又见《明武宗实录》卷2，弘治十八年六月癸未条。
④ 《明世宗实录》卷329，嘉靖二十六年十月丁卯条。
⑤ 《明世宗实录》卷406，嘉靖三十三年正月辛未条。

泛差役。①《诸司职掌》则规定，水马驿夫、递运船水夫、会同馆夫、马船夫，皆优免二丁。② 养马户，洪武十三年，"命凤阳、扬州二府及和州之民畜官马一匹者，户免二丁徭役"③。二十八年规定，"江南十一户，江北五户养马一，复其身"④。茶户，洪武二十一年奏准，"天全六番招讨司八乡之民，宜悉免其徭役，专令蒸造乌茶"。福建建宁"置茶户五百，免其徭役，俾专事采植"，地方官府"恐其后时，常遣人督之，茶户畏其逼迫，往往纳赂"，洪武二十四年"诏建宁岁贡上供茶，听茶户采进，有司勿与"。⑤ 宣德四年，四川安县茶户诉称茶树"年深枯死，户丁亦多死亡，今存者皆给役于官，无力培植"，遂"免四川茶户徭役"⑥。采银户，宣德十年，浙江温州府奏："本府平阳既采办银课，宜如处州府青田等县例，优免杂役军需。"从之。⑦ 鱼户，正德十五年奏准："宝应县原额鱼户，专办课钞麻翎鳔料，其别项杂差，照旧除免。"⑧

作为王朝首都所在的北京地区，存在着众多特殊性质的杂役户，如陵户、坟户、坛户、庙户、海户、女户等等⑨，皆给予免役待遇。永乐二十二年，"令天寿山种树人户，免杂泛差役"⑩；"给蕲献王及德安公主守坟民各十户，复其家"⑪。宣德元年，"令天地坛坛户，免杂泛差役"⑫。

① 《大明令·兵令》。

② 《诸司职掌·工部·屯部·夫役》。

③ 《明太祖实录》卷132，洪武十三年六月癸亥条。

④ 《明史》卷90《兵四·马政》。

⑤ 《明太祖实录》卷188，洪武二十一年正月壬戌条；卷212，洪武二十四年九月庚子条。

⑥ 《明宣宗实录》卷52，宣德四年三月壬子条。

⑦ 《明英宗实录》卷3，宣德十年三月癸未条。

⑧ 万历《明会典》卷36《户部二十三·课程五·鱼课》。

⑨ 参见高寿仙：《明代北京杂役考述》，《中国社会经济史研究》2003年第4期。

⑩ 万历《明会典》卷20《户部七·户口二·赋役》。

⑪ 《明仁宗实录》卷9，永乐二十二年十二月癸亥条。

⑫ 万历《明会典》卷20《户部七·户口二·赋役》。

正统八年，静慈仙师坟园完工，令坟户"看守坟园，供应洒扫等事，一应粮差悉皆优免"；景泰七年，"长陵陵户一百四十余家，奏乞优免里甲，命存一丁以供洒扫，余令应役"①。成化二年，"令宛平、昌平二县坟户，免杂泛差役"②。二十二年，灵济宫重建已成，佥易旧额庙户二十户，并别拨佃户十户，"给复其家，使专守庙"③。弘治十三年，"令免光禄寺酒户差役二丁"；十五年，"令陵户、海户、坟户、庙户、坛户、园户、瓜户、果户、米户、藕户、窑户、羊户，每户俱量留二三丁供役。其余丁多者，悉查出当差"；正德五年议准："陵户、坟户杂泛差役，除正身外，准免二丁。其余人丁一体当差。"隆庆五年，"令上林苑海户，永乐、宣德年间额设，正德年间续补，及系正身充当者，准与全免差役。若系添补，量行优免三丁。其余丁产，与民一体均编"。④此外还有富户，宣德十年，耆民翟原奏："本关富户王礼保等一千四百五十七户，俱系各布政司府州县取来填实京师，岁久贫乏，乞免原籍户下徭役供给。"命免原籍户下二丁。⑤女户分两种：一是宫人之家。正统二年，"襄王瞻墡奏第四女母王氏及宫人徐氏家属王雄、徐亮，俱以女户隶锦衣卫，乞就本府居住，从之"⑥。可知宫人家庭收充女户，隶属锦衣卫。嘉靖十三年题准："女子选入内廷，例应收充女户者，舍余于原卫、民籍于锦衣卫带管食粮，各止终身，不许朦胧影射差役。"⑦二是女轿夫，"原籍福建闽、侯、怀三县人，洪武年拨送南京应当女户，永乐年间随驾北都，专供大驾、婚礼、选妃及亲王、各公主婚配应用。给与优免，下帖令其男

① 《明英宗实录》卷111，正统八年十二月戊子条；卷267，景泰七年六月辛酉条。
② 万历《明会典》卷20《户部七·户口二·赋役》。
③ 《明宪宗实录》卷282，成化二十二年九月戊申条。
④ 万历《明会典》卷20《户部七·户口二·赋役》。
⑤ 《明英宗实录》卷9，宣德十年九月庚午条。
⑥ 《明英宗实录》卷33，正统二年八月乙亥条。
⑦ 万历《明会典》卷67《礼部二十五·婚礼一·选用宫人》。

子在外供给，免其杂差，属大兴县"①。

陪都南京亦有此种役户，据《大明会典》记载，南京太常寺诸色人役，共有厨役 160 名（旧额 300 余名）、铺排 24 名、天地坛坛夫 15 名、山川坛坛夫 15 名、孝陵陵户 20 名、帝王功臣等十庙庙户 15 名、龙江坛坛户 3 名、蒋庙庙户 2 名、天妃宫庙户 10 名②。正统七年，应天府府尹李敏奏言："本府上元、江宁二县富实丁多之家，往往营充钦天监、太医院阴阳、医生，各公主府坟户，太常、光禄二寺厨役及女户者，一户多至一二十丁，俱避差役，负累小民。"③ 可知这些特殊役户都享有优免权。凤阳皇陵，早在明朝建立前，朱元璋就召见旧邻刘英，"令招致邻党二十家以守陵墓，命有司复其家"；泗州祖陵，洪武十九年、二十一年两次下诏，共免除守祖陵民 100 户徭役。④ 其他地方也有守坟、守庙、守祠等户，但数量较少。如各处帝王陵寝及前代名贤坟墓，皆"令附近人民一丁看护，免其差役"⑤。永乐四年，命修葺鄱阳康山忠臣庙，"守庙者悉复其家"⑥。嘉靖十五年，令本朝公、侯、驸马、伯、文武大臣敕葬坟墓，编佥附近民一丁看护，免其杂泛差役。二十四年，诏广东为死于王事的陶成父子立祠，"复其家守祠者一人"。⑦

明代两京（尤其是北京）还有为数不少的将军、校尉、力士、勇士

---

① 沈榜：《宛署杂记》卷 20《志遗五》。

② 万历《明会典》卷 215《南京太常寺》。

③ 《明英宗实录》卷 89，正统七年二月丁酉条。

④ 《明太祖实录》卷 20，丙午年四月丁卯条；卷 179，洪武十九年八月庚寅条；卷 189，洪武二十一年三月戊子条。

⑤ 《明宪宗实录》卷 1，天顺八年正月乙亥条。《明孝宗实录》卷 2，成化二十三年九月壬寅条。《明世宗实录》卷 12，嘉靖元年三月壬戌条。

⑥ 《明太宗实录》卷 58，永乐四年八月丁未条。

⑦ 《明世宗实录》卷 195，嘉靖十五年闰十二月癸亥条；卷 305，嘉靖二十四年十一月戊寅条。

等，亦属杂役户，但因职责特殊，实际上带有特权性质。将军、校尉属锦衣卫，力士分属旗手卫、锦衣卫及腾骧四卫。洪武十二年，在浙江杭州诸府"募民愿为校尉者，免其徭役，凡得一千三百四十七人。校尉、力士之设，金民间丁壮无疾病过犯者为之。"① 《诸司职掌》规定，校尉、力士优免二丁。② 勇士属龙骧左等四卫营并由御马监提督，很多都是从蒙古走回的军余和民人。宣德三年规定："迤北回还军余、民人，收充御马监勇士者，免其原卫原籍户下人丁差役。"③ 弘治元年议定："勇士、校尉等户，止优免三丁，不得概户全免，以重累贫民。"次年又议准："迤北走回勇士，原有全家优免之例。但年久丁多，难以概免。今后除初回勇士，请照例全免，其替役一二辈者，止优免户下三丁。"十一年规定："凡将军、力士、校尉及投进将军，止许免户一丁。其原籍户下人丁，不许一概优免。"④ 隆庆二年，顺天府编审徭役，令"隶籍禁卫者，将军准免二丁，校尉一丁"⑤。这些人基本上都居住在京城，除原籍差役外，还应承当京城火甲之役，此项亦得优免。成化四年，锦衣卫指挥朱骧等言："各坊巡警铺，近奉敕旨，不分官吏、军民、旗校、匠役之家，俱要轮流守望。今勇士、人匠、将军、厨役，皆称有例优免。此等人役，止当优免本身，其随住及另居人丁，不得一概隐占。"⑥ 弘治二年规定："京城火夫，御马监养马勇士除本身免二丁，其余与不系养马者，见丁编当。尚膳监、光禄寺厨役，将军、力士、轿夫、旗校、寡妇、吏典，并御用监、司礼监、银作局高手匠役，俱免本身，其余见丁

---

① 《明太祖实录》卷124，洪武十二年四月戊午条。

② 《诸司职掌·工部·屯部·夫役》。

③ 万历《明会典》卷20《户部七·户口二·赋役》。

④ 《明孝宗实录》卷10，弘治元年闰正月丙寅条；卷28，弘治二年七月丁丑条；卷144，弘治十一年闰十一月乙亥条。

⑤ 《明穆宗实录》卷25，隆庆二年十月辛卯条。

⑥ 《明宪宗实录》卷55，成化四年六月庚子条。

编当。"① 南京锦衣卫中，还辖有朝天女户②，简称女户，成化六年，南京给事中常显等奏准："命女户及孝义军优免杂差者，三世后一体差操。"③

明代的专业役户多达数十种，其负担轻重相差悬殊。虽然都给予优免待遇，但有的不足以补偿其负担，所以不少人设法脱籍或逃亡；有的则可减轻杂役负担，甚至成为一种特权身份，因而引致民户大量投充。

4. 崇德尚贵：优崇性优免的适用对象

所谓优崇性优免，是以免除徭役的做法，表示对某种品德的崇尚，或对某种身份的优待。此类优免，有的是靠自身努力获得的，有的则是依靠祖宗荫德获得的，还有的是通过向官府捐献财物获得的，其情形亦多种多样，免役的内容和时间也差别很大。

明朝为了宣示和提倡传统的伦理道德，建立了旌表制度，以表彰节妇、孝子、义民，并免除其家徭役。洪武二年，"当涂县民孙添母郑氏、黎德旺妻陶氏，俱以年少夫亡守节，有司上其事。诏表其门曰'贞节'，复其家。"④ 此诏被"著为令"，意味着此后所有受到旌表的节妇之家，都可以获得免除徭役的权利。⑤ 三年，对节妇旌表条件作出具体规定："凡民间寡妇，三十以前夫亡守志，至五十以后不改节者，旌表门

---

① 万历《明会典》卷20《户部七·户口二·赋役》。

② 吕毖《明朝小史》卷3《建文纪·朝天女户》云："帝以太祖殉葬诸人近亲张凤、李卫、赵福、张弼、汪滨、孙瑞、王斌、杨忠、林良、李成、张敏、刘政等，以锦衣卫所镇试百户、散骑带刀舍人进今职，称为朝天女户。"

③ 《明宪宗实录》卷81，成化六年七月甲辰条。

④ 《明太祖实录》卷38，洪武二年正月乙巳条。

⑤ 此后洪武年间的旌表优免事例，见《明太祖实录》卷50，洪武三年三月甲午条；卷118，洪武十一年四月丁卯条；卷122，洪武十二年正月癸酉条；卷146，洪武十五年六月己巳条；卷171，洪武十八年二月戊戌条；卷172，洪武十八年三月丁卯、壬寅条。

间，除免本家差役。"①与优免节妇全家徭役不同，对孝顺、义行等的优
免，往往因其性质和程度不同而有异。如洪武四年，刑部搜狱中囚，发
现吴兴王升写给儿子的私信，告诫其子"为官须廉洁自持"云云，遂赐
王升手诏并银、绢等物，命复其家。十八年，旌表汶上县民侯昱曰"孝
子侯昱之门"，复其家。二十一年，旌表保定府新城县人王兴孝行，"仍
复其家三年"。二十七年，"诏免孝子郝安童军役"。②永乐十六年，旌
表延安府肤施县民陈七儿、广洋卫军郑小奴、龙江提举司匠张贵等二十
余人孝义，"仍命各赐钞百锭，米十石，复其家"③。到正德六年，根据
礼部建议，对旌表并优免作出一些限制："旌表节孝，有司必公举卓异
者以闻，其寻常及妄诞者禁之。核既实，俟丰年官给银三十两，付其
家，令自树坊表。并复其家二丁，终其身。"④嘉靖七年规定："各处军民
人等，有五世以上同居不分爨者，有司勘实，奏请旌表门闾，仍免一应
杂泛差徭，以励风俗。"⑤

　　明代中叶，还出现了一种特殊的"义民"，即捐献粮食以助官赈济
者，亦给予相应的优免待遇。永乐年间，刘辰为江西布政司参政，"岁
饥，劝富民贷饥者，蠲其徭役以为之息，官为立券，期年而偿"⑥。但这
只是个别地方官员的自发行动。宣德末正统初，江西饥荒，掌吉水县事
知州柯暹"劝富民出谷赈济"，乡民胡有初起而响应，"众始胥效出谷，
县人赖焉"，巡抚赵新上其事，遂赐玺书褒奖，复其家。⑦自此形成定

---

① 万历《明会典》卷20《户部七・户口二・赋役》。
② 《明太祖实录》卷63，洪武四年闰三月壬午条；卷171，洪武十八年二月戊戌条；卷
　　188，洪武二十一年正月丁亥条；卷233，洪武二十七年五月辛丑条。
③ 《明太宗实录》卷198，永乐十六年三月癸丑条。
④ 《明武宗实录》卷77，正德六年七月乙丑条。
⑤ 《明世宗实录》卷90，嘉靖七年七月戊子条。
⑥ 《明史》卷150《刘辰传》。
⑦ 按，雷礼《皇明大政纪》卷10系此事于宣德五年三月，但《明英宗实录》卷30，正

制，凡纳谷千石以上者，皆"赐敕书旌劳，复其家"。笔者据《明英宗实录》统计，正统到天顺年间，纳谷受旌免役者共有1300多人，以普通百姓居多，也有军官、军人、军余、生员、阴阳训术、医学训科、道纪司都纪等。在经济比较落后的地区，可旌为义民的数量标准有所降低。正统五年，翰林院修撰邵弘誉言："先蒙诏许南方民出谷一千石赈济者，旌为义民。其北方民鲜有贮积，乞令出谷五百石者，一体旌异优免。"经廷议决定：北方民出谷五百石者，口外民能出米豆三百石者，皆如例优免。① 正统至天顺年间，卢龙卫总旗张荣祖、永平府民许敬等各出粟米八百石，直隶真定府民程仲良等各出粟六百石，广东潮阳县民郭吾、山西太原府民栗仲仁、福建龙溪县民郭艮各出米四百石，陕西宁夏卫舍人王荣军等、西安府民秦福等各出豆粟三百石助官赈济，皆"赐敕旌谕，复其家"②。对于纳谷数量较少者，则给予一定年限的优免。如景泰三年，"福建龙岩县增广生员杨政出米四百石佐官赈贷，命于所在立碑题名，复其家二年"。四年，山东巡抚薛希琏奏："山东义民出粟八百石赈饥者，已有例给冠带。其四百石至二百石者，亦系仗义之人，宜立石免役以励之。"经户部议准："四百石者宜立石记名，并二百石者，俱复其家三年。"③

天顺以后，此种潮流归于消歇。但当一些地方出现灾荒时，朝廷也曾颁布相关赏格。如成化八年，批准巡视浙江工部右侍郎李颙等人的建议："军民纳谷五百石者，请敕旌异为义民；三百石者，立石。并给复其家。"不久又批准巡视淮扬等处南京兵部右侍郎马显的建议："（纳米）

统二年五月戊午条云："旌表义民十人。胡有初、谢子宽，吉安府人……。"

① 《明英宗实录》卷63，正统五年正月辛酉条。

② 《明英宗实录》卷80，正统六年六月癸巳条；卷238，景泰五年二月丁未条；卷270，景泰七年九月乙未条；卷307，天顺三年九月丁未条；卷320，天顺四年十月辛未条；卷343，天顺六年八月庚寅条。

③ 《明英宗实录》卷216，景泰三年五月癸丑条；卷229，景泰四年五月丁丑条。

五百石以上者，请敕旌为义民，仍免本户杂役二年；二百石以上者，立石旌异，免差役一年。"①嘉靖三年，因南京等地灾伤，南京给事中顾秦等疏请"鼓舞富民出粟赈济，量复其家，或赐爵级"，诏各抚按官便宜行之。三十一年议准："边民能助边者，请表厥宅里，给与散官，复其身。"②万历四十七年，"河南归德府虞城县乡官士民等捐银助饷，原任给事中杨东明八百两，原任御史袁可立、见任副使杨尧华各五百两，御史田珍二百两，中书杨东光四百两，各乡宦、进士、举人、监生、生员、寿官、乡民等捐银有差。抚臣李养正奏闻，乞照例赐敕旌劳，仍建坊优异，复其家。"③

除表彰节、孝、义等品行外，明朝还承继历代相沿的敬老传统，给予老人以精神和物质上的优崇。因老人本身不必服役，遂将优免待遇移之"侍丁"。洪武元年规定，"民年七十以上者，许令一子侍养，免其差役"④。二年，"令凡民年八十之上、止有一子，若系有田产应当差役者，许令雇人代替出官；无田产者，许存侍丁，与免杂役"⑤。十九年，令有司存问老人，按年龄给予米肉酒絮帛不等，其中"应天、凤阳二府富民，年八十以上赐爵里士，九十以上赐爵社士，皆与县官平礼，复其家"。次年，明太祖谓礼部试尚书李原名曰："尚齿所以教敬，事长所以教顺。虞夏商周之世，莫不以齿为尚，而养老之礼未尝废。是以人兴于孝弟，风俗淳厚，治道隆平。"令礼部再次申明上年养老之令。⑥二十一年，河南兰阳县耆民陈济樵等二人年百岁，河间府南皮县民李敬先等年九十余，平阳府平遥县民梁义等年八十余，分赐酒肉絮帛等物，"各复其家，

① 《明宪宗实录》卷109，成化八年十月壬午条；卷110，成化八年十一月辛亥条。
② 《明世宗实录》卷36，嘉靖三年二月癸丑条；卷390，嘉靖三十一年十月甲子条。
③ 《明神宗实录》卷589，万历四十七年十二月丁巳条。
④ 《明太祖实录》卷34，洪武元年八月己卯条。
⑤ 万历《明会典》卷20《户部七·户口二·赋役》。
⑥ 《明太祖实录》卷178，洪武十九年五月乙卯条；卷182，洪武二十年五月甲寅条。

诏县官时加存问，余皆如例行之"①。洪武三十五年，明成祖即位诏言：
"民年七十以上，及笃废残疾者，许令一丁侍养。"②明仁宗、宣宗、英
宗，皆曾重申这一政策。③此后诸帝，遇登极、上徽号、生皇嗣、册立
太子等颁诏，也屡次申明"军民之家，有年七十以上者，许一丁侍养，
免其杂泛差役"。万历三十四年诏曰："军民男妇，查无过犯，年七十以
上者，许一丁侍养，免其杂泛差徭。"④除年满七十外，还增加了道德标
准，必须"查无过犯"才能享受优免待遇。

西汉时期，汉高祖为了表达对家乡的厚爱，特令复除其徭役。明太
祖仿效其做法，于洪武十六年诏曰："凤阳，朕故乡，皇陵在焉。昔汉
高帝生于丰，起于沛，即成帝业，而丰、沛之民终汉世受惠。朕今永免
凤阳、临淮二县税粮徭役，宜榜谕其民，使知朕意。"二十七年，"凤阳、
定远等县以编赋役黄册，内有钦免土民及太仆寺长淮等监养马户杂役，难
同役户编排，申请定度。户部以闻，诏土民优免有例，养马者亦不令重
役。"⑤明世宗以外藩入继大统，其兴王之地亦得到优免。嘉靖十八年，明
世宗谒显陵，"给复承天三年"；二十年，"显陵成，给复承天三年"⑥。

为了表示尊崇先圣先贤，其直系后裔皆得免除徭役。洪武元年，

---

① 《明太祖实录》卷190，洪武二十一年四月壬子条。此类事例，又见《明太祖实录》
卷195，洪武二十二年正月壬寅条；卷207，洪武二十四年正月己酉条；卷213，洪武
二十四年十月辛未条。

② 《明太宗实录》卷10，洪武三十五七月壬午条。

③ 《明仁宗实录》卷1，永乐二十二年八月丁巳条。《明宣宗实录》卷74，宣德五年闰
十二月庚申条。《明英宗实录》卷1，宣德十年正月壬午条；卷53，正统四年三月己酉
条；卷274，天顺元年正月丙戌条。

④ 《明英宗实录》卷85，正统六年十一月甲午条。《明孝宗实录》卷61，弘治五年三月
戊寅条。《明世宗实录》卷12，嘉靖元年三月壬戌条；卷38，嘉靖三年四月癸丑条；
卷119，嘉靖九年十一月己酉条；卷153，嘉靖十二年八月乙未条。《明神宗实录》卷
128，万历十年九月丙寅条；卷418，万历三十四年二月丁巳条。

⑤ 《明太祖实录》卷153，洪武十六年三月丙寅条；卷233，洪武二十七年五月癸卯条。

⑥ 《明史》卷17《世宗一》。

"复孔氏子孙及颜、孟大宗子孙徭役";四年,"复阙里孔氏子孙二十六户徭役"①。正统元年令:"先圣子孙流寓他处,及先贤周敦颐、程颢、程颐、司马光、朱熹之嫡派子孙,所在有司俱免差役。"②三年、六年,查明常州府武进县孔英,河南宁陵县孔镒、孔纪,均系孔子之后,优免差役。③正德三年,婺源县朱熹十代孙爌奏:"在婺坟产为富家所侵,且有以同姓冒免差役者,乞行禁治。"礼部奏准:"凡金差役,须审其果为后裔,乃如例复之。"④万历十年,酌免先圣孔子及先儒朱熹、李侗、罗从彦、蔡沉、胡安国、游酢、江贽、蔡清、真德秀、刘子翚后裔"各丁粮有差"⑤。

明代宗室成员,无论血缘远近,一律不服徭役。即使王府外亲,也可享受优免待遇。景泰三年,乐平王奏其庶长子、庶三子择民女为婚,"二人例复其家,诏从之";沁水王奏其两弟"俱有外戚,乞复其家,从之"⑥。弘治元年,"定亲王以下姻戚免差役例:亲王除妃父外,免二丁;郡王,免一丁;镇国等将,止免夫人父一丁"⑦。功臣之家,亦得免除部分徭役,洪武十三年规定:"凡功臣之家有田土,输纳税粮并应充均工夫役之外,如粮长、里长、水马驿夫等役悉免之。"⑧甚至皇帝的乳母,有时也可得到优免。如天顺三年,"诏户部优免奉圣夫人李氏家徭役"⑨。

明代官员的优免,因要按照品级分别差等,而且其标准多次调整,

---

① 《明太祖实录》卷36上,洪武元年十一月甲辰条;卷60,洪武四年正月甲午条。

② 万历《明会典》卷20《户部七·户口二·赋役》。

③ 《明英宗实录》卷46,正统三年九月庚戌条;卷81,正统六年七月己未条。

④ 《明武宗实录》卷43,正德三年十月丁亥条。

⑤ 《明神宗实录》卷124,万历十年五月庚申条。

⑥ 《明英宗实录》卷219,景泰三年八月丁丑条;卷224,景泰三年十二月辛亥条。

⑦ 《明孝宗实录》卷10,弘治元年闰正月乙酉条。

⑧ 《明太祖实录》卷134,洪武十三年十二月丁巳条。

⑨ 《明英宗实录》卷299,天顺三年正月丁未条。

可能是身份性优免中最为复杂的一种。明朝建立之初，并无官员优免之制。洪武十年正月，明太祖谓中书省臣曰："食禄之家，与庶民贵贱有等。趋事执役以奉上者，庶民之事。若贤人君子，既贵其身而复役其家，则君子野人无所分别，非劝士待贤之道。自今百司见任官员之家有田土者，输租税外，悉免其徭役，著为令。"①按照此令，所有现任官员，无论是京官还是外官，似乎都可免除徭役；但十三年又"诏京官复其家"②，特令给予京官优免，看来十年诏令并未真正落实。此外，十年三月诏吏部："凡官员亡故者，免其家徭役三年。"③即官员亡故后，其家仍可享受三年的徭役优免。十二年，谕中书省臣曰："凡士非建功名之为难，而保全始终为难。自今内外官致仕还乡者，复其家，终身无所与。"④也就是说，官员致仕后，仍可享受在职时的优免待遇。正统元年令："在京文武官员之家，除里甲正役外，其余一应杂泛差役俱免。"⑤此令只是重申了洪武以来惯例，并无新的内容。对于某些特殊性质的官员，有时还给予特殊的优免待遇。如正统十二年，"令云南土官，四品

① 《明太祖实录》卷111，洪武十年正月丁卯条。
② 《明太祖实录》卷132，洪武十三年六月壬辰条。万历《明会典》卷20《户部七·户口二·赋役》云：洪武十三年，"令六部、都察院、应天府并两县、判禄司、仪礼司、行人司随朝官员，除本户合纳税粮外，其余一应杂泛差役尽免。"
③ 《明太祖实录》卷111，洪武十年三月乙未条。按，《明会典》卷20《户部七·户口二·赋役》系此令于洪武七年，疑误。
④ 《明太祖实录》卷126，洪武十二年八月辛巳条。
⑤ 正德《大明会典》卷22《户口三》；又见《皇明太学志》卷2《优复》，但"除里甲正役外"一句作"除里甲正役并税粮外"。按，《天下郡国利病书》原编第7册《常镇·武进县志》载此令云："在京文武诸官，除里甲正役外，一应均徭杂役全免，外官半之。"酒井忠夫指出，文中"均徭"和"外官半之"，皆为衍文（《中国善书の研究》，国书刊行会1999年版，第245—246页）。是时尚无均徭法，诏令中当然不可能出现，但均徭法推广后，一些文献在引述正统元年诏令时，便径予添补，如《明世宗实录》卷221，嘉靖十八年二月辛丑条云："在京文武官员之家，除里甲正役外，其余一应均徭杂派差役，照依正统元年事例，全户优免。"所以《武进县志》的说法，也非自行臆造。值得注意的是，嘉靖十八年诏援引正统元年诏，亦未提及"外官半之"。

以上优免一十六丁，五品、六品一十二丁，七品十丁，八品、九品八丁，杂职六丁"①。

国子学的学生，洪武三年，典簿周循理建议给予优免："国学，教化本原。请择经明行修之士充学官，而增置其员。民间子弟俊秀，年十五以上，愿入国学者听，复其身。"这一建议得到皇帝肯定，不过免役者只限于学生自身。二十年，"以北方学校无名师，生徒废学，命吏部迁南方学官之有学行者教之。增广生员不拘额数，复其家。"二十一年，谓礼部尚书李原名曰："尝命天下学校，凡民间子弟愿遣入学者听，复其身家。"② 这样，各地方学校生员获得比监生更加优厚的优免待遇，不但自身可以免役，家庭其他男丁也不用承担徭役。其后又对免丁数量做了限制，洪熙元年诏曰："生员之家，一依洪武年间例，一家优免两丁差徭，俾得尽心务学。"③ 正统十年，直隶巡按御史李奎言："今府州县生员之家，皆免二人差役，俾供给生员专心学业。至南、北二监监生，无例优免，困苦相仍，士气卑弱。乞照生员之家，免二人差役。"④ 命依洪武、永乐间例行之。阴阳学的阴阳生、天文生，宣德以前并无免役规定。宣德三年，"时因天文生、阴阳生，有司概编里甲，始命天文生免二丁，阴阳生免本身差役"⑤。正统七年，"令天文生、阴阳生，俱免差役一丁"⑥。

明代各机构都有吏员，洪武七年，令议给典吏禄米，中书省奏言：

---

① 万历《明会典》卷20《户部七·户口二·赋役》。

② 《明太祖实录》卷53，洪武三年六月癸未条；卷186，洪武二十年十月丁卯条；卷193，洪武二十一年八月甲午条。

③ 《明宣宗实录》卷1，洪熙元年六月庚戌条。

④ 《明英宗实录》卷133，正统十年九月戊寅条。《明会典》卷20《户部七·户口二·赋役》云："正统十年，令监生家免差役二丁。"

⑤ 徐学聚：《国朝典汇》卷90《赋役》。

⑥ 万历《明会典》卷20《户部七·户口二·赋役》。

"应天府典吏月米八斗，中立府典吏月米六斗。其二府所属州县及各府州县典吏，土著者已免二顷田杂役。今拟府州县典吏，土著者免本户夫役，不给米，其田役不免。"① 可知只有土著典吏，才可免除本户夫役，以作为不给予禄米的补偿。此外，弘治十七年户部奏疏谈到，查得旧例，"内官免二丁，内使免一丁"②，可知内官、内使亦得免除一定数量的徭役。女官之家亦有免役权，洪武三十五年，"求民间识字妇女充内职"，"凡军民之家，有识字妇人年三十至四十，女子年十七以上，不拘容貌，但愿赴选者，官给驿舟，令其父母亲送京师，量授以职。其合得俸以给其亲，仍复其家"③。

总的来看，弘治以前发布的优免条例，适用对象不一，对优免数额也没有明确规定，很容易导致优免权的滥用。于是一些官员要求制定明确的优免标准。成化二十三年，丘濬进呈《大学衍义补》，内中建议"因官品崇卑，量为优免"，具体方案是京官二品以上免田四顷，五品以上三顷，七品以上二顷，九品以上一顷，外官递减，无田者可以准田免丁。④ 此议没有受到重视。弘治七年，户部办事吏余彦达奏："京官之家，不拘品秩崇卑，丁粮多寡，全户优免。方面、知府等官，各免人丁十丁、田粮二十石；同知以下至知县等官，免人丁五丁、粮十石；八品以下、教官等官，及监生、举人、生员之家，各免人丁四丁、粮四石；杂职、省祭官、听选等官，及吏典之家，各免人丁三丁、粮三石。"此议虽经相关部门讨论，但并未做出最后决定，而"有司遂以为例，辄便遵行，事属差错"。弘治十七年，户部奏准："今后除随朝文职、内官、内使丁差，俱照旧优免，其余见任方面官员之家，各免人丁

---

① 《明太祖实录》卷91，洪武七年七月丙戌条。
② 张卤校刊：《皇明制书》卷20《节行事例·内外官员优免户下差役例》。
③ 《明太宗实录》卷11，洪武三十五年八月甲寅条。
④ 丘濬：《大学衍义补》卷14《制民之产》。

十丁，知府免八丁，同知以下至知县等官，各免人丁三丁，八品以下
至杂职、省祭、听选等官，及监生、举人、生员、吏典之家，俱一例
各免二丁。"①这样，就针对官员、监生、举人、生员、吏典等，形成
了统一的优免标准。此后，自嘉靖至万历年间，又对优免数额进行过数
次调整，优免内容逐渐由人丁过渡到田亩，而优免数量则不断提高。以
京官一品论，嘉靖十年规定免粮 20 石、丁 20 丁，嘉靖二十四年提高到
30 石、30 丁，万历十四年提高到田 1000 亩、丁 30 丁，万历三十八年
提高到田 10000 亩。②

上述品官优免条例，只涉及文职官员，因为武官属于军户，原本就
不承当徭役。但锦衣卫官员居住京城，需要承担铺甲之役，所以另有优
免规定。嘉靖四年，"兵部以武职滥乞优免，乃酌议锦衣卫随朝官指挥
免三丁，千户、镇抚二丁，百户、所镇抚一丁，请著为令"，得旨："锦
衣卫指挥免七丁，千户五丁，镇抚、百户三丁。"③此外，京城铺户需要
承担买办之役，锦衣卫官校"多占籍行户者"，亦不当役。嘉靖四十五
年，命清理京师铺行，宛平、大兴二县要求这些人承担铺户之役，掌卫
事左都督朱希孝疏言："禁卫亲军，例当优免，不宜听县官擅自勾问。"
命户部与都察院调查，虽然查明"锦衣卫官校，初无优免之例"，但还
是不允许县官勾问，只是"令卫官自征银送府"，使他们事实上可以逃

①　张卤校刊：《皇明制书》卷 20《节行事例·内外官员优免户下差役例》。按，《天下郡
　　国利病书》原编第 7 册《常镇·武进县志》载"正德十六年巡抚都御史罗案验内开"，
　　其内容与弘治十七年奏准事例相同。
②　关于历次规定的各类人等优免田粮、人丁的数量，笔者在为《明代政治史》所撰《明
　　代的官僚管理制度》一章中曾列表予以介绍，兹不赘述。参见张显清、林金树主编：
　　《明代政治史》，广西师范大学出版社 2003 年版，第 643—653 页。
③　《明世宗实录》卷 49，嘉靖四年三月丙戌条。按，《天下郡国利病书》原编第 7 册《常
　　镇·武进县志》云："巡抚喻茂坚查照部札，各该大小衙门，凡遇审编徭役，悉遵先今
　　原议优免之例，锦衣卫指挥免丁七，千户免丁五，镇抚、百户免丁三。"所引即为嘉靖
　　四年条令。

避铺户之役。①

作为宗教人士的僧、道，并未获得明确的优免权，但实际上也不承担徭役。洪武元年颁布的《大明令·刑令》规定："凡僧尼、道士犯罪经断，并令还俗当差。"这从反面说明，如未因犯罪被令还俗，则不用承当差役。十七年，礼部尚书赵瑁言："自设置僧、道二司，未及三年，天下僧、道已二万九百五十四人。今来者益多，其实假此以避有司差役。"②宣德十年，给事中年富言："近年军民之家，逋逃规免税徭，冒为僧道，累以万计，不织不耕，坐食温饱。"③从这些议论也可看出，僧、道是不承担差役的。

明代的优崇性优免，其对象也比较繁杂，大致可以分为两类，一是对某种品德的崇尚，其对象包括节妇、孝行、义行、义民、耆年等，可称为"伦理性优免"；二是对某种身份的优待，其对象包括圣贤后裔、王亲、功臣、官员、监生、举人、生员、锦衣卫官校等，可称为"特权性优免"。至于对帝乡的优免，则兼有酬报乡恩和尊崇乡里的目的，也可以归入第二类中。特权身份者中的官员、监生、举人、生员，被通称为缙绅，是一个数量十分庞大的群体，他们利用朝廷给予的优免待遇，成为地方社会中的特权阶层，进而造成了赋役不均、社会分化等严重的社会问题。

5. 余论：徭役优免对社会经济的影响

以上介绍了明代各种类别的徭役优免，在相关法令条例中，有时说明了"优免杂役"、"杂徭尽免"、"免杂泛差役"，更多时候则并未

① 《明世宗实录》卷557，嘉靖四十五年四月庚辰条。
② 《明太祖实录》卷167，洪武十七年闰十月癸亥条。
③ 《明英宗实录》卷4，宣德十年四月丁卯条。

说明具体内容，只是笼统地说"复其身"、"复其家"、"免本户差役"、"优免人丁"，或说明优免几丁、免田若干亩云云。其实，无论是否明确说明，明代徭役优免的内容，正统以前为杂泛差役（简称杂役、户役、丁役等），从正统年间开始则为杂役以及从杂役中分化出来的均徭，里甲正役（简称正役、里役、甲役等）除功臣之家外，一律不得优免。

不过，由于明代金派徭役的对象兼用丁田，而且前后有所变化，所以优免内容也经历了一个免田→免丁→免丁粮→免丁田→免田的过程。明朝初年，因赋定役、量田出夫，所以优免对象为田亩。到黄册制度建立后，人丁成为编役的标准，所以相应地变为免除丁役。正统以降，各地陆续进行了徭役改革，徭役编金一般都要兼顾丁、粮两项，优免自然也要考虑此种情况，所以嘉靖十年的优免则例中，就包括了丁、粮两项，而且可以互折，"其有丁多而粮少者，以丁准粮，丁少而粮多者，则以粮准丁"[①]。从嘉靖中期开始，以一条鞭法为核心的赋役改革陆续展开，优免也由免丁、粮变为免丁、田，丁、田亦可互折。到万历后期，江南差役多摊入田亩，所以万历三十八年应天巡抚徐民式题准的优免新例，就完全以田为计算标准了。因此，明代优免虽然在名义上限于杂役和均徭，但随着越来越多的差役摊入田亩，以及优免标准从"丁"转为"田"，徭役与田赋越来越难以区分，优免田在免除徭役的同时，自然也就连带免除了赋税。

通过上面的介绍可以看出，明代免除徭役的对象虽然十分广泛，但免役期的长短多寡却很不均衡。对于社会稳定和经济发展起到积极作用的赈恤性优免，往往持续时间较短，且未形成固定化的制度，急需救济的灾民、流民、贫民等，无法获得制度化的优免权利，只能期盼偶然

---

① 《天下郡国利病书》原编第 7 册《常镇·武进县志》。

性的"恩赐"；而对于社会稳定和经济发展起到消极作用的特权性优免，则成为一种牢固的制度化权利，免役期限一般都很长，大多是终身性的，甚至可以世代继承。

在诸种身份性的优免对象中，军、匠、灶等专业役户例不分户，而且由于负担较重，不断有人脱籍逃亡，其户数逐渐减少。以轮班匠为例，总数应为 289000 余人，景泰五年统计实存 24 万人，其中在南京应役者 58000 人，在北京应役者 182000 人[①]；到嘉靖四十一年，隶属于北京工部的轮班匠，则只有 142486 名[②]。再如灶户，弘治时两浙盐场有 41090 户，到嘉靖时只有 16296 户。[③] 而特权身份者的数量，则随着时间推移不断增加。如宗室人口，正德年间，共有亲王 30 位，郡王 215 位，将军、中尉 2700 位[④]；嘉靖四十四年，"天潢之脉，盈三万余位"[⑤]；万历三十三年，"《玉牒》宗支共计一十五万七千余位"[⑥]；到明朝灭亡时，宗室人口当已超过 20 万人[⑦]。宗室本身皆无徭役，其外亲亦可获得优免，随着宗室人数的快速增长，享受优免者必然也大幅增加。特权身份者中数量增长最快的，是科举功名获得者。据吴金成估计，明代后期，全国的举人数额通常在 4000—5000 名之间，壅滞于乡村社会的监生数额通常为 12500—22500 名；生员的数额则远为庞大，洪武年间约为 3 万名，宣德、正统年间约为 6 万名，到正德年间则增至 31 万名，明末更达到

---

① 《明英宗实录》卷 240，景泰五年四月乙巳条。

② 万历《明会典》卷 189《工部九·工匠二》。

③ 《重订两浙鹾规》卷 3《清理丁荡规则》。

④ 郑晓：《今言》卷 2，第 165 条。

⑤ 查继佐：《罪惟录》志卷 25《宗藩志》。

⑥ 《明神宗实录》卷 492，万历四十年二月丁丑条。

⑦ 顾诚：《明代的宗室》，明清史国际学术讨论会秘书处论文组编：《明清史国际学术讨论会论文集》，天津人民出版社 1982 年版；张德信：《明代宗室人口俸禄及其对社会经济的影响》，《东岳论丛》1988 年第 1 期。

50 万名。① 锦衣卫的旗军、力士、校尉等，其数量也不断膨胀。据记载，万历年间，其常额约为 17000 名，天启年间增加了 34400 名，崇祯初年虽经裁汰，仍比万历年间多出 14950 名。②

　　由于各地社会经济状况和文化教育水平不同，优免人户所占比重也有一定差异。根据山西巡抚辛应乾奏报的徭役编审数额计算，万历十年，山西各州县徭役人丁共 1512281 丁，共役占优免 72053 丁，占 4.76%；山西卫所共 71162 丁，共役占优免 29306 丁，占 41.18%。③《宛署杂记》记载，该县万历十年共 13744 丁，优免 708 丁，占 5.15%；万历十四年共 13809 丁，优免 708 丁，占 5.13%；万历十七年共 13980 丁，优免 301 丁，占 2.15%。④《天下郡国利病书》载有万历四十五年苏州府各州县优免丁、田数：太仓州，共丁 34753 丁，优免 1909 丁，占 5.49%；共田 883178 亩，优免 50315 亩，占 5.70%。长洲县，共丁 140899 丁，优免 5611 丁，占 3.98%；共田 1232433 亩，优免 136637 亩，占 11.09%。吴县，共丁 100969 丁，优免 2318 丁，占 2.30%；共田 496256 亩，优免 39250 亩，占 7.91%。吴江县，共丁 119563 丁，优免 1225 丁，占 1.02%；共田 1096739 亩，优免 62037 亩，占 5.66%。常熟县，共丁 101051 丁，优免 1156 丁，占 1.14%；共田 1682990 亩，优免 44767 亩，占 2.66%。昆山县，共丁 51365 丁，优免 1090 丁，占 2.12%；共田 1117314 亩，优免 48137 亩，占 4.31%。此外嘉定县，共丁 73343 丁，优免 2470 丁，占 3.37%；田荡粮米共 378562 石，优免 15581 石，

---

① 吴金成：《明代社会经济史研究——绅士层の形成とその社会经济的役割》，第 51—62 页。按，明末数字系顾炎武按每县 300 名的平均数估算出来的，见《顾亭林诗文集·亭林文集》卷 1《生员论上》。

② 孙承泽：《春明梦余录》卷 37《户部三·仓场》。

③ 《明神宗实录》卷 126，万历十年七月庚午条。

④ 沈榜：《宛署杂记》卷 6《人丁》。

占 4.12％。① 万历年间，浙江遂安县役银总额 11285 两，优免 472 两，占 4.18％。② 崇祯八年，南直隶池州府共有 12700 丁，优免 1800 丁，占 14.17％；共有田 240000 亩，优免田 53000 亩，占 22.08％。③ 从这些数据看，多数地方的优免比重都在 10％以下，似乎不算太高。

但这只是官府按照法定标准核定的数字，实际优免数额当远过于此。这是因为特权身份者并不满足于限额，总是极力扩大自己的优免数量，而庶民也设法利用他人的优免权以逃避徭役，其手段"神妖鬼怪，不可弹述"④，较常见有以下数种：一是投献，又分人身投献和田地投献。前者是"躲避差役小民，故将子弟投献"⑤，即庶民将子弟送到享有优免权的人户为奴，以躲避差役；后者是指庶民将自家田地投献给享有优免权的人户，"富者辄籍其产于士大夫，宁以身为佣佃而输之租，用避大役，名曰投献，故士一登乡举，辄皆受投献为富人"⑥。二是诡寄，亦有多种形式："何言乎诡寄？多田之家，或诡入于乡宦举监，或诡入于生员吏承，或诡入于坊长里长，或诡入于灶户贫甲；或以文职立寄庄，或以军职立寄庄，或以军人立寄庄。"寄庄本应立于本县以外，许多官员却在本县另立寄庄，"率不过巧为花分，以邻国为壑耳"。⑦ 三是投充，即投充享受优免而负担较轻的专业役户，以逃避一般民户的差役。如"上元、江宁二县富实丁多之家，往往营充钦天监、太医院阴阳医生，各公主府坟户，太常、光禄二寺厨役及女户者，一户多至一二十丁，俱避差役，负累小民"。顺天府"所属民欲避重就轻，往往三五相

① 顾炎武：《天下郡国利病书》原编第 6 册《苏松》。
② 万历《遂安县志》卷 1《食货志·贡赋》。
③ 刘伯宗《峰峒文集》卷 4《池州防守议》。
④ 顾炎武：《天下郡国利病书》原编第 22 册《浙江下·宁波府志·田赋书》。
⑤ 戴金：《皇明条法事类纂》卷 1《五刑·去羽翼以抑豪强》。
⑥ 黄秉石：《海忠介公传》，《海瑞集》附录，中华书局 1981 年版，第 560 页。
⑦ 顾炎武：《天下郡国利病书》原编第 22 册《浙江下·宁波府志·田赋书》。

率，数十成群，告投力士、校尉军役，一县或一二百名，或七八十名"；
"今投充军役者日多，则应当民差者日少，况投军一名，又要户下一二
丁贴备，俱系不当民差之数"。① 上述滥用优免权的种种现象，在全国
各地都能见到。相比而言，投献与诡寄以江南地区最为泛滥，投充则以
北直隶地区最为严重。②

---

① 《明英宗实录》卷89，正统七年二月乙未条；卷278，天顺元年五月甲戌条。

② 关于缙绅优免的泛滥及其恶果，学者论述较多，兹不详述，可参见前揭伍丹戈《明代
徭役的优免》、张显清《明代缙绅地主浅论》和《明代官绅优免和庶民"中户"的徭役
负担》。关于北京周边地区的投充问题，可参见前揭高寿仙《明代北京杂役考述》。

第二章　明代财政数据的解读与评估

一、晚明户部的财政经制与实际收支

——对《万历会计录》收支数字的说明与评估

1.引言：赤字还是盈余？

《万历会计录》的编纂者张学颜等，在该书卷 1 详列"天下各项钱粮原额见额岁入岁出总数"后，插入这样一段按语（下称《会计录》按语），其中谈到：

> 今每年所入本折各色，通计壹千肆百陆拾壹万有奇，钱钞不与焉。所出除入内府者陆百万，余数莫可稽，他如俸禄、月粮、料草、商价、边饷等项，岁逾玖百叁拾壹万有奇。是壹岁之入，不足供壹岁之出。虽岁稔时康，已称难继，况天灾流行，地方多虞，蠲赈逋欠，事出意外，又安能取盈也！怀已安已治之虑，清冗费冗食之源，去浮从约，以复祖制，臣等深于朝廷有至望焉。①

---

① 张学颜等：《万历会计录》卷 1《旧额见额岁入岁出总数》。

很显然，张学颜等描述了一幅"赤字财政"的图景，希望朝廷去除浮费，力行节约，以恢复财政的平衡甚至盈余。但赖建诚对这种说法表示怀疑，他将《会计录》卷1所载"见额"岁入与岁出数字分别转录为表格（在其《边镇粮饷》中编号为表2.3 和表2.4），并评论说："此处的1461 万并未说明如何算得，表2.3 内的项目繁杂，也不知如何折算成此数。再说，入内府者是600 万，也不知是如何算得。如果'余数莫可稽'，又如何确知'壹岁之入不足供壹岁之出'？依《会计录》的书写方式，大概不易计算出确切的盈亏额，我把这些记载改写成表2.3 与表2.4 的形式后，所得结果和《会计录》的结语相反：万历六年的银两收支，在中央政府（国库）方面是有盈余的。"因没有弄清计算方法，所以赖先生只对比了白银一项：内承运库、各边镇、太仓银库三项岁入共计5580704 两，各项岁出共计4224730 两，收支相抵，万历六年中央尚有盈余1355974 两，他据此指出："这和一般人对明代财政恶化的说法相反，或许是张居正治国的优秀表现吧！"[①]

万明与徐英凯对赖建诚的"盈余"说提出批评，认为他"主要根据边镇粮饷的考察，对《会计录》缺乏系统的整体研究，得出万历六年银两收支国库有盈余的结论，也是欠妥当的"。他们依据《会计录》所载户部掌握的财政收支账目，包括各省直至府州县的田赋，以及其他杂税等的具体数据，以白银作为统一计量单位，计算出晚明全国财政收入总额共计白银18100167.73 两（其中田赋16197189.70 两、盐课1171619.73 两、钞关402308.96 两、杂课329049.33 两），财政支出总额共计白银18544545.37 两（其中边镇粮饷8267512.78 两、宗藩禄粮5519157.11 两、官员俸禄117337.46 两、营卫官军俸粮2599595.78 两、

---

① 参见赖建诚：《边镇粮饷：明代中后期的边防经费与国家财政危机，1531—1602》，浙江大学出版社2010 年版，第35—42 页。

内府供用 2040942.24 两）。他们总结说："这样一看，明显收不抵支，两者相差 444377.60 两。其中，实银的收入为 7589182.91 两，实银的支出为 9163098.67 两，在实银收支上有高达 1573915.76 两的赤字。因此，我们的结论是：16 世纪七八十年代，当时明代国家财政明显处于危机之中。建立在细致地对《会计录》所载各项细目的货币化统计之上，这一结论与《会计录》编纂人所云万历六年收不抵支的结论是完全相同的。"①

仔细比对上述三方谈论的对象，笔者觉得不完全是一回事，似乎难以构成对话关系。《会计录》按语所说每岁收入 1461 万，是将五花八门的实物与货币直接相加得出来的"复合单位"，而且范围只限于起运京边的钱粮物料；所说交入内府 600 万以及俸禄、月粮、料草、商价、边饷等项 931 万，自然也是"复合单位"。从 1461 万减除 600 万，仅余 861 万，较之岁出 931 万，尚有 70 万缺口，故曰"壹岁之入不足供壹岁之出"。赖建诚只计算了其中白银一项，发现有 1355974 两盈余，就断言"所得结果和《会计录》的结语相反"，实属以偏概全，因为白银一项有盈余，并不等于包含所有项目的"复合单位"有盈余。而万明与徐英凯计算出来的收支数，系将起运与存留的所有项目都包括在内，而且统计时将所有实物都折算为白银，统计范围和计量单位既与《会计录》不同，也与赖建诚有异，似难证实或否定他们的观点。因为从理论上说，即使按"复合单位"计算属于亏空，但统一按白银计算也可能变成盈余。做一个最简化的假设性说明：假设收支只有银、米两项，是年收入银 100 万两、米 100 万石，支出银 50 万两、米 170 万石。若按"复合单位"计算，是年收入 200 万单位，支出 220 万单位，亏空 20 万单

---

① 参见万明、徐英凯：《明代〈万历会计录〉整理与研究》，中国社会科学出版社 2015 年版，第 12、36、2123 页。详细计算的项目和数据，参见该书第 2108—2123 页丙表 269—281。

位；若统一按白银计算，将米 1 石折算为银 0.6 两，则是年收入 160 万两，支出 152 万两，盈余 8 万两。

事实上，除计算范围和口径外，若以《会计录》为基础评估当时的财政状况，还有其他一些因素需要考虑，比如该书所载收支数字是否都可视作"万历六年"的数字，这些数字与实际收支有多大吻合度，各省直是否真正依据《会计录》征收解纳，等等。在《明代〈万历会计录〉整理与研究》中，万明与徐英凯对该书数字进行了系统的统计分析，由于目的在于"还原明朝财政会计的本来面貌"，所以他们"仅就《会计录》原始数据列表和依据《会计录》原始数据进行统计分析研究，一般不掺杂其他文献进行比较、考证和补充统计"①。笔者以前评论赖建诚著作时，对怎样计算出 1461 万已做过说明②，本节拟进一步说明怎样计算入内府者 600 万和俸禄等项 931 万，同时参考其他相关资料，对《会计录》的性质及其反映的财政状况进行初步评估，敬请学界同仁教正。

2. 作为财政经制的《万历会计录》

要讨论与评估《会计录》所载财政收支数字，首先必须准确把握此书的体例与性质。在这个问题上，各家看法颇有分歧。赖建诚将中国的会计录与西方的国民所得账做了对比，认为"在性质上，《会计录》是中央政府的税收与支出预算，和西方国民所得账是以实际生产、消费等等的统计完全不同。以现代眼光来看，除了土地、户数、丁口这三项基本数据外，会计录的主要功能是当作政府收支的预算书，相当

---

① 万明、徐英凯：《明代〈万历会计录〉整理与研究》，第 41 页。

② 参见高寿仙：《整理解读明代财政数据应注意的几个问题——以赖建诚〈边镇粮饷：明代中后期的边防经费与国家财政危机，1531—1602〉为例》，《史学月刊》2015 年第 2 期。

于现代国民所得账内的政府收支项"①。万明指出，赖建诚"实际上是以现代西方的眼光来看待《会计录》，以西方预算书概念来套用，显然并不合适"。她将此书定性为"明代国家财政会计总册"，认为"中国古代财政会计和近代国家预算不同之处，主要表现在中国古代以编造年份的实际财政收入作为编造基础，而近代国家预算则是以预算年份的估计收入为编造基础"②。赵轶峰认为，万明的观点可以再加推敲，因为"中国帝制时期财政，以'量入为出'为主流观念，而赋税收入主要依据人口、土地，这些数字变动迟缓，因而财政收入尽量保持'额征'"，"在此意义上，《万历会计录》实际上构成未来年度乃至未来若干年内财政收支的标准，虽然不是精密预算书，却也并非完全不具预算功能"③。

上述几位学者的见解，其实都不无道理。一方面，《会计录》与近代以来预算书的编制原则确实大不相同，不宜将其定性为预算书；另一方面，《会计录》又确实构成未来若干年份财政收支的指导标准，与预算书的功能有类似之处。造成这种情况的原因，正如大家都已经意识到的，是建立在"量入为出"基础上的"定额"观念。梁方仲在介绍《会计录》的文章中，提到各省清丈田地后，无不以"刊刻成书，永为定额"为请，户部题覆各省直裁减实编条编均徭里甲银两时，亦皆以"刊定成书，永为遵守"为言，他特别提醒说："'永为定额'是中国财政的特色，

① 赖建诚：《边镇粮饷：明代中后期的边防经费与国家财政危机，1531—1602》，第392页。另在第406页谈到："《会计录》的一项特色，就是配额式的预算概念"，"在收入方面，它是根据各地的物产能力，预先规定各地应收的税额、存留起运比例；在支出方面，也是预先估算各皇室人员、文武百官、各地军饷的开支"。

② 万明、徐英凯：《明代〈万历会计录〉整理与研究》，第12、28—29页。

③ 赵轶峰：《明代财政史研究新的里程碑——评〈明代《万历会计录》整理与研究〉》，《古代文明》2017年第2期。

治财政史者所宜注意的。"① 这种固定下来的"定额"，在当时通常被称为"经制"。毕自严《度支奏议》屡以"经制"为言，他解释说："何以谓之经制？经者有尝，制者有节也。"又云："各边镇俱有一定兵马，一定粮料，名曰经制，如田之有畔，不得逾越。"② 可知所谓"经制"，就是经过核准相对固定下来的财政收支项目与额度。③ 从原则上说，"经制"确定后，便应长久保持不变，但事实上这是不可能的，所以财政管理既要依"经制"规制收支，也要视变化更定"经制"。明朝初期确定的"经制"，随着时间推移不断发生变化，正德《大明会典》的户部部分，对截至弘治年间的变化情况做了梳理和固定，但此后发生的各种变化，却始终未得到梳理和固定，给财政管理造成很大困扰。编纂《会计录》的主要目的，恐怕就是为了重新确定与户部相关的各种"经制"。从"经制"的角度观察此书，更容易理解其体例和特点。

其一，此书的主体内容虽然由各类财政数字构成，但显然并非纯粹的账册或统计册，还包括与收支数字无关的很多内容。比如卷33《本部职官》，列明了户部职官的设置及各司分理的事务，正如赖建诚所说，"在以数字为主的会计录内，出现行政性的职掌分述，令人感到突

---

① 参见梁方仲：《评介〈万历会计录〉》，《中国近代经济史研究丛刊》第3卷第2期，1935年。黄壮钊《明嘉万财政与〈万历会计录〉之修撰——以边饷定额化为中心的考察》（刘志伟主编：《读书不肯为人忙：中山大学历史学系本科生中国古代史论文选集》，中山大学出版社2016年版）指出：梁方仲提示的《万历会计录》编纂的时代背景以及"永为定额"的财政特色，此后研究未能予以充分重视。他认为，"通过考察嘉靖至万历年间明王朝的财政状况及相关因素，可以发现明廷为应对财政困难局面而进行财政定额化管理之努力。《万历会计录》之修撰，实为此一努力之产物。"

② 毕自严：《度支奏议·堂稿》卷1《旧饷告匮边镇呼庚疏》；卷32《同兵部合奏永镇经制疏》。

③ 在古代文献中，"经制"是个常见词汇。既可用于动词，意为经理节制；也可用为名词，意为固定不变的制度。此处仅就其在财政制度上的意义而言。

兀"①。其实，这并非此书体例不纯，只要与户部相关的"经制"，系数字者自然详列数字，不系数字者也要予以载明，户部职官与职掌即属后者。各卷最后均附"沿革事例"，其中有些是为了说明现行"经制"确定的时间和原因，有些则是补充前面无法列载的"经制"，比如管粮官员的增设与裁撤，田地的招佃、起科与除豁，本折色比例、交纳地点的变更，行政辖区、州县等则的调整，禁止皇亲强占田地、势豪揽纳粮料等等。其中卷40《茶法》、卷41《钱法》，因定额数字甚少，所以"沿革事例"占了绝大篇幅。

其二，明清屡有人称此书为"万历六年《会计录》"②，是因书中"见额"以万历六年者为多。不过，书中数字属于其他年份者亦为数不少，最晚为万历九年，具体情形十分复杂。比如卷17至29所载北边13镇"见额"，包括官军、马骡、屯粮料、民运银、盐引、京运年例银等项目，多未标明年份，结合"沿革事例"可以看出，各镇同一项目以及一镇不同项目的额定时间均不一致：如屯粮料，辽东镇系万历六年数额，延绥镇系万历七年数额；再如京运年例银，辽东镇系万历九年定额，延绥镇系万历八年定额。卷37所载各卫所屯田，只在"北京锦衣等伍拾肆卫并后军都督府"项下标明了年份，其中屯田数额系嘉靖四十一年"清查数"，而粮银钞则系万历七年"屯田御史册报数"。根据这些情况判断，此书并非要汇聚某个特定年份的财政数据，而是详载截至本书纂成之时，户部所能掌握的各种最新的规制和定额。③换句话说，此书所载各

---

① 赖建诚：《边镇粮饷：明代中后期的边防经费与国家财政危机，1531—1602》，第401页。

② 参见《明神宗实录》卷574，万历四十六年九月辛亥条；王万象：《巡按江西监察御史王万象题本》不分卷，《四库未收书辑刊》第4辑第19册，北京出版社1997年版，第13页；余绍祉：《晚闻堂集》卷2《感时》注引《通鉴》。

③ 以田土为例，如以万历六年为标准时间，福建就应当以正文记载该年田土数，当然可用小字注明万历八年清丈数。实际情况是在正文直接列举万历八年清丈数，遂造成与其他各省直年份不一致。这说明户部掌握的最近数据，福建为万历八年，其他省直为

类"见额"性质的数字，无论在何年最终确定下来，都可视为万历九年现行之"经制"，对此后年份的财政收支亦有指导和规范作用。

其三，关于此书数字的性质，赖建诚因将其视为国家财政预算，所以认为"《会计录》上规定的税额与存留比率，其实是'配额'的概念"，或者说"是规划性的收支项目与数据，而非执行之后的实际数额"[①]。万明则指出，《明会典·户部·会计》所载"各布政司并直隶府县实征夏税秋粮总数"，在万历六年项下记录了"实征"一词，经与《会计录》夏税秋粮正赋加以比对，二者仅有极个别的数字差别，"因此，《会计录》基于各省直册报的基础，又有《明会典》'实征'一词印证，可以认为《会计录》反映的是明代户部掌握的中央财政正赋主要在万历六年的实征数字"[②]。两说看似对立，实有可以调和之处。因为《会计录》所载为"经制"，就夏税秋粮正赋而言，无论万历六年还是此年前后，数额基本保持稳定，说它是"预算配额"或"实征数额"都可成立。但需注意，此处所说"实征"，并非当年实际征收到的品物和数额，而是经制额定的品物和数额，两者之间有多大差距，视不同项目而有区别（详见下节）。

概括言之，《会计录》编纂前后耗时五六年，显然不是着眼于某个具体年份，而是面对"岁月既久，时势渐殊，条格虽存，沿革稍易"的局面，以"首遵《大明会典》，次考历年条例，次查本部册籍"为原则，通过"参互考订"，形成一部"旧额新增，备述端委，类分款列，悉明数目"的"经制汇编"，所以纂成后"陆续印刷颁行省直边镇一体遵守"[③]。

万历六年。如从"经制"角度看，有新依新，无新沿旧，乃是理所当然的。

① 赖建诚：《边镇粮饷：明代中后期的边防经费与国家财政危机，1531—1602》，第47、392页。

② 万明、徐英凯：《明代〈万历会计录〉整理与研究》，第29页。

③ 张学颜等：《万历会计录》卷首所载张学颜、王国光题本。

这种观念可能沿自前代，据汪圣铎考察，宋代编制的会计录，也"不是着眼于当年当月或现时期的财政收支，而是对过去某一段时间内的财政收支分门别类地进行统计和研究"①。

3. 经制收支与实际收支

崇祯初年，户部尚书毕自严谈到："臣部万历七年修《会计录》一书，只载起解京边钱粮，偏而不全。"② 这句话初看令人有点费解，因为《会计录》虽然没有包括徭役部分，但囊括了户部职掌范围之内的各类数据，比如卷2至卷16就详载各省直具体到县一级的夏税、秋粮和户口盐钞数额，绝非只限于"起解京边钱粮"。不过，户部存有此书，毕自严在题奏中也多次提到此书，作为一位精明能干的户部长官，他对此书内容应该相当熟悉，其评论不会是信口雌黄。笔者仔细翻阅此书，觉得毕自严所说不无道理。因为《会计录》卷1所列岁入岁出数字，就只限于京边收支 ③；《会计录》按语得出"赤字财政"的结论，也是比较京边收支数额的结果。下面首先依据这项数据，观察一下京边的经制收入和支出情况。

《会计录》卷1对岁入的记录是以接收部门为顺序，对岁出的记录是以支用项目为顺序，两类都巨细靡遗地开列了具体的款项和数目。④

---

① 汪圣铎：《两宋财政史》，中华书局1995年版，第643页。

② 毕自严：《度支奏议·堂稿》卷7《平赋永利修书旷典分官责成疏》。

③ 该卷"岁入"末尾注云："以上岁入，止计起运京边。其存留地方者，见各省府项下。"

④ 万明和赖建诚都按原书次序，将以文字叙述的数字转录为易于查看的表格，参见赖建诚：《边镇粮饷：明代中后期的边防经费与国家财政危机，1531—1602》，第36—37页表2.3、第39页表2.4；万明、徐英凯：《明代〈万历会计录〉整理与研究》，第107—111页甲表1之岁入、岁出部分。不过转录时偶有小误或未依原文之处。如锦衣等七十八卫各仓库草场官攒甲斗每年约支本色米20442石，赖建诚录为2044石，丢了个

由于多数部门都会收纳不同类别的钱粮物料（如供用库收纳物品包括粳米、芝麻、黄绿黑豆、黄白蜡、芽茶、灯草蒲杖、谷草、盐），同一项目也会支用不同物品（如吏部等衙门官吏监生所支包括米、银、铜钱），这种记录方式便于了解各部门的总收支情况和各项目的总支用情况，但却难以直观地了解各类钱粮物料的总体收支情况。若想确切了解《会计录》按语所说岁入总额1461万，以及入内府600万、岁出931万究竟包含哪些项目，并进一步弄清哪些项目亏空哪些项目盈余，就必须打破原书记录次序，按钱粮物料的类别汇总各项收支。①

　　表2.1汇集了各类钱粮物料的岁入情况，撇除钞、钱两项不计，其他按本折色原计量单位相加，总数为14619421，《会计录》按语所说"今每年所入本折各色，通计壹千肆百陆拾壹万有奇，钱钞不与焉"②，即指此而言。其中有四项由户部负责收支，包括太仓银库各类折银3704280两，山东等地送交各边镇银842379两，京通仓并蓟密等镇漕粮4000000石、京卫屯豆23185石，四项相加共8569844；其余钱粮物料本折合计共6049577，由内府各部门自行收支，此即《会计录》按语所说"入内府者陆百万，余数莫可稽"。

位数；光禄太常寺等衙门折色银10807两中，已包括光禄寺厨役每年约支冬衣布折银1422两，赖建诚重复录入。又如丙字库岁入中有丝224斤1两1钱，万明未照录原丝数，将其直接转化为丝绵3585.1两。

① 参见《明代〈万历会计录〉整理与研究》第1245—1246页乙表38"万历六年内府岁入、岁出分项统计"。该表系按类别统计的，但所列包括京边收支在内，并不限于内府各衙门。经笔者计算，本折通计岁入总额为127741946.48，减去钱钞30181710、铜钱84325930，余数为13234306.48；岁出总额为10960862.17，减去铜钱3341650，余数为7619212.17。

② 《会计录》记载光禄寺岁入厨料果品1078040斤，折银35976两；曲44000斤，折银4400两。这两项虽已折征银两，但通计本折各色时，必须采用本色数量，否则得不出《会计录》按语所说数字。

表2.1 《万历会计录》岁入项目及数额

类别	部门	细目及数量	合　计
银	太仓银库	派剩麦米折银 257025 两，丝绵税丝农桑绢折银 90681 两，棉布苎布折银 38613 两，府部等衙门禄俸米折银 26850 两（每年派无定数），马草折银 353240 两，京五草场草折银 63040 两，各马房仓麦豆草折银 200738 两，户口盐钞折银 46900 两，蓟密永昌易辽东六镇民运改解银 853820 两（解部转发），各盐运司并各提举司余盐盐课盐税等银 1003876 两，神乐观麦米折银 1178 两，黄白蜡折银 68325 两，坝大等马房子粒银 23440 两，备边并新增地亩银 45136 两，京卫屯牧地增银 18355 两，崇文门宣课分司约解商税正余银 16662 两、猪口牙税银 2429 两，张家湾宣课司约解商税正余银 2479 两、河西务钞关轮年约解折色船料银 8000 两、每年商税银 32100 两、船铺户经纪牙税银 4000 两，临清钞关轮年约解折色船料商税银 83800 两，浒墅钞关轮年约解折色船料银 39900 两，九江钞关轮年约解折色船料银 15300 两，淮安钞关轮年约解折色船料银 22700 两，扬州钞关轮年约解折色船料商税银 12900 两，北新钞关轮年约解折色船料银 36800 两，泰山香税银 20000 两，赃罚银 171700 两，商税鱼课富户历日民壮弓兵并屯折改折月粮等项银 144293 两 [共3704280两]	5614679 两
	内府等	内承运库金花银 1012730 两、慈宁慈庆乾清三宫子粒银 49425 两，光禄寺上林苑监解子粒银 4465 两，太常寺小麦折银 200 两、猪价银 1200 两 [共1068020两]	
	边镇	山东河南并北直隶八府赴部转文送纳麦米豆草盐钞等项折银 842379 两（除改解太仓转发外）	
金	内府	内承运库金	2000 两
棉丝绢布	内府	丙字库丝绵	314064 两
		丙字库丝 224 斤、地亩棉花绒 156187 斤、米折棉花绒 218692 斤	375103 斤
		承运库本色绢 148130 匹，甲字库阔白三梭布 33000 匹、阔白棉布 362411 匹、苎布 47774 匹	591315 匹

续表

类别	部门	细目及数量	合　计
米麦等	京通仓	京通二仓并蓟密等镇漕粮 4000000 石	4316224 石
	内府等	供用库白熟粳米 82452 石、内官监白熟细粳米 1700 石、内官监白熟粳米 11125 石、酒醋面局白熟粳米 11500 石、惜薪司白熟糯米 15 石、光禄寺白熟粳米 53000 石、光禄寺白熟糯米 14000 石、光禄寺细粟山黄米 57570 石、泾汝景三王府养赡白粳米 3500 石、牺牲所糯稻谷 250 石、禄米仓府部等衙门并神乐观糙粳米 40462 石（每派无定数）、酒醋面局稻皮 500 石、酒醋面局小麦 7300 石、光禄寺大小麦并莜麦 32650 石、国子监小麦 200 石 [共 316224 石]	
杂粮	内府等	供用库黄绿黑豆 3697 石、酒醋面局黄绿黑豆 7100 石、司苑局黑豆 1950 石、光禄寺黄绿赤黑豌豆 11896 石、国子监绿豆 300 石、尚膳监蜀秫谷 216 石、光禄寺蜀秫粟谷稻谷 11350 石、供应库芝麻 8223 石、光禄寺芝麻 6700 石 [共 51432 石]	74617 石
	京通仓	京卫屯豆 23185 石	
厨料茶果	内府等	供用库芽茶 88082 斤、惜薪司红枣 15570 斤、供用库盐 241667 斤、内官监青白盐 134500 斤、光禄寺厨料果品 1078040 斤（折银 35976 两）、光禄寺曲 44000 斤（折银 4400 两）、光禄寺青白盐 152000 斤、光禄寺盐卤 2400 斤、酒醋面局曲 108800 斤、尚膳监川椒 1001 斤、宝钞司香油 46 斤	1866106 斤
草	内府	供用库谷草 57970 束、酒醋面局谷草 44000 束、司苑局谷草 70272 束	172242 束
		内官监藁荐稻草 50000 斤、内官监草纸稻草 100000 斤（轮年派征）、宝钞司稻草 245000 斤、供用库灯草蒲杖 5500 斤	400500 斤
杂料	内府	内承运库朱砂 47 斤、供用库黄白蜡 147385 斤、甲字库银朱乌梅等料 412222 斤、甲字库红花 30000 斤、甲字库水银 229 斤、丁字库生漆桐油等料 301705 斤	891588 斤
		丁字库黄牛皮	983 张
钞	内府等	广惠库河西务等七钞关轮年约解本色钞 29284400 贯、京卫屯钞 56940 贯、天财库正阳等九门本色钞 665080 贯、国子监本色钞 175290 贯	30181710 贯

续表

类别	部门	细目及数量	合　计
钱	内府等	广惠库河西务等七钞关轮年约解折色铜钱 59777100 文，天财库正阳等九门折色铜钱 2432850 文，国子监折色铜钱 350580 文	84325930 文
	太仓银库	太仓银库崇文门宣课分司约解商税铜钱 18877700 文、张家湾宣课司约解铜钱 2887700 文	

资料来源：张学颜等：《万历会计录》卷 1《旧额见额岁入岁出总数》。

说明：据万历《明会典》卷 30《户部十七·库藏一》，"内府库"包括内承运等十库以及内官监、尚膳监、酒醋面局、司苑局、惜薪司、宝钞司。严格说来，光禄寺、太常寺、牺牲所、禄米仓、国子监均不属于内府，但大多与内府关系密切，《会计录》按语所说入内府者 600 万，应是将这些机构包括在内的大概数字，因为若将这些机构的数字剔除，则内府各库监局总收入将不足 462 万。故表中将这些机构与内府的收入数字放在一栏，标为"内府等"。

表 2.2 汇集了由户部负责的岁出数字，撇开铜钱一项不计，其他按本折色原计量单位相加，总数为 7627788，与《会计录》按语所说"岁逾玖百叁拾壹万有奇"有较大差额。其实，《会计录》按语所说数字，还应包括表 2.1 中出现的两项由户部转解边镇的银两，即山东、河南并北直隶八府赴部转文送纳麦米豆草盐钞等项折银 842379 两，以及蓟、密、永、昌、易、辽东六镇民运改解银 853820 两，这两项并未出现在岁出项目中。加上这两项，由户部负责的岁出便增至 9323987，比《会计录》按语所说稍多一点。从表 2.2 可以看出，岁出项目基本上都是每年"约支"数额，个别项目还"每年增减不一"或是"每年给放本折不等"，总和数字略有差异不足为奇。

表 2.2 《万历会计录》岁出项目及数额

类别	项目及数量	合计
银	公侯驸马伯每年约支禄米折银 16561 两，吏部等衙门官吏每年约支折俸并折绢布银 44660 两，光禄太常寺神乐观等衙门厨役官匠每年约支折色银 10807 两，锦衣等七十八卫所官吏旗校军士匠役每年约支折色银 216884 两、官员每年约支折俸并折绢布银 268397 两、军士冬衣布折银 82121 两、各仓库草场官攒甲斗每年约支折银 2134 两、内府各监局库民匠每年约支折色银 153 两，五军神枢神机三大营将官并选锋军每年约支冬衣布折银 2230 两、营操马匹每年约支折色料草银 79639 两，巡捕营官军家丁每年约支马匹料草折银 39810 两，锦衣旗手等卫上直宣官捕盗马匹每年约支料草折银 16819 两，腾骧四卫营马匹每年约支料草折银 14859 两，中都留守司并山东河南二都司班军每年约支行粮并做工盐粮折银 50411 两，京五草场每年约支商价银 16271 两（每年给放本折不等），御马三仓并象马等房每年约支商价银 148403 两（每年增减不一），太常寺猪价银 570 两，内官监宝钞司召买稻草商价银 949 两 [共 1011678]	4202627 两
	宣府镇年例银 296000 两，大同镇年例银 450638 两，山西镇年例银 206300 两，延绥镇年例银 377515 两，宁夏镇年例银 39295 两，固原镇年例银 63721 两，甘肃镇年例银 51498 两，辽东镇年例银 409984 两，蓟州镇年例银 424892 两、军门抚夷银 28800 两，密云镇年例银 394037 两，永平镇年例银 241859 两，昌平镇年例银 143440 两，易州镇年例银 59000 两，井陉镇年例银 3970 两 [共 3190949 两]	
棉花	锦衣等七十八卫所军士本色棉花 257081 斤，五军神枢神机三大营将官并选锋军每年约支本色棉花 6590 斤	263671 斤
布	宛大两县孤老每年约支冬衣本色布	4164 匹
米	吏部等衙门官吏监生每年约支俸米 40385 石，光禄太常寺神乐观等衙门厨役官匠每年约支本色米 64729 石，锦衣等七十八卫所官吏旗校军士匠役每年约支本色米 2018714 石、各仓库草场官攒甲斗每年约支本色米 20442 石，内府各监局库民匠每年约支本色米 1532 石，宛大两县孤老每年约支本色米 15118 石，五军神枢神机三大营将官并选锋军每年约支本色米 120996 石、出征防守官军每年约支口粮米 43051 石，巡捕营官军家丁每年约支口粮米 7300 石	2332267 石
料	五军神枢神机三大营营操马匹每年约支本色料	24431 石
草	五军神枢神机三大营营操马匹每年约支本色草	800628 束
钱	吏部等衙门官吏监生每年约支铜钱	3341650 文

资料来源：张学颜等：《万历会计录》卷 1《旧额见额岁入岁出总数》。

弄清了《会计录》所载岁入和岁出的基本含义，便可以在此基础上比较盈亏情况了。表2.2中的棉花和布两项，系从丙字库和甲字库支领，应属计入内府600万的数额①；马草一项系从在京草场支用，从嘉靖八年开始，粮料草束皆已折银召买②，应已包含在草场商价银中，不应重复计入。棉花、布和草三项总计为1068463。若从户部负责的岁出9323987中减去此数，尚余8255524；而从《会计录》按语所说总岁入1461万减去入内府600万，尚余861万。两者相比，由户部负责的岁出虽仍是赤字，但赤字数额已缩小到不足36万。此外，岁支本色料24431石，与岁入京卫屯豆23185石相差不多，可以互抵不计。因此，只要比较一下由户部掌管的白银和漕米的收支数字，便可大致了解当时财政经制状况了。

根据表2.1和表2.2中的数据，白银岁入共4546659两（其中太仓银库各类折色银共3704280两，山东等地改解太仓转发各边镇银842379两），岁出5898826两（其中俸禄、月粮等项支出4202627两，蓟密等镇民运改解银853820两，山东等地改解太仓转发各边镇银842379两），收支对比亏空1352167两；漕米岁入4000000石，岁出2332267石，收支对比盈余1667733石。若将两项按复合单位计算，则岁入8546659，岁出8231093，收支对比盈余315566。若将盈余漕米按每石0.8两折算③，1667733石可折银1334186两，略低于白银亏空数额。不过，《会计录》所记太仓银库岁入，其实还要打些折扣，因为各钞关

---

① 若有改折，折银亦交纳太仓银库。如万历八年，甲字库部分棉布按每匹0.2两、苎布按每匹0.3两，共折银38583两，"俱解太仓银库"（刘斯洁：《太仓考》卷10之4《供应·甲字库》）。

② 参见高寿仙：《明代北京社会经济史研究》，人民出版社2015年版，第131—134页。

③ 明代漕粮改折价银前后不一，隆庆元年恩诏"每正兑一石折银九钱，改兑一石折银八钱"，万历四年定次年改折，"无论正兑、改兑粳米，每石俱折银八钱"（参见《明神宗实录》卷52，万历四年七月丁酉条）。

的折色船料银，共计 20 多万两，都是"轮年"解纳。总括而言，从《会计录》所展示的户部经制收支数据看，若将银、米按复合单位通算，则略有盈余；若银、米分计，则是银亏米盈；若把盈余漕粮折银通算，仍略有亏空。由此看来，仅就京边经制收支而言，确实存在赤字，但数额并不太大，也就有十余万两的缺口。

那么，《会计录》所载经制收支，与实际收支的吻合度究竟有多大呢？因每年情况各异，收支数额亦当不同，笔者搜集的数据还不成系列，只能先做一个初步评估。关于太仓银库，万历七年户部曾向皇帝奏报此前两年的收支情况：万历五年岁入 4359400 余两，岁出 3494200 余两，盈余 865200 余两；万历六年岁入 3559800 余两，岁出 3888400 余两，亏空 328600 两。张居正询问万历六年较上年收减支超的原因，户部解释说："因各处奏留蠲免数多，及节年追赃人犯财产已尽，无可完纳，故入数顿少。又两次奉旨取用及凑补金花拖欠银两计三十余万，皆额外之需，故出数反多也。"[1] 若减去进内 30 余万，是年常规支出较上年增加不到 10 万。万历十一年底，户部奏报太仓岁入 3676100 余两，岁出 4224700 余两，再加上需要抵补该年奉诏蠲免并灾伤、织造议留共银 1761000 余两，岁入较岁出少银 2301000 余两。[2] 与经制岁入 4546659 两、岁出 5898826 两相比，实际岁入万历五年少 187200 余两，万历六年少 986800 余两，万历十一年少 870500 余两；实际岁出万历五年少 2404600 余两，万历六年少 2010400 余两，万历十一年少 1674100 余两（若加上抵补银则多 86800 余两）。

至于京通漕粮，情况更加复杂。《会计录》所载岁入 400 万石，是成化八年最终确定的兑运和改兑总数，但当时已规定起运本色

---

① 参见张居正：《张太岳集》卷 43《看详户部进呈揭帖疏》；《明神宗实录》卷 85，万历七年三月戊辰条。

② 《明神宗实录》卷 144，万历十一年十二月甲子条。

3822265.3 石、折色 177734.7 石，后来折色陆续增加，嘉靖年间维持在 100 万至 150 万石左右①，但因这种折银并未形成定制，所以《会计录》仍记原额。万历初期各年情况也不一致，如万历四年，因"京通仓米足支七八年，而太仓银库所积尚少"，遂决定"将万历五年漕粮量折十分之三"，共折米 114 万余石，折银 90 万余两。② 到万历六年，"诏以浙江等处漕粮暂折二百万以苏民困，其折色银两以一万两解部，以五十九万五千余两协济河工"③。改折 200 万石仅得银 605000 余两，平均每石折银 0.3 两，显然带有蠲赈性质；而且户部仅得 1 万两，其余 59 万余两拨作治河费用。《会计录》所载收支数字虽以万历六年为多，但对该年这种临时调整并无反映。据总督仓场户部尚书汪宗伊题称，万历六年岁报京仓 12050980 石，该年放 1034396 石；通仓 3159056 石，该年放 872338 石。④ 两仓合计，万历六年共存粮 15210036 石，该年支放 1906734 石。《会计录》所载岁出米数共计 2332267 石，比万历六年实际支放多 425533 石。

笔者根据上述数据初步判断，尽管张居正执政期间严行赋税考成，但实际岁入仍难达到经制数字。若仅从太仓银库收支看，恐怕只有少数年份有盈余，多数年份都是亏空。为解决这一问题，主要采用两种办法：一是尽量压缩开支。万历六年，户部题称"今太仓岁发各边主客兵年例等银二百六十余万两，其在京百官六军俸粮及营马料草商价等项亦不下七八十万两"⑤。按《会计录》所载经制，各边年例等银岁出 319 余万两，在京百官六军俸粮及营马料草商价等项共 101 余万两，实际支出

---

① 参见鲍彦邦：《明代漕运研究》，暨南大学出版社 1995 年版，第 110 页。

② 《明神宗实录》卷 52，万历四年七月丁酉条。按，所说"量折十分之三"，是指本色部分的十分之三。

③ 《明神宗实录》卷 78，万历六年八月壬午条。

④ 张学颜等：《万历会计录》卷 37《营卫官军俸粮》。

⑤ 《明神宗实录》卷 73，万历六年三月甲子条。

均较经制支出为少。二是改折部分漕粮。如上所述，漕粮经制岁入比岁出多出不少，因此当京通仓存粮较多时，户部便会奏请把部分漕粮折征白银，改折比例经常会超过三分之一。除前面提到的万历五年、六年的改折外，万历十一年，户部尚书王遴等题称太仓银库岁入视岁出少银 230 余万两，而京通二仓实在粮 18185400 余石，每年实支本色米 220 万石，鉴于"银少粮多"，建议此后三年每年改折 150 万石，令暂折一年。① 依靠漕粮改折，太仓银库最多时可增加 100 多万两的收入。此外，还采取一些其他措施增加太仓银库收入。② 通过开源节流、以余补缺，张居正执政时期大体维持了财政平衡，可能还略有盈余。但这种平衡建立在不发生额外支出的基础上，因而十分脆弱。张居正去世后，平衡局面很快就被打破，财政长期陷于入不敷出的境地，而且亏空数额越来越大。

4. 户部经制与地方经制

作为户部经制的《会计录》，是户部每年向各地派征田赋的依据。但翻阅该书可以发现，卷 2 至卷 16 所记十三布政司和两直隶田赋，其中的存留部分十分简单，所记只限于原定本色数额，并未说明各项用途及数额；起运部分记载稍详，但也只在各布政司和直隶府州下总列了起运细目和数额，以及折征项目的折价，而布政司所属府州县和直隶府州所属州县下，则夏税只记米、丝绵、绢等的数量，秋粮只记米、棉花绒、丝、布等的数量，并无起运细目及折征情况。这是因为，存留部分无须户部经手，故简单记载本色即可，具体征派事宜由地方自行办理；起运

① 《明神宗实录》卷 144，万历十一年十二月甲子条。

② 参见苏新红：《张居正当国时期的中央财政制度改革——以太仓库为核心》，《古代文明》2013 年第 1 期。

部分虽由户部经手，但每年户部只是将征纳总指标下达到各布政司和直隶府州，各布政司和直隶府州再根据地方经制将总指标分解并层层下达，因此《会计录》没有必要详载各布政司和直隶府州下属单位的征纳细目。

关于税粮派纳的具体程序，可从嘉靖中叶编纂的《河南赋役总会文册》窥其大概。该书由河南布政司编纂，对于赋役规程"逐一检阅参酌应仍旧、应增附、应改正、应裁革，删其繁文，削其重复"，定稿后报请巡抚、巡按批准后，"刊印发行本省大小衙门一体遵守施行"①。全书共十卷，税粮、均徭、王府校厨等役、岁办、岁支、里甲、课程、驿传、杂用、军卫各为一卷。该书现仅存卷一，恰好是可与《会计录》相对应的"税粮"部分，其所记派纳程序大致如下：（1）户部向布政司下达"勘合坐单"，详列起运夏税御马等仓麦、秋粮光禄寺等仓米的数目（具体到石后九位数字）。（2）布政司接到户部"勘合坐单"后，"查照旧规，通融分派开封等府汝、祥等一百州县，各照仓口粮石本折数目，逐一扣算明白"，然后把册籍呈报巡抚、巡按审批。（3）待巡抚、巡按批准后，"行属依其派征解纳"。（4）河南起运夏税、秋粮，要交纳到北京、大同、宣府等地多个仓口，当时均已折征银两，"各价银不等，俱作一条鞭"；从嘉靖二十四年开始，存留中的折银部分，也并入一条鞭征收。由州县掌印官"分派各户，于由帖内明开某户原该粮若干，内派折银若干、本色若干，各注写某大户收、限某日完纳，各花户自行上柜交纳"。②

从《河南赋役总会文册》的编纂过程和记载内容来看，显然不是着眼于某个年份的赋役数额，而是要形成可以长久遵行的赋役经制。在此前后各地编纂的类似册籍（其名称有赋役成规、经会录、赋役书册、赋役全书等），亦皆出于同样目的。比如隆庆年间编纂《山东经会录》，就

① 《河南赋役总会文册》卷首所载河南布政司公文。
② 《河南赋役总会文册》卷1《税粮》。

是为了"定一省经制"。当时赋役征派比较混乱，布政司咨文谈到："如税粮定为额派是矣，而户由不定，则必至紊淆，仓口不明，则输户可易。如驿传特为节省是矣，而不稍加增，则过客有无厨之叹，不别冲僻，则通加有冒破之虞。里甲虽经厘正，而民支官支，尚有不同，则纷纷呈告。均徭虽经清算，而明编暗编，犹未遍晓，则冗费尚多。至于或移此以加彼，今当改正，或昔无而今有，事须通融，略举数端，隐碎未备。若不悉规画一，定为成书，百年一时，终难希冀。且今尚无凭，后将何考？"为了规范赋役征派，在获得上司批准后，山东布政司会同按察司官员，从府州县行取一批官员到省，"于本司空道内开局，取历年文卷，及前后更定册籍，并各府县呈请公移，悉行检阅，将前四项逐一分款定拟，务在便民便官，以图可行；虑后虑前，以图可久"。书成呈请上司鉴裁，然后"刊刻经制成书，分布合属，永为遵守施行"。①《万历会计录》的编纂方法和体例，与这些地方经制十分相似。可以说，尽管有唐宋会计录那样的先例，给予王国光直接启发的，恐怕还是各地整理编纂赋役经制的活动。

笔者管见所及，一省或一府范围内的赋役经制，其税粮部分与《会计录》相比，皆可大致对应。但各种地方文献所记税粮详略差别甚大，因当时已经普遍征银，有些地方文献干脆只记银数而不提本色，以致其内容似乎与《会计录》完全对应不上。但细加比对，仍可与《会计录》形成对应关系。这里仅以《宛署杂记》所载数据为例略加说明。《宛署杂记》系宛平知县沈榜所撰，其中详细记载了宛平县的各种赋税和徭役，以及种类繁杂的各种支出项目及数额。②根据该书记载，当时宛平县"赋分二等：曰正赋，即起运、存留正供，每年俟府奉部札，酌岁所急，多

---

① 《山东经会录》卷首《山东等处承宣布政使司为开局会计以定一省经制事》。

② 详见高寿仙：《明代北京社会经济史研究》，第276—289页。

寡微有差；曰繇赋，即各衙门人役杂费，奉文例于地亩征派"①。可知所谓"繇赋"，乃是由徭役转变为田赋的项目，此部分不由户部经手，在《会计录》中也没有相应记载；而所谓"正赋"，包括夏税、秋粮、马草和盐钞银，正好与《会计录》所载项目相合。沈榜谓正赋"每年候府奉部札"，此"部札"与《河南赋役总会文册》所说"户部勘合坐单"是相同性质的。《宛署杂记》所载系万历二十年数据②，较《会计录》晚十余年，但从《会计录》所载数字看，自弘治以来，多数项目保持不变，即使有所变化也幅度很小，因此可以将这两项数据加以比较（两书相关数据见表 2.3，因盐钞银数完全相同，不再列入）。

表 2.3 宛平县田赋项目及数额

项目	A.《会计录》所载数额	B.《宛署杂记》所载数额	C.《会计录》所载折价	D. 回折本色数额
夏税	小麦 398.21 石 起运麦 241.50 石	银 369.69 两 起运银 277.33 两		
		御马仓大麦银 6.89 两	0.75 两 / 石	9.19 石
		御马仓豌豆银 19.34 两	1.05 两 / 石	13.80 石
		内象房仓大麦银 35.38 两	0.55 两 / 石	64.33 石
		光禄寺小麦银 56.99 两	1.00 两 / 石	56.99 石
		良乡县丰济仓小麦银 24.00 两	0.70 两 / 石	34.29 石
		古北口仓小麦银 39.37 两	0.85 两 / 石	46.32 石
		派剩小麦银 19.19 两	1.00 两 / 石	19.19 石
	人丁丝折绢 100 匹	京库人丁丝折绢银 70.46 两	0.70 匹 / 两	100.66 匹
	农桑丝折绢 9 匹	京库农桑丝折绢银 3.79 两	[征本色]	
	存留麦 156.71 石	存留小麦银 91.86 两	[无折价]	

① 沈榜：《宛署杂记》卷 6《繇赋》。
② 万历二十一年刊刻的《顺天府志》卷 3《食货志·田赋》也载有相关内容，各项数字均与《宛署杂记》相同或相近，但所列项目不如《宛署杂记》细致。

续表

项目	A.《会计录》所载数额	B.《宛署杂记》所载数额	C.《会计录》所载折价	D. 回折本色数额
秋粮	米 111.68 石 起运米 598.40 石	银 665.24 两 起运银 422.99 两		
		起运供用库芝麻银 45.82 两	1.50 两 / 石	30.55 石
		光禄寺赤豆银 16.89 两	1.40 两 / 石	12.06 石
		光禄寺白豆银 5.40 两	1.20 两 / 石	4.50 石
		光禄寺大青黄豆银 3.89 两	1.10 两 / 石	3.54 石
		御马仓黑豆银 29.42 两	0.85 两 / 石	34.61 石
		南石仓黑豆银 38.87 两	0.80 两 / 石	48.59 石
		密云龙庆仓粟米银 84.50 两	0.90 两 / 石	93.89 石
		密云龙庆仓黑豆银 10.82 两	0.75 两 / 石	14.43 石
		横岭口仓粟米银 70.34 两	0.90 两 / 石	78.16 石
		古北口仓粟米银 68.63 两	1.00 两 / 石	68.63 石
		镇边城新城仓粟米银 15.91 两	0.70 两 / 石	22.73 石
		派剩米银 12.53 两	0.60 两 / 石	20.88 石
		京库棉花绒银 18.42 两	0.08 两 / 斤	230.25 斤
	地亩棉花绒 63.63 斤	京库地亩棉花绒银 1.56 两	0.08 两 / 斤	19.50 斤
	存留米 413.28 石	存留粟米银 242.25 两	[无折价]	
马草	草 102859 束 起运 12118 束	银 2424.39 两 起运银 390.86 两		
		御马内场草银 94.77 两	0.055 两 / 束	1723.09 束
		宣府在城草场草银 74.56 两	0.070 两 / 束	1065.14 束
		太仓银库草银 221.53 两	0.035 两 / 束	6329.43 束
	存留 90741 束	存留银 2033.53 两	[无折价]	

资料来源：A.张学颜等：《万历会计录》卷 15《北直隶田赋》；B.沈榜：《宛署杂记》卷 6《县赋》；
　　　　C.张学颜等：《万历会计录》卷 15《北直隶田赋》。

说明：有些物料经过两次改折，比如顺天府有京库棉花绒 307 斤，准米 30 石 7 斗，每石米又
　　　折银 8 钱，推算回去，实际是每斤棉花绒折纳银 8 分。

从表 2.3 可以看出，《会计录》所载宛平县田赋（A 项）均为实物，包括夏税麦、人丁丝折绢、农桑丝折绢，秋粮米、地亩棉花绒，以及马草；而《宛署杂记》所载宛平县正赋（B 项），不但在夏税、秋粮中包

含折价不等的各种杂粮，而且所有项目都已银纳化，表面看来与《会计录》完全对应不上。但据《会计录》在顺天府下所列各种起运粮料的折价（C 项），可知该府所属州县田赋中很多项目都已折征银两，而且依据这些折价可以回推出其对应的实物数量（D=B÷C）。将回推出的本色数额（D 项）与《会计录》所载数额（A 项）相比，其对应性还是比较高的。夏税中起运大麦、小麦和豌豆三项回折本色共计 244.11 石，与《会计录》所记起运麦 241.50 石几乎相同；秋粮中起运芝麻、粟米和各种豆类回折本色共计 432.57 石，再加上京库棉花绒 230 斤准米 23.03 石，共计 455.6 石，较《会计录》所记起运米 598.40 石少 142.8 石；起运马草回折本色共 9117.66 束，较《会计录》所记起运马草 12118 束少 3000 束。因户部每年坐派数目本就不尽相同，再加上《宛署杂记》所载数据较《会计录》晚十余年，从万历十二年到二十年间，宛平县征粮地因奏讨、拨赐、官占等原因从 2935 顷余减至 2865 顷余①，田赋定额有所减少并不奇怪。通过对比还可看出，《会计录》各州县下所说"夏税小麦"和"秋粮米"只是笼统称呼，实际可能包含各种杂粮。

翻阅现存的晚明赋役全书，可以发现，它们与《宛署杂记》一样，无论存留还是起运，几乎全部都以白银为计量单位；而在《会计录》中，存留以及部分起运项目则记为实物。万明注意到这种现象，指出："《会计录》中所显示的计量标准的混杂现象，在《赋役全书》中一扫而光，成为清一色的白银计量和征收，形成了标准化的征收与管理。"她解释说："从《会计录》到《赋役全书》，明代财政正在进行脱胎换骨的转型，不仅是财政会计主体的转型，更是整个财政体系的转型。"②《会计录》纂成以后，赋税银纳化程度确实仍在继续提高，这是毋庸置疑的事实。但

---

① 沈榜：《宛署杂记》卷 6《地亩》。
② 万明、徐英凯：《明代〈万历会计录〉整理与研究》，第 66—67 页。

鉴于直到明亡亦未实现所有赋税项目的银纳化，所以我个人推测，《会计录》本折混杂而《赋役全书》完全以银为单位，除了银纳化提高的客观因素外，更可能是因为两种文献的层级差别造成的：《会计录》属于户部经制，户部要求交纳本色的粮食物料，在《会计录》中当然记为本色，至于其在地方层面是否已经征银，并不在户部关心范围之内。而《赋役全书》属于地方经制，是赋役摊派与征收的根本依据，如果本地赋税已经全部征银，《赋役全书》就必须载明折银标准和数量，否则无法操作；不过，户部要求交纳本色的物料，征银之后仍要买办本色交纳。

以徽州府为例，《会计录》除存留全部记为本色外，个别起运项目也说明仍要交纳本色，比如夏税中有人丁丝折绢8779匹4尺3分零，本色一半、折色一半，每匹折银0.7两，起运南京库。① 检核泰昌元年所纂《徽州府赋役全书》，存留和起运项目已经全部折征银两。② 限于篇幅，这里仅比较人丁丝折绢一项：据《徽州府赋役全书》记载，南京库收人丁丝绢，奉部札坐派8779匹4尺3分3厘2毫。内奉文本色绢1053匹9尺6寸，每匹征银0.55两，该银579.316两；折色绢7725匹2丈6尺4寸3分3厘2毫，每匹折银0.7钱，该银5408.07822625两。并用小字注明：扛银每两1分，该银54.087822625两，歙县征解；外折色银50两一锭，加火耗银0.3两、补平银0.6两，铺垫扛费银397.2两。③ 可以看出，《徽州府赋役全书》所载人丁丝折绢数额，与《会计录》完全一致，只是小数点后位数更多；折银比例《会计录》所载为50%，《徽州府赋役全书》所载已达88%，有较大幅度提高。不过，即使户部规定交纳本色的部分，当地也是以银为单位，与起运的折色部分以及存留折银等项通融均派。此外还可看出，《会计录》所载是户部应收的正额，

① 张学颜等：《万历会计录》卷16《南直隶田赋》。
② 田生金辑：《徽州府赋役全书》之《徽州府总数》。
③ 田生金辑：《徽州府赋役全书》之《徽州府总数》。

并不包括各种附加费，因要支付各种附加和中间费用，地方实际征收的数额，比户部定额高出不少。评估地方财政和纳税人负担时，必须充分考虑这一点。

5. 结语

明代各种文献中保存了大量财政数字，若以数据之完整和系统论，《万历会计录》无疑是其中最值得关注的一部，而《明代〈万历会计录〉整理与研究》的出版，为系统利用此书数据提供了很大便利。不过，保存在各种文献中的财政数字，其性质十分复杂，如果不首先弄清各种数字产生的背景及其内含的意义，就很可能对一些问题感到迷惑不解。比如，根据《会计录》统计太仓银库岁入 3704280 两，张居正《看详户部进呈揭帖疏》则谓万历六年岁入 3559800 余两，而《明史》卷 79《食货志》又谓万历六年太仓岁入凡 450 余万。其实三者并不矛盾：《会计录》所载为经制数字，张居正所说为实收数字，两者当然会有差异。而《明史》所说数字，实际与《会计录》相同，只是多出了山东、河南并北直隶八府赴部转文送纳麦米豆草盐钞等项折银 842379 两；从"赴部转文送纳"的说法看，此项银两未曾存入太仓银库，《明史》将其计入"太仓岁入"并不准确。

上述情况提醒我们，《会计录》所载乃是户部经制数字，它可以使我们大致了解当时户部财政的结构和收支规模，但不能据以计算某个具体年份（比如万历六年）的实际收支。其他文献提到的收支数字，与《会计录》比对若有不合，则需予以具体考察：有些可能是实际收支数字，也有一些可能是在引录《会计录》数据或使用与《会计录》同源的数据时对各种项目取舍不同所致。即使《会计录》的编纂者们，对数据的使用和计算也不一定非常严谨。比如《会计录》按语谓当时本折各色通计，岁入 1461 万余，岁出除入内府者 600 万，其他俸禄、月粮、料草、商价、边饷等项共 931 万余。其实他们所说的 931 万之中，棉花 263671 斤、布 4164 匹系由内府支出，草 800628 束系用商价银召买，若严格计算收支数字，这三项皆当减除。因此，在使用《会计录》所载各种数字时，必须弄清其统计口径和基本性质。

此外，通过对比可以发现，就田赋而言，无论是起运还是存留，每年都要按照户部下达的指标征派，各级地方政府都无随意变通调整的权力。所以将《会计录》所载户部经制与各类地方文献所载本地赋税经制相比，尽管记载的单位或有本色与折色之别，但经过转换都可相互对应。这些地方文献所载的赋税数额，如同《会计录》一样，都是经制数额而非实际数额。若仅就正额而言，实际收入一般都要低于经制数额；但如果加上各种附加和中间费用，则实际收入也可能会高于经制数额。对于地方财政来说，未被纳入户部经制的徭役（特别是徭役折银）实际上更加重要。到了崇祯初期，户部尚书毕自严鉴于《会计录》"偏而不全"，曾试图令各省上报并在户部指导下重纂赋役全书，把存留钱粮和公差公费折银也控制到户部手里，但迄明亡并未全面完成，直到清朝初期才实现这个目标。

二、晚明工部的财政收支及存在问题

——对《工部厂库须知》财政数据的整理与分析

1. 引言

明朝依据各部门职责赋予其相应的财政权限，到明代后期，大致形成了"国家财赋，国计总于户部，营缮总于工部，太仆、光禄各有司存"

的财政格局。①户部之外，以工部的财政收支规模最为庞大。隆庆年间，庞尚鹏建议编纂《会计录》，令户、工二部"会查祖宗时郊庙之享祀，内府之供亿，监局之织造，岁时之赏赉，旧额几何，今增几何"②，可惜未能付诸实行。万历初年编纂的《万历会计录》，系由户部独家完成，因而只汇集了户部掌管的各种数据，无法据以了解包括工部在内的其他机构的财政状况。令人稍感欣慰的是，万历四十三年，巡视厂库工科给事中何士晋主持编纂了一部《工部厂库须知》（以下简称《须知》），为我们了解工部财政经制提供了一扇窗口。③

何士晋系万历二十六年进士，三十六年考授工科给事中，旋即奉命巡视厂库，期间曾上疏痛陈厂库积弊并提出改进建议。④四十三年再巡厂库，痛感"今天下未尝无财也，又未尝不言理财也，第理其所以取之者，而不深计其所以用之者，于是入之孔百，渔猎而不厌，出之孔一，漏卮而无当"。为了改变这种状况，他"日取《会典》《条例》诸书，质以今昔异同、沿革之数，而因之厘故核新，搜蠹检羡，乃始惘然有慨于出入之际，遂谋之水衡诸臣，汇辑校订，按籍而探其额，按额而征其储，按储而定其则，按则而核其浮"，最终纂成《须知》一书。⑤工部本想将此书进呈御览而后刊刻，"适以上方有云汉之祷，皇上图新政，臣子未敢以载籍之披阅为烦"，于是工部径自付梓，"颁之各司，存为掌

---

① 潘潢：《弘远虑责实效以济富强疏（会计岁用）》，陈子龙等选辑：《明经世文编》卷199。

② 庞尚鹏：《百可亭摘稿》卷2《进呈会计录以便御览以崇节俭疏》。

③ 该书万历四十三年刻本收录于《续修四库全书》第878册，但文字漫漶处较多；《北京图书馆古籍珍本丛刊》第47册亦收有万历刻本，但存在缺页及文字次序颠倒之处。江牧校注《工部厂库须知》（人民出版社2013年版），系以国家图书馆所藏初刻本为底本，并以其他版本参校，因而文字最为完整，可惜校注、标点和分段颇多可商之处。为便于读者检核相关数据，本文仍以江牧校注本为底本。但引用及转录数据时，参照《续修四库全书》本对文字、标点及分段做了校正。

④ 参见何士晋：《工部厂库须知》卷1《巡视题疏》。

⑤ 何士晋：《工部厂库须知》卷首《叙》。

故"①。可以看出，此书编纂的目的、过程和方法，都与《万历会计录》相似，旨在梳理确定一套可以长久遵行的经制。②《须知》共 12 卷，除卷 1、卷 2 为何士晋题疏、户部覆疏及相关条议外，其他 10 卷以工部四司及其所属机构为次序，详细说明了各机构承担的成造、修理、营建等项任务，以及本折色物料的收支数额。万历《明会典》工部部分对相关情况虽然也有记载，但远不如《须知》系统详细；而且由于两书纂成时间不同，所载同类数据亦有较大差异。

明代财政向为学界所关注，数十年来积累了不少成果，但主要关注点集中于户部财政，除通论性财政著作对户部财政均有较多介绍外③，针对户部银库还有不少专题研究④，《万历会计录》中的财政数据也得到全面整理⑤。对于太仆寺的财政职能及其收支情况，近年也有学者做了较为系统的探讨。⑥相比而言，目前对工部财政的研究尚不充分，就连系统化的工部财政数据也比较缺乏。笔者以前曾汇集整理《须知》中的物价数据⑦，本节则是从财政角度着眼，对该书所载各类数据进行汇总

---

① 何士晋：《工部厂库须知》卷首林如楚《引》。

② 参见高寿仙：《晚明户部的财政经制与实际收支——对〈万历会计录〉收支数字的说明与评估》，《史学集刊》2018 年第 4 期。

③ 参见黄仁宇：《十六世纪明代中国之财政与税收》，三联书店 2001 年版；张建民、周荣：《中国财政通史》第六卷《明代财政史》，湖南人民出版社 2015 年版。

④ 参见全汉昇、李龙华：《明中叶后太仓岁入银两的研究》、《明代中叶后太仓岁出银两的研究》，均载全汉昇：《中国近代经济史论丛》，中华书局 2011 年版；苏新红：《明代太仓库研究》，东北师范大学博士学位论文，2009 年；李义琼：《明王朝的国库——以京师银库为中心》，中山大学博士学位论文，2014 年。

⑤ 参见万明、徐英凯：《明代〈万历会计录〉整理与研究》。

⑥ 参见刘利平：《明代中后期太仆寺的财政管理初探》，《历史教学（下半月刊）》2010 年第 8 期；《赋役折银与明代中后期太仆寺的财政收入》，《故宫博物院院刊》2010 年第 3 期；《论明代中后期太仆寺的财政支出》，《中国经济史研究》2013 年第 3 期。

⑦ 参见高寿仙：《明万历年间北京的物价和工资》，《清华大学学报（哲学社会科学版）》2008 年第 3 期。

统计，借以大致了解当时工部的财政经制状况。尽管只是简单的数据整理，其实也面临着诸多困难。因为此书所载支出和收入数据分散在四司及所属各机构下，各司年例钱粮有的包括了下属机构的支出，有的则没有包括，还有一些数据因为转付的原因分见于两个司中，统计时容易造成重复或遗漏；各种支出项目和时间琐碎繁杂，需要进行变通折算，才能粗略估计出一个年度性的收支规模。本节只是一个初步的尝试，希望得到学界同仁的指教和完善。

2. 常规收入项目与数额

明代工部"掌天下百工营作、山泽采捕、窑冶、屯种、榷税、河渠、织造之政令"，职能范围相当广泛，下辖四司：营缮司"典经营兴作之事"，虞衡司"典山泽采捕、陶冶之事"，都水司"典川泽、陂池、桥道、舟车、织造、券契、量衡之事"，屯田司"典屯种、抽分、薪炭、夫役、坟茔之事"①。为了完成各种营建和成造项目，工部每年需要消耗大量的人力和物料。明代前期，各种工匠和物料基本上都是以力役和实物的形态提供给工部，其后随着实物财政向货币财政的转变，轮班匠逐渐纳银代役，形形色色的各种物料也渐次折纳白银。到万历后期，工部四司的外解额征中，实物部分所占份额已经很小。

《须知》对四司外解项目和数额做了比较详细的记载，其中"料银"一项是四司共有的，其他项目则因四司职掌有异而各有差别。所谓料银，也称料价，既指官府派征的本色物料的折价银两，也指官府以购买物料为名直接派征的银两。明代文献中出现的物料征收名目极其繁

① 万历《明会典》卷181《工部一·工部》；《明史》卷72《职官一·工部》。

杂，往往因时因地而异。① 相同的名目，在不同地方可能内涵各异；而相异的名目，在不同地方又可能内涵相近。如果粗略归纳一下，可以分为两大类：第一类有比较固定的品种、数量和办纳时间，当然既有每年都要办纳的，也有二三年办纳一次的，文献中所说额办、岁办、岁派等等，基本上都属此类；第二类是根据需要临时坐派的，品种、数量和办纳时间都不固定，文献中所说派办、坐办、坐派、杂办、杂派等等，基本上都属此类。其中第一类虽然前后也有变化，但相对比较固定；第二类则从少到多，与日俱增，有些品种甚至年年办纳，出现了固定化的趋势。《须知》外解额征项下的"料银"，在其他文献中常被称为"四司料银"或"四司料价"，并非对所有料银的泛称，而是由临时坐派演化来的一种固定项目，其数额起初并不固定，嘉靖三十五年题准自次年开始，"岁派五十万两，专备上供及各衙门年例支用；遇有重大工程，皆别行征派"②。

四司料银之外，营缮司的其他外解都归在"杂料"项下，既有物料折银，也有人力折银，还有租赋性质的课银；其中数额最大、来源最广的是匠班银和砖料银，其次为苘麻银，此外顺天、保定二府还有苇课银、苇夫银、皇木车价银，以及河道桩木、子粒、赁基等银。虞衡司的其他外解，分为"军装"和"杂料"两类，前者包括军器、胖袄、弓、箭、弦、撒袋等，后者包括翎毛、狐皮、麂皮、虎皮、豹皮、牛筋、牛角、天鹅、大鹿、小鹿等，此外顺天、永平二府有山场地租银、瘦地银、铁冶民夫银、匠班银，真定府有缸坛折价银，安庆府以及浙江、江西、湖广有各色榜纸，福建、浙江有课铁、料铁。都水司的其他外解包括三类：一是"河泊额征"，包括黄麻、白麻、苎麻、鱼线胶、翎毛、铜、铁、桐油、

---

① 参见赵中男：《明代物料征收的名目及其差别》，《湖南科技学院学报》2006年第4期。
② 《明世宗实录》卷495，嘉靖四十年四月戊申条；万历《明会典》卷207《工部二十七·四司经费》。

生漆、银朱、牛角、牛筋等；二是"杂派额征"，品类十分琐细，包括黄栌木、椰桑木、胭脂木、花梨木、南枣木、紫榆木、焦炭、秫秸、芦席、榜纸、书籍纸、磁坛、槐花、乌梅、栀子、笔管、兔皮、香狸皮、山羊皮、筶帚、席草、苇草、蒲草、棕毛、白圆藤、翠毛、白猪鬃、铜丝、铁丝铁条、针条、碌子、青花绵、松香、光叶、桐木、斑竹、猫竹、筻竹、紫竹、水竹、生漆、严漆、罩漆、川二珠、广胶，以及挑夫银、闸夫银、椿草银、入官房地租银、河滩籽粒赁基银等，各布政司和直隶各府均只办纳其中数项；三是"织造额解"，包括纻丝、生绢、纱、罗、绫、绸等。屯田司的其他外解最为简单，只有"柴夫折价"一项。

下面将工部外解额征整理为两个表格。表2.4系以外解单位分类，汇总了各直隶府州和各布政司向工部四司缴纳的白银总额和各种本色物料。《须知》所记外解项目，大多数都是岁办性质的，但也有一些数据并非年度性的。本文旨在估计出一个年度性的常规收支规模，故对这些非年度性数据做了变通处理：一是有些物料本折轮收，比如双年收本色、单年收折银，表中将本色和折银均折半计算；二是数年一办的物料，按年度间隔平均，如浙江等地题派的红绿榜纸，每十年一次，即按十分之一计算；三是遇闰月年份，有些项目加征，有些项目不加征，根据十九年七闰的原理，将遇闰加征额按三分之一计入。此外，除直隶府州和布政司外，营缮、虞衡二司的外解单位还包括一些卫所，都水司则有通惠河道所解椿草等银、西城兵马司所解入官房地租银，因总体数额不大，故将其归并到"其他"栏内。

表2.4　各司府等单位外解数额

单　位	白银（两）	本色部分
顺天府	42938.640	军器 400 副、胖袄 1102 副、狐皮 23 张、黄栌木 1300 斤、椴木 96 段、秫秸 700 束、芦苇 60 束、蒲草 3 万斤

续表

单　位	白银（两）	本色部分
永平府	7051.149	胖袄 393 副、榜纸 5500 张
保定府	44287.335	军器 240 副、胖袄 650 副、狐皮 139 张
河间府	8899.697	军器 416 副、胖袄 420 副、狐皮 161 张
真定府	53194.943	军器 280 副、胖袄 817 副、狐皮 104.5 张、中样磁坛 600 个
顺德府	3356.051	胖袄 155 副、狐皮 17 张
广平府	5382.168	胖袄 435 副、狐皮 214 张
大名府	5600.341	胖袄 574 副、狐皮 197 张
应天府	17820.858	白麻 8401 斤、鱼线胶 443 斤
苏州府	29245.916	军器 480 副、胖袄 500 副、弓 320 张、箭 4 万枝、弦 1600 条、白麻 11559 斤、桐油 190 斤、席草 10000 斤、纻丝 1580 匹
松江府	27138.754	军器 320 副、胖袄 280 副、箭 4 万枝、白麻 475 斤、鱼线胶 27 斤、桐油 191 斤、纻丝 1200 匹
常州府	24666.825	胖袄 250 副、箭 2 万枝、麂皮 400 张、白麻 773 斤、鱼线胶 286 斤、纻丝 206 匹
镇江府	17579.836	军器 160 副、胖袄 800 副、箭 3 万枝、麂皮 536 张、鱼线胶 82 斤、纻丝 1480 匹
庐州府	12285.511	军器 220 副、胖袄 339 副、撒袋 320 副、弓 320 张、箭 9600 枝、弦 640 条、麂皮 358 张、白麻 1466 斤、生铜 672 斤、鱼线胶 391 斤、牛角 16 幅、牛筋 4 斤
凤阳府	11764.890	军器 1844 副、胖袄 398 副、撒袋 1960 副、弓 1960 张、箭 58800 枝、弦 3920 条、白麻 206 斤
淮安府	11972.494	军器 320 副、胖袄 653 副、箭 2 万枝、麂皮 310 张、白麻 26231 斤、桐油 1200 斤、生铁 906 斤、鱼线胶 766 斤
扬州府	13309.520	军器 640 副、胖袄 1578 副、箭 2 万枝、麂皮 234 张、白麻 20571 斤、鱼线胶 854 斤、桐油 88 斤、蒲草 10000 斤、纻丝 230 匹、生绢 100 匹
徽州府	19529.623	军器 160 副、弓 2000 张、箭 2 万枝、弦 1 万条、槐花 1000 斤、乌梅 1500 斤、栀子 500 斤、纻丝 741 匹
宁国府	9361.918	军器 80 副、箭 2 万枝、生铜 750 斤、鱼线胶 156 斤、笔管 5000 枝、兔皮 125 张、香狸皮 65 张、山羊毛 20 斤、纻丝 715 匹
池州府	7584.819	胖袄 76 副、狐皮 3 张、麂皮 27 张、白麻 6569 斤、鱼线胶 49 斤、芒苗笤帚 5481 把、竹扫帚 3913 把、生绢 217 匹

续表

单　位	白银（两）	本色部分
太平府	8404.595	军器80副、胖袄918副、箭2万枝、麂皮783张、鱼线胶413斤、笔管5000枝、兔皮125张、香狸皮65张、山羊毛20斤、生绢514匹
安庆府	11572.986	军器80副、胖袄212副、狐皮9张、麂皮213张、白榜纸17360张、白麻39149斤、鱼线胶2428斤、生绢608匹
广德州	2774.051	箭2万枝、胖袄223副、裤1条、纻丝247匹
和州	1680.713	胖袄150副、麂皮250张、白麻3055斤、生铁1959斤、鱼线胶114斤
滁州	1607.541	军器160副
徐州	1796.727	军器240副、胖袄796副、鞋3双
浙江	42144.799	军器2010副、胖袄3794.3副、弓2.2万张、箭20万枝、弦11万条、榜纸4.5万张、白麻510斤、苎麻466斤、生铁1339斤、生铜958斤、熟铜540斤、鱼线胶1738斤、银朱149斤、生漆232斤、桐油607斤、笔管2万枝、兔皮300张、香狸皮200张、山羊毛60斤、粗铜丝80斤、细铜丝80斤、镀白铜丝4斤、粗铁丝532斤、细铁丝532斤、铁条538斤、碌子4斤、青花绵2斤、松香550斤、光叶50斤、桐木50段又75根、书籍纸3500张、斑竹250根、严漆2000斤、罩漆200斤、猫竹1万根、笔竹500根、紫竹100根、桐油7500斤、槐花600斤、乌梅1500斤、栀子500斤、纻丝9785匹、纱674匹、罗1379匹、绫575匹、绸528匹
江西	45407.333	军器460副、胖袄3238副、弓25873张、箭198879枝、弦128478条、狐皮61张、麂皮3319张、榜纸4.5万张、猫竹750根、水竹5万根、棕毛1500斤、白圆藤5000斤
福建	34345.164	军器1600副、弓1.6万张、箭20万枝、弦8万条、狐皮76张、铁616394斤、鱼线胶606斤、翠毛930个、斑竹250根、纻丝2321匹
湖广	48749.078	胖袄3787副、弓574张、箭191333枝、弦2863条、狐皮30张、麂皮17882张、榜纸4.5万张、斑竹250根、椰桑木10段、实心斑竹50根、长节猫竹1500根
河南	38304.251	军器964副、胖袄6151副、焰硝10650斤、狐皮102张、麂皮586张、拾瓶坛4263个、大样磁坛300个、小样磁坛300个、石磨1副
山东	111674.184	军器1600副、胖袄5800副、狐皮990张、麂皮42张、活天鹅2只
山西	110109.198	胖袄1704副、麂皮893张、绫500匹、生绢529匹

续表

单 位	白银（两）	本色部分
四川	20230.413	鱼线胶 2307、川二珠 200 斤、生绢 4642 匹
陕西	16709.219	
广东	29881.352	鱼线胶 1327 斤、生铜 106 斤、熟铜 478 斤、生漆 5000 斤、胭脂木 10 段、花梨木 10 段、沙叶 100 斤、翠毛 1084 个、广胶 100 斤
广西	2593.213	鱼线胶 1016、生铜 284 斤、翠毛 930 个
云南	1650.000	
其他	2117.029	军器 1072 副
合计	904723.134	详见表 2.5

从表 2.4 可以看出，四司外解白银总计 90 万余两，但各地方的数额相差悬殊。其中原因之一，是有些地方的折银并不解到工部，比如湖广、四川、两广、云贵、福建、江西各省班匠隶属南京工部，匠班银自然也解纳南京工部；还有一个原因，就是同一种物品，有些地方缴纳本色，而有些地方折纳白银，比如段匹织造，南直隶各府及浙江、福建、山西、四川交纳本色，江西、湖广、河南、山东交纳折价。此外，明代赋役金派确实不够公平，经常出现将某种赋役强行摊派到少数地方的现象，比如柴夫折银，交纳者只有顺天、保定、真定三府及山东、山西二省，导致这些地方纳银额很高，给百姓造成沉重负担。本色部分以军器和胖袄最为普遍，其次则为狐皮、麂皮、黄麻、鱼线胶等，其他则五花八门，体现出"任土作贡"的特征。

表 2.5 系以工部四司为单位，汇总了各司收纳的白银总额和各种本色物料。工部原有大库一座，嘉靖八年以前基本闲置，"但有收放，俱是司库司收，候至开支，亦是司官自放"，这种做法比较简便，但也有很大弊病，"往往正官有缺，各官称疾不肯任事"[①]。嘉靖八年，对工部

---

① 参见刘麟：《奏建节慎库疏》，陈子龙等选辑：《明经世文编》卷 143。

大库进行了修葺，皇帝赐名"节慎库"。自此四司料银及其他各种折银绝大多数皆存入节慎库，只有少数送交其他相关部门，如大鹿折银送太常寺、缸坛折价银送光禄寺等。各种本色物料，除铁、铅、铜等收贮在节慎库，其他则分送内府各库以及司礼监、司设监、御用监、内官监、光禄寺等衙门。有时同类物料也要根据需要送交不同衙门，比如蒲草，顺天府3万斤送交内官监，而扬州府1万斤送交司设监；再如榜纸，安庆府办纳白榜纸送交工部后堂库，浙江、江西、湖广题派红绿榜纸送交乙字库，永平府染榜纸则送交御用监。

表 2.5 工部四司外解数额

营缮司	白银	料银 160000.034 两 + 杂料 72469.929 两（内含匠班银 37744.7 两）=232469.963 两
虞衡司	白银	料银 78482.991 两 + 军装折银 10550.654 两 + 杂料 10939.392 两 =99973.037 两
	本色	军器 13862 副、胖袄 36193 副、撒袋 2280 副、裤 1 条、鞋 3 双、弓 69047 张、箭 1108612 枝、弦 337501 条、焰硝 10650 斤、狐皮 2127 张、鹿皮 25833 张、榜纸 135000 张、活天鹅 2、拾瓶 4263 个、铁 616394 斤
都水司	白银	料银 138999.402 两 + 河泊额征 25207.631 两 + 杂派额征 8316.468 两 + 织造额解 21105.101 两 =193628.602 两
	本色	兔皮 550 张、香狸皮 330 张、山羊毛 100 斤、黄栌木 1300 斤、椴木 96 段、桐木 50 段又 75 根、椰桑木 10 段、胭脂木 10 段、花梨木 10 段、秋桔 700 束、芦苇 60 束、蒲草 4 万斤、席草 10000 斤、榜纸 22860 张、书籍纸 3500 张、中样磁坛 600 个、白麻 118965 斤、苎麻 466 斤、鱼线胶 13003 斤、桐油 9776 斤、生铜 2770 斤、熟铜 1018 斤、生铁 4204 斤、粗铜丝 80 斤、细铜丝 80 斤、镀白铜丝 4 斤、粗铁丝 532 斤、细铁丝 532 斤、铁条 538 斤、银朱 149 斤、生漆 5232 斤、牛角 16 幅、牛筋 4 斤、槐花 1600 斤、乌梅 3000 斤、栀子 1000 斤、碌子 4 斤、青花绵 2 斤、松香 550 斤、光叶 50 斤、严漆 2000 斤、罩漆 200 斤、棕毛 1500 斤、白圆藤 5000 斤、川二珠 200 斤、沙叶 100 斤、广胶 100 斤、翠毛 2944 个、笔管 3 万枝、芒苗笤帚 5481 把、竹扫帚 3913 把、纻丝 18505 匹、生绢 6610 匹、纱 674 匹、罗 1379 匹、绫 1075 匹、绸 528 匹、斑竹 750 根、实心斑竹 50 根、猫竹 10750 根、长节猫竹 1500 根、笙竹 500 根、紫竹 100 根、水竹 5 万根、大样磁坛 300 个、小样磁坛 300 个、石磨 1 副

屯田司	白银	料银 117353.789 两 + 柴夫折价 261297.743 两 =378651.532 两
四司白银合计		四司料银 494836.216 两 + 杂料杂派 91725.789+ 军装折银 10550.654 两 + 河泊额征 25207.631 两 + 织造额解 21105.101 两 + 柴夫折价 261297.743 两 =904723.134 两

　　表 2.5 数据显示，由于各司承担的职能不同，所收白银数额差距很大。其中屯田司最多，占总数的 41.85%，其他三司依次为营缮司占 25.70%，都水司占 21.40%，虞衡司占 11.05%。在各项白银收入中，料银一项数量最大，占总数的 54.69%。据《明会典》记载，嘉靖三十五年确定料银总额 50 万两，其中营缮司占 16 万两，虞衡司占 8 万两，都水司占 14 万两，屯田司占 12 万两[①]；将表 2.5 中数字与其比对，无论总额还是各司份额都相当接近，可知一直延续未改。但匠班银下降较大，据《明会典》记载，嘉靖四十一年题准：各司府班匠通行征价类解，每名每年征银 0.45 两。除湖广、四川、两广、云贵、福建、江西各省班匠隶南京工部外，隶属工部的班匠共有 142486 名，每年征银 64117.8 两[②]；将《须知》中各司府匠班银相加，总数为 37744.7 两，仅占嘉靖三十一年题准数的 58.87%。

　　另需说明，表 2.4 和表 2.5 所列并非工部四司的全部收入：一是有些收入并非固定性的，比如都水司所辖通惠河有"年例收解钱粮"，共计 5460.174 两，"系通湾临河淤涨沙滩地亩，年每冲坍，征科不全"[③]，而且似乎并未送交节慎库，而是留作修河等费用，所以未予列入。再如都水司织造项目内陕西解送的羊绒，"原无额数，偶遇缺乏，钦降花样，定拟数目"[④]，

---

① 万历《明会典》卷 207《工部二十七·四司经费》。
② 万历《明会典》卷 189《工部九·工匠二》。按每名征银 0.45 两计算，142486 名应征银 64118.7 两。此外，将各司府征银数相加，共计 71110.65 两，与该书所说总数不合。
③ 何士晋：《工部厂库须知》卷 10《通惠河》。
④ 何士晋：《工部厂库须知》卷 9《都水司》。

屯田司所辖"通积等局、通惠河、卢沟桥竹木等局，三处税银无定额"①，这些当然也无法列入。二是有些物料虽有解额，其实并未实际解送，比如虞衡司杂料中，松江府、宁国府、浙江的麂皮、狐皮，太平府的翎毛折银，河南的羊皮，无论本折都是"向来不解"，浙江的课铁也"向系题留"，自万历三十一年以来始终未解②，这些也不再计入。不过，这些非固定性收入总额不大，不会影响对工部总体收入规模的估计。

3. 常规支出项目与数额

《须知》分"年例钱粮"和"公用年例钱粮"两项，详细记载了工部四司的支出项目。"年例钱粮"是指成造、修理各种建筑和器物所耗费的物料和工食、脚价等费用，也包括直接提供给某些衙门使用的柴炭等物品；"公用年例钱粮"则是工部本身以及提供给其他衙门的行政经费。以下对两项分别汇总计算。

（1）年例钱粮

"年例钱粮"各项目需要的物料，分为"会有"和"召买"两种情况，前者指各厂库应当存有本色，后者指厂库无存需要召商买办。但实际情况并非如此。《须知》凡例云："各厂库会有物料，都非实有。尚存名数，以见旧额。"③何士晋在题疏中也谈到："查工部四司条例，凡内库有见存，即移会取用；必内库无见贮，始召商买办，开载甚明。近缘该监铺垫欲多，虽例称会有者，亦概捏会无；及商人买求既足，则向报会无者，又倏称会有。"④可见内库由宦官管理，工部无权查盘，是会有还

---

① 何士晋：《工部厂库须知》卷 12《屯田司》。

② 何士晋：《工部厂库须知》卷 6《虞衡司》。

③ 何士晋：《工部厂库须知》卷首《凡例》。

④ 何士晋：《工部厂库须知》卷首《巡视题疏》。

是会无，往往听任宦官随意捏报，应会有而宦官称会无者，还是要通过召买解决。

年例项目类型多样，"各项造办，有一年、二年、三四等年，有不等年间行题办者"，若想估计一个年度性的常规支出总额，必须对非年度数据进行技术处理。其中不等年份者，大多都是过去曾经成造但近年并未实行者，因为并无固定规律，难以转化为年度数据，所以并未将其列入年例钱粮表中。其他载明年限者，均以物料价银除以年数，如一年一次按全额计算，两年一次按二分之一计算，以下依次类推；一年数次者，则以银额乘以次数；有些项目，比如一年一次的赏各夷番折段银两、两年一次的针工局折冬衣银两、六年一次的针工局折铺盖银两等，每次数额并不相同，只将最近一次数额列入表中。此外还需说明：其一，个别项目虽然载有年限和银数，但又说明十余年甚或多年未行，还有个别项目未记银数，又无法估计其数，这些不再列入表中；其二，个别项目是代替其他衙门成造（如宝源局代替南京工部铸钱），所需经费只是先行垫付，也未列入表中；其三，有些项目记载了会有和召买原额后，又用小字说明"近年召买"、"近只给"、"今减过"等数额，情况比较复杂，为保持一致，一律按会有和召买原额计入；其四，有些项目分别列出召买、工食、脚价等银的数额，有些则只列出总数，为保持一致，将工食、脚价以及匠头自备、染户变染等银，与召买银合并计算；其五，遇闰增加额，均按三分之一计入。

《须知》意在载明工部经制，因此以四司及其所辖机构为次序，详细说明了各监局、各工所承担的各种项目的会有和召买银数，有些项目用银多达数千甚至数万两，有些项目用银不足一两。兹将各司项目以及会有、召买等项银数整理为表2.6。需要说明两点：一是个别项目由一司负责，由其他司协济，但又没有说明他司协济银数，故均计入负责之司。如营缮司负责的京仓修理，就是这种情况。二是个别项目由一司负责，但经费由另一司出办，均计入出办之司。如锦衣卫成造象毡酸浆和供用库油桩，由营缮司负责召买，但所需银两由都水司支付，因此计入都水司经费内。此外，原书是按一年一次、两年一次……的顺序排列，为便于读者观览，表中将同一机构的同类项目归并到一起。

表 2.6 四司年例钱粮（单位：两）

司名	项目（会有银数／召买及工食等银数）
营缮	内官监成造上用什物家伙（3288.48/8920.21），苫盖禁苑竹棚（73/544.4），成造细草纸（30/374），造舍饭店及本监家伙等项（13.595/9.28）；司设监修理竹帘（106.9/46.4），修理毡帘（161.7/79.2）；神宫监修理社稷坛（21.724/39.2）；锦衣卫成造銮驾库鞭靴等（28.63/134.46），成造三法司刑具（0/13.02）；尚宝司宝绦工价银（0/3.45）；钦天监历日匠价银（0/36.2）；长陵等陵荡晒果品斜席价银（0/54）；司礼监金箔折价银（0/250），修理经厂（497.05/1078.7）；京仓修理（348.34/13999.038） **小计：会有 4569.419 + 召买及工食等 25581.558＝30150.977**
虞衡	宝钞司灰柴等料（169.39/1406.4）；广积库硝黄（0/6787.5）；兵仗局水和炭（0/975），小修兑换军器（208.932/1845.138），大修兑换军器（154.458/2041.46）；酒醋面局成造酒面柴炭（0/1668），拴面麻绳（3.72/0），铡刀（0/3.33），酒面家火（12.912/0），铁勺（0/0.5），盛面竹篓竹箩（5.4/11.95），吊面麻绳（4.5/0），马连根（0/0.6），竹笼帚竹笊篱（6.3/8.72），生绢酒袋（30.25/0），芦苇（0/8.5），麦槛麸槛（0.133/4.044），掇桶把桶等（0/5），大木桶（0/2.333），酒缸盖（0/5），布漆蔑酒斗（0.341/1.419），水车（1.798/17.046），起酒木勺（0.046/0.829），大扁簸（0.838/0.7），曲架松木（0/10.625），煮料铁锅（12.36/11.525）；尚宝司宝色（0/62.4）；锦衣卫象房煮料铁锅等件（175.206/359.885）；琉璃窑烧造内官监磁缸等件（6.4/591）；广积库预备细药硝黄（0/5750）；宝源局每季铸解太仓钱（16.8/8264.912）；宝钞司切草长刀等件（7.2/3.557）；翰林院庶吉士火盆等件（6.4/10.268）；盔甲王恭厂成造连珠炮铅弹（842.063/51.675），成造夹把枪铅弹（232.313/38.788），成造夹靶等枪炮火药（6792.188/918），成造鸟嘴铳火药（553.2/1014.9），成造迅药（559.8/1082.1），成造药线（18/45），成造起火屏风（0.63/0），修理铁心长枪（1.754/27.565），成造五龙枪（5107.146/7719.136），成造夹靶枪（2329.755/3141.254），成造快枪（544/996.519），造修钩镰（35.233/70.89），造修虎叉（45.931/100.026），修理大滚刀（66.108/101.737），修理戊字库盔甲刀（12568.109/19479.419），预造盔甲（4202.578/6604.759） **小计：会有 34722.192 + 召买及工食等 71249.409＝105971.601**

续表

司名	项目（会有银数／召买及工食等银数）
都水	年例雕填钱粮（393/5580.75）；付营缮司修理司苑局采莲船（8.99/18.671），锦衣卫成造象毡酸浆（0/11.336），供用库油桩（0/32.5）；光禄寺小油红器皿（0/2000）；神宫监修理祭器（0/58.9），整点笙簧（0/15）；赏各夷番折段银两（0/34888.5）；光禄寺包瓶白麻（180/0）；司设监年例金箔等料（0/3700）；针工局折冬衣银两（0/80592），折铺盖银两（0/3147.5）；御马监晾马绳索（650/0）；司礼监上用金笺纸扇等项金箔（0/250），御前作坊成造龙床等项（888.837/2402.307）；通惠河挑挖新河（0/1078.2）；尚衣监冠顶（55.833/364.467）；通惠河黄船苫盖芦席（0/7.5）；内官监净车折银（0/550），成造蛤粉（0.113/6.897），恤典器物（17.799/86.714）；六科廊年例夷人衣服靴袜（9081.088/737.06），赏夷急缺红面红缎衣（1980/22.715），万寿正旦宴花（14.897/23.441），供用库板箱（674.332/445.337），织染所蓝靛小粉（0/1057.63），圜丘等坛厨役净衣（2259.21,351.75），尚宝司宝绦（29.52/78.68），尚宝司牌绦（0/53.607），历日黄罗销金袱（34.32/2.692），王府诰轴箱袱（1396.9/177.267），文举宴花（0/3），状元进士袍服（11.24/76.72），武举宴花（0/4.5），织染局板箱（106.581/117.165），御马槽椿桶只（516.625/619.497），成造象毡（85.625/354.863），三生袍服（71.577/183.288），翰林院教习庶吉士桌帏等家伙（34.51/128.002），兵部贴黄家火（5.97/5.812）；器皿厂光禄寺成造器皿（6269.726/3767.591），坛庙修理祭器（0/900），太常寺紫杉祝板（0/8.6），光禄寺榨酒绢袋（48.09/2.307），册封方木柜（2.765/28.49），装夷彩段等项木柜（2.765/28.49），香帛龙亭等（56.53/52.112） **小计：会有 24876.843 + 召买及工食等 144021.858=168898.701**
屯田	御用监金箔等料（404.35/4169.5）；付都水司添办本监年例钱粮（960/2290）；巾帽局巾帽纱罗等料（60.842/2456.65），靴料折价银（0/78537）；司苑局秫秸等料（20.593/975.514）；御马监煮料木炭（0/3000）；银作局打造木炭（0/1500）；织染局变染柴炭（0/1900）；惜薪司四厂柴炭（0/147054.52），太监折柴价银（0/16208.6）；西舍饭店济贫煮粥木柴（0/471.312）；天寿山麻筋（0/22.5）；翰林院木炭（0/101）；太常寺木柴（0/794.56）；坝上大马房木柴（0/95.308）；太常寺乐舞生木柴折价（0/799.542）；易州山厂长装大炭（0/13052）；光禄寺刻票柴炭（0/13279.081）；翰林院玉牒糨糊炭（0/20.16）；翰林院一甲进士并庶吉士等柴炭（0/114.481）；东厂木炭（0/19.68）；承运库熏毡柴炭（0/13.35）；礼部仪制司铸印局炭（0/1.64）；巡视厂库科道衙门柴炭（0/2.64）；翰林院纂修玉牒大典炭（0/676.819）；起居注馆木柴木炭（0/376.277）；东宫柴炭（0/3159） **小计：会有 1445.785 + 召买及工食等 291091.134=292536.919**
总计	会有银数：4569.419+34722.192+24876.843+1445.785=65614.239 召买银数：25581.558+71249.409+144021.858+291091.134=531976.459 **两项合计：65614.239+531976.459=597558.198**

从表 2.6 可以看出，四司用银数额很不平衡。其中屯田司用银 292536.919 两，在四司中数量最多，占四司总银数的 48.96%。这是因为，屯田司负责上供并各监局柴炭，数量浩大，各项柴炭合计 202639.97 两，占本司总银数的比重高达 69.27%。其次为都水司，共用银 168898.701 两，占四司总银数的 28.26%。本司项目较为琐细，支出较大的有针工局折冬衣银两（80592 两）、赏各夷番折段银两（34888.5 两）、光禄寺成造器皿（10037.317 两）、六科廊年例夷人衣服靴袜（9818.148 两）、年例雕填钱粮（5973.75 两）等。再次为虞衡司，用银 105971.601 两，占四司总银数的 17.73%。本司用银大户为盔甲王恭厂，该厂成造修理铅弹、火药、盔甲、刀枪等项费用达 75290.576 两，占本司总银数的比重为 71.05%。最后为营缮司，用银 30150.977 两，占四司总银数的 5.05%。本司最大项目为京仓修理（14347.378 两），其次为内官监成造各宫殿上用什物家伙（12208.69 两），其他项目都很琐碎。从职掌看，营缮司掌管营造兴作，费用应当十分浩繁，但因规模较大的工程皆属非常规项目，经费也是临时多方筹措①，所以营缮司的年例支出反而数额最少。此外，从表 2.6 的会有和召买等项银数可知，当时工部经费已实现了高度白银化，会有银数只占总银数的 11%；而且如前所述，不少"会有"物料，实际上并非实有，也要通过召买解决。

（2）公用年例钱粮

公用年例钱粮总数不多，但项目猥杂。有些项目是四司共有的，也有一些项目是各司特有的。支用方式有的是一年一次，有的是四季支领，有的是各司各轮一季；此外还有不等月份、不等年份者，但大多都说明了支付间隔。兹将相关数据整理为表 2.7，对于非年度性数字都做

---

① 参见高寿仙：《明代北京社会经济史研究》，第 44—48 页。

了折算。另外还有少数项目是按人数或分数支出的，也需要进行变通处理：有的数目明确，可直接乘以相应数目，如内阁打扫四季折送匠价银系按"每位每季"折送，查万历四十二年有阁臣三位，即按三倍计算；有的未说明数目，但大致可以推测，如虞衡司司官每月每员纸札银，查该司郎中、员外郎、主事额设七员，即按七倍计算；还有的未说明数目又难以估测，如巡视工程科院纸札银系按"每月每分"、大工提督工程太监纸札银系按"每员每月"支付，但并未说明具体分数或员数，好在这类项目数量不多，不会影响对总体规模的估计，姑且按五倍计算。从表 2.7 可以看出，公用年例钱粮数额较小，将支用时间不等的项目都折算为年度数额，也只有 3220 两零。而且这些经费并非都用于工部本身，其中一部分实际上用于其他衙门，比如内阁、纂修各馆、史馆等处打扫折送匠价银等。

表 2.7　四司公用年例钱粮（单位：两）

司名	项目（银数）
四司	先关后补勘合司礼监工食银（24），工科精微簿籍纸札朱盒笔砚等项（6），四司炙砚木炭银（48），四司表背匠装订簿籍绫壳刷印等项工食银（20），节慎库主事差满交盘钱粮造奏缴文册纸札工食银（7.812），四司巡风斋宿油烛银（20），四司印色笔墨等项银（17.92），四司写揭帖等项纸价银（12.8），工科抄呈号纸（9.333），各司造奏缴文册纸札工食银（50.978），承发科填写精微簿籍（14.4），抄誊章奏纸张工食银（35.52），赁朝房银（16），知印印色银（6），本科写本工食银（224.88），本科题奏本纸札笔墨银（8），三堂司务厅纸札笔墨银（39.44），节慎库烧银木炭银（6.3），巡视厂库科道纸札银（35.52），巡视厂库科道到库收放钱粮茶果饭食银（38.5），节慎库关防印色修天平等项（12），三堂司厅四司书办工食银（136），三堂四司抄报工食银（56），节慎库纸札并表背匠等项工食银（46），上本抄旨意官工食银（40），精微科吏工食银（8），内朝房官工食并香烛银（9.333），工科办事官工食银（24），报堂官三人工食银（15.555），进考成银（1），各司桌围坐褥银（6.667），各司刷卷工食纸张银（3.333），节慎库余丁草荐银（2），科道会估酒席纸札银（9.376） **小计**：1010.667

续表

司名	项目（银数）
营缮	清匠司造年终奏缴匠价文册纸张工食银（6），节慎库主事差满交盘钱粮造奏缴文册纸张工食银（1.953），堂上司务厅等处炙砚木炭银（22），巡视厂库科道查盘仓库造册奏缴纸张工食银（5.106），巡视厂库科道年终查盘节慎库造册奏缴纸札工食银（7.81），科道书办年终查盘修仓节慎库公所饭食银（5），节慎库年终造四柱文册纸张工食银（9.49），工科录本吏工食银（3.7），吏部验封司预支笔炭银（33.523），礼部精膳司预支笔炭银（6.466），礼部精膳司领本部司务厅笔炭银（3.247），礼部祠祭司领笔炭银（13.55），礼部刊刻天下王府名封梨板纸张工食银（64），缮工司笔墨银朱银（12），清匠司笔墨银朱纸札银（13.4），每季打扫厅房等处银（14.4），年终奏缴各省解到匠班银数目造青黄二册纸张工食银（6），神木厂公费纸札银（6），内阁打扫折送匠价（216），纂修各馆打扫折送匠价银（43.2），史馆打扫折送匠价银（28.8），诰敕房打扫折送匠价银（21.6），制敕房打扫折送匠价银（14.4），精微科打扫折送匠价银（28.8），尚宝司打扫折送匠价银（72），印绶监打扫折送匠价银（57.6），文书房打扫折送匠价银（115.2），混堂司打扫折送匠价银（144），誊黄主事打扫折送匠价银（14.4），本部清匠司打扫折送匠价银（14.4），清匠司笔墨等项银（3.35），缮工司笔墨银朱银（3），巡视工程科院纸札银（133.2），各工工程堂上纸札银（70.2），大工提督工程太监纸札银（135），大工管理工程太监纸札银（77.52），大工奏事司房纸札银（48.48），小工司房官纸札银（15.504），本司掌印带管工程纸札银（12），监督司官纸札银（6），节慎库余丁工食（37），节慎库余丁皮袄银（6.6），户部赋役黄册折工食（1.212） **小计：1553.111**
虞衡	巡视科道奏缴文册纸札工食银（4.362），三堂司厅等处炙砚火池银（3.56），左堂铸钱纸札银（13.2），巡视盔甲厂科道并司官纸札银（39.94），验试厅司官纸札银（12），宝源局司官纸札银（7.8），巡视厂库科道书算工食银（86.633），北安门石夫工食银（129.6），东安门看守厂夫工食银（28.8），街道厅纸札笔墨银（12），本司司官纸札银（42），本司换车围等项银（1.667），查盘盔甲王恭二厂军器雇夫银（10.6） **小计：392.162**
都水	每年冬季厂库巡视科道炙砚木炭银（3），科道年终奏缴纸札工食银（6.5），内府承运库冬至用芦苇芦席银（3.75），冬至小脚雇夫找送柴炭工食银（1.78），内府承运库包裹年终勘合黄杭细绢（2），街道厅银朱笔墨印色银（12.333），本司司官纸札银（78），工科挂号纸银（1.44），针工局冬衣纸札锁找等项工食银（2.2），三堂夏季桌围座褥垫席（4），司厅桌围座褥银（1.667），三堂冬季桌围座褥毡垫（9） **小计：125.67**

司名	项目（银数）
屯田	巡视科道造奏缴文册纸札工食银（7.164），司礼监书办笔炭银（2.5），科道炙砚炭银（3），圣旦、冬至三堂司厅四司习仪凭房各饭银（21.32），三堂司务厅并本科炙砚炭银（22），巾帽局包裹纸锁银（2.67），寿宫管理太监纸札银（24.913），本司司官纸札银（30），本司考成纸札工食银（12），惜薪司包裹纸锁银（0.73），朝觐各项拖欠钱粮文册银（2.833），考成纸札工食银（5.333），京察年分揭帖纸札银（1.898），工科编本工食银（2.5） **小计**：138.861
总计	1010.667+1553.111+392.162+125.67+138.861=3220.471

4.财政困境与管理漏洞

对比上面汇总整理的白银常规收支数字，每年收入 90 余万两，而支出只有 60 余万两，似乎处在盈余状态。但这些只是表面数字，其实当时工部财政处于相当困窘的状态。万历二十八年，工部尚书杨一魁题称："钱粮原有定额，量一岁之出以征其入，亦量一岁之入以制其出。顷自大工鼎建，慈庆焕新，与夫织造、工料、铺宫、传办，一切非常急需，俱溢于经制之外。今见贮节慎库者，合四司止七八万两。而浩大未竟之工程，急切应须之造办，监局年例之钱粮，又若库房，若城垣，若坟工，种种并集。一时之费，约用八十余万两，即罄竭积贮，未当十分之一。至如开纳事例，一线微路，所济几何？独有省直额设本部料银，而或屡年逋负，久阁不完，或见年征收，停延未解。此何时也，锱铢皆有益，乃动以千万计；事势若燃眉，乃动以积岁计。且各处之料价，有以织造留矣，有以河工留矣，有以采木留矣，间以荒歉蠲矣，所存又几何？"①此后工部财政始终未见好转。三十七年，工部署部事右侍郎刘元霖言："臣署部两年，适当铺商重困，兼之各工烦并，帑藏已穷。以大

---

① 《明神宗实录》卷 344，万历二十八年二月甲申条。

工待用数十万金，而十万饷边，八万修城，十余万为婚礼内供借发。至于今，几欲炊而无米。每一念及，真有食不下咽，而寝不贴席者。"四十三年，署部事右侍郎林如楚也指出："乃自二十年来，门殿经始，陵坟嗣兴，年例加增，要津传乞。……而水衡之岁积，遂萧索而无余矣。"①

从上引奏疏可以看出，工部财政之所以如此困窘，是因为实际支出远大于经制支出，而实际收入又远少于经制收入。从支出方面说，前面表2.6和表2.7所列，只是具有固定时间的常规支出项目，此外还有许多"不等年份"的支出项目，以及"不时题办"的"不可测之出"。以虞衡司为例，该司条议指出："切照量入为出，国家经费之常况。以有限之积贮，安能买无尽之尾闾？查本司项下，实在钱粮不过四万余两，而例值马脸尾镜年例，则应费三万九千七百余两。即此一项钱粮，而公帑若扫矣。剗兵仗局又有大兑换、小兑换、水和炭辐辏鳞集乎？……各省料银，既多缺解，又多题留，以入之孔，曾不足以半出之孔，只左支右吾，捉襟肘见，甚则仰屋叹耳。"文中所说马脸尾镜，就属于"不等年份"项目，共计会有银9206余两、召买银30505余两。② 再以都水司为例，该司"不等年份"和"不时题办"项目很多，据笔者统计，从万历二十四年到四十二年，仅在宫殿陈设以及婚丧、徽号、亲王出府等方面就耗银近24万两。③ 这些其实还不是耗费最大的项目，《须知》并未详载的宫殿和陵寝工程，更是短时期需要耗费巨额经费。比如建造定陵费银800余万两。④ 重建慈宁、乾清、坤宁宫"动费四五百万金"⑤。见新大高玄殿，"估计物料应用银二十万两，夫匠工费半之"⑥。工程经

---

① 何士晋：《工部厂库须知》卷1《工部复疏》。
② 何士晋：《工部厂库须知》卷6《虞衡司》。
③ 何士晋：《工部厂库须知》卷9《都水司》。
④ 《崇祯长编》卷2上，天启七年九月辛未条。
⑤ 王士性：《广志绎》卷3《江北四省》。
⑥ 《明神宗实录》卷347，万历二十八年五月丁卯条。

费虽需多方筹措，但工部作为负责部门，其积蓄首先耗费一空。万历三十三年，大学士朱赓言："两宫经始，节慎库尚百十余万金，今罄然无分毫之蓄，且有累年数万之逋。"①

从收入方面说，导致经制数额亏减的因素主要有三个：一是蠲免，即遇灾减免部分或全部料银。如万历三十七年，因苏、松、常、镇等府发生较大水灾，"其应解四司料银，停征全免有差"②。二是题留，即截留应纳料银购买指定物料。如虞衡司外解中，福建料银4669余两用于"买建铁"，河南料银4150余两"题留买铅"③；屯田司外解中，安庆、池州、太平、苏州、浙江料银共16809余两"题留织造"，湖广、四川料银共11673余两"留采大木"④。三是拖欠，即地方政府不按规定时间足额交纳料银。相对来说，蠲免与题留数额较少，而拖欠是影响工部收入的最主要因素。拖欠问题自明代前期就存在，中叶以降日益严重，即使张居正着力整顿赋税时亦不能免，万历四年工部曾题称"该司每年额派料银八万两，各处解未一半"⑤。万历中期，因矿监税使四处搜刮，进一步影响了正赋的征收。户部尚书赵世卿疏言："年来权宜开采之命一下，各处抚按司道有司，皆仰体皇上不忍加派小民之意，遂将一切杂课……改归内使，而臣部之杂课失矣。其间杂课不敷，诛求无艺，百姓不得不以应征之银钱暂免箠楚，有司不得不以见完之正税量为那移。为上官者，亦谅其爱民万不得已之衷，而曲为弥缝。以致三年之间，省直拖欠一百九十九万有奇，而臣部之正课亏矣。"⑥工部情况亦是如此，正如何士晋所说："自大工、大礼比岁烦兴，而采山榷水，十辈之使，棋

---

① 《明神宗实录》卷415，万历三十三年十一月丁亥条。

② 《明神宗实录》卷457，万历三十七年四月辛未条。

③ 何士晋：《工部厂库须知》卷6《虞衡司》。

④ 何士晋：《工部厂库须知》卷12《屯田司》。

⑤ 《明神宗实录》卷49，万历四年四月乙丑条。

⑥ 赵世卿：《题国用匮乏有由疏》，陈子龙等选辑：《明经世文编》卷411。

布县寓，笼天下之物力而归京师，内藏之所朽蠹，不能当饱貂寺而肥釜蚕者之半。于是海内之财日益诎，而正供日益困。"①而且工部缺乏稽惩手段，对地方拖欠也无可奈何，"屯田司条议"谈到："各项钱粮，原解自外省府州县，并本司只按数一批发耳，无追比之例。如霸州应解料价银两，不征之官，只凭老人自收自解，因而干没者六载。本司何由知之？"②

除财政困窘外，工部财政运作也比较混乱。比如在实物的制造和保存环节，虚糜浪费现象十分严重。虞衡司每年收纳大量军器、弓箭等，但当时"所解军器、项盔仅存形质，布甲不用口袋，弓非坚劲，矢无利簇，至于腰刀，悉皆白铁"③。盔甲、王恭二厂也是粗制滥造，"修造尽是空名，戎器毫无实用"。据何士晋奏报："臣查每岁修戊字库盔甲三万幅、腰刀三万把，预造盔甲二千五百副，所费不下二万四五千金。而各省直所造解，堆积库中，至不可胜数。讵不称有备无患？然而布衬稀疏，铁叶易锈，修者与解者并属不堪。解者积之逾年而复修，修者积之逾年而改造。总归无用，则奈何以尘饭涂羹之具，糜国家百千万亿之金钱也？"④台基厂是收贮营建木料的地方，"厂中寸木，皆来自万里，动费千金，敲血折筋，非同容易。何一入内厂，便等沟中之瘠；暴露经岁，渐为土上之尘，真可痛惜"⑤。有时管库者还故意以次换好，如盔甲王恭二厂收纳硝黄，"一入该库，阉竖作奸手滑，恣意侵渔。随掺和积陈泥碱，以充原数，备查包封字样，俱拆毁无稽。所出非所入，徒深浩叹"⑥。就连节慎库竟也存在很大漏洞，被管库者视若"私藏"，何士晋曾亲眼目睹"芦税百金，开匣化为乌有；例银一锭，转眼便作飞尘。攫

① 何士晋：《工部厂库须知》卷首《叙》。
② 何士晋：《工部厂库须知》卷 12《屯田司条议》。
③ 何士晋：《工部厂库须知》卷 7《试验厅条议》。
④ 何士晋：《工部厂库须知》卷 1《巡视题疏》。
⑤ 何士晋：《工部厂库须知》卷 5《台基厂条议》。
⑥ 何士晋：《工部厂库须知》卷 8《盔甲王恭二厂条议》。

取每见公行，追补视如儿戏。甚至寄小库以克已发之银，指羡余而盗正支之数"①。

由于工部职掌与内府高度相关，很多事务都掌握在宦官手里，这成为工部财政运作的最大困扰和最大漏洞。正如何士晋所说："乃费领于司空，觞滥于中官。中官之黠者，日夜与狙侩、奸贾、猾胥史相构而为市。是黠猾奸狙者，又日夜伺司空之属以尝焉，而夤缘以为利。"②宦官渔利手段花样百出，在两个方面尤为突出：一是在预算环节虚抬高估。沈德符指出："天家营建，比民间加数百倍。曾闻乾清宫窗槅一扇，稍损欲修，估价至五千金，而内珰犹未满志也。盖内府之侵削，部吏之扣除，与夫匠头之破冒，及至实充经费，所余亦无多矣。"③何士晋谈到，供用库召买油桩，"原价开五十两，于会估之额已十倍矣。万历十七年又增八十两，则价至一百三十两矣。该监之滥索，不太甚乎？"④二是在管理过程中欺冒侵吞。比如见工灰石作"所用油漆、丝麻、金箔、颜料物项，所费金钱甚巨。铺户买运供用厂交收，管工内监随时取用。或多寡混称，或美恶挽换，甚至有通同铺户运出重收，侵冒百端"⑤。再如御用监年例雕填钱粮，每年会有、召买共银 9223 两余，然而正如《须知》所说："夫雕填剔漆，精细之器也。工不易成，成不易坏，安有一年之间，尽用得许多钱粮？且甫成而次年度置何所，复另行成造也哉？今以一年而一题，其为干没也多矣。"⑥早在万历三十五年，巡视厂库工科给事中王元翰就上疏指出："每一兴作，库藏发百万，朝廷只得十余万之用；库藏发十万，朝廷只得万余之用。所以然者，题请出自内廷，取数

① 何士晋：《工部厂库须知》卷 1《巡视题疏》。
② 何士晋：《工部厂库须知》卷首《叙》。
③ 沈德符：《万历野获编》卷 19《京师营造》。
④ 何士晋：《工部厂库须知》卷 3《营缮司》。
⑤ 何士晋：《工部厂库须知》卷 4《见工灰石作条议》。
⑥ 何士晋：《工部厂库须知》卷 9《都水司》。

不由工部。使朝廷以浩费而穷，事功不当古人之半；百姓以剥肤而困，膏血不佐公家之需。"① 看来这种情形一直延续未变。

5. 结语

明代中央实行分散的财政管理体制，除户部外，工部、兵部、光禄寺等衙门也承担着重要的财政职能，而工部的收支规模仅次于户部。明代前期，工部收入以本色实物和劳役为主，中叶以降，无论是物料还是匠役，逐渐折纳银两，到《工部厂库须知》编纂的万历后期，仅有少量物料依然征收本色，工部财政已基本上完成了白银化。

此时工部的常规白银收入，每年平均约为 904723 余两，其中以料银数量最大，四司料银与杂料杂派共计 548817 余两，占白银总收入的 60.66%。其次为匠役折银，匠班银与柴夫折价共计 299042 余两，占 33.05%。此外还有河泊额征 25207 余两，占 2.79%；织造额解 21105 余两，占 2.33%；军装折银 10550 余两，占 1.17%。工部的常规支出分为"年例钱粮"和"公用年例钱粮"，前者合计会有与召买共 597558 余两，后者只有 3220 余两，两项合计 600778 余两。如果只比较常规收入和支出的数额，工部财政似乎应有盈余，但实际上当时工部已陷入严重的财政危机。这是因为，由于拖欠、题留等原因，工部实际收入肯定少于经制数额，而由于存在大量的"不等年份"和"不时题办"项目，工部实际支出又大大超出经制数额。此外工部财政管理存在很大漏洞，尤其是无法约束宦官的贪冒侵渔行为，造成了大量的钱粮浪费。

除管理不善、跑冒滴漏严重外，工部财政运作还有一个很大的弊

---

① 《明神宗实录》卷 432，万历三十五年四月乙未条。

端。这就是财政收入虽然高度货币化了，但市场化水平却严重滞后，所需物料绝大多数都要召买，但到此时，所谓召买早已变成一项沉重徭役。正如何士晋所描述的："京民一闻金报，如牛羊鸡犬尽赴屠垣，其觳觫之状，悲鸣之声，直欲使怨气成虹，天光尽黯。"①关于晚明北京的召买之害，笔者已做过系统论述②，这里再特别强调一下：召买之所以为害甚烈，最重要的原因，是管库宦官以"铺垫"为名，向买办商人大肆勒索，以致被佥当役者无不倾家荡产。何士晋陈述说："乃铺商之困也，则自铺垫始。昔当穆庙时，商人私费与官价相半，比时阁臣犹疏称'派及一家即倾一家，人心汹汹，根本动摇，急宜痛厘宿弊'。而今竟有罄官价以当私费，其上纳钱粮另行称贷者矣。甚至有罄官价不足以当私费，既称贷以买物料，又称贷以缓箠楚者矣。嗟嗟！三四疲商，即敲筋及骨，剜肉及心，宁能堪此？"③刘元霖也指出："国家经费承办不可以无商，而铺商既为公家承办物料，只当上纳正供钱粮。乃铺垫之费，果从可起？盖由内监职司验收，铺垫一入则验收从宽，铺垫若无则多方勒掯。咀膏吮血，不尽不止，良可酸鼻。"④

为缓解商人困苦，何士晋建议实行"贴役"法，工部议定了具体方案："盖四司买办，既不可无商，而才闻金报，内外骚动，根本重地，安可动摇？惟召募勤慎惯练者数人，派之四司。而另照铺行规则，将京城内外一应铺面，无争南北，照本银之多寡，为帮贴之等则，本小浮铺尽行豁免，其余则请五城御史核定，每坊分定段数，择其开铺正身忠实者二人，为一正一副，领官簿一扇，共同议妥，开填数目。不惟惊扰可

① 何士晋：《工部厂库须知》卷1《巡视题疏》。
② 参见高寿仙：《财竭商罄：晚明北京的"公私困惫"问题——以〈宛署杂记〉资料为中心的考察》，《北京联合大学学报（人文社会科学版）》2010年第4期；《市场交易的徭役化：明代北京的"铺户买办"与"召商买办"》，《史学月刊》2011年第3期。
③ 何士晋：《工部厂库须知》卷1《巡视题疏》。
④ 何士晋：《工部厂库须知》卷1《工部复疏》。

禁，而人心自尔帖服矣。且以所贴之银，贮之顺天府库，诸铺商有亏苦者，酌量帮贴，赴巡视厂库科道挂号支给，不得一概混帮，仍听巡视衙门年终查核，余剩者仍存下年接济。则垫费之望可绝，而内监之口实可杜矣。"① 到何士晋再次巡视厂库时，此法已实行六七年，"未闻违误正供，而都民稍获安枕"，所以何士晋疏称"商之永不必报甚明也"②。但此法并未长期延续下去。天启元年，巡视库藏监局礼科左给事中周希令疏言："京师之最贻害地方者，无如佥商一事。盖十库商人，与别库异。别库商人有预支，十库商人无预支，皆商自备本买纳，方行领价。旧规：广西司移文巡视衙门，发五城、行两县佥送。里甲报名，既挟仇而快私，坊官不肖，复卖富而差贫。商人见报，如入死地。臣每入署，多方研审，重役者黜，仇报者罪，仍行兵马司覆查有无产店生理，果系穷乏即与释放，不敢妄放一名，亦不忍妄佥一名。诚知此京城一大苦业也。"③ 可见此时一被佥报，仍是"如入死地"。这种情况，直到明朝灭亡亦未好转。

三、整理解读明代财政数据应注意的几个问题

——以赖建诚《边镇粮饷：明代中后期的边防经费与国家财政危机，1531—1602》为例

1. 引言

明代留存下来不少财政数据，其中最为集中的是《万历会计录》，

① 何士晋：《工部厂库须知》卷 1《工部复疏》。
② 何士晋：《工部厂库须知》卷 1《巡视题疏》。
③ 《明熹宗实录》卷 6，天启元年二月辛未条。

它全面汇总了万历初期户部掌握的各项财政数字，巨细靡遗，洋洋大观。自 1988 年书目文献出版社将此书影印后，学者均可置诸案头，随时查阅，但由于卷帙浩繁，项目猥杂，真正加以有效利用颇为不易。如果有人把其中数字按项目和地区整理成简明的表格，无疑是嘉惠学林的一大善举。但从事这项工作，需要耗费大量时间精力整理转化数据，而仅据这些数据又不容易在观点上有较大创新，所以明史学者或许有人曾跃跃欲试，但却迟迟无人勇于或愿意下手。

台湾清华大学赖建诚教授 1991 年无意中看到此书，顿时感到边镇粮饷是个"大题材"，等了十年未见明史学者处理这一题材，遂耗费数年时间撰成一部大著《边镇粮饷：明代中后期的边防经费与国家财政危机，1531—1602》。① 作者在后记中自我评价说："如果把纷杂的表格和众多的引文拿掉，这本书就只剩下一个架构，和一些显而易见的推论与结论。"② 看来他对这项工作的性质有相当清醒的认识。作者所要论证的三项要点——北方外患对明代中后叶的严重威胁，边防经费因而剧增；国家各项财政捉襟见肘的窘境；这两项因素交互作用后所造成的恶性循环③，均属流行已久的常识看法，但若能以细致扎实的数据证实这些常识，也是一个重要的学术贡献。赖教授不避繁难，以一个经济学家的身份毅然投入这项工作，把猥杂难用的数字转化成简明易查的表格，并汇集了一批相关的文献资料，其学术责任感令人感佩。

本节是笔者阅读《边镇粮饷》的一篇札记，目的不是对本书进行全

---

①　赖建诚：《边镇粮饷：明代中后期的边防经费与国家财政危机，1531—1602》，联经出版事业公司 2008 年繁体字版、浙江大学出版社 2010 年简体字版。下注页码均据浙大本。

②　赖建诚：《边镇粮饷：明代中后期的边防经费与国家财政危机，1531—1602》，第 521 页。

③　赖建诚：《边镇粮饷：明代中后期的边防经费与国家财政危机，1531—1602》，第 4 页。

面评论，而是对赖教授整理的一些关键性数据，以及他对这些数据的评论和分析做一点辨析。这一来是因为，这些问题涉及对明代财政数据的认识和使用问题，带有一定的普遍性；二是因为《边镇粮饷》一书出版后，得到学界充分肯定，今后很可能被当作工具书使用，为防止其他学者以讹传讹，这些问题有必要提出来讨论一下。至于引文和数字错漏之类的细节问题，可参阅林枬禄先生的书评。[①]笔者对《万历会计录》缺乏深入研究，有些说法不一定正确，敬请赖教授和学界同仁批评。下面分几点略陈管见。

2. 历时性研究必须准确判断财政数字的年代

赖教授此书的目的，并不限于对《万历会计录》数据的静态呈现。除以《万历会计录》为主体资料外，他还选用潘潢《查核边镇主兵钱粮实数疏》（载《明经世文编》卷199）、魏焕《皇明九边考》、杨俊民《边饷渐增供亿难继酌长策以图治安疏》（载《明经世文编》卷389）、茅元仪《武备志》作为关键资料，共整理出六个年份——嘉靖十年（1531年）、十八年（1539年）、二十八年（1549年），万历十年（1582年）、二十一年（1593年）、三十年（1602年）——九边军马钱粮数额（第3章以表格形式展现了嘉靖十八年、万历十年和三十年三个年份的具体数据）。他认为上述"五项史料跨越70多年，可据以观察半个多世纪之间，边镇粮饷的结构性变化"[②]。

赖教授这一历时性研究，得到学界赞扬，他自己也反复加以强调。他特地把自己的成果与前辈学者梁方仲、梁森泰的先行研究进行了比

---

① 林枬禄：《书评〈边镇粮饷：明代中后期的边防经费与国家财政危机，1531—1602〉》，《成大历史学报》第40号，2011年。

② 赖建诚：《边镇粮饷：明代中后期的边防经费与国家财政危机，1531—1602》，第52页。

较。他认为，自己超越梁方仲的地方之一，是梁方仲只将万历初年的相关数据汇总为一张大表《明代九边兵饷额数》，而自己汇总的表格，"对比各边镇军马钱粮数额，据以显现在 1531、1539、1549、1582、1602 年间的变动"，"可据以看出边镇粮饷的长期结构性变动"[1]。他对梁森泰提出批评，认为他"基本上都是在做静态的'估算'，而非深入分析各项要点的内在'运作机制'"[2]。

不过，从事历时性的动态研究，有一个基本前提，就是挑选出来的各个时点的数据，确实反映的是那个时点的情况。然而，检核赖教授所用各时点的数据，笔者认为并不都符合这项要求。其中问题最大的，是将茅元仪《武备志》中的数据确定在万历三十年（1602年）前后。

《武备志》中的数据，梁方仲先生早已注意到，他经过比对，断定万历《明会典》和《万历会计录》中的现额数据系同一来源，而天启元年（1621 年）刊刻的《武备志》中的现额数据，则是从《明会典》转录而来。[3] 赖教授认为，梁先生的说法纯属误解，他以辽东镇银两数为例加以说明："万历十年是 71.1 万多两，三十年是 57 万多两，差别很明显，不会是引自《明会典》。"[4] 赖教授根据《武备志》中有"万历二十五年以来"、"万历二十六年出兵"等说法，认为《武备志》中"'现额'可视为万历三十年前后的情况"[5]。赖教授的判断是否能够成立呢？因涉及的数据比较复杂，为便于读者检核判断，现将有关数据列为表 2.8：

---

① 赖建诚：《边镇粮饷：明代中后期的边防经费与国家财政危机，1531—1602》，第 286 页。

② 赖建诚：《边镇粮饷：明代中后期的边防经费与国家财政危机，1531—1602》，第 287 页。

③ 梁方仲编著：《中国历代户口、田地、田赋统计》，上海人民出版社 1980 年版，乙表 58 之"资料来源"。

④ 赖建诚：《边镇粮饷：明代中后期的边防经费与国家财政危机，1531—1602》，第 286—287 页。

⑤ 赖建诚：《边镇粮饷：明代中后期的边防经费与国家财政危机，1531—1602》，第 15 页。

表 2.8 万历《明会典》、《万历会计录》和《武备志》所载辽东镇现额银两数

项 目		A.《明会典》	B.《会计录》	C.《武备志》	赖建诚整理数	
					D.《明会典》（《会计录》同）	E.《武备志》
（1） 荒田粮折银		431.942 两	431.942 两	431.942 两	431 两	432 两
（2） 民运银		159842.595 两	159842.595 两	159842.595 两	159842 两	159843 两
（3）	盐引该银	111402 引 20 斤 39076.050 两	111402 引 20 斤 39076.050 两	111402 引 39076.050 两	111402 引 39076 两	111402 引 —
（4） 主兵年例银		307925.418 两	307925.418 两	307925.418 两	409984 两	307925 两
（5） 客兵年例银		102058.950 两	102058.950 两	102058.950 两	102058 两	102059 两
银两合计		609334.955 两	609334.955 两	609334.955 两	711391 两	570259 两

资料来源：A.万历《明会典》卷 28《户部十五·会计四·边粮》；B.《万历会计录》卷 17《辽东镇饷额》；C.茅元仪：《武备志》卷 205《占度载·度十七·镇戍二》；D.赖建诚：《边镇粮饷：明代中后期的边防经费与国家财政危机，1531—1602》，表 3.2；E.赖建诚：同前书，表 3.3。

通过表 2.8 当可看出，《明会典》、《会计录》和《武备志》所载辽东镇现额（原书作"见额"，当时"见"通"现"）银两，各项数字均完全一致，这充分说明：《武备志》中的"见额"，乃是直接录自《明会典》或《会计录》（《明会典》较《会计录》通行，故梁方仲先生谓其引自《明会典》），反映的绝非是万历三十年前后的情况。

那么，赖教授根据《会计录》和《武备志》统计出来的数字，为何均与原书不同、差异颇大呢？原因很简单：赖教授在统计《明会典》（《会计录》同）中的数字时，把客兵年例银重复计算了一次（赖教授整理的万历十年年例银出现系统性错误，详见下文），从他计算的银两总额 711391 两中减去客兵年例银 102058 两，还剩 609333 两，正好与原书相合（仅少 1 两多，是因为荒田粮折银 431.942 两，按四舍五入主当为 432 两，赖教授计为 431 两）；在统计《武备志》中的数字时，则把盐引折银一项遗漏，将他计算的银两总额 570259 两加上盐引折银 39076 两，

当为 609335 两，也正好与原书相合。

由于把两项数字都计算错了，《明会典》和《武备志》所载辽东镇现额银两就凭空出现了 141132 两的差额，导致赖教授否定了梁方仲先生的正确见解，反而错误地断定《武备志》的数字绝非引自《明会典》，反映的乃是万历三十年前后的情况。他还将这两项数字对比，认为各边镇军马钱粮数字"万历十年与万历三十年的 20 年间，几乎无多大更动"，"可以说已是定额的形式"，并提出这样的疑问："如果万历年间边镇粮饷的预算长期稳定，为何有些边镇的某些项目（尤其是银两数）会有所变动？是因为有紧急战况？有客兵的额外经费需求？有天灾人祸？"[①]两书所载本就是同一套数字，当然不会有更动；至于个别项目有所"变动"，乃是赖教授自己计算错了。

3. 转录财政数字必须辨清各项目之间的分合关系

明代史料所列财政数据，往往既有现行数额，又有历史旧额，既有汇总数字，又有分撒细目。这种新旧杂陈、总撒并列的做法，有利于了解当时财政的总体状况和具体结构，以及各种项目的出现原因和演变过程，但若不细加分辨，也容易在现额与旧额、总数与分撒之间产生混淆。上面指出了误把旧额当现额的问题，这里再举例说明一下因弄乱分合关系导致重复计算的问题。

《边镇粮饷》第 3 章概述了各边镇的军马钱粮数额，以统计表格为主，辅以简要的说明；第 8 章则专门讨论"京运年例银"问题，正如赖教授所说，与屯田、民运、漕运、盐法在各边镇有许多弊端与特殊的个别现象不同，年例银只是户部每年向边镇拨发的军事经费，问题较单

---

① 赖建诚：《边镇粮饷：明代中后期的边防经费与国家财政危机，1531—1602》，第 86 页。

纯，所以本章重点放在统计数字的整理与呈现上。但赖教授根据《万历会计录》整理出来的万历十年的各边镇年例银数额（分见于第3章数十个表格，并总汇于第8章表8.2）却是错误的。为便于读者了解这一问题，兹将赖教授整理的万历十年（1582年）年例银数额，以及笔者修正后的数字，列为表2.9；为便于比较说明，将《明会典》和《武备志》的相应数字一并列入。

表2.9 《万历会计录》和万历《明会典》所载各边镇现额年例银数

（单位：两）

| 镇 名 | 万历十年（据《会计录》） | | C.《明会典》 |
	A. 赖建诚整理数	B. 笔者整理数	（《武备志》同）
辽东镇	主、客兵京运年例银 409984 京运年例银 40000	主兵银 307925+ 客兵银 102059=409984	主兵京运年例银 307925.418 客兵京运年例银 102058.950
蓟州镇	京运年例银 424892 京运年例银 208766	主兵银 216126+ 客兵银 208766=424892	主兵京运年例银 216126.100 客兵京运年例银 208766.282
永平镇	京运年例银 241858 京运银 119136	主兵银 122722+ 客兵银 119137=241859	主兵京运年例银 122721.678 客兵京运年例银 119136.932
密云镇	京运年例银 394037 京运银 233962	主兵银 160075+ 客兵银 233962=394037	主兵京运年例银 160075.496 客兵京运年例银 233961.699
昌平镇	京运年例银 96373 京运年例银 47066	主兵银 96374+ 客兵银 47066=143440	主兵京运年例银 96373.543 客兵京运年例银 47066.040
易州镇	京运银 59000	客兵银 59000	客兵京运年例银 59000.000
附井陉镇	客兵京运银 3970	客兵银 3970	客兵京运年例银 3970.000
宣府镇	京运年例银 296000 京运年例银 171000	主兵银 125000+ 客兵银 171000=296000	主兵京运年例银 125000.000 客兵京运年例银 171000.000
山西镇	京运银 206300 客兵京运银 73000	主兵银 133300+ 客兵银 73000=206300	主兵京运年例银 133300.000 客兵京运年例银 73000.000
延绥镇	京运年例银 377515 京运年例银 20250	主兵银 357265+ 客兵银 20250=377515	主兵京运年例银 357265.210 客兵京运年例银 20250.000

续表

| 镇　名 | 万历十年（据《会计录》） | | C.《明会典》 |
	A. 赖建诚整理数	B. 笔者整理数	（《武备志》同）
甘肃镇	京运银 51497	京运银 51498	京运银 51497.810
固原镇	京运银 63721	京运银 63722	京运银 63721.820
合　计	4200671	主兵银 1928645+客兵银 1229210=3157855	3157854.978

资料来源：A. 赖建诚：《边镇粮饷：明代中后期的边防经费与国家财政危机，1531—1602》，各镇汇总数见表 8.2，各镇分数见表 3.2、3.7、3.9、3.12、3.15、3.18-1、3.18-2、3.22、3.26、3.31、3.34、3.38、3.43。B.《万历会计录》卷 17 至 29 所载各边镇《饷额》。C. 万历《明会典》卷 28《户部十五·会计四·边粮》。

从表 2.9 可以看出，赖教授据《会计录》整理出来的年例银数额，与笔者据同书整理出来的数额相差很大，而笔者整理出来的数额则与《明会典》和《武备志》相同。这是因为赖教授整理的数字，除只有客兵银的易州、井陉和统称京运银的甘肃、固原四镇无误外，其他分列主兵、客兵银的十镇，只有昌平镇是正确的，其他九镇都算多了。情况又分两种：

一种情况是蓟州、永平、密云、宣府、大同、山西、延绥、宁夏八镇，第 3 章内各分表与第 8 章之总表（即表 8.2）相同，均将客兵京运年例银重复计算一次。以蓟州镇为例，按原书格式摘引原文如下：

主兵官军叁万肆千陆百伍拾捌员名。

京运年例银贰拾壹万陆千壹百贰拾陆两壹钱壹厘九毫。（连下客兵共肆拾贰万肆千捌百玖拾贰两叁钱捌分肆厘壹毫。）

客兵（调遣不常，无定数）

京运年例银壹拾柒万肆千壹百陆拾伍两伍分贰厘贰毫。（万历捌年题将昌平镇宁夏入卫兵马行粮料草并春秋两赏银叁万肆千陆百壹两贰钱叁分改入蓟镇，为滦阳新募土兵支用。通共京运年例银贰拾万捌千柒百陆拾陆两贰钱捌分贰厘贰毫。)

据这段文字可知，蓟州镇主、客兵年例银共计 424892 两余，其中主兵银 216126 两余，客兵银 208766 两余。赖教授在主、客兵年例银总额 424892 两外，又重复计入一次客兵银 208766 两。其他七镇均同，不多举例，读者可自行覆核。

另一种情况是辽东镇，第 3 章之表 3.2 与第 8 章之表 8.2 亦出现差异，但两表数字都不正确。亦将原文摘引如下：

主兵官军捌万叁千叁百贰拾肆员名。

京运年例银壹拾陆万叁千玖百玖拾捌两伍钱贰分捌厘零。节年陆续加添新增家丁月粮、赏赐墩夜月粮、官员俸粮、两河防守军士月粮，共增银肆万伍千贰百柒拾柒两贰钱玖分。万历捌年又增铁岭军士粮赏料草银壹万陆千柒百肆拾两，玖年又加折饷银捌万壹千玖百玖两陆钱以上。(通共银叁拾万柒千玖百贰拾伍两肆钱壹分捌厘零。连下客兵共肆拾万玖千玖百捌拾肆两叁钱陆分捌厘。)

客兵（调遣不常，无定数）

京运年例银肆万两。节年陆续加添游兵、防工、家丁行粮料草银陆万贰千伍拾捌两玖钱伍分。共发银壹拾万贰千伍拾捌两玖钱伍分。

仔细阅读这段文字，可以看出，辽东镇京运年例银是主兵 307925.418 两、客兵 102058.950 两，二者相加为 409984.368 两。赖教授在表 3.2 中，列有两项京运年例银，一为 409984 两，一为 102058 两，可知是将客兵年例银重复计算了一次。但将表 3.2 中年例银数汇总到表 8.2 时，又出现了转录错误，这次将主、客兵年例银总数抄对了，但又额外误增了客兵银节年加添前的旧额 40000 两（本节表 2.9 "赖建诚整理数"之辽东镇即录自表 8.2）。

　　《会计录》京运年例银总数为 315 万多两，经赖教授重复计算，就变成了 420 万多两，整整多出了 104 万多两。赖教授在书中多次提到万历十年粮饷数，如说：十三镇"各项军费粮饷内，单是银两就高达 800 多万两"，"这 800 多万两约是万历六年太仓银库收入 3676181 两的 2.25 倍"；"万历十年的年例银总额约 420 万，前三名是：蓟州（15.08％）、大同（15.03％）、密云（14.95％）"，"万历十年的年例银共约 420 万，是嘉靖十八年 44 万的 9.95 倍"；"各镇所需耗的银两数，比太仓拨给各边镇的年例银还高出 2.57 倍，达 800 多万两。这是明史学界之前所未充分明了的重要数字"①。诸如此类的议论，都是建立在错误的数字基础上。

　　赖教授的统计错误，还不限于年例银数，其他项目亦偶有出现。如据《会计录》卷 24《大同镇·饷额》，该镇现额盐引数是：主兵淮芦盐 43804 引 150 斤，客兵淮芦盐 70000 引。两项相加为 113804 引。《边镇粮饷》之表 3.26"万历十年前后大同镇的军马钱粮数额"，则开列了两项"淮芦盐"，分别是 113804 引、70000 引，显然也是把客兵引数重复计算一次。出现这种错误的原因，当是因为《会计录》对各项数字及其沿革均以文字叙述，赖教授没有弄清楚其间的分合关系，以致出现了大量的重复计算。

4.比较财政数字必须以性质相同、口径一致为原则

　　《边镇粮饷》除将前述五项史料中的数据转化为表格外，还利用这

---

① 赖建诚：《边镇粮饷：明代中后期的边防经费与国家财政危机，1531—1602》，第 4—5、221、289 页。

些数据做了一些横向或纵向的对比分析。但对比分析必须符合性质相同、口径一致的原则，把不同性质或不同口径的数字放在一起比较，不但没有多大意义，反而徒滋混乱。兹以《边镇粮饷》第7章对《明会典》和《会计录》所载岁解银两数的比较为例。

赖教授花费不少精力，把《明会典》卷32、33《盐法》中的数据制成表7.4（2），把《会计录》卷39《盐法》内的岁派项目制成表7.4（3），两相对比，发现"这两项记载的差异相当大"。他举例说明："以表7.4（3）的'两淮盐运司'为例，它每年岁派八个边镇的盐引，常股盐共493618引，存积盐共211551引；若把这705169引依不同的引价换算成银两，共得352585两。这个数额并不小，但在表7.4（2）内并未记载。"他还总结说：表7.4（3）虽然缺了陕西、广东、四川的数字，只有两淮、两浙、长芦、山东、河东五个盐运司的数字，但把前四个盐运司的盐引依不同的盐引价换算成银两，共得551331两，再加上河东盐运司的银194150两，共得745481两，"这745481两明显要比《明会典》卷32首页所说的'各（边）镇银30万（两）有奇'高出许多。《明会典》略掉了《会计录》卷39《盐法》内这么重要的项目，原因不明"①。

作为当时治国理政之重要依据的《明会典》，真得会有如此重大的遗漏吗？其实《明会典》并无遗漏，而是赖教授没有弄清相关数字的性质，以致发生了"以驴唇去对马嘴"的错误。因事情较复杂，为使读者明了问题所在，也需要先把赖教授整理的表格引录如下，并附上笔者整理的相关数据，详见表2.10：

① 赖建诚：《边镇粮饷：明代中后期的边防经费与国家财政危机，1531—1602》，第198页。按，万历《明会典》卷32开卷综述明代盐法云："国朝盐法，设转运司者六，提举司者七，盐课司以百计，大小引目二百二十余万，解太仓银百万有奇，各镇银三十万有奇。"《会计录》卷39《盐法》亦言："统计大小引目凡二百二十余万，解太仓银百万有奇，输各镇银三十万有奇，利亦大矣。"

表 2.10　万历《明会典》和《万历会计录》所载各边镇盐课和盐引数

（1）福建、河东、陕西、四川的边镇岁派额银两数 [即赖教授原书表 7.4（2），系据《明会典》卷 32、33《盐法》整理]

盐务单位	项　目	数　额
福建都转运盐使司	泉州军饷银	2344 两
河东都转运盐使司	宣府镇银	76778 两
	大同代府禄粮银	43113 两
	山西布政司抵补民粮银	74259 两
陕西灵州盐课司	宁夏镇年例银	13242 两
	延绥镇年例银	13714 两
	固原镇客兵银	2059 两
	固原军门犒赏银	7124 两
四川都转运盐使司	岁解陕西镇盐课银	71464 两
合　计		304097 两

（2）岁派边镇的盐自变量额 [即赖教授原书表 7.4（3），系据《会计录》卷 39《盐法》整理]

盐务单位	岁派地	项目与数额
两淮盐使司	甘肃镇	常股盐 88900 引；存积盐 38100 引（每引价银 4.5 钱）
	延绥镇	常股盐 84491 引；存积盐 36214 引
	宁夏镇	常股盐 59486 引；存积盐 25494 引
	宣府镇	常股盐 104711 引；存积盐 34876 引
	大同镇	常股盐 53499 引；存积盐 22929 引
	辽东镇	常股盐 43269 引；存积盐 20631 引
	固原镇	常股盐 19515 引；存积盐 6273 引
	山西神池等堡	常股盐 39747 引；存积盐 27034 引（以上每引价银 5 钱）
合计		常股盐 493618 引；存积盐 211551 引
两浙盐运司	甘肃镇	150000 引（每引价银 3 钱）
	延绥镇	105769 引
	宁夏镇	112014 引
	固原镇	27986 引
	山西神池等堡	48999 引（以上每引价银 3.5 钱）
合计		444768 引

续表

盐务单位	岁派地	项目与数额
长芦盐运司	宣府镇 大同镇 蓟州镇	75525 引 37376 引 67906 引（以上每引价银 2 钱）
合计		180807 引
山东盐运司	辽东 山西神池等堡	常股盐 42500 引；存积盐 5000 引 常股盐 43611 引；存积盐 5000 引 （以上每引价银 1.5 钱）
合计		常股盐 86111 引；存积盐 10000 引
河东盐运司	宣府镇银 大同代府禄粮银 山西布政司抵补民粮银	76778 两 43113 两 74259 两
合计		194150 两
总计		1426855 引，又 194150 两

（3）岁派边镇盐引数 ［笔者据万历《明会典》卷 28《边粮》
并参考《会计录》卷 39《盐法》整理］

边镇名	盐引来源	项目与数额
蓟州镇	长芦盐运司	盐引 67906 引 150 斤，折银 13581.35 两
辽东镇	两淮、山东盐运司	盐引 111402 引 20 斤，该银 39076.05 两
宣府镇	两淮、长芦盐运司 河东盐运司	盐引 215113 引，该银 84899.1235 两 河东运司盐价银 76778.56 两
大同镇	两淮、长芦盐运司	盐引 113804 引 150 斤
山西镇	两淮、山东、浙江盐运司 河东盐运司	盐引 164391 引 23 斤零，共银 57832.06 两 河东盐课银 64259.2 两
延绥镇	两淮、浙江盐运司	盐引 226482 引，该银 97375.525 两
宁夏镇	两淮、浙江盐运司	盐引 196994 引 28 斤，该银 81694.9 两
甘肃镇	两淮、浙江盐运司	盐引 277000 引，该银 12150 两
固原镇	两淮、浙江盐运司	盐引 60856 引 198 斤，该银 25371.651 两
总计		盐引 1433948 引 569 斤，河东运司银 141037.76 两

将表 2.10（1）和 2.10（2）［即赖书之表 7.4（2）和 7.4（3）］的两组数据加以对比，除河东盐运司数字相同外，其他各盐运司何止像赖教

授所说"差异相当大",而是没有一项数字可以相互匹配。其实这并无令人奇怪之处,因为两组数据的性质本来就完全不同。

　　明代盐法前后多变,嘉靖以前,各运司产盐主要用于开中实边,偶有将存积盐甚至正盐折卖白银解纳太仓的事例;嘉靖以降,除维持正盐开中实边(即输送盐引银)外,又形成了余盐纳银解纳太仓的定例①。这样,政府盐业收入虽然绝大多数用来济边,但分为两个途径:一是各运司的余盐银以及数量较少的其他各项增银(包括水乡、没官、票税、买补、折色等项),每年输纳太仓 100 多万两,输送包括边镇在内的其他地方 30 余万两。据《明会典》卷 32、33《盐法》整理的表 2.10(1)所列数字,就是这 30 余万两的具体分配情况。而输纳太仓的 100 多万两,事实上绝大多数也通过年例银等名目转送各边镇。二是各运司的正盐(包括常股盐和存积盐),仍依开中制向各边镇分派盐引,只是折收白银输送,各边镇每引折价不一,总计折合白银 54 万多两。据《会计录》卷 39《盐法》整理的表 2.10(2)所列数字,就是各运司岁派各边镇的盐引数及其折银率。

　　事实上,《会计录》卷 39《盐法》对两项数字区分得很清楚,各盐运司"见额"下分为"岁解"和"岁派"两目,以长芦盐运司为例,按原书格式将相关记载引录如下:

　　　岁解
　　　太仓余盐银壹拾贰万两
　　　岁派
　　　宣府柒万伍千伍百贰拾伍引捌拾陆斤

---

① 　参见苏新红:《明代中后期的双轨盐法体制》,《中国经济史研究》2012 年第 1 期;刘淼:《明代盐业经济研究》,汕头大学出版社 1996 年版,第六、七、八章。

大同叁万柒千叁百柒拾陆引伍拾斤

蓟州陆万柒千玖百陆引壹百伍拾斤（以上每引价银贰钱）.

只要看得仔细一点，就可看出，"岁解"和"岁派"迥然不同："岁解"项下的数字属于解送太仓和边镇等地的余盐等银，而"岁派"项下的数字属于开中制下的盐引分配。因此，后项数字并不载于《明会典》卷32、33《盐法》，而是载于该书卷28《边粮》[笔者将其整理为表2.10（3）]。《会计录》卷39有残缺，从保存下来的几个盐运司情况看，只有河东盐运司"岁解"项下有解送宣府镇银的记载，因此《明会典》卷28《边粮》"宣府镇"下记有河东运司盐价银76778.56两，而同书卷33《盐法》"河东都转运盐使司"下则记有"岁解"宣府镇银76778.56两，两者正可相互对应。其他盐运司"岁解"项下没有直接解送边镇的银两，因而《明会典》卷32—33《盐法》不可能提到它们。

弄清了表2.10各组数据的性质，也就明白，表2.10（1）和表2.10（2）的数字属于不同类别，根本就不能加以对比；而表2.10（2）和表2.10（3）才是同一性质的数字，两者正好相对。仍以长芦盐运司为例：据表2.10（2），该司分配给宣府镇盐引75525引、大同镇盐引37376引、蓟州镇盐引67906引；再查表2.10（3），只有宣府、大同、蓟州三镇有从长芦获得盐引的记录，只是将长芦盐引和两淮盐引混合在了一起。因此，表2.10（2）和表2.10（3）记载的数字，性质虽然相同，但详略有异，正好可以相互补充印证。大概是由于《会计录》卷39《盐法》是以盐运司为纲，将各个盐运司解送不同边镇的盐引及折银数汇集在一起，而《明会典》卷28《边粮》是以边镇为纲，将各个边镇从不同盐运司接收的盐引及其折银数汇集在一起，以致赖教授没有看出这两组数据的同一性，遂错误地将两组性质迥然不同的数字加以对比，并得出《明会典》有重大遗漏的结论，凭空又给各边镇虚增了

55 万多银两。①

5. 解读财政数字必须明了当时的财政制度

解读和分析历史上的财政数字，必须明了当时的统计技术和财政制度，否则就会对一些数字迷惑不解甚至产生误解。比如，为了解万历六年（1578 年）明朝财政的整体状况，赖教授分别制作了"万历六年皇室与太仓银库的岁入项目与数额"和"万历六年皇室与太仓银库的岁出项目与数额"两个表格（在其书中分别为表 2.3 和 2.4）。通过比对相关数字，他对《会计录》卷 1 末尾编者按语所说的岁入岁出结论提出质疑。该按语云："今每年所入本折各色，通计壹千肆百陆拾壹万有奇，钱钞不与焉。所出除入内府者陆百万，余数莫可稽，他如俸禄、月粮、料草、商价、边饷等项，岁逾玖百叁拾壹万有奇。是壹岁之入不足供壹岁之出。"

赖教授评论说："此处的 1461 万并未说明如何算得，表 2.3 内的项目繁杂，也不知如何折算成此数。再说，入内府者是 600 万，也不知是

---

① 苏新红在前引《明代中后期的双轨盐法体制》一文中，据《会计录》卷 39《盐法》制作了一个"万历六年各盐运司及提举司岁解太仓库盐银及岁派各军镇盐引表"，内中统计"岁派各军镇的盐引数额及折合银价（及岁解军镇银额）"共 74.14767 万两，并特加注释："按此行总额系据表中各项数据合加而成，与前述《万历会计录》中所载数额有差距，尤其是输往各边镇的银额，本表计算结果 74 万余两与该书所称的 30 余万两差距悬殊，具体原因待考。"苏氏此文旨在说明明代中后期实行的是"正盐开中输边、余盐纳银解部"双轨并行体制，但在计算输送边镇银数时，却又把两者混淆了，以致提出了与赖建诚相同的疑问。苏氏表中所列 74.14767 万两中，有 54.49827 万两属于盐引折银，不在《明会典》和《会计录》所说 30 余万额内；剩余的 19.6494 万两，加上苏氏表中漏列的陕西灵州盐课司解送宁夏、延绥、固原镇的年例、客兵、犒赏银共 3.6139 万两，四川都转运司解送陕西镇盐课银 7.1464 万两，合计为 30.4097 万两，这才是《明会典》和《会计录》所说 30 余万。

如何算得。如果'余数莫可稽'，又如何确知'壹岁之入不足供壹岁之出'？依《会计录》的书写方式，大概不易计算出确切的盈亏额，我把这些记载改写成表2.3与表2.4的形式后，所得结果和《会计录》的结语相反：万历六年的银两收支，在中央政府（国库）方面是有盈余的。"如加以简化只计算银两收支，万历六年有盈余1355974两。① 赖教授的疑问包括两点：一是不知1461万的总额是如何计算出来的，二是认为户部得出的入不敷出的结论是错误的，银两收支方面是有盈余的。赖教授在书中提出不少疑问，大多属于细节问题，而这两个疑问涉及明代基本财政制度和对当时财政状况的总体判断，所以有必要说明一下。

首先说明，赖教授抄录这段文字时，首句漏掉一个"每"字，将"今每年所入本折各色"抄成"今年所入本折各色"，按语所说是一段时期岁入岁出总数的一个常态，即通行若干年的"岁例"，并非专指万历六年这一年。其次，笔者对这段文字的理解与赖教授有较大差异。笔者认为，这段话的意思是说：当时每年的总收入，本折各色共计1461万余，其中600万交入内府，这600万剩余多少户部完全不了解。其他由户部负责支出的各项，包括俸禄、月粮、料草、商价、边饷等项，超过931万，加上交入内府的600万，共计1531万，与1461万的总收入相较，亏空70万，所以说"一岁之入不足供一岁之出"。而按赖教授的理解，似乎是除交入内府的600万外，其余均不知去向。所以赖教授才产生疑问：既然除600万外"余数莫可稽"，户部如何确切知道会有亏空？《万历会计录》卷1的内容，就是分款细列"见额岁入岁出总数"，其收支账目是很清楚的，怎么可能都"莫可稽"呢？

接着解释1461万是如何计算的，这是一个简单的统计技术问题。

---

① 赖建诚：《边镇粮饷：明代中后期的边防经费与国家财政危机，1531—1602》，第40—41页。

对于计算方法，上引那段话其实已做了明确说明，只是赖教授没有理解。这种方法就是"本折各色通计"，亦即把不同单位的钱粮物品简单地加在一起。[1] 比如本年收入金花银 1012729 两，绢 148129 匹，白熟粳米 82452 石，谷草 44000 束，那么总收入就是：

$$1012729+148129+82452+44000=1287310$$

加总时不能以某种货币或物品为基准折算，一折算就得不出这个总额了。《万历会记录》卷 1 所列万历六年内府与太仓银库岁入项目十分繁杂，将各项目均按原计量单位相加，剔除钱钞不计，其总数大约是：

内承运库共 1064200 + 承运库共 148129+ 供用库共 634973+ 甲字库共 885636 + 丁字库共 302687 + 丙字库共 689165 + 内官监共 297325 + 尚膳监共 1217 + 酒醋面局共 179200 + 司苑局共 72222 + 宝钞司共 245045 + 惜薪司共 15585 + 光禄寺共 1468071+ 泾汝景三王府共 3500 + 太常寺共 1400 + 国子监共 500 + 牺牲所共 250 + 京通二仓并蓟密等镇共 4023184 + 禄米仓共 40462 + 各边镇共 842379 + 太仓银库 3704281=14619411

---

[1] 万历四十八年，督饷户部侍郎李长庚奏："职查《会计录》，每岁本折所入，通计一千四百六十一万，入内府者六百万余。入太仓者，除本色外，折色四百万余。其内府之六百万，如金花、子粒而外，余皆丝绵绢匹蜡茶颜料之用，其节年所收，陈积红朽，何裨于用。"（《明神宗实录》卷 584，万历四十七年七月甲午条）从李长庚之言，可以明显看出，1461 万系折色和各种本色的合计数。按，刘翠溶《顺治康熙年间的财平衡问题》第 28 页曾引用此言，但在"一千四百六十一万"后误加一"银"字，并以之与清顺治年间岁入赋额相比（此书 1969 年由台北嘉新水泥公司文化基金会出版，但因未经作者校对，错误甚多，此处所用为作者在自己网页发布的校勘本，见 http://idv.sinica.edu.tw/ectjliu）。

　　各项数字汇总起来，正好与《万历会计录》卷1按语所说"一千四百六十一万有奇"相符。这种统计方法目前所知最早的事例，是唐代天宝八载（749年）全国租庸调的总计数①，宋代元丰以前频繁使用，以后逐渐减少，到明代仍偶尔使用，日本学者宫泽知之称其为"复合单位"，他还特地引录《万历会计录》卷1按语为例②。

　　利用宋代以来的财政数字时，一定要先弄清楚是否"复合单位"。如黄仁宇《十六世纪明代中国之财政与税收》有一个引人注目的判断："宋代的记载显示，到11世纪中期每年国家的预算已经达到12600万缗到15000万缗之间。尽管这些数字要充分地考虑通货膨胀的影响，但可以认为，明代财力要比4个世纪前的宋朝差了很多。"③据《宋史》卷179《食货志下·会计》，天禧末岁入150850000贯石匹斤，皇祐元年岁入126251964贯石匹斤，可知黄仁宇所说数字实为"复合单位"，若都算成缗钱是一个大错误，而且这只是预计收入（宋代最高收入出现在治平二年，为60000000贯），以之与明代数字对比没有意义。④再如，在讨论明末财政收入问题时，不少学者把复合单位误认为单一单位，将1461万均视为银两，从而大幅虚增了太仓常规银两收入数额。⑤

---

① 参见杜佑：《通典》卷6《赋税下》。

② 参见宫泽知之：《北宋的财政与货币经济》，刘俊文主编：《日本中青年学者论中国史》（宋元明清卷），上海古籍出版社1995年版。

③ 黄仁宇：《十六世纪明代中国之财政与税收》，三联书店2001年版，第55页。

④ 参见李龙潜：《也评黄仁宇著〈十六世纪明代中国之财政与税收〉》，朱诚如、王天有主编：《明清论丛》第9辑，紫禁城出版社2009年版。

⑤ 参见王廷元：《"三饷加派"考实》，《安徽师大学报》1983年第1期；郭松义：《明末三饷加派》，中国社会科学院历史研究所明史研究室编：《明史研究论丛》第二辑，江苏人民出版社1983年版；杨涛：《明末财政危机与三饷加派》，《云南师范大学学报（哲学社会科学版）》1985年第2期；杨三寿：《明代中后期的田赋加派述评》，《云南师范大学学报（哲学社会科学版）》2006年第2期；林美珍：《晚明辽饷研究》，福建人民出版社2007年版，第100页。按，这种误解可能自明代就已产生。崇祯三年，御史吴履中上疏反对加派，其中谈到："国家岁入计一千四百六十余万，而辽饷五百万不与焉。"

　　至于《会计录》卷1按语断言"一岁之入不足供一岁之出",而赖教授却认为"万历六年的银两收支,在中央政府(国库)方面是有盈余的",则是因为户部将交入内府的600万视为支出,而赖教授则将其视为收入。赖教授这种计算盈亏的方法,不符合明代财政原则,因为交入内府的各项收入,从户部的角度看,属于"即收即支"项目,一旦进入内府,户部便无权过问和支用,对其具体支出情况确实是"余数莫可稽"。以户部所能掌握的本折各色收入对应户部必须负责的本折各色支出,万历六年约有70万的亏空,确实是"一岁之入不足供一岁之出"。仅以银两而论,全汉昇、李龙华据张居正《看详户部进呈揭帖疏》等资料统计,万历六年太仓岁入3559800两,支出3888400两,亏328600两。① 赖教授以自己的理解,否定了《会计录》编者以及全汉昇、李龙华的结论,实际上并不合理。

　　赖教授对《会计录》编纂体例的质疑,也是因为对明代户部机构设置缺乏最基本的了解。他在介绍《会计录》的结构和内容时,专设一小节批评该书"行政区重叠",指责既然南、北直隶分属四川与福建,而在包括两布政司在内的卷1中"竟无这两个布政司的数字"(实际是没有分府县数字),又责怪卷5《福建布政司田赋》"对它所托辖的北直隶诸府县情形,反而一字不提",并说卷1内所载福建布政司的夏税秋粮

　　（《崇祯长编》卷38,崇祯三年九月乙巳条）其数未言所据,很大可能是依据《万历会计录》卷1按语。户部尚书毕自严也没有悟出吴氏是将复合单位误为银两,因而朦胧反驳说:"粤稽其数,自内供以至南北六部之贡税,诚或有之,而非止臣一部也。……统约太仓所入,仅二百九十余万,而未有若是之夥也。"(《度支奏议·新饷司》卷14《覆吴台臣条陈兵饷疏》)现代学者不乏沿袭吴氏之说者。如顾诚先生计算明末先后共增饷银1670多万两,以之与吴氏所说数字比较,遂得出增饷"超过每年岁入一倍以上"的结论（见氏著:《明末农民战争史》,光明日报出版社2012年版,第9页）。王宏志先生亦有类似说法（见氏著:《洪承畴传》,人民文学出版社2009年版,第14页）。

① 　参见全汉昇、李龙华:《明代中叶后太仓岁出银两的研究》,香港中文大学《中国文化研究所学报》6卷1期,1973年,第七表。

额与卷 5 内的数字"却又不同"，针对这些"怪事"连称"名实不符"、"难以理解"、"甚为困扰"、"需大费周章"云云。① 其实《会计录》体例很清楚、很明白，但因赖教授把户部内设机构"福建清吏司"、"四川清吏司"等与作为行政区的"福建布政司"、"四川布政司"等完全搞混了，以致自生疑惑，提出一连串本不存在的疑问。不了解明朝财政体制的读者看了这些内容，恐怕真被引入迷雾之中了。

6.余论

明代保存下来的财政数字比较丰富，这些数字均以叙述性文字罗列，给今人利用造成极大困难，亟须运用现代统计技术加以整理。赖教授不惮繁难，尝试把与明代后期边镇粮饷相关的数字整理成简明易查的表格，这种学术勇气和努力方向是值得充分肯定的。但是，明代保存下来的财政数字，其来源和性质十分复杂，整理起来有相当难度，稍有不慎，就可能出现重大错误，反而对其他学者产生误导作用。本文举例对《边镇粮饷》中的数据整理和分析提出一些疑问，目的是提醒学者们注意：其一，整理和使用明代财政数字时一定格外小心，否则很容易出现重大失误；其二，对于他人整理的现成数据，尽量不要贪图省事直接引用，一定要与原书核对，以免以讹传讹。

最后，针对赖教授关于《会计录》性质的判断赘言几句。赖教授认为，该书虽然是先后担任户部尚书的王国光、张学颜负责编纂的，"在背后真正推动编纂会计录的要角是张居正"，"编纂《会计录》的目的，很有可能是要记录张居正经济改革富庶期的盛况，并作为日后政府税负

---

① 赖建诚：《边镇粮饷：明代中后期的边防经费与国家财政危机，1531—1602》，第 404—405 页。

与开支之依据。张居正在万历六年发动全国清丈，对土地面积、人户、丁口数，正好有较新的统计数字"①。这些说法，颇有值得斟酌之处：其一，从该书卷首所载王国光奏疏看，此书是他出任户部尚书后，有感于"簿牒错落，多寡混淆"，"辄不自量"，自行发起编纂的，过了一年多才请命获允。从他离职时所说"未及请刻，终恐散逸"推测，当时张居正未必关心此事，否则王国光就不用这样担心了。王国光离职后，过了两年才由张学颜接手续修，又过三年才基本完成。所以我觉得，张居正对这项工作未必很感兴趣，更难说是"在背后真正推动编纂会计录的要角"②。其二，张居正推动了土地清丈，但并未进行新的人口调查，所以人户、丁口数谈不上"有较新的统计数字"。土地清丈最终也没有全部完成，完成清丈的部分省份的土地数字，除福建外，也没有反映在《会计录》中，而被《会计录》采用的福建清丈数字，比洪武、弘治时期的数额都要少。《会计录》反映的整体收支情况，也是入不敷出。因此，《会计录》未必能反映"张居正经济改革富庶期的盛况"。

此外，《会计录》所载限于户部掌握的收支数字，崇祯初年户部尚书毕自严曾评价说："臣部万历七年修《会计录》一书，只载起解京边钱粮，偏而不全。"③所以他建议让各省直修订并呈报其赋役册籍，在此基础上编纂一部全国性的《赋役全书》④，但似乎未能最终完成。保存到现在的明代《赋役全书》，有《江西赋役全书》（万历三十九年刊印）、《徽州府赋役全书》（泰昌元年刊印）等⑤，清初《赋役全书》也反映了很多

---

① 赖建诚：《边镇粮饷：明代中后期的边防经费与国家财政危机，1531—1602》，第 397 页。

② 顺便指出，黄仁宇在《十六世纪明代中国之财政与税收》中断言："为了收集财政资料，按照张居正的命令执行的最大工程是编纂《万历会计录》。"（第 387 页）此说不够确切，容易让人误会此书编纂是张居正下令启动的。

③ 毕自严：《度支奏议·堂稿》卷 7《平赋永利修书旷典分官责成疏》。

④ 毕自严：《度支奏议·堂稿》卷 8《开造赋役全书规则疏》。

⑤ 参见岩井茂树：《明代〈徽州府赋役全书〉小考》，周绍泉、赵华富主编：《'98 国际徽

晚明时期的情况。如果想了解明代后期户部财政的基本面貌,《会计录》提供了极其细致的数据;而若想了解当时包括徭役在内的整体财政状况,就只能依赖于《赋役全书》和地方志中的相关数据了。

学学术讨论会论文集》,安徽大学出版社 2000 年版。

第三章　明清社会经济转型的新认识

一、建构中国本位的历史发展体系
——读赵轶峰《明清帝制农商社会研究（初编）》

1."大历史"不该萎缩

当今历史学早已丧失"显学"地位，但若论研究人员和成果数量，恐怕还要远多于"显学"时代。单是明清史领域，每年发表的论著就难以计数，令人颇有目不暇接之感。就笔者的阅读经验，深感明清史研究在广度和深度上都进展很快，优秀成果层出不穷，或资料翔实、考证精审，或视角新颖、分析细致。然而读得多了，也不免产生一丝遗憾，就是觉得学者大多选定一块土地深耕易耨，心无旁骛，对"大历史"关注不够，以致扎实厚重的成果相对较多，而具有思想穿透力的成果相对匮乏，难以形成广受关注的学术焦点和热点。赵轶峰先生新近出版的《明清帝制农商社会研究（初编）》，从长时段视角勾勒了中华文明演进的基本轨迹，重点考察了明清时代各个方面发生的变化，充分展示了"大历史"的活力和魅力。

事实上，在 20 世纪大多数时间里，包括明清史在内的中国古代史研究，其主流都是围绕一些宏大问题展开的。20 世纪 30 年代，围绕中国社会性质问题爆发了"社会史大论战"，论战主题包括中国历史上有无奴隶社会、怎样理解"亚细亚生产方式"、中国封建社会起讫时间和特征、中国发展道路是否与世界上其他国家相同等问题。① 这场论战尽管没有也不可能达成一致认识，但更新了中国史研究的视域和方法，发掘了大量过去不被注意的史料，揭示了许多过去没有意识到的史实，对此后的中国史研究产生了巨大而深远的影响。新中国成立后，中国古代史研究的核心问题被称为"五朵金花"，其中的中国古代史分期、中国封建土地所有制形式、中国资本主义萌芽等问题，都是从"社会史大论战"延续生发而来的。② 相关讨论在 20 世纪五六十年代臻于鼎盛，后因"文革"爆发而陷入沉寂。到改革开放初期，这些问题再次受到学界关注，发表了一批引人注目的成果，有些延续并深化了传统研究思路，有些另辟蹊径提出新的解释。当时学术的复兴和思想的活跃，给初入史海的我留下极为深刻的印象。③

但自 20 世纪 90 年代开始，学术界出现"思想家淡出，学问家凸现"的趋向 ④，历史学界亦不例外，原先那些宏大论题"逐渐消沉"。正如赵轶峰先生在评论资本主义萌芽时所指出的，消沉的原因"不是由于出现了有力的替代论说，而是由于该说的全部实证依据和理论话题都已基本

---

① 参见高军编：《中国社会性质问题论战（资料选辑）》，人民出版社 1984 年版；罗新慧：《〈读书杂志〉与社会史大论战》，《史学史研究》2003 年第 2 期。

② 参见王学典：《五朵金花：意识形态语境中的学术论战》，《文史知识》2002 年第 1 期。相关论战的梗概，参见《历史研究》编辑部编辑的《建国以来史学理论问题讨论举要》（齐鲁书社 1983 年版）所收相关综述文章。

③ 我对其中两本书至今记忆犹新：一是许涤新、吴承明主编的《中国资本主义发展史》第 1 卷《中国资本主义的萌芽》（人民出版社 1985 年版），它使我对明清社会经济有了一个比较全面的了解；一是金观涛、刘青峰合著的《兴盛与危机——论中国封建社会的超稳定结构》（湖南人民出版 1984 年版），它对中国封建社会长期延续的宏大解释使我感到耳目一新。

④ 李泽厚：《走我自己的路（对谈集）》，中国盲文出版社 2002 年版，第 313 页。

申说完毕"①。为什么问题并未真正解决，却陷入"基本申说完毕"的境地了呢？我认为最根本的一点，是因为这些论题是比照西方历史提出来的，而并非是从中国历史自身提炼出来的，理论与事实始终不能契合，以致相关讨论难以为继。

仅以中国封建社会长期延续问题为例，这个说法本身就不无疑问：中国是否存在与西欧封建社会在本质上相同的社会发展阶段？为什么中国历史上的封建制时代被称为奴隶社会，而封建制已被郡县制取代了的时代却被称作封建社会？即使承认包括中国在内的大多数文明都有一个与西欧类似的封建社会阶段，中国的所谓封建社会与大多数文明相比也并不显得特别长，为什么断言中国封建社会是长期延续的呢？在具体问题的讨论中，也存在大量将中西历史强行比附的现象，以致从西欧史中提炼出来的某些要素竟成为评判中国历史的标准，而由于各家确认的要素不同，在评价时不免大相径庭。比如，有人认为，农民家奴化、土地庄园化和政治多元化是封建化的标志，据此衡量中国，只能得出中国没有完成封建化的结论；也有人认为，地租形态才是反映封建社会发展程度的标志，西欧基本上处于劳役地租阶段，中国则早就进入实物地租形态，因而中国的封建社会比西欧更成熟。② 一方说中国的封建社会过于幼稚导致了长期延续，一方说中国的封建社会过于成熟导致了长期延续。归根结底，是认为西欧历史进程是正常的，而中国历史是个不符合正常发育过程的畸形儿。这样的讨论，确实很难持续下去，也无助于厘清中国历史发展的内在脉络。

应该说，20 世纪 90 年代以来研究旨趣的这种转向，是由学术发展的内在理路驱动的，并且结出了极其丰硕的成果，应该充分予以肯定。

① 赵轶峰：《明清帝制农商社会研究（初编）》，科学出版社 2017 年版，"前言"，第 vi 页。
② 参见白钢编著：《中国封建社会长期延续问题论战的由来与发展》，中国社会科学出版社 1984 年版，第 191—201 页。

其中有两种潮流尤其引人注目：一是回到"乾嘉时代"，围绕各种具体问题进行实证研究；二是挖掘"地方知识"，选择各种区域社会进行细致考察。但时过二十多年，人们蓦然回首，不由地又产生了另一种困惑：随着大量研究成果的积累，具体事实越来越清晰，局部细节越来越丰富，区域差别越来越多样，但对中国历史的整体认识却越来越模糊。针对史学研究的这种状况，一些学者提出"碎片化"的说法。当然，对于是否存在"碎片化"，怎样认识"碎片化"，学者们看法各异①，但有一点很明显，就是越来越多的学者赞同回归"总体史"或"整体史"。一些资深学者还身体力行，以自己长期的实证研究为基础，尝试进行理论提升和逻辑概括，以把握中国历史的深层结构和变迁机制。目前较受关注的，有葛金芳先生的"农商社会"说、赵轶峰先生的"帝制农商社会"说、林文勋先生的"富民社会"说等。②

　　赵轶峰先生于 1977 年考入大学学习历史，相信不可避免地会受到当时中国史领域那些宏大论题的影响，自攻读硕士学位开始，就逐渐明确了明清中国社会结构与历史趋势的研究主题。他擅长理论思维（这在中国古代史研究者中是比较少见的），其首部论文集《学史丛录》讨论的基本上都是史学理论和历史哲学问题。③ 他对明清社会进行了长期的考察和思考，于 2007 年正式凝结出"帝制农商社会"这个统摄性概念。④

---

① 参见章开沅等：《中国近代史研究中的"碎片化"问题笔谈（上）》，《近代史研究》2012 年第 4 期；《中国近代史研究中的"碎片化"问题笔谈（下）》，《近代史研究》2012 年第 5 期。这组笔谈共 13 篇文章，集中反映了各家观点。

② 参见林文勋、张锦鹏主编：《中国古代农商·富民社会研究》，人民出版社 2016 年版；常文相：《求通务实——中国帝制时代社会结构与历史趋势暨农商社会／富民社会学术研讨会纪实》，《古代文明》2016 年第 1 期。

③ 赵轶峰：《学史丛录》，中华书局 2005 年版。

④ 参见赵轶峰：《明代中国历史趋势：帝制农商社会》，《东北师大学报（哲学社会科学版）》2007 年第 1 期。此文经补充修改，以《明代历史的自律》为题，收入氏著《明代的变迁》，上海三联书店 2011 年版。

其后他围绕这个核心概念，陆续发表了多篇论文。《明清帝制农商社会研究（初编）》即由这些论文整理而成，虽然并未覆盖作者所要考察问题的全部，但广泛涉及明清政治、经济、社会、思想文化等各个方面，已然构成一个系统完整的理论体系。此书的重点虽然是明清社会结构及其变迁趋势，但其理论视野绝非局限于明清时期，而是试图从"文明史"的角度着眼，对中国古代社会演变进行整体式、通贯式的把握。正如作者所说，"文明史偏重于从社会共同体整体角度考察社会、文化的历时经验"，"文明史注定是一种大历史观"①。相信此书的出版，定会进一步激发学界对于"大历史"的关注和兴趣，推动对于中国历史独特发展道路的探索与讨论。

2. 真正的"本土"视角

就理论脉络而言，"帝制农商社会"说与 20 世纪流行的中国封建社会长期延续、中国资本主义萌芽等问题，实际上具有承接和对话的意义。但从方法论的角度观察，两者之间具有重大的差异。梳理一下 20世纪围绕中国古代社会形态展开的各种论争，可以明显看出，尽管具体观点纷纭多歧，但其背后拥有一种共同的"规范认识"，这就是从西方历史提炼出来的社会演进模式。在这种模式中，中国历史尽管不乏自己独特的细节，但就其总体面貌而言，不过是从史前到古希腊罗马再到近现代西方这一发展过程的对应物而已。许多学者殚精竭虑，寻找并阐释中国与西方历史的相似性，当然也在肯定本质属性相同的前提下，寻找并阐释中国与西方历史中存在的一些相异点，因为没有人可以否认，中国历史毕竟不是西方历史的复制品，或者说，在从西方历史中抽象出来

---

① 赵轶峰：《明清帝制农商社会研究（初编）》，第 6 页。

的解释模式被上升为人类历史发展的普遍规律后，人们也就忽视了它身上的西方色彩，既然中国历史和西方历史都是这一普遍规律的展现而不是复制，自然会在"大同"中存在"小异"。

应该说，当时的那种学术取向并非没有意义，而是力图使西方理论"本土化"的宝贵尝试，而且通过中西历史之间的具体比对，促进了对中国历史独特性的认识。当然也有必要指出，受制于普遍性与特殊性的思维框架，这种类型的"本土化"具有很大的局限性，最终可能越来越深地陷入西方的"话语霸权"，强化"欧洲中心主义"的支配地位。对于形形色色的"欧洲中心主义"，赵轶峰先生保持着高度警惕。针对"欧洲近代的一些思想家把'理性'看作文明历史的目标，同时又把当时欧洲的社会文化看作这一目标实现的典范"，他提出尖锐批评："这种思维方式赋予 14 至 19 世纪欧洲经验以历史进步的'标准'意义。以此为尺度来衡量，就将其他文明的经验判定为处于缺乏进步含义的'状态'，漠视了非西方文明的历史自身演变的大量事实。"[1]他明确指出："人类历史有普遍的、共同的基础，有一定的规律性和共同性，但这并不意味着各个文明、文化、社会共同体的结构模式与演进历程是同一而无差别的。历史学家要在比哲学家更具体的层面呈现和阐释特定文明、文化、社会共同体演进的特殊性。"[2]赵先生提出的"帝制农商社会"说，力图从真正的"本土"视角出发，呈现和阐释中国文明、文化、社会共同体的结构模式与演进历程，正是他这种历史观念的一个具体实践。

对于"帝制农商社会"，赵先生从纵、横两个面相进行了系统阐释。就纵向而言，他对中华文明进行了历时性的宏观考察，认为"延续性"和"内聚性"是贯彻始终的两大特点，并以此为基础把中华文明的发展

---

[1]　赵轶峰：《明清帝制农商社会研究（初编）》，第 13—14 页。

[2]　赵轶峰：《明清帝制农商社会研究（初编）》，"前言"，第 ix 页。

演进历程划分为三大阶段:(1)前古典社会,从公元前21世纪夏朝建立持续到公元前770年周都东迁。在这个漫长时期,黄河中下游一带形成了具有内聚力的历史和文明运动中心,形成了日益强化的自我认同意识,形成了专门实践和用特殊手段传承这个文明的精神文化的知识精英、管理阶层和具有较强管理功能的制度。(2)古典社会,从周都东迁持续到公元前221年秦统一六国。这个时代的历史主题是诸侯纷争、变法改革、思想争鸣,其结果是中华文明思维和价值理论的高度精细化与大一统帝制体系的建立。(3)帝制社会,从秦统一六国持续到1911年清朝灭亡。在这一时期,中华文明进入到以核心区域的帝制国家体系与周边区域的互动共生为基本格局的状态。帝制社会持续两千多年,期间经历了一个明显的变化过程:从秦统一到唐后期,可以称为"帝制农业社会";明清时期,可以称为"帝制农商社会";中间从唐后期经五代到辽宋金元时期,是从"帝制农业社会"到"帝制农商社会"的过渡期。很明显,中国历史所经历的"前古典社会→古典社会→帝制农业社会→帝制农商社会"的演变过程,"与欧洲的历史发展模式相比,并非循依同样的轨迹"。[①]

就横向而言,赵先生对明清时代进行了多角度、全方位的实证研究,其中最具有结构性意义并且从此不再逆转的变化主要有:(1)世界格局的变化。中国卷入了全球性大变迁,大批美洲白银通过贸易渠道输入中国,玉米和甘薯等北美的农作物传入中国,天主教随着欧洲海外殖民活动进入中国内地,一批士大夫认真研究西方,视野因而拓展,澳门、香港成为中国与西方接触的两个门户。(2)经济结构的变化。市场经济空前繁荣,白银成为主导货币,赋役体制中基于土地并以货币征收的赋税比例扩大,货币主导的财政体制形成,形成了覆盖内地与边疆的

---

① 赵轶峰:《明清帝制农商社会研究(初编)》,第8—22页。

诸多贸易中心，大批与行政治所无关的商业、手工业市镇发展，乡村经济更大程度上与商品交易联系到一起，海外贸易虽然未完全自由化但贸易规模达到空前水平，人口大幅度增长并带来新的经济局面。（3）社会结构的变化。社会分层体系发生变动，尤其是占人口绝大多数的庶民内部层级结构趋于简单化，社会上下流动性超过以往时代，手工业者摆脱身份劳役制束缚成为自由职业者，农民受土地束缚程度降低，商人社会地位上升，且与政府结成多种合作关系，商人逐渐跻身社会精英阶层。（4）思想文化的变化。一方面，市民文化空前活跃，社会文化教育水平和普及性提高，精英文化与庶民文化融合；另一方面，儒学社会化，使得庶民生活具有了活泼精细的文化意味，但这同时也意味着儒家意识形态作为社会文化的整体基调更深入地渗透到社会中下层面。①

对于这些不可逆转的结构性变化，赵先生在书中皆以专题论文做了系统深入的描述和分析，读者自可参看，这里只简略论述一下其在方法论方面给我留下的两点深刻印象：

一是变"比附"为"比较"。将明清时代的中国与同时期的欧洲进行比较，无论在中国还是西方，都是流行很久、十分常见的研究思路。然而这种"比较"往往变成"比附"，即比照欧洲模式观察中国，把中国历史看作了欧洲历史的对应物。近些年来，"西方中心主义"屡遭抨击，似乎已成"过街老鼠"，但其影响实际上仍很深刻，学者们在描述明清社会转型时，其实大多仍是以同时期的欧洲为参照和标准。事实上，许多看似激烈反对"西方中心主义"的观点，也未必真正摆脱了其影响。沃勒斯坦（Immanuel Wallerstein）曾将对欧洲中心主义的批评归纳为三种，其中一种是说"欧洲过去所做的事情只不过是世界其他地区

---

① 赵先生自己将明清时代的重大变化归纳为七点，参见《明清帝制农商社会研究（初编）》，"前言"，第 xiii 页，以及前揭《明代历史的自律》一文。笔者将性质稍近者做了归并。

早已经长期一直在做的事情的继续，欧洲只是暂时走到了前面而已"，沃勒斯坦认为这种论调不过是"反欧洲中心论的欧洲中心论"①。赵先生力求把"明清中国"放到"世界大变迁"的格局下加以观照，所以也以西方的历史变化为线索，从八个方面（文艺复兴、科技革命、宗教改革、殖民扩张、国家体制改革、工业革命、启蒙运动、经济资本主义）探讨了中国与欧洲的差别。但他并非以中国"比附"西方（如对以清代汉学比附文艺复兴、以明清中国宗教伦理比附新教伦理等观点提出批评），而是把双方放在平等的地位，理性客观地予以"比较"，所得结论也较为平允。他指出："明清时代的中国并没有孤立于现代化的世界大势之外，但欧洲是人类历史上这一次大变革的主要推动者。同一时期中国所发生的社会变动，与欧洲的变动之间有关联，有相似处，但总体而言不在同一轨道上。"②

二是变"矛盾"为"互洽"。在"比附"视角的支配下，以往对于明清政治文化方面的认识，大致有两种倾向：一种倾向是认为经济、社会等方面出现的新因素，会对既有的社会制度和社会关系产生冲击、溶蚀作用，因此从长时段视野看社会经济与政治体制基本保持同取向趋势。对此，赵先生予以明确批评，他认为明清时代公共权力的轴心是皇帝—官僚—郡县体制，此种体制滥觞于战国，定制于秦汉，延续至明清不改，"没有展现出任何确切的改变迹象"。另一种倾向是认为政治体制的保守性和落后性阻碍了新因素的成长发育，比如在讨论资本主义萌芽问题时，很多学者都强调了"封建上层建筑"对资本主义萌芽的"反作

---

① 参见沃勒斯坦：《进退两难的社会科学》，《读书》1998 年第 3 期。安德烈·贡德·弗兰克（Andre Gunder Frank）的《白银资本——重视经济全球化中的东方》（刘北成译，中央编译出版社 2000 年版），堪称沃勒斯坦所批判的这种观点的一个典型例证。参见高寿仙：《真实与虚幻：全球视野中的近代早期世界经济图景》，《史学理论研究》2001 年第 1 期。

② 赵轶峰：《明清帝制农商社会研究（初编）》，第 26—47 页。

用"①。在对明清政治的认识方面，赵先生与后一倾向颇有相通之处，他也认为从"政治"亦即"公共权力的设置与运作"的角度看，"沿着此前逻辑延展的趋势远远超过变迁趋势，其中包括中央集权世袭君主制、科举—官俸体制、贵族制、宗法制等，皆呈沿袭传统甚至部分返古趋势"②。然而，他对这种现象的解释却是另辟蹊径，并不将政治与经济、社会、文化之间的不同步变化视为冲突或矛盾，而是试图把这些看似矛盾的方面整合到一个统一的"互治"系统。他指出："'明清帝制农商社会'概念一旦析出，就凸显出社会经济趋势与国家权力架构演变倾向之间难以通过简单方式直接解释的多重纠结。其中最根本的形态特征是商业经济发展与社会自由度的增强以及庶民文化的发达趋势与中央集权的君主—官僚—贵族体制的持续发展构成了一种互治格局。"③他还提醒说："审视明清经济结构的时候，不应将帝制体系与商业、市场、商人做两元对立观，更不可以为二者之间为简单的此消彼长关系，二者盘根错节，是构成明清商业秩序环境、商业特性、国家功能，以及社会形态演进前景的复杂结构性基础。"④

此外，还有一点值得特别提示一下，就是此书虽然是一部理论性、思辨性很强的著作，但作者绝非从理论到理论、为理论而理论，他在从事体系建构的时候，特别重视实证研究的重要性。他认为，历史研究应遵循两大原则：一是证据原则，研究者必须尽可能穷尽所有相关的证据，即使在研究宏大复杂问题时难以做到这一点，也必须在作出判断的时候主动查寻并化解反证；二是逻辑原则，即研究过程中无论是关于事

---

① 参见许涤新、吴承明主编：《中国资本主义发展史》第 1 卷《中国资本主义的萌芽》，第 695—710 页。

② 关于政治方面的"不变"倾向，详见该书所收《明清时代的政治文化特征》一文。

③ 赵轶峰：《明清帝制农商社会研究（初编）》，第 205 页。按，书中将"互治格局"误作"互恰格局"。

④ 赵轶峰：《明清帝制农商社会研究（初编）》，第 141 页。

实的判定还是解释、说明与推断，必须采用含义明确的概念并符合语言表述的形式逻辑，并且可以证伪。他还坦言，自己对明清时代中国的社会结构、总体形势特征及演变趋势研究愈久，"愈觉得这是一个实证性的问题，理论只是提供一些辨析的概念和透视的方法"，所以提醒读者阅读此书时"不要只关注其中论说性的观点，也要关注其呈现的史实性面貌"。①

3. 体系的丰满与深化

此书是赵轶峰先生有关"帝制农商社会"的第一部专著。他在"前言"中解释说："一种新的视角必将带来对许多前人已经研究过的问题的新思考，许多以往少被关注的问题也凸显出来。所以研究愈久，觉得需要考察的问题愈多，估计再有数年，相关研究还会继续延展而不能达到可以严密整合的程度。"②赵先生这段话有点过于自谦，笔者通读全书，觉得围绕"帝制农商社会"所做的各种专论，基本上已构成一个"严密整合"的理论体系。当然，由于研究尚在进行中，目前赵先生对有些问题确实是点到为止，相信以后会不断丰满和深化。由于本书体系宏大，涉及面甚广，不少问题其他人亦有所论述，但观点纷繁多歧，所以本书的一大特色，是经常在辨析与商榷中推进自己的观点③，对此赵先生解释说："学术不能自言自语，必须与前人坦率对话。任何试图在该领域提出新见解的学者，都要对已有的研究做出评论，在对已有研究得失的辨

---

① 赵轶峰：《明清帝制农商社会研究（初编）》，"前言"，第 ii、xv 页。

② 赵轶峰：《明清帝制农商社会研究（初编）》，"前言"，第 viii 页。

③ 比如该书中《明清之际社会批判思潮的诉求——以〈明夷待访录〉为中心》一文，首先对关于《明夷待访录》的六种说法进行了简要介绍和评论，笔者读后感到对这一问题的理解和认识得到很大的拓展和深化。

析中，呈现自己的概念和理路。"①笔者期望赵先生进一步加强与其他学者的对话和论辩，把相关问题的研究不断推向深入。②

就拿"明清帝制农商社会"这个基本判断本身来说，其中"明清"、"帝制"、"农商"三个概念，都需要在对话中予以明晰和深化。根据赵先生的看法，"商业是人类文明早期就可能发生的现象，并不会构成与农业基础或农业文明对立的社会成分"。具体到帝制体系，商业本来就是其"内在组成部分"，"帝制体系既建立在农业经济基础之上，也建立在商业基础之上。两者的比例，肯定是农业为主，商业为辅，但商业所占比例呈现波浪式上升趋势。尤其是明中期以后，海外贸易在国际化航路开通之后呈现快速增长趋势，商业发展取得了一种全球化背景，超出前代的范围、规模"。③这种说法有可能遭到来自两个维度的质疑。一个维度是"农商"，即怀疑明清时代是否已经达到"农商社会"的程度。在2015年举行的专题研讨会上，赵毅先生指出："中国商人作为传统社会的一个阶层，其实力是否已壮大到可以与农民共同支撑起整个社会经济，以及像士人那样参与国家管理，成为政治统治的支柱之一，仍有待深入讨论。"④这确实是一个非常重要、需要进一步探讨的问题。明代中叶以降的商业规模超过以往，这应当是绝大多数学者都认可的事实，但据赵先生判断，"明清时代农业依然是社会经济的第一基础，农业人口依然是帝制国家统治的基本对象"⑤，为何将这样的社会称为"农商社会"呢？另一个维度是"明清"，即质疑为何到明清才算进入"农商社会"。

①　赵轶峰：《明清帝制农商社会研究（初编）》，"前言"，第 ii 页。
②　在《明清帝制农商社会论纲》（《古代文明》2011 年第 3 期）一文中，赵先生列举了"可能的反证和其他问题"，笔者以下所论大多受此启发，恐早在赵先生意料之中矣。
③　赵轶峰：《明清帝制农商社会研究（初编）》，第 132—133 页。
④　常文相：《求通务实——中国帝制时代社会结构与历史趋势暨农商社会／富民社会学术研讨会纪实》，《古代文明》2016 年第 1 期。
⑤　赵轶峰：《明清帝制农商社会研究（初编）》，第 134 页。

既然"商业是帝制体系的内在组成部分",早在帝制初期甚至帝制以前,商业已经在经济结构中占有一定比例,为何断言直到明清时代才进入"农商社会"呢?比如葛金芳等先生也使用"农商社会"这个概念,但认为自宋代开始就已进入这个阶段[①],在时段划分上与赵先生有所差异。当年讨论资本主义萌芽问题时,由于缺乏体系化的判断标准,先后出现了"清代说"、"明代说"、"元代说"、"宋代说"、"唐代说"、"西汉说"、"战国说"等多种说法。我个人感觉,对于何谓"农商社会",单凭印象式的定性描述恐怕也难以定谳,最好能够探索出一组大致可以测度的指标体系,否则也有可能陷入像资本主义萌芽那样言人人殊的境地。

至于"帝制",对这个概念本身可能没有疑义,但对于"帝制"在明清时代是否出现了"转型"的迹象肯定存在不同看法。比如近些年来,万明教授对"白银货币化"进行了系统深入的探讨,提出一些引人注目的观点。在她看来,明代发生的白银货币化,深刻影响了中国历史发展的进程,开启了现代的货币财政,也开启了现代货币财政的管理体制,标志着中国古代赋役国家向近代赋税国家的转型。[②] 赵先生是最早关注明代货币与财政问题的学者之一,并较早提出了"货币白银化"的概念。[③] 两位学者对于明代财政由实物主导体制向货币主导体制转变的认识高度契合,但对于白银与国家体制的相互影响则看法迥异。赵先生认为"货币白银化带来的影响远远不是全面的光明",具体到国家财政方面,"明朝政府失去通过货币发行调控市场的能力和利用货币流通量

---

① 参见葛金芳:《"农商社会"的过去、现在和未来——宋以降(11—20世纪)江南区域社会经济变迁》,《安徽师范大学学报(人文社会科学版)》2009年第5期;柳平生、葛金芳:《"农商社会"的经济分析及历史论证》,《求是学刊》2015年第2期。

② 万明围绕这一主题发表了一系列论文,可参见其在《明代〈万历会计录〉整理与研究》(中国社会科学出版社2015年版)"绪论"中所作的简要概述。

③ 参见赵轶峰:《试论明代货币制度的演变及其历史影响》,《东北师大学报(哲学社会科学版)》1985年第4期。

控制增加财政弹性的能力，却又大幅度地转入要求政府功能更为强化的货币财政体制，所以明朝在货币白银化开始的时候，其实就开始一步步趋向财政困境"，因此"明代后期的帝制体系不仅远不具备现代国家的功能，而且与社会经济处于深刻的矛盾状态"①。在为《明代〈万历会计录〉整理与研究》所写书评中，赵先生也坦率指出："惟有'国家转型'一说，笔者深受启发，然而尚有迟疑。启发之处在于，明代经济领域的诸多新异性变化，与现代社会要素、运行法则可以契合，货币财政肯定比实物财政更接近于现代财政、经济形态。……迟疑之点在于，'国家转型'关涉甚广，需与政治、思想领域研究再加印证，核心概念与理论架构也需定义和更透彻的阐明。"②赵先生在书评中点到为止，但这个问题对于理解"帝制社会"前后变化颇为重要，甚盼赵先生能作出深入系统的分析与阐释。

此书涉及不少众说纷纭的具体问题，也有必要对其作出进一步的评论与辨析。比如关于明清是否"闭关锁国"，讨论者甚多而看法各异。有人认为明清都闭关锁国，也有人认为明清都未曾闭关锁国；有人认为明代开放清代封闭，也有人认为清代开放程度要高于明代；有人承认明清实行海禁政策并认为这就是闭关锁国，也有人虽然承认明清实行海禁政策但认为这并不意味着闭关锁国，还有人认为明清海禁政策只是出于边防等原因在很短的时间里实行过。赵先生对这个问题已有系统思考，认为明清"闭关锁国"论"实际上是关于中国历史长期停滞论的一个支脉言论"，这种论说"夸大了当时中国封闭性特征，忽略了同一时期中国社会也具有的开放性特征"③。但我拜读赵先生以及其他学者的相关论

① 参见赵轶峰：《明清帝制农商社会研究（初编）》，第109—113、136—139页。
② 参见赵轶峰：《明代财政史研究新的里程碑——评〈明代《万历会计录》整理与研究〉》，《古代文明》2017年第2期。
③ 详见该书所收《明代中国的有限开放性》、《清前期中外关系的格局》两文。

著后，感觉关于明清是否"闭关锁国"，看起来似乎是个实证问题，实际上是个概念界定问题。因为大家的基本看法颇有相容之处，主张闭关锁国者并没有否认当时存在海外贸易，否认闭关锁国者也没有否认当时有过海禁政策，关键是大家对于何谓"闭关锁国"存在着不同的评判标准。比如赵先生不同意明清中国"闭关锁国"的说法，但在梳理清代为何没有像明代那样陷入财政危机的原因时，特地指出一条："造成明朝政府维系东南沿海防卫主要开支，并造成抗倭援朝战争巨大开支的倭寇消沉，日本进入闭关锁国时代。"① 赵先生所说日本的"闭关锁国时代"，应当是指德川幕府统治下的江户时代（1603—1867 年），当时确曾实行锁国政策，但对外贸易亦未断绝。赵先生自己也指出，"中国与日本的贸易虽然受到日本闭关政策一定程度的影响，但仍然趋于增长"。他引用朱德兰先生的研究："仅就 1648—1722 年间的中日贸易市场圈而言，年平均航日商船约 70 艘，39 年间前往长崎的海商便多达 13000 人次，其中以 1688 年度驶日的 194 艘、9216 人次（缺录的三艘船除外）最多，这种民间海外贸易盛况恐怕是以往所罕见的。"② 同时期中日两国情况似无本质区别，为何中国是"有限开放"，日本是"闭关锁国"，恐怕需要做进一步的比较和说明。或许对于是否"闭关锁国"之类的问题，大家首先需要在概念界定方面达成一些基本共识，否则很难摆脱"公说公有理，婆说婆有理"的境地。

还有一些问题，赵先生已意识到其重要性，但因该项研究尚未完成，所以本书未能系统探究。比如在谈到"文明史"的意义时，赵先生强调了环境的重要性："环境之变化在短时段中难以觉察，其对人类生

---

① 赵轶峰：《明清帝制农商社会研究（初编）》，第 138 页。

② 赵轶峰：《明清帝制农商社会研究（初编）》，第 88 页。朱德兰的说法，见其《清开海令后的中日长崎贸易商与国内沿岸贸易（1684—1722）》，载张炎宪主编：《中国海洋发展史论文集》第 3 辑，"中央研究院"三民主义研究所 1988 年版。

存的影响，一般在很长的、缓慢的变迁中发生作用，因而在一般的政治史、社会史中都易于将其当作社会外部的因素。但是在文明史的视角下，环境始终是现实的内在因素。"①但此书并未专门讨论环境问题。赵先生在总结明清时期重大的结构性变化时，把"人口大幅度增长"或说"人口爆炸"列为重要一项，但他关注的主要是人口增长对经济的促进作用。他指出，"明代开始的人口大幅度、不逆转增长放大了中国农业经济的体量，并在人口最密集地区强化了农业经济与商品经济的联系"；人口由内地向边疆的迁移，使得"中国北部一线广大边疆地区的经济与内地经济联系更加密切，成为农业、牧业、手工业、商业多种经济形式并存的地区"②。事实上，人口大幅度增长会对环境造成巨大压力。近些年针对不同地区所做的大量研究显示，明清时期在内地和边疆都存在过度垦殖问题，导致了自然环境的急剧恶化，提高了洪涝、干旱、风沙等灾害的发生频度和破坏强度。目前学者对明清经济增长模式存在不同看法，比如黄宗智认为是"过密型增长"、李伯重认为是"斯密型成长"③，但大家在一点上是有共同看法的，就是认为明清时期的技术变化不大。这种条件下的经济发展，恐怕必定会对自然环境造成难以逆转的影响，同时也会受到自然环境的强力制约。马立博（Robert B. Marks）认为，在 1300 年至 1800 年这 500 年的时间里，中国的人口翻了两番，"在政府的支持和军事保护下，汉族移民从北部和南部的农业核心区逐渐进入到新拓殖的地区"，其结果是"随着边疆地区汉族移民的充斥和一些内陆偏远地区人口的显著增加，中华帝国也

---

① 赵轶峰：《明清帝制农商社会研究（初编）》，第 7 页。

② 参见赵轶峰：《明代经济的结构性变化》，《求是学刊》2016 年第 2 期；《明清帝制农商社会研究（初编）》，第 126—127 页。

③ 参见高寿仙：《过密化与明清以来的农村经济发展——读黄宗智先生几种论著的札记》、《明清江南的经济发展：理论与事实——对李伯重先生的明清江南经济研究的一点反思》，均载《明代农业经济与农村社会》，黄山书社 2006 年版。

已经达到了其生态的极限"①。因此，在探讨"帝制农商社会"的基本特质、变化趋向及其与现代社会的关联时，必须将环境作为"内在因素"整合进去。赵先生已然认识到环境的重要性，相信很快就会对这一问题提出系统的解释。

此书系《明清帝制农商社会研究》之"初编"，据赵先生在此书"前言"中预告，"续编"现已完成近半，近年可以出版，以后或许还有"三编"。到全部研究接近完成的时候，还会对这一理论体系"再度整合阐释"。作为多年来从赵先生论著中获得很多教益的一名读者，我殷切盼望赵先生早日完成这一规模宏大的研究工程。

二、社会变迁与身分重组
——以高桥芳郎对"雇工人"法律身分的理解为线索

1. 引言

关于明清"雇工人"的身分地位问题，早在 20 世纪 40 年代就已引起中日学者注意，其后明清社会、经济、法制史领域的许多学者都曾针对这个问题发表过看法。② 如果粗略概括一下，相关研究主要是沿着两

---

① 马立博：《中国环境史：从史前到现代》，关永强、高丽洁译，中国人民大学出版社 2015 年版，第 288—289 页。

② 除下面所列经君健和高桥芳郎的系列研究外，其他专题论文还有仁井田陞：《中国の农奴・雇佣人の法的身分の形成と变质——主仆の分について》，《（补订）中国法制史研究　奴隶农奴法・家族村落法》，东京大学出版会 1980 年版；重田德：《清律における雇工と佃户——"主仆の分"をぬぐる一考察》，《清代社会经济史研究》，岩波书店 1975 年版；小山正明：《明・清时代の雇工人律について》，《明清社会经济史研究》，东京大学出版会 1992 年版；刘永成：《论清代雇佣劳动——兼与欧阳凡修同志商榷》，

条理路展开的：一条是从生产关系的角度着眼，重点考察雇佣劳动者，特别是农业雇工身分解放的问题；另一条是从身分法的角度着眼，重点考察国家在私人社会关系平台中设定法律身分差别的问题。属于前一理路的学者数量较多，其中以经君健先生的研究最为深入系统①；属于后一理路的学者相对较少，其中以高桥芳郎先生的研究最为引人注目②。

从生产关系视角出发的学者，试图从法律条文修订中把握现实社会中雇工地位的升降，而且多数学者都从中看到了具有进步意义的变化趋势。比如较早关注这一问题的仁井田陞先生认为，明末清初是中国社会一个转型期，在现实社会中，农奴、雇农和佣工的力量得到很大上升，

《历史研究》1962年第4期；周良霄：《明律"雇工人"研究》，《文史》第15辑，中华书局1982年版；罗仑、景甦：《清代山东经营地主经济研究》，齐鲁书社1985年版，第七章《一个涉及"农民佃户"所雇农业长工社会性质的问题——明清法典上的"雇工人"问题》；魏金玉：《试说明清时代雇佣劳动者与雇工人等级之间的关系》，《中国经济史研究》1986年第4期；黄冕堂：《清代"雇工人"问题考释》，《社会科学战线》1988年第1期；蒋燕玲：《论清代律例对雇工人法律身份的界定》，《社会科学家》2003年第5期；冯永明、常冰霞：《从契约到名分：明清雇工人法律形象的衍变》，《宁夏大学学报（人文社会科学版）》2015年第4期；李冰逆：《从身分法变革论明清时代法律的连续性问题——以"雇工人"律为中心》，《四川大学学报（哲学社会科学版）》2018年第4期；等等。

① 经君健（曾用笔名欧阳凡修、裴轼）发表《明清两代"雇工人"的法律地位问题》（《新建设》1961年第4期）、《明清两代农业雇工法律上人身隶属关系的解放》（《经济研究》1961年第6期）、《关于中日学者对明清两代雇工人身份地位问题研究的评介》（《中国社会科学院经济研究所集刊》第3集，中国社会科学出版社1981年版）、《关于明清法典中"雇工人"律例的一些问题——答罗仑先生等》（《中国经济史研究》2007年第4期、2008年第1期）等论文，均收入《经君健选集》，中国社会科学出版社2011年版。

② 高桥芳郎（本名津田芳郎）发表《宋元代の奴婢・雇佣人・佃仆について：法的身分の形成と特质》（《北海道大学文学部纪要》26卷2号，1978年）、《明末清初期、奴婢・雇工人身分の再编と特质》（《东洋史研究》41卷3号，1982年）、《明代の奴婢・义子孙・雇工人——万历十六年新题例の前提》（《柳田节子先生古稀记念　中国の传统社会と家族》，汲古书院1993年版）等论文，均收入氏著：《宋—清身分法の研究》，北海道大学图书刊行会2001年版（中译本《宋至清代身分法研究》，李冰逆译，上海古籍出版社2015年版）。

统治者为了适应这种社会现实，不得不对作为支配手段的法律进行变通，宋代形成的"主仆之分"逐渐趋于消解。① 对相关法律条文做过系统梳理和探讨的经君健先生认为，尽管农业雇佣劳动者法律形式上的人身隶属关系的解放是一个缓慢的、曲折的历史过程，"但这一变化毕竟表明有相当数量的农业雇佣劳动者逐渐在法律上摆脱了人身隶属关系，法典上的这些更动，正反映着明清封建社会经济上、生产关系上在发生着内在的、深刻的变化"②。当然也有不同甚至相反的看法，比如罗仑先生认为，明清法典中的"雇工人"是指从事非生产劳动的服役性雇工，其身分地位并没有经历过"法律形式上的人身隶属关系的解放"过程，恰恰相反："他们之中的长工，经历的乃是被'雇工人'绳索越套越紧的历史过程；他们之中的短工，经历的乃是由'凡人'等级降为'雇工人'等级的历史过程。"③ 而在从身分法视角出发的高桥芳郎先生看来，希望从修改过程中找出某种"历史性发展"的思路未必可行，他认为这些修改只是一个"技术性改革的过程"，"并未体现出法律身分体系有任何本质的变化，因此，其并非质变乃至解体的过程，称之为重组过程，应当是最恰当的了"④。

笔者开始学习历史时，资本主义萌芽研究尚属热点，雇佣关系是其中一个核心问题。从那时起，笔者便一直对"雇工人"的身分地位感兴趣，陆续阅读了诸家论述和相关史料，但面对分歧甚至对立的观点，常有无所适从之感。后来有机会阅读日文论著，初步了解到高桥芳郎先生的见解，感到自己对这个问题的困惑在一定程度上得到消解。前几

---

① 参见仁井田陞：《（补订）中国法制史研究　奴隶农奴法·家族村落法》，第147—162、173—183页。

② 详见《经君健选集》，第17—66页。

③ 罗仑：《"农民佃户"所雇"耕作"之人的等级问题——与欧阳凡修同志商榷》，《学术月刊》1983年第6期。

④ 高桥芳郎：《宋至清代身分法研究》，第199—206页。

年《宋至清代身分法研究》中译本出版后，笔者又细读一过，对高桥先生的观点有了更加系统的了解。现将过去的读书笔记整理成文，在知识和观点上并没有什么新的增益，不过是对高桥先生的见解稍做梳理和介绍，同时围绕比较关键的一些问题，从纷繁歧异的观点中整理一下自己的思路。

2. 富民社会形成与宋代"雇佣人"法条的出现

关于日本学者提出的"唐宋变革论"的具体含义及其是否成立，学界存在很大争议。但由唐至宋，的确出现了不少值得关注的社会变化。作为一种法律身分的"雇佣人"，就是在这一社会变化中出现和定型的。

费孝通先生用"差序格局"概括传统中国的社会结构，这个"格局"既包含纵向的刚性的等级化的"序"，也包含横向的弹性的以自我为中心的"差"。[①] 在构造纵向之"序"的各种因素中，"良贱有别"占有重要地位，历代法律无不贯穿着这种身分观念，但不同时代设定的贱民类别则有所差异。唐律中提到的贱民，大致可以分为两类：一是官贱民，包括官奴婢、官户、杂户、工户、乐户、太常音声人等；二是私贱民，包括私奴婢、部曲、客女、随身等。[②] 根据高桥芳郎先生的考察，其他贱民都是由官奴婢演变而来。官贱民方面，官奴婢因恩赦获得解放就成为官户，官户进一步解放就成为杂户；官户中的一部分因为有特殊技能而成为工户、乐户，更进一步解放就成为太常音声人。私贱民方

---

① 参见阎云翔：《差序格局与中国文化的等级观》，《社会学研究》2006 年第 4 期。
② 参见张泽咸：《唐代阶级结构研究》，中州古籍出版社 1996 年版，第 12—14 章；郑定、闵冬芳：《"良贱之别"与社会演进——略论唐宋明清时期的贱民及其法律地位的演变》，《金陵法律评论》2003 年秋季卷。按，所谓部曲和客女，是因性别形成的不同称呼，其法律身分完全相同。

面，官奴婢通过皇帝下赐成为私奴婢，私奴婢进一步解放就成了部曲和客女。①

唐代以前的法律，早就对奴婢身分做了详细规定。②但"部曲"这一法律身分，却是唐代新设定的，因而引起众多学者关注。尽管具体观点复杂多歧，但学者们拥有一种共同的认识基础，即"唐代社会中确实存在着占据了一定社会比例的部曲或在唐律中表现为部曲的人，且他们的社会存在形态，以及他们所缔结的各种社会关系的实际形态，在一定程度上如实地反映于法律当中"。高桥先生将这种理解方式称为"归纳性反映论"，认为它未能揭示问题的本质。他转而采用"演绎性设定论"的视角，认为"唐代部曲的法律身分，并非现实存在中的私人隶属民的隶属性在法制上的反映，而应理解为是从唐王朝的统治理念出发，演绎性地设定成立的"。所谓唐朝的统治理念，就是将人民分为良民和贱民，前者是与皇帝有直接关系的人，后者则是通过良民为中介与皇帝有间接关系的人。因而唐律的原则是，良民可以保有贱民，使其在人格上隶属于自己；但不可以保有其他良民，使其人格性地隶属于自己。具体到唐律中的"部曲"，高桥先生认为"除了被解放的私奴婢中依然留置于旧主人之下的人外，别无其他"；很多学者设想的部曲来源，比如收养衣食无着的幼孤，或者因经济上的穷困和身分上的隶属而从良民身分沦落，从法律原则上说均不成立。此外，这种统治理念还决定了部曲也和奴婢一样，是相对于良民而被定位为（私）贱民的国家身分。③

宋代法律沿袭唐律者甚多，但部曲身分却消失不见。据高桥先生分析，宋代已不存在像唐代那样的良贱制度，社会中也没有私奴婢这样一种身分：一方面，尽管现实中确实存在因买卖和债务奴隶化而被置于奴

---

① 参见高桥芳郎：《宋至清代身分法研究》，第 150 页。

② 参见文霞：《秦汉奴婢的法律地位》，社会科学文献出版社 2016 年版。

③ 参见高桥芳郎：《宋至清代身分法研究》，第 146—159 页。

婢处境的人，但由于法律禁止买卖良民或者以人身准折债务，因此这些
人在法律上是无法编入奴婢身分的；另一方面，尽管宋代还存在数量很
少的官奴婢，但通过皇帝下赐从官奴婢转化为私奴婢的途径被完全关闭
了。如上所述，唐代部曲身分是在私奴婢解放过程中产生的，既然宋代
已经没有法律意义上的私奴婢，当然也就不会再产生部曲这种身分。高
桥先生还进一步指出，导致部曲身分消亡更加本质的原因，是"宋代对
唐朝统治理念的否定，以及随之而来的身分构成原理的转换"。在他看
来，宋朝否定和放弃了唐朝要求必须将良民置于与皇帝的直接关系之下
的统治理念，转而允许良民内部存在私人支配隶属关系。正是因为身分
构成原理发生了这种根本性转换，所以宋代法律已经完全失去了必须设
定私奴婢与部曲身分的理由，但同时又创设出与私人隶属民的隶属性和
存在形态相对应的雇佣人和佃客的法律身分。①

　　雇佣关系自先秦就已存在，但直到唐朝，被雇佣者在法律上一直是
被当作良民对待的。唐律中没有关于雇佣人的身分规定，有学者认为，
唐律中与部曲身分相近的"随身"②，其中一种就属于雇佣而来的人身依
附者。③唐代文献提及"随身"者极少，此种看法主要是依据后人解释
而来，如宋此山贯冶子撰、元王元亮重编《唐律释文》云："二面断约
年月，赁人指使，为随身。"④元徐元瑞《吏学指南》亦谓："随身，断
约年月，赁人指使者。古为随身，即今典雇身良人也。"⑤但宋元人的解

---

① 　参见高桥芳郎：《宋至清代身分法研究》，第5—15、104—111、159—163页。有些学
　　者从另外视角描述了唐宋之间的这种变化，参见杨际平：《唐宋时期奴婢制度的变化》，
　　《中国社会历史评论》第4辑，商务印书馆2002年版；戴建国：《"主仆名分"与宋代奴
　　婢的法律地位——唐宋变革时期阶级结构研究之一》，《历史研究》2004年第4期。
② 　长孙无忌等撰：《唐律疏议》卷25《诈伪》云："随身之与部曲，色目略同。"
③ 　参见刘进宝：《唐五代"随身"考》，《历史研究》2010年第4期。
④ 　王元亮：《唐律释文》卷22《斗讼》，见长孙无忌等撰：《唐律疏议》附录。
⑤ 　《居家必用事类全集》辛集《吏家指南·良贱孳产》。按，"典雇身"，学者多引《吏学

释，可能受到所处时代的影响，是否符合唐代实情尚难确断。① 从出土的雇佣文书看，尽管相关契约内容显示，受雇者明显处于不利地位，但其与雇主在法律地位上是平等的。② 因此，即使"随身"中确有一部分系因受雇而降为贱民，那应当也是一种比较特殊的情况，就通常情况而言，雇佣劳动者在法律上都是被当作良民对待的。在法律中设定"雇佣人"这样一种身分，确实是宋代的创造。根据目前所见资料，雇主与佣赁在斗讼法上的不同地位，是天禧三年（1019 年）由大理寺奏定的，内容为："自今人家佣赁，当明设要契，及五年，主因过殴决至死者，欲望加部曲一等；但不以愆犯而杀者，减常人一等；如过失杀者，勿论。从之。"③ 戴建国先生认为，这是针对雇佣奴婢制定的一项新法律，它并不像很多学者所说反映了宋代奴婢地位的提高，而是"良人奴婢化"的标志。④

　　高桥芳郎先生在细致梳理宋代多种多样的雇佣人存在形态的基础上，认为这条法律只是针对长期被雇佣、雇佣期间住在主家、被包括在其经营内部而生活的人而设定的⑤，日雇和短雇者肯定并不包括在内，

　　　指南（外三种）》（浙江古籍出版社 1988 年版，第 104 页）作"典产人"。笔者认为"典雇人"文义较优。

①　参见仁井田陞：《（补订）中国法制史研究　奴隶农奴法·家族村落法》，第 153—154 页。按，黄清连先生批评仁井田陞先生为了证明唐代雇佣关系是"主仆之分"，试图"从唐律对'仆'、'随身'的规定来求得雇佣人的法律地位，立论基础自不稳固"（参见氏文：《唐代的雇佣劳动》，《"中央研究院"历史语言研究所集刊》第 49 本第 3 分，1978 年）不过，从仁井田先生的论述看，他对于"随身"是否雇佣人并不十分肯定。

②　除前揭黄清连文外，还可参见乜小红：《对敦煌农业雇工契中雇佣关系的研究》，《敦煌研究》2009 年第 5 期；乜小红：《再论敦煌农业雇工契中的雇佣关系》，《中国经济史研究》2011 第 4 期；徐秀玲：《中古时期雇佣契约研究》，南京师范大学博士学位论文，2011 年，第 51—67 页。

③　马端临：《文献通考》卷 11《户口考二》。

④　参见戴建国：《"主仆名分"与宋代奴婢的法律地位——唐宋变革时期阶级结构研究之一》，《历史研究》2004 年第 4 期。

⑤　柳田节子先生也认为："被称为奴婢、人力、女使的雇佣人，应该被认为原则上是限定其与主人住在一起的。"参见氏文：《宋代的雇佣人和奴婢》，邓广铭、漆侠主编：《国

即使是雇佣期间不满五年的长期雇佣人，也适用与常人同等的法律。从禁止曾经受雇者与主人之同居亲结婚，禁止人力、女使告发主人犯罪等规定看，这些长期与主家共同居住的雇佣人，已经被视为主家的拟制性家庭成员了。他还比较了宋代的雇佣人与唐代的奴婢、部曲之间在身分性质上的差异，主要有三点：其一，主人与奴婢、部曲之间的具体关系的存在方式，对奴婢、部曲身分没有任何影响，而与此相对，雇主与雇佣人在法律上的不平等，并不是雇佣关系的存在立即带来的结果，而是在斟酌雇佣关系的内容之后才确定的；其二，奴婢、部曲的身分是法律身分，同时也是社会身分，而与此相对，社会上被称呼为庸赁和人力等的雇佣人，并非全部都与法律上的庸赁和人力的身分相匹配，因此宋代雇佣人的社会身分和法律身分之间总是存在着一定的偏差；其三，部曲相对于良民被定位为贱民，其身分是世袭性、终身性的，而与此相对，宋代的雇佣人归根到底还是良民，其身分随着雇佣关系的解除而消亡。①

　　宋代为何发生这种身分构成原理的根本性转换，高桥先生并没有进行系统解释，并且特地说明这是"有待解决的问题"②。但他也做过一些提示，比如谈到："良贱制是唐朝权力对人民进行政治统治的根本，因此唐朝的政策基调就是确保良民，要使被置于贱民状况下的良民重新作为编户回复到与皇帝的直接关系之下。而对于已经以良民阶级分化为先在前提的宋朝权力来说，其政策基调就发生了转换，不再是确保良民，而是确保担税户（主户），不是防止良民沦为贱民，而是通过合法手段形成私人支配隶属关系。"③高桥先生的提示，实际上已经触及问题的核

际宋史研讨会论文选集》，河北大学出版社1992年版。

① 参见高桥芳郎：《宋至清代身分法研究》，第16—21、160—161页。

② 参见高桥芳郎：《宋至清代身分法研究》，第164页。

③ 高桥芳郎：《宋至清代身分法研究》，第161—162页。

心，这就是面对良民阶级分化的现实，宋朝为了确保税户（主户），形成了不同于唐朝的新的统治理念和身分构成原理。

高桥先生所说的担税户（主户），在宋代被分为五等，其中上三等构成所谓"富民"阶层的主体。近年以林文勋先生为代表的一批学者，围绕"富民社会"做了大量研究，试图用这一概念统括宋代至清代的社会形态。①"富民社会"理论融合了"唐宋变革"论、中产阶级理论和马克思主义社会形态理论②，确实具有创新意义，但能否成立尚待验证。无论是否赞成这个理论，多数学者都认可富民阶层的兴起，确实是宋代出现的一个重要现象。"富民社会"理论特别重视唐宋以来租佃契约关系的确立和发展，认为这是凸显富民中心地位的关键所在。在他们看来，富民作为一个在社会经济分化中产生的新兴阶层，只拥有财富而没有政治特权，因而不能抑良为贱，无法采取超经济强制的手段来强制小农从事生产，只能采取经济手段即租佃关系对小农进行剥削，租佃契约关系从经济层面保证了双方政治和法律地位上的平等。③"富民社会"理论为了证明富民是社会的中间层、稳定层和动力层，对其功能和行为不免有所溢美。就法律规定而言，富民确实无法把良民抑为贱民，但这

---

① 参见张锦鹏、武婷婷：《"富民社会"理论的学术研究回顾及展望》，《思想战线》2018年第6期。

② 在富民研究上做出重要贡献的薛政超指出：在追求人民解放与民族独立的年代，自然要突出马克思主义的革命性、斗争性，而在追求民富国强与民族复兴的新时代，则要强调经济与社会发展的建设性、合作性，"富民社会"理论就是"时代语境从革命性主导转向建设性主导在理论上的反映"（参见氏文：《也谈宋代富民研究中的几个问题——对学术界相关批评与质疑的回应》，《思想战线》2018年第6期）。看来"富民社会"理论不仅仅着眼于历史，也有呼应现实变化的意图。

③ 参见林文勋：《中国古代"富民社会"的形成及其历史地位》，《中国经济史研究》2006年第2期；林文勋：《宋元明清"富民社会"说论要》，《求是学刊》2015年第2期；薛政超：《再论唐宋契约制租佃关系的确立——以"富民"阶层崛起为视角的考察》，《思想战线》2016年第4期。

并不妨碍他们实际保有类似贱民的租佃者和雇佣人，宋代史料也惯常使用"佃仆"、"奴婢"、"奴仆"等词语称呼这些人，富民与这些人之间的关系并非不存在超经济强制的纯粹契约关系。更进一步说，正是适应这种新的社会现实，才出现了承认私人支配隶属关系的统治理念转换，法律意义上的"雇佣人"身分的出现就是其重要表现之一。

宋代将雇佣人视为雇主之拟制性家庭成员的原则，被元代法律所继承。比如，至顺元年（1330年），礼部在呈文中援引《唐令》《刑统》中关于"部曲、奴婢为主隐，皆勿论"的规定，提出如下建议："受雇佣工之人，既于主家同居，又且衣食俱各仰给，酌古准今，即与昔日部曲无异，理合相容隐。"最后刑部议得："诸佣工受雇之人，虽与奴婢不同，衣食皆仰于主，除犯恶逆及损侵己身事理，听从赴诉，其余事不干己，不许讦告。"① 此外，元代对于雇佣人盗窃雇主财物的处罚，也"比依奴婢盗卖本使财物，减等定论，不追倍赃，免刺相应"；但"盗先雇主财者，同常盗论"②。明初制定的《大明律》，也依然沿袭了这一原则。

3. 士绅力量增强与明代万历"新题例"的制定

《大明律》律文是以唐律为蓝本，但体例则借鉴《元典章》按六部顺序编排。《大明律》中涉及"雇工人"者共有14条③，均与家长及其亲属有关。将唐明律对应条款加以比较，可以看出明律其实是用"雇工人"替换了唐律中的"部曲"。但两者的身分性质却大不相同，致使晚清法学家薛允升深感困惑："究竟雇工人是良是贱，律内并未言；及其与

---

① 沈仲纬：《刑统赋疏》第六韵《罪相为隐外止及于祖孙》。
② 《元典章》卷49《刑部十一·诸盗一·免刺·受雇人盗主物免刺》；《元史》卷104《刑法三·盗贼》。
③ 参见小山正明：《明清社会经济史研究》，第373—379页。

平人相犯，是否以凡论，亦无明文。"①薛允升仅比较唐明律之法条，产生这种疑问是可以理解的，但这一问题并非是明律不够谨严，而是雇工人的身分性质所决定的。如前所述，唐律中的部曲，是国家维持良贱制度的产物，因而部曲既是法律身分也是社会身分；而明律中的雇工人，虽然从字面看是替代了唐律中部曲的相应位置，但实质上是承继宋元法律中的雇佣人而来，它是良贱制解体后国家对私人支配隶属关系认可的产物，因而雇工人只是法律身分而非社会身分。现代一些学者通过对部曲和雇工人法律地位的比较，认为"用雇工人取代部曲，确是历史的巨大进步"②。如果仅从部曲上升到雇工人这条演变线索看，这种看法无疑是正确的；但也不能忽视另一条线索，这就是唐代在法律身分上与雇主平等的雇佣人，从宋代开始，有一部分被置于与雇主不平等的"主仆名分"之下。法律条文的修订变化，往往在使一部分人受益的同时，又使另一部分人受损。此后明清雇工人条例的屡次修订也体现了这一点。

《大明律》并未对雇工人身分的构成条件进行说明，明代前期似乎也无人对此加以解释。对于生活在元明之际的人们来说，因有元朝的惯习和案例作为参照，或许确实无须对这个概念加以界定。但随着时间推移，现实社会中的人身关系日益复杂，雇工人身分究竟适用于哪些人便成为一个令人困惑的问题。一方面，正如宋代雇佣人法所显示的，法律上的雇工人与社会中的雇工是不能等同的，面对现实社会中复杂多样的雇佣关系，在审理具体案件时，判断当事人是否应属雇工人，本来就容易产生歧义；另一方面，由于《大明律》严厉禁止庶民之家存养奴婢，社会中被称为"义子女"的那些变相的奴婢，便在法律上被比拟为雇工人身分，而义子女与主人之间结成隶属关系的时间及其生活状态也多种

---

① 薛允升：《唐明律合编》卷22《刑律三·斗论二·良贱相殴》。
② 周良霄：《明律"雇工人"研究》，《文史》第十五辑。

多样，这更增加了判断雇工人身分的复杂性。

事实上，较早引起官员们关注的，并非雇工的身分界定，而是义子的身分界定。当时采用的判断标准有两项：一是过房年龄，二是是否曾受"恩养"。正统年间，大理寺卿俞士悦谈到："于例，义男女十五岁过房，不蒙恩养，准雇工人科断。"① 景泰初，刑部署郎中王概言："旧例，告义子女义妇义孙妾子前妻前夫之子不孝者……必验其年岁，如过房在十五岁前，曾受义父母鞠养，则坐以不孝；不然，但以雇工人殴骂家长律坐之。"② 弘治年间制定的《问刑条例》规定："义父母殴杀故杀义子者，若过房在十五岁以下，曾蒙恩养；或十六岁以上，曾分有财产、配有室家者，依殴杀乞养异姓子孙律坐罪。若过房虽在十五以下，恩养未久；或十六以上，不曾分有财产、配有室家者，依故杀雇工人律坐罪。"③ 或许在司法实践中，判断义子是否应比拟雇工人，比判断雇工是否属于雇工人的情形更加普遍，以至龚大器《招拟指南》记载了这样一条疑问："义子过房在十六以上，及未分有田产、配有妻室者，凡有所犯，俱以雇工人论，是矣。若用钱雇募在家佣工者，如有所犯，当作何项人论断？"他还质疑说："议者率以雇募用工者作凡人论，则所谓雇工人者是何等人也？"④ 可见当时不少人认为，既然符合规定条件的义子"俱以雇工人论"，而用钱雇募在家佣工者，其身分显然又与义子有别，所以应当将其视为凡人。

到万历十六年（1588 年）颁布的"新题例"，才对义子和雇工人的身分标准都作出规定。该题例缘于左都御史吴时来等人的题奏，他们指

---

① 《明英宗实录》卷 145，正统十一年九月丙子条。

② 《明英宗实录》卷 189，景泰元年二月丙戌条。

③ 黄彰健编著：《明代律例汇编》卷 20《刑律三》，"中央研究院"历史语言研究所 1979年版，第 843 页。

④ 龚大器：《（新刊）招拟指南》卷首《招拟或问》。转引自《经君健选集》，第 56、58 页。

出："律称'庶人之家，不许存养奴婢'，盖谓功臣家方给赏奴婢，庶民
当自服勤劳，故不得存养。有犯者，皆称雇工人，初未言及缙绅之家
也。且雇工人多有不同，拟罪自当有间。至若缙绅之家，固不得上比
功臣，亦不可下同黎庶，存养家人，势所不免。"可以看出，吴时来等
人关注的重点，是"缙绅之家"与其雇佣人口和财买人口之间的身分关
系。他们认为，《大明律》禁止庶民之家存养奴婢，但并未说缙绅之家
也不许存养；此外，雇工人的情形多种多样，有犯拟罪时也应当有所区
别。为此他们建议："合令法司酌议，无论官民之家，有立券用值、工
作有年限者，皆以雇工人论；有受值微少、工作止计月日者，仍以凡人
论。若财买十五以下、恩养已久、十六以上、配有室家者，照例同子
孙论。或恩养未久、不曾配合者，在庶人之家，仍以雇工人论；在缙绅
之家，比照奴婢律论。"①经都察院会同刑部、大理寺商议，最后题定这
样一条法例："今后官民之家，凡倩工作之人，立有文券、议有年限者，
以雇工人论；止是短雇月日，受值不多者，依凡论。其财买义男，如恩
养年久，配有室家者，照例同子孙论；如恩养未久，不曾配合者，士庶
之家依雇工人论，缙绅之家比照奴婢律论。"②

　　在明清雇工人研究中，这个"新题例"堪称居于枢纽地位，所有相
关论著都会加以援引和解释。不过，由于学者们的着眼点大多放在生产
关系变化方面，不少人引用"新题例"只节录前半部分，而将关于"财
买义男"部分舍去，其实必须把"雇工人"和"财买义男"结合起来，
才能准确全面理解制定这个条例的意图。

　　在绝大多数学者看来，"新题例"使短工的凡人地位得到确定，因
而具有重要而积极的历史意义。但具体说法又有差别，主要观点可归纳

---

①　《明神宗实录》卷191，万历十五年十月丁卯条。
②　黄彰健编著：《明代律例汇编》卷20《刑律三》，第836页。

为三种：第一种主张"新题例"颁布前，法律并没有区别受雇的劳动者是长工还是短工，因而社会上所有雇佣劳动者在法庭上都被当作雇工人对待，"新题例"将短工从雇工人等级提升到凡人等级，使其获得与雇主平等的法律地位。① 第二种认为从吴时来等人所说"有受值微少、工作止计月日者，仍以凡人论"来看，"新题例"前短工已不属于雇工人范畴，但万历五年（1677 年）以前并非如此，因为该年刊行的龚大器《招拟指南》中，还认为"用钱雇募在家佣工者"都算雇工人，"新题例"肯定了这种刚刚形成的事实，明确将短工排除在雇工人的范围之外，因而具有重要的历史意义。② 第三种对"新题例"前法律是否把短工当作雇工人未做明确结论，他们认为短工的大量出现是明代商品经济发展和经济作物种植普遍的产物，这些人实际上已经是自由的劳动者，但当时有人把他们也当作雇工人看待，于是政府在法律上加以明确，"新题例"反映了"短工身分在万历时期发生重大的变化"③。

　　当然也有一些学者不同意上述看法。比如许涤新、吴承明等先生认为，"新题例"中短工"依凡论"，"不过是肯定历史事实，并没有多少新的意义"④。李文治先生也认为，"仍以"二字说明短工很早就以"凡人"的身分出现了，"新题例"可能是承袭过去的惯例⑤。高桥芳郎先生

① 参见周良霄：《明律"雇工人"研究》，《文史》第十五辑；魏金玉：《试说明清时代雇佣劳动者与雇工人等级之间的关系》，《中国经济史研究》1986 年第 4 期；黄冕堂：《清代"雇工人"问题考释》，《社会科学战线》1988 年第 1 期；蒋燕玲《论清代律例对雇工人法律身份的界定》，《社会科学家》2003 年第 5 期。

② 参见《经君健选集》，第 4、20—24 页。

③ 参见许大龄：《十六世纪十七世纪初期中国封建社会内部资本主义的萌芽》，《北京大学学报（人文科学）》1956 年第 3 期；傅衣凌：《我对于明代中叶以后雇佣劳动的再认识——兼质罗耀九先生》，《历史研究》1961 年第 3 期。

④ 许涤新、吴承明主编：《中国资本主义发展史》第一卷《中国资本主义的萌芽》，人民出版社 1985 年版，第 72 页。

⑤ 参见李文治：《明清时代封建土地关系的松解》，中国社会科学出版社 1993 年版，第

把"新题例"放在长时段中加以考察，认为"将短工作为凡人处理，这在宋元时代的雇佣人法中就已经得到认可了，因此，关于短工的规定，可以推测只是对现状的一种再确认"①。高桥先生对宋元时期雇佣人的具体形态做过细致梳理和分析②，他的说法是有根据的。具体到明代，旨在指导司法实践的《大明刑书金鉴》指出："雇工人者，乃受雇长工之人；或雇出外随行者，不论年月久近，皆是。若计日取钱，如今之裁缝、木匠、泥水匠之类，皆不得为雇工人。"③此书系明抄本，作者和时间均不详，据考证当编写于万历初期。④可见"新题例"将短工定为凡人，确实属于对现状的再确认。那么，短工是否在万历五年（1677年）后才获得凡人地位呢？笔者认为，万历五年后、"新题例"出台前，官方并未制定相关条例，仅以《招拟指南》为据未必成立：其一，龚大器嘉靖年间担任过刑部主事，《招拟指南》虽然刊刻于万历五年，但未必撰写于该年，更难断定反映的是该年情况；其二，龚大器在与"义子"相对照的语境下，针对"若用钱雇募在家佣工者，如有所犯，当作何项人论断"的疑问，作出"此真雇工人也"的回答，这只是他个人的见解，正如他自己所谈到的，当时更普遍的情况，是"议者率以雇募用工者作凡人论"。

"新题例"将"立有文券、议有年限"的长期雇工确定为雇工人，应当也是沿袭了宋代以来的惯例。傅衣凌先生曾比较元代和明代的雇工

125页。按，周良霄先生因坚信"新题例"前短工属于雇工人，遂怀疑"仍"是一个衍字（见氏文：《明律"雇工人"研究》），并无根据。

① 高桥芳郎：《宋至清代身分法研究》，第194页。

② 参见高桥芳郎：《宋至清代身分法研究》，第23—34页。

③ 转引自李文治、魏金玉、经君健：《明清时代的农业资本主义萌芽问题》，中国社会科学出版社1983年版，第265页。

④ 参见张伯元：《明代司法解释的指导书——〈大明刑书金鉴〉》，《律注文献丛考》，社会科学文献出版社2016年版。

契约格式，认为"元代的文书，是单方面的契约，而明代的契约，则系双方面议定的……然而双方议定工作年限，总比无年限的为雇主而工作显然是一种进步"①。这种说法未必确切，从出土的唐代雇工契样式看，那时就已存在议定工作年限的惯例。② 许涤新、吴承明等先生认为，"明代的长工，性质上与前代没有什么新的变化，但是，法律上终于把他们从奴仆中划分出来，确立了雇工人的身分地位，这也是一个进步"③。这种看法也令人有点不解，因为"新题例"出台前，长工在法律上也未曾被当作奴仆。赵冈先生则从另一方向思考这一问题，认为"仍以凡人论"是表示"过去对雇工人不但不加以区分，而且一概以凡人论"④。从《招拟指南》所引两个案例看，此前确有雇工被当作雇工人定罪，赵先生的说法未必完全合乎实情。⑤ 但结合龚大器所说"议者率以雇募用工者作凡人论"，此前当有不少长期雇工也被当作凡人定罪。

"新题例"中最有创意的部分，是依据其所属主家身分，确定"恩养未久、不曾配合"的财买义男的法律身分。然而就这一点而言，它不但没有进步，反而有所倒退。如前所述，无论是按弘治《问刑条例》的

---

① 傅衣凌：《我对于明代中叶以后雇佣劳动的再认识——兼质罗耀九先生》，《历史研究》1961 年第 3 期。

② 如《龙德四年雇工契（样式）》写明"从正／二月至九月末造作"，《康富子雇工契（样式）》写明"雇使一周年"。参见唐耕耦、陆宏基编：《敦煌社会经济文献真迹释录》第二辑，全国图书馆文献缩微复制中心 1990 年版，第 59、66 页。

③ 许涤新、吴承明主编：《中国资本主义发展史》第一卷《中国资本主义的萌芽》，第 74 页。

④ 赵冈、陈钟毅：《中国经济制度史》，中国经济出版社 1991 年版，第 178—180 页。

⑤ 赵冈先生认为这两个案例中，雇主并非一般民户，依雇工人判刑后却送兵部及工部，属于特例，龚大器举不出贴切的判例，所以抬出这样两个特例，正说明"当时一般司法者普遍以雇工人同凡人论处"。按，两个案件中的犯者，胡雄依"雇工人殴家长伤者"律判刑，"系军匠，照例送兵部定边，发边卫充军"；张泽"依雇工人骂家长者"律判刑，"系军余，审无力，照例送工部照徒年限做工"（参见龚大器《（新刊）比部招拟》卷 4，转引自《经君健选集》第 58—59 页）。其实两人被当作雇工人判刑，与其军匠、军余身分并无关系，但胡雄因系军匠，服刑方式与普通人有别。

规定，还是按龚大器《招拟指南》的说法，那些"恩养未久、不曾配合"的义子，如有所犯，都是一律比照雇工人定罪的。现在"新题例"却将功臣之外的人户，区分为"缙绅之家"和"庶人之家"，使得原本都"以雇工人论"的义子，有一部分变为"比照奴婢律论"了。正如高桥芳郎先生所说，"明律中禁止良民买卖和禁止庶民保有奴婢的原则，实际上已经通过新题例被废弃了"。但对于有些学者径直将"缙绅之家"的"义男"归入"奴婢"行列，高桥先生也表示质疑，他认为"新题例"仍然艰难地维持了良民不能通过"财买"的途径转化为奴婢身分的原则。①这种看法是合理的，因为从法律上说，"比照"不等于"真是"，所谓定罪时"比照奴婢律论"，只是相对于家长而言，对其他人依然是凡人身分。

"新题例"出现这样重大的原则变化，应当是适应士绅阶层兴起的现实而作出的一种身分重组。在探讨明代乡村控制体制时，笔者曾对地方精英的成分变化做过梳理，认为明代前期，出自富民阶层的粮长、里长、老人等作为民间权威发挥着社区领导作用，但到明代后期，以绅士为主体的新型地方精英成为乡村社会的支配阶层。②士绅阶层倚恃政治和经济特权，通过接受投献、债务准折、购买、强占等手段，以家人、义男的名义大量蓄养奴仆。③早在宣德年间，巡抚江南诸府的周忱就谈到："其豪富之家，或以私债准折人丁，或以威力强夺人子，赐之姓而目为义男者有之，更其名而命为仆隶者有之。"④此后士绅蓄奴愈演愈烈，到嘉靖年间已达到惊人程度，如曾任礼部尚书的董份"家畜僮仆

①　参见高桥芳郎：《宋至清代身分法研究》，第 194—195 页。
②　参见高寿仙：《明代农业经济与农村社会》，第 168—171 页。
③　参见韩大成：《明代的奴婢》，《明代社会经济初探》，人民出版社 1986 年版；小山正明：《明清社会经济史研究》，第二部第二章《明代の大土地所有と奴仆》；牛建强：《明代奴仆与社会》，《史学月刊》2002 年第 4 期。
④　周忱：《与行在户部诸公书》，陈子龙等选辑：《明经世文编》卷 22。

不下千人"①，官至内阁首辅的徐阶"家人多至数千"②。万历以降，情况更加严重，王士性谈到，河南光山"一荐乡书，则奴仆十百辈皆带田产而来"③。顾炎武描述晚明江南情形："太祖数凉国公蓝玉之罪，亦曰：'家奴至于数百。'今日江南士大夫多有此风，一登仕籍，此辈竞来门下，谓之投靠，多者亦至千人。"④

谢国桢先生提出这样一个疑问："蓄奴这件事，在中国已有很长的历史，在唐代有佃客、部曲的名称，到宋代以后，几乎看不见了。为什么到明代又有这样的繁盛呢？"他自己的看法，是因为元代蓄奴风气大盛，"明代买卖奴仆是承了元代的遗风"⑤。与宋代相比，元代不少方面出现倒退，奴婢制度复兴就是其表现之一，明代允许功臣蓄奴，确实是承继了元代的惯习。但是，对于功臣之外的人家，明太祖朱元璋是严禁蓄奴的，所以明代中叶以降蓄奴风气的炽盛，恐怕主要原因还不能归结到元代遗产上，而是士绅阶层兴起导致的。士绅阶层的利益和意愿，必然会在法律上反映出来，"新题例"出台前，不少法律著作就对《大明律》的相关条款作出曲解，以证明缙绅之家蓄养奴婢的合法性。如刊刻于嘉靖四十二年（1563年）的《读律琐言》解释说："庶民之家不许存养奴婢，则有官者而上，皆所不禁矣。……问刑者每于奴婢之罪，遂引雇工人科之，误矣。"⑥万历初年编写的《大明刑书金鉴》、《刻御制新颁大明律例注释招拟折狱指南》也都给出了相同解释。⑦"新题例"规定缙绅家的义子"比照奴婢律论"，不过是通过立法确认了这一社会现实和主流意

---

① 范守己：《曲洧新闻》卷2。
② 于慎行：《谷山笔麈》卷5。
③ 王士性：《广志绎》卷3《江北四省》。
④ 顾炎武著，黄汝成集释：《日知录集释》卷13《奴仆》。
⑤ 参见谢国桢：《明季奴变考》，《明清之际党社运动考》，中华书局1982年版。
⑥ 雷梦麟：《读律琐言》卷4《户律·立嫡子违法》。
⑦ 参见高桥芳郎：《宋至清代身分法研究》，第170—171页。

识。如果说，宋代雇佣人法是适应富民阶层兴起而发生的统治理念和身分构成原理的转换，那么也可以说，万历"新题例"是适应士绅阶层兴起而发生的统治理念和身分构成原理的又一次转换。

4. 奴仆制度回潮与清代"雇工人"条例的修订

万历"新题例"一直沿用到明朝灭亡，并为清朝所继承。正如大家所公认的，直到乾隆二十四年（1759年），才首次修改了雇工人条例，其后还于乾隆三十二年、乾隆五十三年、嘉庆六年（1801年）、宣统二年（1910年）分别做过修改。但需要指出，万历"新题例"包含两部分内容，一部分针对雇工，另一部分则针对财买义男，并确定了将缙绅之家的义男"比照奴婢律论"的新标准。大家关注的从乾隆二十四年开始的几次修改，调整对象仅限于雇工的身分；至于财买义男的身分，由于满洲盛行奴仆制度，旗人蓄奴非常普遍，必然影响到清朝对汉人奴仆的态度[1]，因而相关法律从清朝初年就开始变化了。

高桥芳郎先生把清代雇工人条例的修改与奴婢律的修改联系起来考察，他特别重视雍正五年（1727年）颁布的条例。此例是根据雍正皇帝的指示议定的，他认为"满洲风俗，尊卑上下，秩然整肃，最严主仆之分"，但汉人奴仆却存在"傲慢顽梗，不尊约束，加以诃责，则轻去其主"等"敝俗"，因此谕令大学士九卿详议"与满洲奴仆划一之处"[2]。最后议定的条例内容如下："凡汉人家生奴仆，印契所买奴仆，并雍正五年以前白契所买，及投靠养育年久，或婢女招配生有子息者，俱系家奴，世世子孙永远服役，婚配俱由家主。仍造册报官存案。"此后对白

---

[1] 参见韦庆远、吴奇衍、鲁素：《清代奴婢制度》，中国人民大学出版社1982年版，第13—21页。

[2] 《清世宗实录》卷50，雍正四年十一月癸丑条。

契所买奴仆的承认年限不断后延，条例内容也屡次修订，到乾隆五十三年（1788 年）最终出台如下条例："凡白契所买并典当家人，如恩养在三年以上，及一年以外、配有妻室者，即同奴仆论。倘甫经典买，或典买未及三年，并未配有妻室者，仍分别有罪无罪，照殴死雇工人本律治罪。"[①]

高桥先生认为雍正五年条例具有两点划时代的意义：其一，对于明代以来不断推进的事实上的保有"他人劳动力"的行为，国家不再对保有主体进行限定，而是正式认可了奴婢的保有权。而与此同时，国家也认可了通过买卖使良民奴婢化。其二，中国传统的奴婢身分构成原理，是以将皇帝作为顶点的礼制秩序为基础来定立身分，而这项条例却是依据奴婢的来历以及其与主人的具体关系来决定身分，因而创造出了新的奴婢身分。换句话说，原来那种因犯罪没官或俘虏化而沦为奴婢者，其身分性质是演绎性、绝对性的；而这种新型奴婢的法律身分，与雇工人身分一样，是基于相对性的标准归纳性地设定的。基于这项新条例，原来被作为雇工人把握的带有奴婢性质的那一部分人，便被从雇工人范畴分离出去了。[②] 如果与万历"新题例"比较一下，按照"新题例"应当"以雇工人论"的士庶之家的财买义男，很多便降为真正身分的奴仆了。

经君健先生认为高桥先生把雇工人条例和奴婢律的修改联系起来考察"是很新颖的"，但不同意雍正五年条例"创造出了新的奴婢身分"的说法。其一，承认从缙绅阶层到士庶之家都可以存养奴婢，并非始自雍正五年，早在顺治初年就开始了。《大明律·户律·立嫡子违法》规定："若庶民之家存养奴婢者，杖一百，即放为良。"《大清律》全抄此条，但在"存养"二字后加了"良家男女为"的五字小注，这使律意发生了

[①]　光绪《钦定大清会典事例》卷 810《刑部·刑律·斗殴·奴婢殴家长》。
[②]　参见高桥芳郎：《宋至清代身分法研究》，第 195—199 页。

很大变化：从此不再禁止庶民之家存养奴婢，只是不准存养良家男女为
奴婢。其二，认可通过买卖使良民奴婢化，也非始于雍正五年，此前已
经颁布数个类似条例，雍正五年条例只是一系列条例中的一个而已。因
此经先生认为，雍正五年条例导致的只是奴婢队伍的扩大，毫不影响奴
婢的性质及其在主人、主人家庭以及社会上的地位，所以"并没有一个
与原有的奴婢有原则差异的'新的奴婢身分'由于这些条例的产生而被
'创造'出来"①。

　　经先生的批评自有其道理，清代奴婢律发生重大变化，确实从清初
就已开始，承认契买奴婢也非雍正五年条例的新规定。② 需要稍加解释
的是，《大清律》允许庶民存养奴婢，但仍不准通过买卖等手段把良民
变成奴婢。雍正五年以前关于契买奴仆的规定，主要是针对旗人，雍正
五年条例则是专门针对汉人，确实具有重要意义。此外，高桥先生所说
"新的奴婢身分"，也提醒我们注意清代奴婢制度的新特点。如前所述，
在现实社会中，确实一直存在大量因买卖和债务而被置于奴婢处境者，
但在法律上，则长期没有正式承认这些人的奴婢身分，而是把他们当作
雇工人或义男加以把握。万历"新题例"虽然规定缙绅之家的义男"比
照奴婢律论"，但尚未把他们当作真正的奴婢。清代才最终突破这一界
限，在法律上承认了因买卖和债务而被置于奴婢处境者的奴婢身分。从
奴婢身分构成原理看，这确实是一次重大变化。

　　回到雇工人条例的五次修改，其中嘉庆和宣统年间的两次只是技术
性的微调，乾隆年间的三次修订则每次都有较为重要的变化。历来的各
种研究，正如高桥芳郎先生所说，都希望从这些修改过程中找出某种
"历史性发展"。他对这种思路表示怀疑，认为"这一修改过程不过是单

---

① 参见《经君健选集》，第 367—368 页。
② 参见《经君健选集》，第 211—216 页。

纯的技术性变化"。当然，这种技术性修改并非与社会现实无关，他概括地指出："明律、清律中功臣以外的人保有奴婢的相关法律规定与现实中功臣以外阶层对奴婢性质的劳动力的保有之间存在着矛盾，上述过程是以这种矛盾为主要基础，以法律对现实妥协让步的形式进行的。"①具体情况究竟如何，需要结合每次修订的具体内容加以考察。

乾隆二十四年（1759 年）的修改，缘于山西按察使永泰的奏请。按照万历"新题例"，确定雇工人身分的标准，是"立有文券、议有年限"。但在现实社会中，许多长期甚至终身性的雇工也并未订立文契。他认为这些人"干犯"雇主，仅因没有文契就以凡人论，"揆之情理，殊属未协"②。经刑部议覆，形成如下新条例："除典当家人及隶身长随俱照定例治罪外，其雇倩工作之人，若立有文契、年限，及虽无文契，而议有年限，或计工受值，已阅五年以上者，于家长有犯，均依雇工人定拟。其随时短雇受值无多者，仍同凡论。"③

在将该条例与万历"新题例"对比后，绝大多数学者都认为，该条例沿袭了依照雇佣期间长短来确定是否适用雇工人律的思路，在立法原则上并无新的变化。但小山正明先生指出，以前强调雇工是受主家恩养、雇佣期间越长恩养程度越深的身分隶属关系，是把雇工视为"与奴婢同质的劳动力"，乾隆二十四年条例否定了这种观念。④经君健先生对他的看法提出批评，认为这个条例只不过是对哪些雇佣劳动者构成雇工人身分这一问题订出新的划分标准而已，对雇工人所具有的性质并不

---

① 高桥芳郎：《宋至清代身分法研究》，序第 4—5 页、第 199—205 页。

② 《枭部定例汇编》卷 1《名例·白契奴婢及雇工人干犯家长分别定拟》。

③ 光绪《钦定大清会典事例》卷 810《刑部·刑律·斗殴·奴婢殴家长》。

④ 小山正明：《明清社会经济史研究》，第 372 页。按，小山正明在具体分析乾隆二十四年条例时，认为新增内容不过是对万历"新题例"所说"工作有年限者"的细化规定，在原则上并无创新之处（参见同上书，第 367、369 页）。前后说法似乎矛盾。

发生影响。① 经先生虽然认为雇工人性质并无改变，但还是主张"这次
修改可说是一个进步"，认为它在客观上产生了两个结果：第一，解放
了未立文契、年限而连续受雇于同一雇主不足五年的雇工，给他们以
"凡人"的法律地位。第二，未立文契、年限，连续受雇于同一雇主五
年以上的雇工，在不侵犯雇主的条件下，也得到凡人的法律地位。② 笔
者反复揣摩这个条例，未能理解经先生的说法。其一，就法条本身的
含义而言，没有"立有文券、议有年限"的雇工，此前是应当被作为凡
人对待的，新条例将其中一部分确定为雇工人身分，这显然是一种"退
步"而非"进步"；其二，在法律上确定雇工人身分的目的，正是为了
解决"有犯"时给予相应的刑罚，本身就不存在"无犯"时是凡人还是
雇工人的问题。此外，经先生还认为，条例中使用"雇倩工作之人"，
"是把从事生产性劳动的雇佣劳动者分作雇工人和非雇工人两大类，法
典容许从人身隶属关系中解放出来的，只是部分从事生产劳动的雇佣劳
动者"③。这种说法十分新颖，但恐怕只是经先生个人的推论，从条例本
身实在看不出这层意思。

但是，对于未立文契年限的雇工，以是否满五年作为区分标准，
并未从实质上解决永泰提出的问题。刑部官员认为，"受雇在一年以
外，至二三四年，恩养已不为不久，不便竟同凡人问拟"④。于是在乾隆
三十二年（1767 年），再次对条例进行了修改："凡官民之家，除典当
家人、隶身长随，及立有文契、年限之雇工，仍照例定拟外，其余雇
工，虽无文契而议有年限，或不立年限而有主仆名分者，如受雇在一年
以内，有犯寻常干犯，照良贱加等律再加一等治罪；若受雇在一年以上

---

① 《经君健选集》，第 167 页。
② 参见《经君健选集》，第 35—36 页。
③ 《经君健选集》，第 36 页。
④ 《大清律例按语》卷 59《刑律·斗殴下·奴婢殴家长》。

者，即依雇工人定拟；其犯奸、杀、诬告等项重情，即一年以内，亦照雇工人治罪。若只是农民雇倩亲族耕作，店铺小郎，以及随时短雇，并非服役之人，应同凡论。"①

对于这个条例中"若只是农民雇倩亲族耕作"一句，学者们标点有所不同：经君健、高桥芳郎等先生均不点断，认为从事"耕作"的雇工中被解放的只限于"亲族"，从事"耕作"的雇工只有受雇于"农民"时才得"同凡"②；小山正明先生则在"农民雇倩"与"亲族耕作"之间点断，认为在雇佣一般农民耕作、耕作同族地主的土地、短期雇工等情形下，是一律适用凡人律的③。《钦定大清会典事例》刻本加有句读，此处并未点断，细绎文义也当以不点断为是。至于这个条例的意义，重田德先生认为与原条例相比，明显对雇工人是不利的，未必能放在雇工人地位提升的线索上加以理解，甚至与通常所认为的随时间推移逐渐解放的方向是完全相反的。④经君健先生则从两个方面看待这个条例：一方面，他认为这个新条例否定了上个条例中关于未立文契、年限而雇期须在五年以上才算雇工人的规定，"这样，就把某些已经解放为凡人的雇佣劳动者又降到雇工人等级里去。对雇佣劳动者取得和雇主平等的法律地位的过程来说，这显然是一次倒退"。另一方面，他又认为"主仆名分"原则在条例中的出现具有重要意义，"因为它把一部分生产劳动者，即被亲族雇佣的农业长工、所有非服役性短工和店铺小郎，都从雇工人等级中剥离出来了。这也是雇工人法律身分解放过程的一个表现"⑤。笔者赞同经先生前一方面观点，但认为其后一方面观点

① 光绪《钦定大清会典事例》卷 810《刑部·刑律·斗殴·奴婢殴家长》。
② 参见高桥芳郎：《宋至清代身分法研究》，第 202 页；《经君健选集》，第 38—39 页。
③ 参见小山正明：《明清社会经济史研究》，第 371 页。
④ 参见重田德：《清代社会经济史研究》，第 88 页。
⑤ 《经君健选集》，第 37—38、360 页。

似难成立，因为条例中列举的"应同凡论"的几种情形，并非因为此次引入"主仆名分"原则才获得凡人地位，可能向来如此，新条例只是重申一下。

乾隆三十二年（1767年）条例虽然引入"主仆名分"原则，但只是适用于"不立年限"这种特定场合，而在立有文契或议有年限的情况下，并不区分是否有"主仆名分"。很多地方官员都是按这一原则判案的，但刑部官员对此却有不同理解，他们认为："办理雇工之案，固以文契、年限为凭，尤当询其有无主仆名分，及是否服役之人。"①他们不仅多次推翻地方官员将"寻常庶民之家"的雇工视作雇工人的判决，还奏请修改法律，最终于乾隆五十三年（1788年）颁布了新条例："凡官民之家，除典当家人、隶身长随仍照定例治罪外，如系车夫、厨役、水火夫、轿夫及一切打杂受雇服役人等，平日起居不敢与共，饮食不敢与同，并不敢尔我相称，素有主仆名分者，无论其有无文契、年限，均以雇工论。若农民佃户，雇倩耕种之人，并店铺小郎之类，平日共坐共食，彼此平等相称，不为使唤服役，素无主仆名分者，亦无论其有无文契、年限，俱依凡人科断。"②

正如学者们一致认为的，这个条例完全抛弃了其他条件，只凭"主仆名分"来决定是否雇工人，较以前条例在性质上发生了重大变化。对于其现实意义，经君健先生认为既有反动也有进步：一方面，它把从事服役劳动的短工也划入雇工人等级，这乃是明清雇佣劳动立法史上又一次反动；另一方面，它提出了划分雇工人界限的新原则，不论对中国农业雇佣劳动者法律上人身隶属关系的解放，还是对中国农业资本主义的发展，都是具有重要历史意义的。③关于第一点，经先生以轿夫、车夫

---

① 中国第一历史档案馆编：《清代档案史料丛编》第11辑，中华书局1984年版，第40页。

② 光绪《钦定大清会典事例》卷810《刑部·刑律·斗殴·奴婢殴家长》。

③ 参见《经君健选集》，第40、42—50页。

为例说明："当他们受雇时，就和坐轿乘车的任何一个雇主临时结成具有所谓主仆名分的关系，他们若和雇主发生诉讼案件，就会被当作雇工人看待。"① 笔者感觉这种解释可能略有过度。从条例所说"素有主仆名分"和"素无主仆名分"看，其适用范围应当还是相对固定的雇佣关系。很难设想在街面上营生的轿夫、车夫，只要有人乘坐其车轿，无论此人是缙绅、庶民甚或"农民佃户"，便和他结成了临时性的"主仆名分"。关于第二点，笔者基本同意，这个条例确实将等级身分较低的雇主所雇的原来属于雇工人范围的长短工排除在雇工人范围之外。但也应注意：它同时又将等级身分较高的雇主所雇的原来不属于雇工人范围的长短工纳入雇工人范围之内。

纵观上述几次条例修改，笔者感觉确实如高桥芳郎先生所说，"是将由于种种原因形成的私人支配隶属关系下的私人隶属民的法律身分，对应实际状况进行整序和细分规定的过程"②。很多学者将其理解为一个人身隶属关系日趋解放的过程，恐怕并无充足的法理和事实根据。从宋代开始，基于"主仆之分"的理念，开始在法律上将部分雇佣人置于与主家相对的卑贱地位。但对于以什么标准确定主雇双方是否具有"主仆名分"，则一直处在探索当中。万历"新题例"出现了以主家身分确定其隶属者身分的原则，但只适用于财买义男，对于雇工是否属于雇工人身分，则根据是否"立有文契、议有年限"判定。在司法实践中，审判者不免会有这样的感觉：他们主观认为应当属于雇工人者，按法律则只能定为凡人；他们主观认为不应当属于雇工人者，按法律只能定为雇工人。通过调整年限的办法，显然无法从根本上解决这个问题，于是"主仆名分"原则便自然而然地突显出来，最终被确立为唯一的标准。雇工人律的这种变化，与奴仆律的变化具有对应关系，可能进一步强化了社会中的等级身分差别。

5. 结语

关于中国历史上的雇佣劳动问题，已经积累了大量研究成果。不少学者认为，无论从现实社会中雇佣关系的变化，还是从反映这种现实变化的法律规定中，都可以看出一种"历史性发展"的趋势，雇佣劳动者的社会地位和法律身分都在逐步提高。在明清雇工人研究中，这种"进步论"倾向体现得尤其明显。但在高桥芳郎先生看来，希望从法律条文修改中找出某种"历史性发展"的思路未必可行，他认为这些修改只是一种"重组过程"，"并未体现出法律身分体系有任何本质的变化"。笔者认为，中国早就存在雇佣劳动者，其在现实社会中的地位和处境，及其与雇主的实际关系，在不同时代未必有多大的差别，但对其法律身分的认定却屡有变化，这主要是反映了适应社会变化而发生的统治理念变化和身分重组，不一定意味着雇佣劳动者由不自由到自由的身分提升。

大致说来，唐朝不允许良民保有其他良民，只承认由官奴婢演变而来的奴婢、部曲等私贱民，而将雇佣劳动者作为良民对待。到了宋代，随着富民阶层的兴起，转而承认良民内部存在的私人支配隶属关系，并创设了相对于雇主处于卑下地位的"雇佣人"身分，明代的"雇工人"身分即承此而来。明代中后期士绅势力壮大后，强烈希望法律承认他们大量蓄养奴婢的现实，万历"新题例"的出台，主要就是适应这种要求，将缙绅之家的义男，由原来"以雇工人论"改为"比照奴婢律论"。清初受满洲奴仆制因素的影响，允许庶民保有奴婢，承认了因买卖和债务而被置于奴婢处境者的奴婢身分。乾隆年间对雇工人律的三次修订，越来越强调"主仆名分"，在将一部分原来属于雇工人范围的雇工排除出去的同时，又将另一部分原来不属于雇工人范围的雇工纳入进来。就雇工人这一法律身分而言，其基本性质在历次修改中都没有发生改变，但其适用对象却不断调整。因此，与其将这些修改视为现实中雇佣劳动者身分提高的过程，确实不如将其视为法律上的雇工人的身分重组过程。

除对上述纵向演变存在激烈争论外，围绕雇工人的身分性质也存在尖锐分歧，主要看法有三种：第一种可以经君健先生为代表，他认为雇工人的法律身分既不同于凡人，也不同于奴婢，乃是被编制在雇主的宗法家长制体系以内的一个特定的社会等级。① 第二种可以高桥芳郎先生为代表，他认为雇工人身分并不是政治性、社会性身分，而只是法律身分，甚至只不过是一种单纯用来表示刑罚轻重的手段而已。② 第三种可以赵冈先生为代表，他认为明清时期雇佣劳动都是自由就雇的，由此而遭到的法律歧视，包括有主仆名分、犯罪时较凡人罪加一等，只是雇佣条件的一部分，而非阶级的表征。③

赵冈先生喜欢用现代经济学原理观察古代经济问题，其对雇佣关系的理解亦是如此。经君健先生批评其用资本主义社会的契约关系来理解明清时期的法律与社会④，笔者深感赞同。无论是从立法原理还是实际案例看，被雇佣者是否属于雇工人，并非是由雇佣双方自行约定的，而是由审判者酌情推定的。其他两种观点之中，笔者更认同高桥先生的看法。其一，雇工人只是一种相对性的法律身分，在法律上被认定为雇工人的人，在社会生活中不一定是受雇佣工之人；反之，社会生活中的受雇佣工之人，在法律上不一定被认定为雇工人。能否将这样一种法律身分理解为一个特定的社会等级，的确值得斟酌。其二，雇工人是被作为

① 参见《经君健选集》，第1—16、110—113页。

② 参见高桥芳郎：《宋至清代身分法研究》，第182、187—188页。

③ 参见赵冈、陈钟毅：《中国经济制度史论》，新星出版社2006年版，第245页。

④ 参见《经君健选集》，第371—375页。

拟制性家庭成员而置于"卑幼"地位，在相同类型的犯罪中，雇工人与卑幼的加刑和减刑幅度都具有对应性，既然我们不认为当时存在卑幼这样一个社会等级，也就不应把雇工人视为一个社会等级。

笔者认为，中国古代社会是良贱有别、上下有等的等级社会，但在法律上表现为两种形态：一是绝对性的贵贱等级，即将某个阶层设定为不同于凡人的特殊身分；二是相对性的差序等级，即某人只对于特定关系人具有不同于凡人的特殊身份。雇工人虽与卑幼有别，但其性质也属于差序等级。事实上，差序等级不仅限于家庭成员和拟制性家庭成员，甚至连师生关系也被包含其中，比如明律规定："凡殴受业师者，加凡人二等。死者，斩。"①综合这些情况，笔者倾向于将雇工人理解为一种单纯的法律身分，或者说是一种用来加重或减轻刑罚的标准。②因此仅仅着眼于法律规定及其变化，恐怕难以了解当时雇佣劳动者的实际生活状况和社会地位。

三、真实与虚幻：全球视野中的近代早期世界经济图景
——对贡德·弗兰克《白银资本》的几点反思

安德烈·贡德·弗兰克（Andre Gunder Frank）撰写的《白银资本——重视经济全球化中的东方》一书③，尽管在很大程度上仍是借助

---

① 黄彰健编著：《明代律例汇编》卷20《刑律三》，第833页。并参见高桥芳郎：《宋至清代身分法研究》，第91—92页。

② 顺便说明，中国台湾地区现行刑法，仍存在不少"伦常条款"，对直系血亲尊亲有诬告、伤害、杀害、遗弃、限制人身自由等行为，都要加重处罚。参见黄源盛：《传统与当代之间的伦常条款——以"杀尊亲属罪"为例》，《华东政法大学学报》2010年第4期。

③ 该书英文名为"ReOrient：The Global Economy in the Asian Age"，由 University of California Press 于1998年出版；中译本由刘北成译，中央编译出版社2000年出版。

"现代世界体系"的视角提出、分析和解答问题，但他为自己设立的目标却是革命性的：这就是从根本上否定构成了 19 世纪和 20 世纪社会理论的基础和核心的那些命题，并建构更符合实际证据的新社会理论。从这部著作出版后所引起的强烈反响和争论来看，弗兰克至少部分地实现了自己的目标。当然，他提出的极具挑战性的新思路能否站得住脚，能否像他自己期望的那样取代传统观念成为学术理论界的"规范认识"，还有待于时间检验。笔者对于近代早期世界经济史和包括"现代世界体系"在内的各种理论模式的了解极其有限，不可能对这样一部涵盖面极广、论战性极强的著作作出全面评论，只想谈一下自己在阅读这部著作时的体会和疑惑。不当之处，尚祈教正。

1. 全球视野："反欧洲中心论的欧洲中心论"？

《白银资本》以重磅炸弹向长期雄踞于社会历史理论之峰巅的"欧洲中心主义"堡垒发起猛烈轰击。这种将"中心"位置和角色赋予欧洲的历史偏见，在近代以来西方产生的关于"东方"的绝大多数论著中都或多或少地可以发现。[1] 比如，在西方的"汉学"或"中国学"研究中，具有悠久历史的中华文明常常被描绘为具有典型的"东方"特征的文明形态。撇开那些赤裸裸地为殖民主义歌功颂德的作品，以及像魏特夫（Karl A.Wittfogel）《东方专制主义》那样的敌视共产主义中国的作品不论，即使在力图客观公正地评论中国历史的著作中，这种倾向也随

---

[1] 直到 19 世纪中叶，中国在欧洲人心目中还是一个富足的国度和值得效仿的榜样，此后欧洲人的中国观发生了急剧变化，中国被贬抑为"始终停滞的民族"。参见贡德·弗兰克：《白银资本——重视经济全球化中的东方》，第 33—39 页；Roamond Dawson, *The Chinese Chameleon, An Analysis of European Conceptions of Chinese Civilization*, London: Oxford University Press, 1967。

处可见。如费正清（John King Fairbank）所编《剑桥中国晚清史》，虽已意识到了"冲击—反应"模式（impact-response model）的局限性并有意发掘中国社会变迁的内在因素，但全书仍是建基于中西文化两极对立的基本观念之上，并且断言"两种文明是冰炭不相容的"①。到20世纪70年代，西方部分学者对自己在研究非西方社会时所依循的价值预设和分析模式开始进行比较认真的反思并提出批评，某些具有东方血统的学者对西方学术中的霸权主义和殖民主义色彩的抨击尤为透彻激烈，萨义德（Edward W.Said）于1978年出版的《东方学》堪称是其中的代表作，它使人看到，作为一种知识模式的"东方学"不过是为欧洲在世界体系中占据的支配性权力地位所进行的意识形态辩护。萨义德的分析主要以西方对中东历史文化的研究为素材，但其影响却远远超出中东学这一学术领域，美国《亚洲研究杂志》（Journal of Asian Studies）1980年5月号就曾刊载一组书评讨论萨义德的著作对于中国、印度、日本研究所可能具有的意义。集中体现中国学领域的反思成果的，是1984年出版的柯文（Paul A.Cohen）的《在中国发现历史——中国中心观在美国的兴起》，该书系统剖析了以往美国的中国学研究中使用的几种分析模式所内含的西方中心主义或者说种族中心主义偏见，充分肯定并大力提倡"一种植根在中国的而不是西方的历史经验之中的史学"，他称之为"中国中心观"（China-centered approach）。提倡研究中国时采用"中国中心观"，以及研究非洲时采用"非洲中心观"、研究中东时采用"中东中心观"、研究印度时采用"印度中心观"等等，无非是提倡这样一种学术态度和方法："离开外在的——往往是'殖民地历史的'——看法，而转向更加内在的取向，其特点是力图对任何特定的非西方社会的

---

① 费正清编：《剑桥中国晚清史》上卷，中国社会科学院历史研究所编译室译，中国社会科学出版社1985年版，第2页。

历史，从自身的情况出发，通过自身的观点，加以认识，而不是把它看成西方历史之实际或理论上的延续。"①这种试图克服欧洲中心论的学术趋势，在最近的 30 多年间已变得越来越强劲。

但是，依循上述态度和方法所进行的研究，是否找到了彻底消除欧洲中心主义的正确道路？是否真的能够从根本上摆脱欧洲中心主义幽灵的纠缠？对于这一问题，弗兰克给出的答案显然是否定的，当然由于他将抨击焦点对准那种将欧洲置于"中心"的学术传统，而对于研究非西方社会历史的学者以自己所研究的地域为"中心"的学术倾向评论并不太多。在他的理论框架中，任何内部取向或地方眼界的研究都是不可取的，因为这样的研究无法说明历史演变过程，而且从地域的、民族的、文化的因素中去挖掘经济变迁的动力与阻力，很容易落入欧洲优越论的泥潭中去。在弗兰克看来，从很早的时候起，就形成了一个包容全球的世界范围的贸易体系和劳动分工，也就是说，地球上只有一个世界经济体系，它有着自己的结构和动力，所有的社会都共同参与这同一个世界经济体系，一个"社会"是被它与另一个"社会"的关系塑造的，至于文化特征、制度结构一类的因素，对世界经济的演变过程所起的作用是微小的、非决定性的。因此，任何内部取向的研究都是舍本逐末，只见树木而不见森林。由此看来，弗兰克是彻底的反"中心"论者，他不仅反对"欧洲中心主义"，也反对"中国中心主义"、"印度中心主义"等一切形式的"中心主义"，而提倡一种"全球学的视野"（globological perspective）。不过，在一些批评者看来，弗兰克的理论模式尽管相当激烈，但并没有真正割断同欧洲中心主义的关联。弗兰克昔日的学术盟友、现今的批评对象沃勒斯坦就是这样认为的。沃勒斯坦指出，对欧洲

---

① 柯文：《在中国发现历史——中国中心观在美国的兴起》，中华书局 1989 年版，"序言"，第 6 页。

中心主义的批评可以归纳为三种说法，其中一种说法是"欧洲过去所做的事情只不过是世界其他地区早已经长期一直在做的事情的继续，欧洲只是暂时走到了前面而已"。他分析说，"这里的论证是，我们都在一起发展资本主义，而且，实际上不存在向资本主义的发展的问题，因为整个世界（或至少在整个欧亚范围）在某种意义上总是资本主义的"。他还进一步评论说，"由于用现代欧洲所做的事情作为评判欧亚世界范围的标准，我们实际上正在接受欧洲中心论的意识形态本质，即现代性（或资本主义）是非凡的和奇妙的"。因此，这种论调不过是"反欧洲中心论的欧洲中心论"，"因为它接受欧洲在其统治世界的时期提出的那一系列基本的价值，因而实际上否认并破坏了一些过去或现在代表世界其他地区的具有竞争力的价值系统"。[①] 沃勒斯坦的这一批评绝非无的放矢。从一个方面看，弗兰克否定了作为一种现代生产方式、现代生活方式和现代文明的资本主义的存在；但从另一方面看，他的确因将这种现代方式和文明在时间和空间上无限放大而使其普遍化了。

2. 以中国为中心的世界经济体系：事实抑或虚构？

由于据以观察问题的出发点不同，对同一历史现象所做的分析便自然会大相径庭。弗兰克在其著作中，非常重视为经济史家所公认的这一事实：在近代早期的全球贸易中，中国可以源源不断地向世界经济中其他地方提供其所需商品，而对外来商品的需求量却极其有限，其他地方只能用白银来平衡中国几乎永远保持着的出口顺差，以致中国成为世界白银的"终极秘窖"。在沃勒斯坦看来，这一事实说明"亚洲这时还不是欧洲世界经济体的组成部分，因为从 1500 年到 1800 年欧洲与亚洲国

---

① 沃勒斯坦：《进退两难的社会科学》，《读书》1998 年第 3 期。

家的关系通常是在亚洲诸国制定的框架中和条件下进行的"①；而在弗兰克看来，这一事实充分证明了中国在其时独一无二的世界经济体系中处于中心位置。为了否定那种认为世界经济只是到现在才开始"全球化"的流行观念，打碎"布罗代尔所谓的'欧洲的世界经济'和沃勒斯坦所谓的'现代世界体系'以及他们的众多信徒所作的历史研究和所提出的社会科学理论的错误基础"，弗兰克援引了东西方学者近些年来发表的大量研究成果，以证明自 1500 年以来就有一个全球世界经济及其世界范围的劳动分工和多边贸易，并且断言这个世界经济在非洲—欧亚的根源可以上溯一千年，甚至更早。尽管他反对各种"中心主义"，他还是给这个世界经济体系设置了"中心"——这个"中心"就是中国。他认为，基于在工业、农业、运输和贸易方面所拥有的绝对的和相对的更大的生产力，中国成为世界经济中一个最"核心"的经济体，换言之，世界经济的"地区划分"表现为同心圆的形式，在这些同心圆中，中国是最核心的一圈，而欧洲不过是在这些同心圆的外圈占有一席之地。由于全球市场的轮子是用白银的世界性流动来润滑的，中国处于核心地位的证据便是在全球贸易中保持着最大的顺差。应该说，弗兰克揭橥的事实并无新奇之处，勿宁说是众所周知的，但他根据这些事实得出的结论却使人颇感惊奇。18 世纪末年，乾隆皇帝在给来访的英使马戛尔尼（George Macartney）的谕旨和给英王的敕书中写道："天朝德威远被，万国来王，种种贵重之物，梯航毕集，无所不有"；"天朝物产丰盈，无所不有，原不藉外夷货物以通有无，特因天朝所产茶叶、瓷器、丝觔，为西洋各国及尔国必需之物，是以加恩体恤，在奥门开设洋行，俾得日用有资，并沾余润"②。过去中外学者大多把乾隆的敕谕视为昧于世界大势的僵化保

---

① 伊曼纽尔·沃勒斯坦：《现代世界体系》第一卷，尤来寅等译，高等教育出版社 1998 年版，第 421 页。

② 《清高宗实录》卷 1435，乾隆五十八年八月己卯条。

守、狂妄自大的表现，现在如用弗兰克的"全球视野"重加审视，则乾隆的敕谕乃是对于直到那时为止的几百年间的世界经济格局的客观而精确的描述。弗兰克对于中国以及亚洲经济的看法，受到日本学者滨下武志的很大影响。滨下为了扭转从西方观察亚洲的传统学术视角，提出"亚洲贸易圈"理论，认为历史上的亚洲存在着以中国为中心的朝贡贸易关系，并以这种关系为基础形成了"亚洲贸易圈"即"前近代亚洲市场"，这是亚洲而且只有亚洲才具有的唯一的历史体系，19世纪中叶以来形成的亚洲近代市场，并非是在近代西欧资本主义迫使亚洲对外开放的过程中形成的，而只不过是西欧加入了亚洲早已形成并按照自身规律运行的贸易网络和市场体系。① 很明显，弗兰克是将滨下的"亚洲贸易圈"一层一层向外扩展直至成为包容全球的世界经济体系，中国也就顺理成章地由"亚洲贸易圈"的中心跃居世界经济体系的中心。

　　弗兰克描绘的这幅因将中国置于世界经济中心而使我们深感新奇和振奋的图景是真实的吗？关键在于当时是否存在着全球化的世界经济体系。尽管弗兰克曾经是"现代世界体系"理论的大师之一，但他并不是将这一理论推衍到古代时期的始作俑者。在这方面首先进行系统探索的是阿拉伯裔美国学者阿布—卢格霍德（Janet Abu-Lughod），在《欧洲霸权之前：1250—1350年的世界体系》等论著中，她提出在以欧洲为中心的现代世界体系出现之前，存在着另一个亚洲在其中占有较包括欧洲

---

① 　参见滨下武志：《近代中国的国际契机：朝贡贸易体系与近代亚洲经济圈》，朱荫贵、欧阳菲译，中国社会科学出版社1999年版（关于此书的评论，见朱荫贵：《朝贡贸易体系与亚洲经济圈——评滨下武志教授的〈近代中国的国际契机〉》，《历史研究》1999年第2期）；《银の流通から见た世界経済のネットワーク》，柴田三千雄等编：《世界の构造化》（《シリーズ世界史への问い》9），岩波书店1991年版；《中国の银吸引力と朝贡贸易关系》，滨下武志、川胜平太编：《贸易圈と日本工业化1500—1900》，リブロポート1991年版；《中国と东南アジア》，石井米雄编：《东南アジアの历史》（《讲座东南アジア学》4），弘文堂1991年版。

在内的其他地区更为重要的地位的世界体系。阿布—卢格霍德的成果刊布后，引起弗兰克的极大兴趣和深刻反思。[①] 但弗兰克走得要比阿布—卢格霍德远得多，他一方面尝试把世界体系的适用性推及到更加古老的过去，另一方面则以历史资料和研究成果都很丰富的近代早期（1400—1800 年）为对象，对世界经济体系的结构、动力以及各地区在这一结构中的地位和作用进行了系统剖析。他的论述是广博恢宏的，也是颇具说服力的，相信很多人在读过他的著作后，会以新的眼光审视近代早期的世界经济史，会更加重视全球经济力量对一个特定社会的影响力，会对亚洲、欧洲以及世界其他地区的经济地位和变迁过程作出新的评价。但是，弗兰克的论述也存在着令人疑惑的成分。在近代早期，甚至在更古老的时期，世界各地区间的确存在着广泛的贸易往来，但仅凭这些就能断定其时世界各地区已被整合为一个发挥着决定性作用的、统一的经济体系吗？在为该书撰写的序言中，美籍华裔学者王国斌（R. Bin Wong）实际上已对此提出质疑，他认为，"中国江南地区的商业网络和英格兰东南部的商业网络由于白银贸易和欧洲人购买中国商品而被间接地联结起来，但是全球性的联系大概还不是我们看到的商业化运动的关键因素"。在长距离贸易还不得不主要地依赖贵重物品而非大宗商品的时代，如果在居于世界经济体系中心的中国江南地区和即将跃居世界经济体系中心的英格兰东南部之间的经济互动关系尚且令人感到不甚明朗，那么对于那些比较偏僻闭塞的地区来说，究竟在多大程度上参与并受到世界经济的影响呢？作为一个明清经济史的学习者，我认为历史资料并不足以证明白银流入是明清时代经济和人口迅速扩张与增长的主要

---

① See Andre Gunder Frank, Comment on Janet Abu-Lughod's "The Shape of the World System in the Thirteenth Century", *Studies in Comparative International Development*, Vol. 22, Issue 4, 1987；"The Thirteenth Century World System: A Review Essay", *Journal of World History*, Vol. 1, No.2, 1990.

原因；这种在白银大量输入中国之前很久即已开始的扩张与增长趋势，其原动力主要是内在的。或许，对于奉行"整体大于部分的总和"的原则的弗兰克而言，这种怀疑本身正是因被根深蒂固的偏见充塞了心智而无法看到"横向整合的宏观世界历史"（horizontally integrative macrohistory of the world）的反映，但弗兰克若想提高其理论模式的适用性和分析力，似乎有必要在这方面进行更加精细深入的研究。

　　更使人感到困惑的，是弗兰克关于现今的世界经济体系与数百年甚至数千年前的世界经济体系乃是一个连续的整体、在性质上并无差异的观点。阿布—卢格霍德虽然认为在 13 世纪时即已存在着世界体系，但她认为这一世界体系不过是另一个异样的现代世界体系的一个前身，现代世界体系是在 1450 年以后独立（重新）发明出来的。对于这一说法，弗兰克坚决反对。他认为"现代资本主义世界体系"不是一个新发明，而正是阿布—卢格霍德所说的至少从 1250 年就已经存在的同一个世界体系的延续。应该说，弗兰克的这一观察有其深刻之处，因为现代世界和古代世界之间的确不像某些学者认为的那样发生了巨大断裂，实际上存在着一条通贯其间的连续的历史演变线索，所谓"现代世界体系"绝非凭空冒出来的东西，有其漫长的前史。事实上，弗兰克屡加抨击的以"长时段"和整体研究著称的"年鉴学派"第二代代表人物布罗代尔（Fernand Braudel），早就论证过在现代世界与古代世界的经济活动方式之间存在着连续性，他指出："在过去（即使遥远的过去）和现时之间，决没有完全的断裂、绝对的不连续或互不干扰。以往的经验不断在现实生活中延伸和扩展。因此，许多有相当名望的历史学家今天发现，工业革命的号角在 18 世纪前很久已经吹响。"① 但是，布罗代尔并不主张将

---

① 　费尔南·布罗代尔：《资本主义论丛》，顾良、张慧君译，中央编译出版社 1997 年版，第 85 页。

统一的世界经济形成的时间逆推到太早的时期，更不同意混淆不同历史时期世界经济的性质和特点。布罗代尔认为，有必要在"世界经济"和"经济世界"之间作出区分：前者是指整个世界的经济；后者则只占世界的一个局部，但又单独构成一个整体，它占据一定的地域并有一定的界限，有一个中心或极点，可以划分为腹心层、中间层和外层。在布罗代尔看来，沃勒斯坦关于除欧洲外别无其他"经济世界"① 而欧洲经济世界建立的时间是在16世纪以后的看法是不符合历史事实的；实际情况是，早在欧洲人认识世界以前，即在中世纪乃至古代，世界已经分成几个有结构的、有中心的经济区域，也就是说分成几个共存的"经济世界"，因为每个经济世界各有其辽阔的边缘地带，为从事贸易而穿越边缘地带一般无利可图，所以这些共存的经济世界天各一方，极少交往，只是到15至18世纪期间，市场经济的活动范围不断扩大，一条经济纽带把世界各地的市场联结了起来，世界的整体才得以形成，成为逐渐对人类的全部生活，对世界的各种社会、经济和文明施加影响的一个统一体。② 对于布罗代尔的这些看法，弗兰克当然是清楚的，也是不能接受的，但弗兰克提出的试图贯通古今的分析模式，未必比布罗代尔的更有说服力。无论如何，断言"现代世界体系"的主要特征"也可以在至少上溯五千年的同一体系中看到"，还只能说是缺乏实证基础的假说，以后更加深入细致的实证研究是否能证明这一假说也令人颇感怀疑。而且，弗兰克这种"消除了不同的历史制度之间的本质区别"的见解，必然虚化、淡化各地区、各民族丰富的历史内容，正如沃勒斯坦所质疑

---

① 布罗代尔对沃勒斯坦观点的概括稍嫌不确。沃勒斯坦并未断言在现代世界体系外别无其他"世界经济体"（相当于布罗代尔的"经济世界"），而是认为以前也存在过世界经济体，不过它们是极度不稳定的，不是转变成各种帝国就是解体了。参见伊曼纽尔·沃勒斯坦：《现代世界体系》第一卷，第13—14、461页。

② 参见费尔南·布罗代尔：《资本主义论丛》，第83、100—103页。

的："如果中国人、埃及人和西欧人历史上都一直在做相同的事情，那么在什么意义上他们是不同的文明或不同的历史制度呢？在抹杀欧洲声誉的同时，除了所谓的全人类，谁还保留有任何声誉呢？"①

3.欧洲的兴起：一种短暂的幸运？

的确，在弗兰克眼中，所谓各种文明、制度的特点，以及"封建主义"、"资本主义"一类的概念，都是反历史的，没有实际内容的。他指出，欧洲并非是依靠自身的经济力量而兴起的，当然更不能归因于欧洲的理性、制度、创业精神、技术、地理等所谓欧洲特有而其他地区缺乏的独特性质，而是因为欧洲利用从美洲获得的金钱强行分沾了亚洲的生产、市场和贸易的好处，并以此为阶梯暂时站到了亚洲的肩膀上。因此，学者们从技术、制度甚至文化特性方面去探讨"东方的衰落"和"西方的兴起"这一巨大历史变动的原因，实在是颠倒了因果关系，无异于缘木求鱼。因为技术的进步不论在哪里都主要取决于世界经济的"发展"，而不是主要取决于地区的、民族的、当地的特点，更不是取决于文化特性；至于制度，与其说是经济进程及其各种变动的决定因素，不如说是它的衍生物，制度仅仅是利用而不是决定经济进程及其变动。但是，无论是作为变化的原因还是结果，毕竟是在欧洲而不是在别的什么地方发生了"技术革命"，欧洲经济实力的快速增长与技术水平的突飞猛进确实是齐头并进的。对于这种现象，弗兰克从全球性经济的结构与力量的角度予以解释，认为技术的选择、应用和"进步"其实是对机会成本的合理回应，而机会成本是由世界经济和当地供求状况决定的。在这里，弗兰克实际上是接受了伊懋可（Mark Elvin）从微观经济需

---

① 沃勒斯坦：《进退两难的社会科学》，《读书》1998 年第 3 期。

求状况着眼提出的"高水平均衡陷阱"（high-level equilibrium trap）模式。他分析说，在 1800 年以前，亚洲主要经济体已达到较高的发展程度，人口增长率很高，这强化了生产对资源的压力，使收入分配两极分化，从而制约了国内对大众消费产品的有效需求，造成生产的工资成本下降，以致无法产生促使人们向节约人力和产生动力的生产技术进行投资的价格刺激。与亚洲相比，处在世界经济边缘的欧洲要远为落后，只是因为在美洲找到了大量白银，欧洲才有钱购买搭乘亚洲经济列车的车票，通过参与亚洲内部贸易获取利润；落后的欧洲的人口增长率本就比亚洲低，又可以凭借额外获得的美洲金钱购买用亚洲的劳动和资源生产的实用商品，以促进欧洲的消费和投资并减轻欧洲的资源压力，这样在欧洲就形成了劳动力短缺、资本相对剩余的状况，从而使对节约人力的技术进行投资既合理又可行。这就是欧洲为什么能发生工业革命并"突然"在经济和政治上都赶上和超过亚洲的原因。可以说，亚洲经济过去的繁荣正是导致它衰落的根本原因，而欧洲能够崛起却是因为它原先在全球经济中处于边缘的和落后的地位。弗兰克从微观经济供求角度分析欧洲工业革命的发生并进而探究东方衰落与西方兴起的根源，无疑是有说服力的，但绝不是全面的。像这样错综复杂的历史现象，不可能用单一的原因来解释，必须将内因和外因结合起来加以综合分析，想把文化、制度、生产方式等因素以及封建主义、资本主义等概念一脚踢开，既是不明智的，也是徒劳无益的。

在微观经济供求分析之上，弗兰克还设置了一个宏大的周期性历史框架。他告诉我们：从公元前 3000 年开始，就存在着一个具有"A/B"交替阶段的长周期的古老世界体系，在这些周期中，每一个扩张的"A"阶段之后都会出现一个收缩的"B"阶段，每个阶段都持续两到三个世纪。从 1400 年开始，世界经济又进入了一个新的"A"阶段，这一阶段大约持续到 1750 年，从那之后便转入衰落的"B"阶段；此外，

弗兰克也把学者们广泛使用过的大约 50 年一循环的康德拉捷夫周期
（Kondratieff cycle）引入自己的分析中，并且认为 1762—1790 年处在一
个康德拉捷夫周期的"B"阶段，即下降阶段。这样，无论是从数百年
一循环的超长周期看，还是从 50 年左右一循环的较短周期看，世界经
济在 18 世纪末期都步入危机阶段，而危机的程度在世界经济的核心区
要比边缘区严重得多，这就使欧洲第一次真正获得改善自己在世界经济
体系中的相对和绝对地位的机会，而世界经济在这时恰好也已成熟到可
以使某些企业、部门和地区通过"新工业化经济体"的措施来改善其微
观和宏观地位。欧洲一些地区和部门抓住了这个机遇，他们通过使用节
约人力和产生动力的机器，降低他们的生产成本，扩大了在世界市场上
的占有份额，使自己变成新生工业化经济体；不仅如此，他们还利用自
己获得的优势，对亚洲发起更加猛烈的入侵，从而加速了亚洲政治经济
的虚弱。在经济学和经济史研究中，学者们曾提出多种周期运动理论。
比较著名的除康德拉捷夫周期外，还有约 10 至 8 年的朱格拉周期（Juglar
cycle）、约 40 个月的基钦周期（Kitchin cycle），以及拉布鲁斯（Ernest
Labrousse）提出的约 15 年的"间周期"、卡梅隆（Rondo Cameron）提
出的约 200 年的"逻辑曲线"、西米昂德（Francois Simiand）提出的约
250 年的周期、斯努克斯（Donald Graeme Snooks）提出的约 300 年的
周期等等。尽管每一种周期都有其反对者，但正如布罗代尔所说："不
论它们多么不规则和混乱，这些隐蔽的周期总是在制造某种阶段性和周
而复始的节奏。"[1] 从这个意义上说，弗兰克对古代经济的周期性运动的
考察是建设性的，当然其结论能否成立还有待于更深入、更坚实的实证
研究的检验。但是，在运用周期理论分析社会经济进程时，必须保持足

---

[1]　参见费尔南·布罗代尔：《资本主义论丛》，第 285—296 页；伊曼纽尔·沃勒斯坦：《现
代世界体系》第二卷，吕丹等译，"序言"及第一章；贡德·弗兰克：《白银资本——重
视经济全球化中的东方》，第 459—464 页。

够的警惕，以免陷入历史决定论和历史宿命论的窠臼。而且，弗兰克对长周期的运用，也还有令人疑惑的地方。按照他的说法，欧洲的兴起并不是多少世纪以来欧洲内部社会文化乃至经济方面的准备所造成的结果，而主要是欧洲和世界很晚近时期突然发生的转折和偏离所造成的结果，西方兴起之前的若干个周期都主要发生在经济比较发达的亚洲，只是在 18 世纪末开始的一个"B"阶段中，西方才依靠从美洲弄来的白银跃居中心位置；而且他还断言，西方保有这种中心位置的时间不会很长，当代亚洲的经济扩张很可能预示着亚洲在未来的世界经济中会重新承担起它在不太久远的过去曾经承担的领导角色。依此推论，西方的兴起实在是一件极为偶然的事情，因为倘若不是它在美洲发现了白银，它就仍无崛起的机会，世界经济仍将一如既往地以亚洲为中心而潮起潮落，况且欧洲谋到的这种优势也将是暂时的，世界经济中心将复归亚洲。果真如此，是什么力量如此眷顾亚洲，使它命定似地要在世界经济中占据中心地位呢？从世界经济的过去，真能预见世界经济的未来吗？

总而言之，弗兰克用大手笔为我们描绘了一幅关于近代早期的世界经济的图景。但是，这幅图景既有真实的部分，也有虚幻的部分。或许一切历史著作都有这样的性质，只是程度不同罢了。在后现代主义、后结构主义对宏大叙事（grand narrative）的尖锐批评下，力图把握世界历史的结构和动力的鸿篇巨著越来越罕见。弗兰克推出这样一部视野宏阔的著作，充分显示出他深厚的理论素养和探索精神。正如该书前面所附"书评摘要"所说："这部著作具有重大理论意义。从根本上反思世界历史，是绝对必要的。"

四、用另一种眼光看清代江南农业经济

——读李伯重《江南农业的发展（1620—1850）》

1. 对江南经济史的持续探索

在中国历史上，基本经济区曾发生由北向南的转移：秦汉时期，以泾水、渭水、汾水和黄河下游为其基本经济区；魏晋南北朝时期，四川与长江下游逐渐得到开发，成为能与北方基本经济区相抗衡的重要农业生产区；到隋唐时期，长江流域最终代替泾渭流域与黄河下游流域，取得了基本经济区的地位。① 唐代以降，江南作为基本经济区的地位日益巩固，无论是生产力水平还是民众生活水平，都长期处于领先地位。正因如此，在中国经济史研究领域，江南历来占有特殊的重要地位，涉足学者之众，研究成果之丰，其他地区实难望其项背。

在涉足这一领域的众多学者之中，论用心之专、用力之勤、贡献之大、影响之广，恐怕无出李伯重先生之右者。李先生深研覃思，新论迭出，除发表大量专题论文外，还陆续出版了《唐代江南农业的发展》（农业出版社 1990 年版）、*Agricultural Development in Jiangnan,1620-1850*（Macmillan Press & St.Martin's Co.,1998）、《江南的早期工业化（1550—1850 年）》（社会科学文献出版社 2000 年版）、《理论、方法、发展趋势：中国经济史研究新探》（清华大学出版社 2002 年版）、《发展与制约：明清江南生产力研究》（联经出版事业公司 2001 年版）、《多视角看江南经济史（1250—1850）》（三联书店 2003 年版）、《千里史学文存》（杭

---

① 参见冀朝鼎：《中国历史上的基本经济区与水利事业的发展》，中国社会科学出版社 1981 年版。

州出版社 2004 年版）等著作。新近出版的《江南农业的发展（1620—1850）》一书，是 1998 年英文版的中译本，但第十章《附论：明清江南的生态农业》，是中译本新增加的内容。

需要提醒的是，李先生从事江南经济史研究已逾 20 年，在这漫长的岁月里，资料积累越来越丰富，问题考索越来越细密，理论思辨越来越深入，他的不少学术观点都发生了重要的甚至是根本性的变化，体现出"以今日之我攻昨日之我"的巨大勇气和探索精神。因此，研读或引用李先生的论著，必须充分注意写作的时间及其观点的变化。即以《江南农业的发展》为例，此书的论题与史料，与《发展与制约：明清江南生产力研究》的农业部分颇多相似之处。《发展与制约》出版于 2001 年，而《江南农业的发展》英文本出版于 1998 年，但实际上，前书的写作时间要早于后书，而且《江南农业的发展》并非"克隆"《发展与制约》的农业部分，而是对其"所持的西方中心论进行批判的产物"①。可以说，论题与史料虽然颇多相似，但基本观点已迥然有异。

在李先生众多的论著中，《江南的早期工业化（1550—1850 年）》和《江南农业的发展（1620—1850）》堪称相辅相成的姊妹篇，应是了解其学术观点的两大基本著作。两书都是精心结撰的系统性著作，分别对工业和农业进行细致深入的考察，既重视实证研究，又重视理论分析，提供了一幅全新的明清江南经济图景，大大改变了人们对明清江南经济的旧有认识。关于《江南的早期工业化（1550—1850 年）》，中国内地和台湾学者都曾发表书评，充分肯定其重大的学术贡献，同时也提出一些商榷意见。②《江南农业的发展（1620—1850）》英文本出版后，

---

① 李伯重：《江南农业的发展（1620—1850）》，王湘云译，上海古籍出版社 2007 年版，"中文版自序"，第 3 页。

② 参见宋立中、范金民：《理论与实证相结合的一部力著——评李伯重〈江南的早期工业化（1550—1850 年）〉》，《新史学》第 12 卷 4 期，2001 年；马敏：《据之于实情：建立中

在美国学术界也引起较大反响，柯胡（Hugh R.Clark）、彭慕兰（Kenneth Pomeranz）都曾发表书评予以肯定。[①] 但在国内，除吴承明将为该书所作序言改写成书评发表于《中国学术》第 5 辑（商务印书馆 2001 年版）外，尚未见其他评论。值此中译本出版之际，笔者不揣浅陋，对这本重要著作略作评介。[②]

2. 重新审视江南经济的学术背景

《江南农业的发展（1620—1850）》一书，是以大量数据为基础的实证性研究，而作者提供的数据和解释，都是为了证明明清江南农业经济走着一条与西欧完全不同的道路。因此，此书看似是一项实证研究，实际上是带有强烈论辩色彩的理论著作。其抨击的对象，就是近年几乎已成为过街老鼠的"西方中心论"。

正如李先生所说，以往对于明清或者说帝制中国晚期经济史的研究，主要存在两种相互对立的观点，而这些观点事实上都主要以江南经验为基础：一种观点是日本学界较早提出的"明清停滞"论和与此相近的西方学界的"中国社会停滞"论，以及我国大陆学者所持的"中国封

国史学新典范的若干启示——以李伯重〈江南的早期工业化（1550—1850）〉为例》，《历史研究》2003 年第 1 期；周婷：《李伯重〈江南的早期工业化（1550—1850）〉评介》，《中国社会经济史研究》2002 年第 2 期；谢美娥、江长青、何淑宜：《评李伯重〈江南的早期工业化（1550—1850）〉》，《台湾师大历史学报》第 30 期，2001 年。

① Hugh R. Clark 的评论载 China Review International, Vol. 6, No. 2, 1999; Kenneth Pomeranz 的评论载 EH.NET, July 2003, http://eh.net/bookreviews/library/0643（中译文见彭慕兰：《评李伯重著〈江南的农业发展，1620—1850〉与〈江南的早期工业化，1550—1850〉》，《学术界》2005 年第 1 期）。

② 并请参见高寿仙：《明清江南的经济发展：理论与事实——对李伯重先生的明清江南经济研究的一点反思》，北京大学世界现代化进程研究中心主编：《现代化研究》第三辑，商务印书馆 2005 年版（收入《明代农业经济与农村社会》，黄山书社 2006 年版）。

建社会长期延续"论，这种观点的基本思路和研究方法，是以近代西方经济发展为标准去评价帝制晚期的中国经济；另一种观点则为"明清发展"论，一些西方学者称之为"近代早期中国"论，我国大陆学者则大多称作"中国资本主义萌芽"论，这种观点的基本思路和研究方法，是将西欧经验视为中国历史发展必然遵循的模式，并致力于在明清经济中寻找导致近代西方资本主义发展的那些因素。在李先生看来，两种观点实质上都是"西欧中心论"，即把西欧经济成长的道路当作中国（以及世界上其他地区）遵循的唯一发展模式。①

上述两种思路和观点，近些年受到反对"西方中心论"的学者们的仔细检视和强烈批评。其中黄宗智和"加州学派"的新看法（在研究旨趣上，"加州学派"与黄宗智颇有相近之处，所以有学者将黄先生归入此派，但他们之间的学术观点是针锋相对的），都引起较大的反响和争论。所谓"加州学派"（Califonia School），系因其中坚人物集中在加州而得名，但它并不是一个封闭的地域性学派，而只是建立在思想倾向相近基础上的松散组合，主要包括彭慕兰、王国斌（R. Bin Wong）、李中清（James Z. Lee）、弗兰克（Andre Gunder Frank）、金世杰（Jack Goldstone）等人。②黄宗智和"加州学派"的著作，曾获得多项学术大奖，说明他们确实抓住了学术焦点，站在了学术前沿。

黄宗智考察了中国和西方的学术研究，认为中国学术的主要模式源自马克思的古典理论，而西方学术的主导模式主要得自马尔萨斯和亚当·斯密的理论，但两者明显有许多共同点，均把停滞与前商品化相联系，把近代化等同于商品化，从而形成一种"规范认识"（paradigm）。

---

① 李伯重：《江南农业的发展（1620—1850）》，第2—6页。

② 参见龙登高：《江南市场史——十一至十九世纪的变迁》，清华大学出版社2003年版，第209—210页；吴二华：《"加州学派"研究——20世纪80年代以来美国现代中国学的范式转换》，北京师范大学博士学位论文，2007年，第1—2页。

在他看来，实证研究已向这种规范认识提出挑战：明清确实存在着蓬勃的商品化，但农民的生产仍停留在糊口水平，农村中并没有发生近代式的经济发展。为了说明这些与规范认识赖以建立的英国经验相悖的现象，黄先生提出"过密型增长"和"过密型商品化"的概念，认为明清江南的商品化是由人口对土地的压力推动的，也就是说，农场面积的缩减，迫使农民扩大经济作物经营（尤其是植棉与棉纺织手工业）以增加单位土地面积的产值，然而单位工作日收益却是下降的，"这样的主要由人口压力推动的过密型的商品化，必须区分于推动近代发展的质变性的商品化"。①

黄先生提出新解释模式，是不满意"中国史领域长期借用源自西方经验的模式"，试图"建立中国研究自己的理论体系"。这明显带有反思"西方中心论"的色彩。但在更加激烈地反对"西方中心论"的"加州学派"看来，黄先生对明清经济发展状况的判断是令人无法接受的。弗兰克虽未直接与黄先生对垒，但他的看法明显与黄先生相左。他认为，直到18世纪，基于在工业、农业、运输和贸易方面所拥有的绝对与相对的更大的生产力，中国都在世界经济中处于"核心"地位，而处在世界经济边缘的落后欧洲，只是因为在美洲找到了大量白银，才得以通过参与亚洲内部贸易获取利润，并最终赶上和超过亚洲。②彭慕兰则对黄先生使用的数据和结论直接提出质疑，认为18世纪以前，中国和欧洲人口密集的核心区域有着共同的重要经济特征：商业化，商品、土地与劳动的互相修正，市场驱动的发展，家庭根据经济趋势对其生育和劳动力配置的调整；到18世纪末19世纪初，因为美洲新大陆的开发和英国

① 参见黄宗智：《中国经济史中的悖论现象与当前的规范认识危机》，《史学理论研究》1993年第1期；《长江三角洲小农家庭与乡村发展》，中华书局1992年版。

② 参见弗兰克：《白银资本——重视经济全球化中的东方》，并参阅高寿仙：《真实与虚幻：全球视野中的近代早期世界经济图景》，《史学理论研究》2001年第1期。

煤矿优越的地理位置，终使欧洲和中国出现分道扬镳的"大分流"①。李中清、王丰也不同意黄先生关于"中国的人口变化受死亡率变化所决定"以及长时期里江南"一直是维持生存水平收益的小农经济"的看法，认为控制婚内生育、溺婴以及男性独身等这些人口机制相结合，构成了人口与经济反馈环中的重要组成部分，使得中国人口在相当长时期中持续增长，而没有出现马尔萨斯所预料的长期饥荒和死亡率水平。②

　　由于曾在加州访学和讲学，与"加州学派"的学术理念十分相近，李伯重也被视为该学派的中坚人物，《江南农业的发展（1620—1850）》则被认为是"加州学派"的重要著作之一。当然，李先生的学术观点，经历了一个自我反思和否定的过程，才形成一个比较完整的理论体系。当黄宗智的新说刚提出时，李先生虽然指出其存在不足之处（如认为黄先生对农民的年劳动生产率及其与工作日劳动生产率的关系应做进一步分析），但认为"过密型增长"理论"在逻辑上是比较完备的"，也是"符合明清江南史实的"，"可以从明清江南经济史的实证研究中得到印证"；后来随着研究不断深入，李先生发现，尽管"过密型增长"是黄先生"在挑战中国经济史研究中占有统治地位的'西方中心论'时提出的一种新说"，"但是他所得出的结论在实质上与过去的'西方中心论'的研究结论仍有相同之处"，该理论与1850年前江南历史实际也是不相符合的。③尽管并非仅仅针对黄先生，但《江南农业的发展（1620—1850）》的主要论题，实际上构成对黄先生的理论观点的全面反思和辩诘。读者如果将李先生的《江南农业的发展（1620—1850）》与黄先生的《长江三角

---

① 参见彭慕兰：《大分流：欧洲、中国及现代世界经济的发展》，史建云译，江苏人民出版社2003年版。参见史建云：《重新审视中西比较史——〈大分流：欧洲、中国及现代世界经济的发展〉述评》，《近代史研究》2003年第3期。

② 参见李中清、王丰：《人类的四分之一：马尔萨斯的神话与中国的现实》，陈卫、姚远译，三联书店2000年版。

③ 参见李伯重：《理论、方法、发展趋势：中国经济史研究新探》，第63—91页。

洲小农家庭与乡村发展》对照阅读，必将会有更大的收获。

3. 对流行观点的全面颠覆

《江南农业的发展（1620—1850）》共有 10 章，除第一章导论外，其他 9 章分为 3 编。第一编题为"生产要素的变化"，探讨了清代前中期江南农业的物质基础及其变化。农业生产的基本要素包括劳力、资源（主要是耕地）、技术和资本，由于前人对资本问题已经做过大量研究，作者只探讨了其他三项因素；此外，作者认为生态环境（尤其是气候）也属于农业生产的基本要素，因而对气候变化也进行了讨论。第二编题为"农业生产的变化"，主要从农业资源利用的合理化、农业生产的集约化、外向型农业的形成等方面，探讨了清代前中期江南农业发展的途径和模式。第三编题为"农业的发展"，通过论证土地产值的增加、劳动生产率的提高、生态农业的出现和普及，展示了清代前中期江南农业发展的具体成就。在本书中，作者以大量资料和数据为基础，对清代前中期江南农业各个方面的变化，都进行了细致梳理和深度分析，提出了迥异于以往的全新评价。

按照过去流行的观点，明清时期江南农民的劳动生产率提高甚微，甚至有所下降，当时出现的那些引人注目的变化，如经济作物种植面积扩大、农产品加工和农家副业发展、农业商品化程度提高等，也是由人口压力和封建剥削推动的。如许涤新、吴承明主编的《中国资本主义发展史》认为，清代农产量的增长主要是由于集约耕作而来，但单位面积产量并不能与投入的劳动力按同比例增长，因而农民的劳动生产率有所下降；人口增加是导致农业集约化的主要因素之一，在人口压力与封建剥削的驱动下，小农只能从小农业和家庭手工业中找出路，从而加强了农业和手工业的结合，以致愈是手工业发达的地区，农业的经营规模愈小。① 黄宗智则用"过密化"解释江南的变化，认为明初长江三角洲已出现了人力非常密集的经济，其后人均耕地面积持续下降，而提高作物复种程度已几无余地，只能转向劳动更为密集的经济作物的生产，从而导致商品化的小农经济的扩展，这种商品化主要为榨取剩余及维持生计所推动，因而"主要是过密型增长，而不是真正的发展"②。

应该说，许涤新等人与黄宗智的理论预设并不相同：前者相信明清时期已出现"资本主义萌芽"，而后者认为明清时期的商品化不会导致向"资本主义转化"。但他们对清代江南农业经济状况的看法却极其相似，共同描绘了一幅阴郁黯淡的图景。李伯重的看法，则与他们完全相反，他描绘的清代江南农业经济图景，洋溢着光辉灿烂的色调。无论是在具体问题还是总体认识方面，李先生都提出了令人耳目一新的看法，限于篇幅，这里无法一一罗列，只能列举几个最具颠覆性的新观点：

其一，以前人们认为清代前中期江南农业技术停滞的观点是不正确的。清代前中期，在传统农业技术的改进与推广方面取得了丰硕的成果，如优良水稻品种数目大为增加，牛力的使用普及化，发生了以豆饼使用为核心的"肥料革命"，一年二作制成为主导性的种植制度等，这些进步使得对现有资源的利用变得更加合理，农作变得更加集约。

其二，清代前中期江南并不存在以前人们普遍相信的人口压力。首先，由于存在有效的人口控制机制，江南的人口增长率相对较低，增加的人口中有很多被城市化及农村工业所吸收，以致从事农业的劳动力在总劳动力中的比重实际上在下降；再者，尽管江南人口密度之高，即使以今天的眼光来看也是相当惊人的，但由于江南农民更合理地使用了资源，因此清代前中期耕地与劳动力的生产力都得到了提高。

① 参见许涤新、吴承明主编：《中国资本主义发展史》第一卷《中国资本主义的萌芽》，第三章第一节、第六章第一节。
② 参见黄宗智：《长江三角洲小农家庭与乡村发展》，第一章、第十五章。

其三，关于清代前中期江南农业生产率停滞的旧观点毫无根据。无论从土地生产率还是从劳动生产率来观察，清代前中期都是江南农业在20世纪50年代以前的一千多年中进步最大的一个阶段，各种作物的亩产量不仅大大高于此前的各个时代，也远远高于1850年以后江南传统农业最繁荣的两个时期（1911—1937年、1951—1957年）。

其四，家庭农场面积的缩减主要是追求经济合理化的结果，而不是由人口压力造成的。在清代前中期的江南，水稻与春花作物结合的一年二作制是增加耕地亩产量的最佳途径，而在这种种植制度下，"一夫十亩"为最佳经营规模，妇女从事育蚕、缫丝、纺纱、织布比从事大田农作收入更高，可以说，"一年二作"、"人耕十亩"、"男耕女织"三者结合在一起，组成了江南农民家庭经济的最佳模式。

在李先生看来，以往明清经济史研究中影响广泛的那些成说，如"人口压力"说、"技术停滞"说、"劳动生产率下降"说，以及"高水平均衡陷阱"、"过密型增长"等理论模式，其出发点都是西方中心论。在《江南农业的发展（1620—1850）》一书中，李先生运用自己发现的大量新资料，并充分吸收其他学者的研究成果，对这些成说进行了全面的批驳。无论是从实证还是理论意义上衡量，本书都是一本价值极高的学术著作。在学风浮躁的当下，本书树立了一种学术研究的典范。

4.数据和事实的检视

同为"加州学派"的代表性著作，《江南农业的发展（1620—1850）》与《白银资本——重视经济全球化中的东方》、《大分流：欧洲、中国及现代世界经济的发展》在风格上差异颇大。后两种著作在理论阐述上虽然酣畅淋漓，但由于都是依靠第二、第三手材料建构其理论，不免给人这样的感觉：他们刺中了"西方中心论"的心脏，可惜手持的是银样镴枪头；他们构筑了一座华丽的理论大厦，可惜建造在松软的地基上。在讨论学术标准问题时，李先生曾谈到："对于一部经济史研究著作，一些经济学家可能会认为最重要的是运用了什么理论，提出了什么模式。至于对所用具体史料的订正，似乎可以说是'旁枝末节'。但是对于一些历史学家来说，情况可能相反，最重要的是史实的可靠，而理论和模式则是第二位的。"① 也许，对于《白银资本——重视经济全球化中的东方》、《大分流：欧洲、中国及现代世界经济的发展》这样以挑战成见为宗旨的宏观理论著作，从史实和细节的角度加以挑剔和评价是过于苛刻了。

李先生的情况与弗兰克、彭慕兰大不相同。早在有意识地构筑这套江南经济史理论之前，他就已经从事扎扎实实的实证研究，他提出的理论模式，是以大量第一手材料和数据为基础的，而且这些材料和数据有许多都是他发掘出来并首先使用的。由于篇幅的限制，《江南农业的发展（1620—1850）》主要是概述了他的研究结论，而无法充分展示他的论证过程，其实他的每个观点都有相应的专题研究论文。在此书序言中，吴承明曾指出，从1982年起，李伯重就致力于明清时期江南经济研究，针对农业生产的各个方面，发表了大量专题论文和研究报告，"读者常以其论证之周详和新发掘的与罕见的资料之迭出而叹服"。洵为的确之论。

不过，由于明清时期并不重视经济数据的收集，甚至田地、人口等与赋税直接相关的数据也严重失实，李先生虽然花费大量时间收集、整理和分析相关资料，但相对于他提出的重大理论概括而言，他提供的数据和证据仍给人以薄弱之感。在一篇评论《大分流：欧洲、中国及现代世界经济的发展》的文章中，布伦纳（Robert Brenner）和爱仁民（Chris-

---

① 李伯重：《论学术与学术标准》，《社会科学论坛》2005年第3期。

topher Isett）曾评论说，关于明清时期江南的人均粮食消费额、粮食输入量、水稻种植面积并没有进行"复杂运算所需的合格数据"，李伯重的结论是"基于完全不可靠的估算方法之上"，"李实质上最后是在假定他所必须证明的东西"①。这种评论或许有些偏激，但即便是与李先生同一阵营的彭慕兰，也感到李先生的数据无法为其论点提供充分证明，他在评论中写道："在可以预见的将来，主要的难题将依然是数据问题：李氏对中国经济史的重新解释产生出一个新的假定。这个假定提出得太快，使得我们还不能找到材料来解释各种的疑问。"②

　　以作为李先生理论支柱之一的稻米亩产量为例。文献中保留下来的明清水稻亩产数字，相当零散而且相互歧异，因此现代学者有的认为自明到清亩产量没有变化，有的认为有所提高，也有的认为有所下降。李先生早期也认为明清江南水稻生产中劳动投入虽然明显增加，亩产量却没有提高，黄宗智即曾借助其观点论证"过密化"理论。但后来李先生的观点发生大转变，认为清代江南劳动生产率有大幅提高，而要证明这一点，就必须证明最主要的粮食作物水稻的亩产量有大幅提高。但从那些相互歧异的记载中，显然无法令人信服地得出这种结论，于是李先生不得不另辟蹊径，通过估算稻米消费量的办法估计亩产量。据李先生估计，明清江南的耕地面积均为4500万亩，其中水稻种植面积明代后期为4240万亩、清代中期为4040万亩；稻米消费（包括食米、酿酒用米、稻种、税米）总量，明代后期约为7400万石，清代中期约为11800万

---

① Robert Brenner, Christopher Isett, "England's Divergence from China's Yangzi Delta: Property Relations, Microeconomics, and Patterns of Development", *The Journal of Asian Studies*, Vol. 61, No. 2, 2002。引自"读与思"网站（www.readthink.xilubbs.com）转发的张家炎的中译本《英格兰与中国长江三角洲的分岔：财产关系、微观经济学与发展型式》。

② 彭慕兰：《评李伯重著〈江南农业的发展，1620—1850〉与〈江南的早期工业化1550—1850〉》，《学术界》2005年第1期。

石；外米输入量，明代后期可以忽略不计，清代中期约 1500 万石。因此，明代后期水稻亩产量约为 1.7 石(7400 万石 ÷4240 万亩 = 1.75 石 / 亩)，清代中期约为 2.5 石(11800 万石–1500 万石 ÷4040 万亩 = 2.55 石 / 亩)，两相比较，清代中期的亩产比明代后期增加了大约 47%。①

李先生的估算看起来很细密，但其逻辑链条却不够坚实。在上述数字中，只有耕地面积一项是有原始统计数据作根据的。不过，关于明清江南的耕地面积，文献记载的数字前后不一，李先生经过斟酌，决定采用 1580—1583 年间的统计数字，他认为这次统计是近代以前在中国进行的统计当中最为可靠的，而且为了实行"按亩纳税"，统计的只是实际的耕地亩数，而池塘、沼泽、堤坝都从"耕地"类排除出去。李先生采用的数字是否合理，笔者目前无力加以验证，但可以肯定，他采用这些数字的理由是建立在误解的基础上：其一，他采自万历《大明会典》的数字，根本就不是 1580—1583 年间的统计数字，该书明确说明此系万历六年（1578 年）实在田土，此时江南清丈尚未展开，江南的清丈结果是万历十年（1582 年）才奏报朝廷的；其二，应天巡抚孙光祜奏报江南 11 府州清丈结果时，明言"田地山塘"共 45 万多顷②，显然并未将池塘之类排除；其三，朝廷颁布的清丈条例要求"额失者丈，全者免"，江南是否认真进行了履亩丈量也还需要进一步研究③，"最为可靠"之说缺乏根据。

还有一些数字，几乎完全没有可资参考的原始统计资料，李先生只能根据各种零散记载，大胆作出猜测。与其他学者的同类估计相比，往往存在很大差距。比如，他基于一系列假设估算出来的 18 世纪前期江

① 参见李伯重：《江南农业的发展（1620—1850)》，第 121—123、138 页。

② 参见《明神宗实录》卷 126，万历十年七月辛酉条。

③ 参见何炳棣：《中国古今土地数字的考释和评价》，中国社会科学出版社 1988 年版，第 63—65 页。

南的豆饼使用量，就遭到黄宗智强有力的质疑。[①] 再如，李先生认为明代后期江南输入米可以忽略不计，而吴承明则估计可能要输入"几百万石"[②]。至于清代江南输入米数，更是众说纷纭，甚至李先生自己在不同场合也有不同说法。本书采用的稻米输入数字，是每年 1500 万石，但李先生后来又觉得此数过低，认为应在 2400—3200 万石之间。[③] 余也非、闵宗殿主张清代中期江南水稻亩产量停留在 2 石的水平，李先生对此表示反对，因为基于他对江南稻米消费量的估算，如果亩产 2 石，"即使有 1500 万石的输入，缺口仍达 2300 万石之多"[④]。但倘若输入量真得达到了 3200 万石，则缺口就降到 600 万石了。由此看来，李先生对明代后期和清代中期稻米亩产量的估计，是建立在环环相扣的多重假设基础上的，只要其中一个数据偏差较大，得出的结果就可能背离实情。不少学者对李先生的估计表示怀疑，并非吹毛求疵。相信随着研究的进一步深入，李先生会提出更有说服力的新证据。

除数据问题外，李先生对一些事实的陈述，似乎也存在不一致之处。比如，此书在讨论技术问题时，将牛耕的普遍使用视为清代江南农业技术进步的重要表现，认为唐代以来牛耕变得重要起来，但在明代，牛耕逐渐被人耕替代；而到了清代，尽管种植面积缩小到"人耕十亩"，牛耕却出人意料地"在江南再次变得普遍"，"牛的饲养相当普遍并成为农户的重要财产"，"牛力的使用在清代前中期已很普及，这一点十分重要"[⑤]。但在后面讨论水稻生产中的资本投入时，又认为"明清江南

---

① 参见黄宗智：《发展还是内卷？十八世纪英国与中国——评彭慕兰〈大分岔：欧洲，中国及现代世界经济的发展〉》，《历史研究》2002 年第 4 期。

② 参见吴承明：《中国的现代化：市场与社会》，三联书店 2001 年版，第 124 页。

③ 参见李伯重：《江南的早期工业化（1550—1850 年）》，第 348—349 页。

④ 李伯重：《江南农业的发展（1620—1850）》，第 138 页。

⑤ 李伯重：《江南农业的发展（1620—1850）》，第 50—53 页。

大多数农户不养牛，故此项投资可略去不计"①。在《江南的早期工业化（1550—1850 年）》中，作者对江南畜力匮乏有更详细的说明："虽然江南各地城乡都有畜牛者，但总的来说，畜牛并不普遍。……而且，畜牛少的现象似乎还随着时间的推移而有所加剧。""本地养牛不多，输入数量又甚微，因而牛在明清江南成为一种稀缺之物。"作者还分析说："导致明清江南牛紧缺的原因很多，其中之一是由于各种条件，江南养牛的费用太高，一般人家承担不起，只好不养。……此外，明清江南地狭人稠，寸土必耕，早已没有天然牧场。如饲牛稍多，青草来源又是一个问题。……在这样的情况下，江南养牛减少的趋势难以扭转。"② 对照两书的论述，不知明清江南养牛是"相当普遍"还是"并不普遍"，是逐渐普及还是日益减少。

5. 时段和范围的局限

近年来，在反对"西方中心论"和"近代至上论"的浪潮中，近代以前的江南经济得到越来越高的评价，李先生就是代表性学者之一。李先生的评价是如此之高，以致彭慕兰也感到惊讶，指出李先生的观点虽然与"加州学派"非常接近，"但是在某些方面，他甚至比'加州学派'的学者走得还要远：尽管大多数'加州学派'的学者认为到了 18 世纪，经济增长（或者至少是人均经济增长）在三角洲地区已经开始缓慢下来，但是李氏在这两本书中却认为（尽管此后并不总是这样）江南地区的基本增长动力在中国 19 世纪中叶的大灾难来临前并没有变化"③。即使李

① 李伯重：《江南农业的发展（1620—1850）》，第 93 页。
② 李伯重：《江南的早期工业化（1550—1850 年）》，第 278—280 页。
③ 彭慕兰：《评李伯重著〈江南的农业发展，1620—1850〉与〈江南的早期工业化1550—1850〉》，《学术界》2005 年第 1 期。

先生的评估是恰当的，也不能说明由"一年二作"、"人耕十亩"和"男耕女织"三者结合组成的"最佳模式"不存在任何缺陷和问题。在批驳"西方中心论"时，李先生指出，明清中国经济与近代早期西欧经济之间存在差异，"并不能说明中国不能沿着自己的道路出现经济近代化"①。但另一方面，李先生描绘的"最佳模式"，不可能有无限的发展潜力，至少李先生没有向我们充分证明其无限发展的可能性。相反，从李先生的论述中，笔者感到，到19世纪中叶，这种模式已达到其发展的极限。在《江南的早期工业化（1550—1850年）》中，李先生还断言，明清江南经济发展属于"斯密型成长"，由于缺乏煤铁资源，不可能出现近代工业化。无论在农业还是工业中，几乎都看不到出现结构性根本转变的迹象和动力，江南农业如何避免进入"高水平均衡陷阱"或"过密型增长"状态？中国将沿着怎样的道路出现经济近代化？

在时段上，李先生的实证研究以1850年为下限；但李先生的理论视野，却并未局限于此。对于1850—1949年间的情况，他也略有涉及，认为太平天国战争之后，"江南经济状况发生了极大的变化，与过去在许多方面已大不相同了"②。从他零散的论述中，可以看出近代江南工业和农业出现了相逆的变化：一方面，1850年以前江南农业的发展，"使得江南比中国其他地区更易于实现工业化，到1930年代，除日本，江南变成了东亚地区近[现]代工业化最为成功的地区"③；另一方面，"农民家庭经济'三位一体'模式的瓦解，事实上是近代工业的发展所致，因为作为这种经济的三大支柱之一的农村纺织业遭到了近代工业的致命打击"④。对于1949—1979年间的情况，他同意黄宗智的看法，认为"过

① 李伯重：《江南农业的发展（1620—1850）》，第178页。
② 李伯重：《江南农业的发展（1620—1850）》，第5页。
③ 李伯重：《江南农业的发展（1620—1850）》，第15页。
④ 李伯重：《江南农业的发展（1620—1850）》，第170页。

密型增长"理论"是研究1949年以后江南农业经济的变化的一个关键"①；但对于1979年后江南突破"过密型增长"的机制，他却不能接受其见解。黄宗智认为，1979年后的发展，是因为劳动力被吸引到农村工业，这些工业尽管大部分位于农村，但在技术装备和管理方式上都属于源于西方的近代工业，因此性质上与传统的农村工业已完全不同。李先生认为，黄宗智的看法"与过去的'江南停滞'论颇为类似，亦即假若没有近代西方及其技术到来，这种停滞就会永久不变"②。李先生自己的看法是："1979年开始的经济改革之后，江南农业在很大程度上又回复到1850年以前的形式。"③"今日江南农业和农村经济现代化中的主要传统因素大多源于清代前中期，因此若没有这些早些时期的因素，便很难想象会有今日江南农业和农村经济的现代化。"④

尽管李先生对各时段都有所论述，但读者很难自己串连成一条完整的理论链条，而且不免有些疑问，比如：1850年至1979年间的江南农业史，只是打断正常历史进程的一段插曲吗？如果没有这段插曲，中国将沿着"斯密型成长"的道路实现经济起飞吗？只要回复到1850年以前的经营模式，不需要任何西方技术和近代工业，就可以使江南农业经济"去过密化"，导致1979年以来出现的巨大变化吗？期望李先生也能像黄宗智那样，对明清以至现在的江南农业史作一长时段的、通贯性的分析，这样或许可以使他的新理论变得更加丰富，更有解释力。

此外，黄宗智在研究农业和农村发展问题时，除生产力之外，还综合考虑了生态环境、国家政权、村社结构、阶级差别等因素的影响和作用。但李先生在此书以及其他论著中，则主要将研究范围局限在生产力

① 李伯重：《江南农业的发展（1620—1850）》，第179页。
② 李伯重：《江南农业的发展（1620—1850）》，第179页。
③ 李伯重：《江南农业的发展（1620—1850）》，第15页。
④ 李伯重：《江南农业的发展（1620—1850）》，第195页。

（包括技术、资源利用、生产率等）方面。这样做并非没有理由，正如李先生所指出的，我国以前的经济史研究，主要集中在生产关系方面，带有强烈的"唯生产关系"色彩，以致生产力研究十分薄弱，成了一部"残缺不全的经济史"。但问题是，如果作者只停留在实证研究层面，他当然可以置生产关系于不顾；但如果想在实证研究的基础上，进一步提炼出一个通贯性的理论模式，就不能将生产关系排除在外。在明清那样的社会里，很难设想国家权力、赋役制度、土地关系等因素对经济发展毫无影响。为了避免"炒冷饭"，作者可以不去研究这些问题，但在建构经济发展理论时，却不能忽视这些问题。完全撇开生产关系的经济史，恐怕也是一部"残缺不全的经济史"。

总而言之，《江南农业的发展（1620—1850）》是一本十分杰出的经济史著作。围绕清代前中期的江南农业经济，作者提出了一套全新的解释，展示了大量新颖的资料。尽管笔者在阅读此书过程中产生了一些疑惑，但坚信此书会进入经典行列。对于以后的中国农业史研究者，特别是明清农业史研究者来说，无论是否赞同其观点，此书都将是一座无法绕过的高峰。

五、关于明清歇家的几个问题
——以对史料的把握与解读为焦点

1. 引言

在明清文献中，经常可以见到"歇家"这个词语。因场合和语境不同，其含义有很大差异，或为泛指，或为特指，而特指又涉及不同领域的不同群体。尽管看起来纷纭复杂，但正如大家所普遍认可的，歇家最基本的含义是客店（又称旅舍、旅馆、饭店、歇店等）。① 不过，除地处偏僻、规模较小的歇家外，大多数歇家的功能都不限于住宿，它们往往还办理甚至包揽其他一些事务。其中歇家最常参与的事务，是为客商做中介或直接买卖货物，为诉讼者提供咨询和担保，以及揽纳赋税等；实际上很多歇家就是为了包揽这些事务，才接引甚至强迫当事人到其家居住。在不少场合，官府也利用歇家的这种功能，甚至赋予他们法定的担保职责。歇家本来就拥有在地优势，又与官府和胥吏存在着合法性的或潜规则性的合作，以致他们很容易把其服务对象变为盘剥对象，甚至损及官府的利益，因而歇家又常常成为舆论批评和官府禁革的对象。

或许因为过于普通和冗杂，明清社会中十分活跃的歇家，在很长时期都没有引起相关学者的特别关注。20 世纪 80 年代以来，这种情况才逐步得到改变。最先引起学者兴趣的，是歇家中的一个特别群体，即在青海地区民族贸易中发挥过重要作用的歇家。② 进入 21 世纪以后，曾在内地广泛存在的歇家，逐渐受到重视，谷口规矩雄、许文继、太田

---

① 比如，内藤乾吉原校《六部成语注解》云："歇家，停歇客商货物之家也。"（浙江古籍出版社 1987 年版，第 77 页）李鹏年等编著《清代六部成语词典》亦言："歇家：旅舍。谓停歇客商货物之处所。"（天津人民出版社 1990 年版，第 186 页）

② 相关论文有蒲涵文《湟源的"歇家"和"刁郎子"》（《青海文史资料选辑》第 8 辑，1981 年）、王致中《"歇家"考》（《青海社会科学》1987 年第 2 期）、阎成善《湟源的歇家、洋行、山陕商人和座地户及刁郎子》（《湟源文史资料》第 5 辑，1987 年）、马明忠和何佩龙《青海地区的"歇家"》（《青海民族学院学报》1994 年第 4 期）、李刚和卫红丽《明清时期山陕商人与青海歇家的关系探微》（《青海民族研究》2004 年第 2 期）、马安君《近代青海地区歇家与洋行关系初探》（《内蒙古社会科学》2007 年第 3 期）、杨红伟《藏边歇家研究》（《江汉论坛》2015 年第 3 期）等。此外，杜常顺《清代丹噶尔民族贸易的兴起和发展》（《民族研究》1995 年第 1 期）、董倩《明清青海商品经济与市场体系研究》（华东师范大学博士学位论文，2008 年）、郭凤霞和杜常顺《论清代及民国时期丹噶尔"湟源"民族贸易与地方经济社会》（《青海民族研究》2010 年第 2 期）等，也较多论及青海地区的歇家。

出、胡铁球、李伟铭等陆续发表了一批研究成果。① 其中胡铁球先生的《明清歇家研究》，系统考察了歇家从兴起到衰亡的历史过程，全面探讨了歇家在经济、社会、法律等各个领域发挥的重要功能，并试图通过歇家观察明清社会转型的轨迹，堪称歇家研究的集大成著作。②

　　此书的主要内容和观点，如歇家担任歇保、揽纳钱粮等等，前贤大多亦曾论及，但远不如此书详细丰富；有些则是作者的独到见解，如"歇家牙行"、"职役"性歇家、"解户歇家"等，令人印象深刻。而且，作者的目的，显然并不限于梳理一些史料，填补一些空白，而是想通过对歇家群体的考察，反思甚至推翻学界关于明清基层社会的一些流行认识。他在全书"结语"中指出："歇家类群体在明清社会中的地位、作用与影响远远超过其他群体，不管是士绅还是胥吏衙役以及各类势力群体，要参与国家与社会管理，以及分割商业贸易、财政、司法等领域的利益，往往需借助歇家类组织来实现的。因此，在明清时期，从来没有出现过单一的社会势力结构，而是由各类势力共同承担国家、社会的管理与运作，所谓乡绅社会、宗族社会等等，可能仅是针对某一层面某一问题而言，而所谓乡村自治论则完全是文人臆想出来的，从来没有也不可能出现在专制社会体系中。"③

　　由于歇家的存在形态和社会功能繁杂多样，把握起来并不容易，相

---

① 谷口规矩雄：《明代の歇家について》，明代史研究会编：《明代史研究会创立三十五年记念论集》，汲古书院 2003 年版；许文继：《歇家与明清社会》，中国社会科学院历史研究所明史研究室：《明史研究论丛》第 6 辑，黄山书社 2004 年版；许文继：《明清小说中的"歇家"》，《明清小说研究》2006 年第 4 期；太田出：《明清时代"歇家"考——诉讼との关わりを中心に》，《东洋史研究》67 卷 1 号，2008 年；李伟铭：《官民之间的代办机制：明清时期的歇家》，台湾暨南大学硕士学位论文，2008 年；胡铁球：《明清歇家研究》，上海古籍出版社 2015 年版。

② 从 2006 年开始，胡铁球先生陆续发表了十几篇有关歇家的论文，其主要内容都已整合到《明清歇家研究》中，故对这些论文不再一一具列。

③ 胡铁球：《明清歇家研究》，第 599—600 页。

关研究者在一些问题上不免会存在分歧。比如，李伟铭先生谈到："胡铁球对于'歇家'这个主题，提出了相关的论著，但是从这些文章内容来看，里面有许多有问题的地方。"观其论述，主要是对"歇家牙行"表示怀疑，认为"固然西北地区的歇家活动，其性质相当类似于中国内地的牙行；但是，中国内地存在的歇家却与牙行是有所区别的"①。再如，对于胡先生提出的一个重要观点，即"歇家"通过"职役"身份介入司法领域，高晓波先生表示怀疑，他指出："胡铁球先生认为'歇家'通过其保人、职役、解户的身份直接或间接干预司法审理及监狱制度的延伸管理。但通过对'歇家'与'歇役'的职能考察发现，'歇家'具有'职役'身份的说法并不科学。"② 笔者在阅读《明清歇家研究》的过程中，对胡先生对歇家地位与作用所做的宏观判断，以及对某些类型歇家所做的微观分析，也产生了一些疑惑，感觉胡先生可能无意中给普通歇家附加上一些本不存在的职能。

歇家在明清社会中的确是不可忽视的角色，正如胡先生所总结的，其构成身份极其复杂，包括商人、土豪积棍、胥吏衙役、士绅劣衿、讼师、宗族、豪绅家仆、里役等；其活动场域十分广阔，在诉讼、赋役、仓场、税关、商业等领域都可看到他们的身影。但这是否就意味着"歇家类群体在明清社会中的地位、作用与影响远远超过其他群体"呢？也许我们可以换个角度认识这个问题：帝制中国后期的司法、赋役等制度，为揽纳、保歇等活动留下了活动空间，这些活动甚至成为制度运行不可或缺的重要环节。由于从中可以获得合法或非法的丰厚利益，于是形形色色的在地势力便自然而然地插手其间。这种现象在宋元时代就已经比较常见，当时分别称为"安停人"、"居停人"、"茶食人"、"保识人"、

---

① 李伟铭：《官民之间的代办机制：明清时期的歇家》，第 12—13、91—92 页。
② 高晓波：《从档案史料看"歇家"的司法职能》，《山西档案》2015 年第 3 期。

"揽纳户"等①；到明清时期，其活动领域不断扩展，活动方式不断变化，名称也越来越多，而"歇家"是最具普遍性的一种称呼。由于原本社会地位不同，活动的场域和方式有别，歇家的地位和功能差别很大，有些只能赚些辛苦钱以维生，有些则包揽词讼钱粮甚至干预地方事务。即以势力较大的歇家而论，考虑到很多本来就是士绅、胥吏衙役（具体经营者可能是代理人），所以不一定将这些现象理解为歇家的地位、作用与影响超过了士绅、胥吏，似乎也可以反过来，将充当歇家理解为这些在地势力谋取利益、扩大影响的渠道和手段。② 如果把士绅与歇家的权力形态做一简单对比，就通常情况而言，前者更多地体现为地域性的、弥漫性的，即在一个或大或小的地域中发挥多方面的作用；后者更多地体现为场域性的、定向性的，即在诉讼、赋役等特定场域中对特定当事人发挥作用。

　　本文主要从微观方面着眼，集中讨论一下歇家介入司法的途径和方式，以及职役性歇家问题。在歇家研究中，歇家参与司法是较受关注的一个方面。胡先生指出，以往的研究基本上局限于"讼师"问题，"其实，歇家参与司法领域的途径很多，其中最主要的方式有三个：一是利用其赋役征收功能，成为明中叶至清初期民事纠纷的主要干预者或裁决者之一；二是利用为官司缠身的乡民提供食宿服务的便利，或家延讼师或自

---

① 关于"安停人"、"茶食人"等，参看渡边纮良：《宋代潭州湘潭县の黎氏をめぐつて——外邑における新兴阶层の听讼》，《东洋学报》第 65 卷第 1、2 号，1984 年；高桥芳郎：《务限の法と茶食人——宋代裁判制度の一侧面》，《宋代中国の法制と社会》，汲古书院 2002 年版；李伟铭：《官民之间的代办机制：明清时期的歇家》，第 25—30 页。关于"揽纳户"，参见汪圣铎：《揽纳试探》，《文史》第 13 辑，中华书局 1982 年版；成伟：《歇家与明代基层社会研究》，黑龙江大学硕士学位论文，2012 年，第 12—15 页。

② 至于以宗族为单位开设歇家（参见《明清歇家研究》第 45—46 页），是宗族推举或雇佣一人负责本宗族的诉讼、钱粮事宜，还是像其他歇家一样承揽其他业务，尚待进一步究明。若是前者，则这类歇家的性质有些特殊。

兼讼师，与衙役、流氓、土霸相勾结，操纵案件审理，危害社会；三是
利用其保人、在京法司的职役、解户（解人犯）的身份直接或间接干预
司法审理及监狱制度的延伸管理"①。其中第二种方式，以及第三种方式
中的保人身份，相关成果谈论已多，大家认识比较一致，毋庸赘言；而
歇家利用其赋役征收功能和职役、解户身份介入司法领域，则是胡先生
提出的新见解。以下的讨论多围绕对基本史料的理解展开，此种问题见
仁见智，未敢自以为是，敬请胡先生和学界同仁教正。

2. 关于歇家利用其赋役征收功能介入司法领域

关于歇家利用其赋役征收功能介入司法领域，胡先生征引资料甚
多，笔者觉得其论点可以归纳为两条，然皆有需要斟酌之处。

论点之一，是认为明代粮长、里长等既负责征收赋税，又拥有一定
的司法裁判权；而在粮长、里甲体制崩溃后，"以歇家为主的诸色人物
取代粮长、里长成为赋役催征输纳主力过程中，自然也接管了粮长、里
长司法权力，成为基层民事纠纷的主要干预和裁决者之一"②。明代设立
的里甲制，确实并非单纯的赋役组织，还具有管理基层社会的职能，包
括解决本里发生的户婚、田土、斗殴等情节较轻的案件；明代后期，歇
家包当里长的现象，也确实比较普遍。但问题是，歇家包当里长，可能
只是包揽了里长的赋役职责，未必是全面接管里长在基层社会的权力和
职能。细察胡先生所举事例，可能均属在城歇家包充里长、包揽钱粮的

---

① 胡铁球：《明清歇家研究》，第 429 页。
② 胡铁球：《明清歇家研究》，第 429—431 页；并参见第 240—265 页。李义琼《市场、
中间力量与制度变革——〈明清歇家研究〉简评》（《浙江社会科学》2016 年第 10 期）
专列一小节"粮、里长去哪儿啦?"，认为"歇家与州县赋役词讼篇"是"本书最具显
见创新的地方"，揭示了歇家取代粮、里长，"渐渐具有把持政府、支配乡村的力量"。

情形，未必可以作为歇家"成为基层民事纠纷的主要干预和裁决者"的明确证据；官府建立"保歇制度"，让歇家负责催征里甲所欠钱粮，亦属包揽责任之延伸。事实上，歇家居住城市，对其包揽的远在数十里甚至上百里外的里甲，除单独或与吏役一起前去催征钱粮外，恐怕也难以发挥基层管理者的作用。

论点之二，是认为当时官府常把钱粮词讼捆绑为一体，从而导致歇家利用其赋役征收功能广泛参与司法领域。明清时期，涉及赋役的诉讼确实不少，时人有"有司词讼十状五差粮"之说。[1] 但征收赋役和审理诉讼各有自己的程序，两者并不易被捆绑在一起。胡先生所引资料，如《新官规范》所谓"永丰民害多在衙门人役，而保歇为甚，如秤纳钱粮则多勒增头，听理词讼则指称打点"，《清史稿》所谓"乡民钱粮讼狱，必投在城所主之户，听其侵蚀唆使，为歇家之害"[2] 等等，只能说明保歇广泛参与征税、诉讼并从中牟取利益，并不能说明官府将"钱粮词讼捆绑为一体"，更不能说明"歇家参与司法是以其赋役征收功能为前提"。为了证明这种现象广泛存在，胡先生援引了一些当时人的说法，但其解释颇有值得参究之处，列举几例并略作辨析：

胡先生引用钱琦之言："物料夫差百端，催迫至不能存，而窜于他乡，或商贩于别省，或投入势要家为家奴佃仆，民之逃亡，此其故也。民虽逃亡，田粮如故，一遇征期，官府只将里长催拼，里长几何能堪，而出官哉？中间故有被积年歇家包充者。"胡先生认为，"粮长、里长大规模破产和逃亡以后，导致原有的粮里制度缺失，即无人承担粮长、里长的职责，于是歇家便取而代之，充当粮长、里长的责任"，而这条资料是歇家取代粮长、里长之职能的明确证据，他解释说："歇家充当里

---

[1]　吕坤：《新吾吕先生实政录·民务》卷4《改复过割》。

[2]　不著撰人：《新官轨范·公务第五》；《清史稿》卷244《成性传》。

长催拼赋役，显然是由于里长'出官'导致原有的征税体制管理缺失所致。"胡先生还谈到："正德年间胡瑞敏曾对于江西东乡设县难于顺当的理由作了一番陈述：'前项二县六都二十八里地方，必须割附东乡，先因盗贼未平，人民未复，又被城市包当里甲歇家，图利隐瞒，查勘未实，失于开奏。'从中可知包当里甲的城市歇家掌握了该地区的赋役户籍，为了图利而隐瞒不少户口，致使政府无法了解真实的户口情况，说明这两县的赋役征收基本上由歇家包纳了，以致于政府查对户口需要通过歇家，否则便无法进行，这也暗示了此种歇家多兼充'书役'。且从'盗贼未平，人民未复'等词句来看，东乡县的里甲之所以被城市歇家包当，应当也是里长'出官'之故。"① 钱琦谓"里长几何，能堪而出官哉"，是说里长数量较少，难以承担赋役重担。其中"出官"二字，意为到官府服役而非脱离官府控制，未必会导致"原有的征税体制管理缺失"。胡瑞敏当为胡端敏（即胡世宁），其言是针对东乡设县而发，他认为临川、安仁二县所属六都二十八里地方，本应割属东乡县，但东乡设县时却因"查勘未实，失于开奏"。歇家包当里甲，自然会掌握税户的基础数据，因"盗贼未平，人民未复"，所以官府从歇家那里了解户口信息，但不能将此视为惯常性的做法②，认为当时官府不通过歇家就无法查对户口。笔者认为，这两段文字只是揭示了歇家包充里长（即代其征纳赋税以从中牟利）之事实，但并不能证明歇家接管了里长在其乡里的包括司法在内的各种权力，更难从中看出歇家兼充"书役"的事实。

胡先生谈到："明清时期，地方政府常把钱粮词讼捆绑为一体，不少地方官'常令催科讼狱为一事，而变通用之比较'。早在嘉靖年间，

---

① 胡铁球：《明清歇家研究》，第 242 页。所引钱琦语，见雍正《江西通志》卷 119《艺文·设县事宜》；所引胡世宁语，见《胡端敏奏议》卷 2《申明职掌以安地方疏》。

② 据胡世宁此疏，安仁县所涉都图要求割属东乡县一事，是由"该都耆民、里老陈一棠、宋相等连名告称"。这说明里长、老人等仍在基层社会发挥着一定的领导作用。

杨昱就指出：'有催科词讼相连，必至放富差贫，颠倒曲直，神怒人怨。'"①所引前一段话出自王植《催科》，其原文云："刑名、钱谷两事，不容畸轻。古人以抚字心劳、催科政拙为良吏。……余以比较升堂按责，呼号盈耳，最无理趣。故常令催科、讼狱为一事，而变通用之。比较日，呈由单，偶问及米户为调价几何，有于核示定价外多索者，立拘。先处之词讼，多用户头名出控，催粮则无其名，偶有以户头名数人具状者，问之，称系的名，余付催差曰：先令完粮，再讯所控。"②王植所言两事，前一事是在"比较"的时候，偶然发现米户有多索价值的行为，遂将米户拘留，这是在催科时发现并处理了讼狱之事；后一事是利用欠粮户呈交诉状的机会，以完粮后才予审理为条件，迫使欠粮户完粮，这是利用讼狱而处理了催科之事。这些都是王植出于抚字之心的偶然做法，似难据此得出当时地方政府普遍将"钱粮词讼捆绑为一体"之结论。所引后一段话，乃是杨昱引录广昌何氏之言，其全文是："居官须要淡薄。若欲美食美衣，则俸禄有限，必至于贪财。财唯富家所有，若一受之，则畏其言告，必委曲以顺其情。凡有催科、词讼相连，必至放富差贫，颠倒曲直，神怒人怨。"③可知何氏是告诫为官者不要接受"富家"的钱财，否则便会受其牵制，遇到与其关联的"催科"、"词讼"，便只能"放富差贫"、"颠倒曲直"。这段话不但与钱粮、词讼是否捆绑在一起无关，似乎与歇家也没有直接关系，因为歇家中固然有"富家"，但显然不能将"富家"都视为歇家。

胡先生还论述说："嘉靖时期，考察去任官员之'贤否得实'则需'取具歇家'：'布、按二司，府州县佐贰官并各正官，以事不在任者，行令巡按御史严核贤否得实，劾奏转行提问，拟罪发落，奏报仍敕吏部，将

---

① 胡铁球：《明清歇家研究》，第431页。
② 王植：《催科》，徐栋：《牧令书》卷11《赋役》。
③ 杨昱：《牧鉴》卷2《治本一·服御一之七》。

应该考察官员预先案仰该城，取具歇家，结状务听说事面纠，以昭赏罚，以示劝惩，方听其去。'此则材料中的歇家显然不是一般的客店老板，而是包揽赋役征收或包交的歇家，官员是否有贪污行为，他们是清清楚楚的，所以考核官员的'贤否得实'，要'取具歇家'，以证实其清白。歇家包揽赋役的现象相当普遍，并非出现在某一地区或某一省，因为'朝觐考察'针对的是全国各地的官员，这也再次说明歇家参与司法是以其赋役征收功能为前提的。"① 所引文字出自许相卿《论朝觐考察》，但胡先生的标点和解释似可斟酌。笔者认为，许氏此疏是针对朝觐考察不问贤否、过于宽松而提出的建议，实际上涉及两种情况：前半段是针对"以事不在任"的地方正佐官，因为他们并不赴京接受考察，所以许氏建议行令巡按御史"严核贤否得实劾奏"，有罪者还要"拟罪发落奏报"，这与歇家没有任何关系；后半段是针对已经朝觐在京的官员，"仍敕吏部，将应该考察官员，预先案仰该城，取具歇家结状，务听说事面纠，以昭赏罚，以示劝惩，方听其去"。朝觐官员至京，必然要找地方住宿，此即其"歇家"。北京分属五城，许氏的建议，是要求接待朝觐官员住宿的歇家，向本城御史、兵马司出具"结状"，保证朝觐官员在接受"说事面纠"（负责考察的官员在御前纠劾）之前，不得擅自离去。这种场合的歇家，恐怕只是提供食宿的"一般的客店老板"，似乎并无证明官员在任是否清白之职能，他们也没有能力和办法提供这种证明，当然与赋役和司法也没有什么关系。

顺便指出，在讨论歇家与官吏结成利益联盟时，胡先生对于高拱的一段话，可能也出现了类似误解。胡先生谈到："歇家利用官员的污点迫使其听从指挥，当结成利益共同体后，他们又千方百计为地方官员开脱责任，甚至歌功颂德，形成良好的舆论氛围，这种事史不乏载，尤其

---

① 胡铁球：《明清歇家研究》，第 432 页。

在明代更为普遍。隆庆五年十一月，高拱在《参处崇明县民黄善述等保官疏》中言：‘看得崇明县民黄善述、施泰然、张堂、龚九衢、袁时化、郁倬、钮尧、沈大鲸奏保县丞孙世良一节。为照近年以来，黠狡成风，不惟有黠狡之民，而亦有黠狡之官，往往或因论劾，或因考语不佳，或被左谪，或被劣处，辄买求该州县无籍棍徒数人奏保，多写鬼名，称颂功德，以为公论……今崇明县县丞孙世良考语甚下，且见被告讦，本部因推王官以示劣处，而黄善述等乃踵袭敝风，连名奏保，抄出本部唤审，乃寂无一人，乃于通政司查出各歇家姓名，行兵马司拘审，又寂无一人，而歇家者，固鬼名也。即此则不惟黄善述等诡伪可知，而孙世良之买求亦自可知’。从高拱所反映问题来看，歇家奏保孙世良这种案件，不是什么稀罕事，而是‘踵袭敝风’，且指出黠狡之民为黠狡之官‘称颂功德，以为公论’的风气很盛，从中可以看出歇家与地方官吏的另一种生存之道。”①明代是否盛行歇家为地方官歌功颂德的风气，笔者没有研究，但高拱这段话恐怕不能作为证明。事情原委是："崇明县民"黄善述等八人奏称该县原任县丞孙世良"廉谨爱民，乞恩超补"，此件转吏部处理，吏部欲找这八人核对，竟然一个也找不到，赶紧让通政司查出这八人所报歇家，然后令兵马司拘审，却发现所报歇家都是虚构的。可以看出，奏保孙世良者为"崇明县民"，没有任何文字提到他们是"歇家"，而且他们实际上根本没有到京；而尽皆"鬼名"的歇家，即使真的存在，显然也是京城"一般的客店老板"，与这些官员并无利益关系，也不具备保奏的条件和资格。

---

① 胡铁球：《明清歇家研究》，第 472—473 页。所引高拱语，见《高文襄公集》卷 10《掌铨题稿·参处崇明县民黄善述等保官疏》。

3.关于歇家利用职役、解户身份介入司法领域

胡先生认为，明清时代，歇家利用职役、解户身份介入司法领域。① 细绎其提供的史料和解释，似乎多有可商之处，尚不能证明此种现象存在。

（1）关于歇家利用职役身份介入司法领域问题

关于这个问题，胡先生主要提供了两个事例，即"在京法司歇家"和在驿站服刑犯人的保人（保歇），下面分别检视一下。

其一，胡先生多次提到"在京法司歇家"，其依据是张永明的一段话："在京法司，多系犯人自纳本色纸张，或令歇家代送南京各衙门，亦各自有常用人役，如歇家、门库、斗子之流，虽非事体，然平价使之转卖，以一衙门之人供一衙门之役犹可也，而乃拘铺户，其谁堪之。"② 胡先生据此指出："在京法司衙门亦有常设之歇家，其也是该衙门之役，从'平价使之转卖'，这里歇家带有商业性质。"又说："在这里，歇家摇身一变成了'一衙门之人'，其职责是代送犯人的物品及'平价使之转卖'，实际上是承包'在京法司'物品的输送和转卖。这为歇家出入衙门、干涉案件审理提供便利。"③

笔者感觉，这段话似可分为两半。前一半为："在京法司，多系犯人自纳本色纸张，或令歇家代送。"所说乃北京法司之事，明朝犯人例要"纳纸"，当时在京法司审理的犯人，大多是自己送纳，也有让歇家代送的，此处歇家并无特别意义。后一半为："南京各衙门，亦各自有

---

① 参见胡铁球：《明清歇家研究》，第 440—444 页。

② 张永明：《张庄僖文集》卷 2《议处铺行疏》。按，引文中"转卖"当为"转买"，笔者在《准确把握历史的细节和碎片——也以明清歇家为例》（《光明日报》2017 年 7 月 26 日第 11 版）中亦沿袭此误，承蒙范金民先生在《谁是明清基层社会的支配力量——兼评〈明清歇家研究〉》（《光明日报》2017 年 9 月 25 日第 14 版）中指出，谨此致谢。

③ 胡铁球：《明清歇家研究》，第 48—49、442 页。

常用人役，如歇家、门、库、斗子之流，虽非事体，然平价使之转买，以一衙门之人供一衙门之役，犹可也。而乃拘铺户，其谁堪之。"所说乃南京之事，所谓"歇家、门、库、斗子之流"，是统指南京各衙门人役而言，张永明并未将歇家与法司相对应。胡先生认为歇家为在京法司常设职役，甚至说歇家"实际上是承包'在京法司'物品的输送和转卖"，恐系将两京事情混在一起造成了误解。

其二，胡先生提到"在明代发驿站服刑的犯人，也由保歇（保人）看管驱使，并居住其家：'驿递之官虽卑，生死之权实重，谚云活军死徒，盖发站之徒率有五等。一等颇有身家，纳赎既惜多费，摆站又怕辱名，到驿之日，官吏先行贿赂，保人图得货财，收管出门，犯人离驿。一等奸顽积棍，无力赎徒，到驿之日，私查徒数，暗记官赃，挟制官吏，假取衣粮，驿递不敢不放。此两等人查盘官到，或保人代觅点站，或本人探听亲来查盘，既过，依旧回家。一等供给无人，乞食不足，或不耐锁押，买通押解之人脱逃回家，驿官自歉多弊，明知不敢声言，或差人需索些须，或真是无处跟捉，点站之时，反为觅替。此三等人全不在驿，皆徒夫之奸顽者也。一等才能可用，或图衣食私役于积年保歇之家，或求亲幸听差于衙门，奔走之事甚有，役满之后依恋不归者。'"这应是一种特殊的保人（保歇）。①胡先生所引这段文字，出自吕坤《实政录·风宪约》。吕坤将驿囚分为五等，胡先生抄录了其中前四等，未抄一等是："一等百事无长，一贫如洗，官吏要索不遂，棰楚常加，牢头买免无钱，凌虐备至，饥寒无策，疾病不恤，及至死亡，只费故纸一张耳。此等之人，常居其半，守令首当注意者也。"

---

① 胡铁球：《明清歇家研究》，第 442—443 页。引语见吕坤：《实政录·风宪约》卷 2《驿犯》。

明代驿囚需有保人，但这些保人是否都是歇家，尚待斟酌。吕坤除在本段提到"牢头"，在紧接此段的文字中，还提到"驿递有冲，有次冲，有居民多至数百家者，有不及百家者"，考虑到地僻户少的驿站，在驿囚犯太多不易存活，所以他要求查报各驿居民和囚犯多少，但同时警告："如官吏厌惧囚多，故捏监墙倾圮、店舍稀疏者，核实提问。"吕坤还提到："囚房狼狈倾颓，驿递尤甚，何者？丞使痛痒不关，守令耳目不及，钱粮无所措处，兴作谁肯申呈？是以浅隘之房，卑湿之地，漏雨穿风，浸泥濡水，盛暑蒸溽，大寒凄烈，人非木石，安能二三年不病且死哉！"①从吕坤所说情况看，当时驿囚应是居住在囚房而非歇家。再者，吕坤所说五等驿囚之中，只有第四等中提到"积年保歇之家"，胡先生标点似亦可稍加调整："一等才能可用，或图衣食，私役于积年保歇之家；或求亲幸，听差于衙门奔走之事。甚有役满之后，依恋不归者。"笔者认为，这段话的意思，是说此等有点才能的驿囚，为了获取衣食之资，或私自为保歇工作，或在衙门里跑腿，因为有一定的收入，甚至服役期满也不愿回家。从中似乎完全看不出"由保歇（保人）看管驱使，并居住其家"的制度安排。

（2）关于歇家利用解户身份介入司法领域问题

胡先生认为，"明清政府把犯人解押的职责往往交于歇家"，而歇家利用这种"解户"的身份介入了司法领域。

关于明代的情况，他谈到："在明代，押解人犯本是'防夫'的职责，马文升言：'（福建兴化府）本府莆田、枫亭二驿，俱是莆田、仙游二县田粮编金防旱二等夫役。防夫之设，专以递解囚犯；旱夫之设，只是杠送等用，逐驿交接，不过五六十里之程……先年一向被附驿军民包当。'歇家成为押解囚犯之人，并称之为'解户歇家'，可能是歇家包当

---

① 吕坤：《实政录·风宪约》卷2《驿犯》。

了'防夫'的结果。"① 马文升所言是莆田、枫亭两驿情况，是否具有普遍性姑且不论，仅就这两驿"防夫"而言，马文升明言是"被附驿军民包当"，不能断定这些"附驿军民"都是歇家，更谈不上"解户歇家"。笔者管见所及，当时确实存在官府让歇家传唤其所保诉讼当事人到衙门应诉的现象，但并未见到官府让歇家负责押解与其担保责任无关的囚犯的事例。

关于清代的情况，胡先生的主要证据是于成龙所说"（歇家）解人犯则包揽打点行贿，更有主唆扛帮之弊"。括号内"歇家"二字，系胡先生所加②，其理解是否符合原意呢？先看于氏原文："省会府县歇家，最为作奸犯法之薮，故定例，歇家与衙蠹同罪，法至严也。其在省会府城者，外府州县解钱粮，则包揽投纳使费，更有洗批那移之弊；解人犯，则包揽打点行贿，更有主唆扛帮之弊。"③ 笔者认为，结合前后文看，于氏是说在省会、府城的歇家，利用外府州县解钱粮、解人犯的机会，从中作奸渔利，解人犯者根本就不是歇家。胡先生还提到于氏曾使用"解户歇家"一词："一家赢了一家输，讼师挑拨焰更炽。道府告过又到司，更将院状包投递。耸动发审与亲提，上司差票如雷厉。解户歇家争共攒，罪名赃赎论证相替。连年屡月不得休，贷尽亲朋卖田地。妻啼子哭家业消，讼师衙役欣得意。"④ 这是一首规劝百姓息讼的诗歌，其

---

① 胡铁球：《明清歇家研究》，第 444 页。引语见马文升：《为建言民情事》，黄训编：《名臣经济录》卷 34《兵部·车驾上》。

② 对于这条史料，李伟铭的理解与胡铁球相同，他解释说："对于省府城里的歇家，他们都到府州县城外去押送钱粮，则有帮民众上城缴纳税粮的费用，更有将百姓纳税的税粮挪用的弊端。押送人犯则负责行贿差役，更有主动唆使结帮的弊端。"即认为是省会府城歇家到外州县去押解人犯。见《官民之间的代办机制：明清时期的歇家》，第 82 页。

③ 于成龙：《于清端政书》卷 7《两江书·兴利除弊条约》。

④ 于成龙：《于清端政书》卷 8《吟咏书·忍字歌》。

中"解户歇家争共攒"一句，从"共攒"二字可知，"解户"与"歇家"是两类人，不能连为一词理解为负责解送人犯的歇家。

胡先生还谈到："最能反映'解户歇家'大规模存在的是乾隆皇帝的一道谕旨，乾隆五年（1740），乾隆皇帝批准刑部酌议条例，规定州县遇有罪犯笞杖应递回原籍案件，犯事所在地的承审衙门不得先责后解，应于接递人犯移文票内注明该犯罪名并不应收监字样，中途接递州县将该犯押交坊店歇宿，严禁滥行收监，于移回原籍地方后查明折责。煌煌圣谕既已许可押交坊店歇宿，不提倡寄监过站的做法，可见'解户歇家'在清代前期是得到官方许可，且得到广泛推行的。"① 查《清实录》所载此旨原委，先是陕西按察使伦达礼奏称："州县官承审自理事件，笞杖轻罪人犯递回原籍安插收管，每多乘病押解，不获延医调治，卒毙中途，殊堪悯恻。又各州县接递人犯移文票内，未开何项名色，是以不分递回安插收管，一概收禁，不无禁卒凌虐之弊。又州县遇有罪犯笞杖，应递回原籍，向于犯事衙门，先行发落，然后起解回籍，负痛驱驰，不无转于沟壑。请嗣后凡州县自理外结事件，其应递回原籍安插收管之人，如遇中途患病，照军流徒犯中途患病之例，准留调养。其接递人犯移文票内，注明笞杖递回安插收管字样。下站接递之员，差押坊店歇宿，不许收监。至于罪应笞杖，递回原籍者，亦照军流徒犯到配折责之例，令承审衙门移回原籍地方官查明折责。"刑部议覆采纳了伦达礼的建议，要求"承审衙门于递解文内，注明该犯罪名并不应收监字样，前途接递州县，将该犯押交坊店歇宿，不许滥行监禁"。② 笞杖轻罪人犯情节轻微，如乘病押解或笞杖后解，很容易中途死亡；此等轻罪人犯不应收监，但如果移文票内不予注明，沿途接递州县不知其罪行轻重，

---

① 胡铁球：《明清歇家研究》，第 444 页。
② 《清高宗实录》卷 119，乾隆五年六月壬辰条。

往往一概收监。伦达礼的奏疏，就是针对这种情况而发。所谓"差押坊店歇宿"、"押交坊店歇宿"，是针对"接递州县"的差人而言，并非是让歇家押解犯人。

胡先生根据上述资料，得出"明清政府把犯人解押的职责往往交于歇家"的结论。如前所述，对于其担保的特定犯人，确实有官府让歇家自行押解的现象，但上列胡先生所举几例，显然并非此种情况，而是想进一步证明存在一种"解户歇家"，这种说法恐难成立。胡先生在该部分小结中指出："歇家作为在京法司的专门职役以及以'保歇'（保家）名义看管驱使犯人，并成为监狱体系的重要组成部分，笔者仅见到明朝史料有明确记载，至于其具体的兴废时间，其沿革及变化的原因，因相关材料所见甚少，有待今后努力考证，也希望同仁共同努力。而'解户歇家'在清乾隆时期还大量存在，乾隆以后却不见记载，其废除时间亦不得而知，亦有待今后的考证。这类歇家的兴起与废除，应能间接反映中国基层社会组织结构的演化，值得我们继续关注。"笔者通过以上检证，感觉所谓"在京法司歇家"、"解户歇家"等等，可能根本就不存在，当然也就谈不上兴起、沿革与变化，也不可能据以观察基层社会组织结构的演化。

4. 关于明代衙门设置歇家"职役"问题

胡先生除断言歇家利用职役身份介入司法领域外，还提出一个重要见解，即认为"在明代，不少衙门设有歇家这一'职役'"。他从明代文献中发现的事例，有"国子监歇家"、"在京法司歇家"、"兵歇家"、"京通仓的大小歇家"、"盐场歇家"、"船政保家"、"税关歇家"①。按"职役"

①　胡铁球：《明清歇家研究》，第47—52页。按，杜立晖《关于明清之际"歇家"的再探

一词，不同时代含义有异。明代官方文献所说"职役"，多指官吏之职事；胡先生所说"职役"显非此义，当是沿袭宋代称呼，泛指金派百姓承担的各种差役。此种差役的特点，是有固定的编制名额，并按照一定程序在相应的人户中差派。

明代歇家广泛渗入各种钱粮税费的收支过程，相关衙门为了保障赋税收入甚或牟取额外利益，往往听任歇家包揽，甚至指定他们担任保人。在这种情况下，歇家虽然为官府所用，但并未变成一种"职役"。胡先生列举的各种"职役"，大多与钱粮收支有关，应当都属于此类情况。其中的"国子监歇家"，看似与钱粮无关，实则不然。胡先生引用《钦定国子监志》云："国子监当该典吏四名……宛、大二县分拨水夫二名，东西厢各一人，朝房一人，歇家十名，答应、收粮小脚十二名，搬送粮米，仍充本监一应公使。""寄籍匠民家，自支水夫，量与工食，看朝房歇家、小脚俱无工食。"① 胡先生据此认为："明代国子监设有歇家这一'职役'，其职责是'看朝房'，显然与歇家提供食宿服务的功能有关。"② 按，《钦定国子监志》中这些文字抄自《明太学志》，但将原书分段并列的各种徒役连抄成一段，因而容易造成断句和理解错误。检核《明太学志》，可以看出："看朝房一人"单为一段，下接一段为"歇家一十名，答应收粮小脚一十二名，搬送粮米，仍充本监一应公使，俱无工食"③。这说明两点：其一，"看朝房"与"歇家"是两种并列的役目，因而歇家与"看朝房"无关，而是与答应收粮小脚并列，职能是"搬送粮米，仍充本监一应公使"；其二，《明太学志》对各种徒役的数量、来

讨——以〈滨州革除歇家批头记〉为中心》（《历史档案》2012 年第 3 期）一文，也认为歇家的身份有官、私两种，如"下官歇家"从事的是一项官府职役。

① 《钦定国子监志》卷 29《典守·明·附吏役》、卷 45《廪给·廪给附·明》。

② 胡铁球：《明清歇家研究》，第 47 页。

③ 郭鎜：《明太学志》卷 2《典制下·徒役》。

源和工食都有具体说明，但对放在"徒役"部分最后的歇家、答应收粮小脚，并未说明来源①，并特地说明"俱无工食"。笔者据此认为，歇家、答应收粮小脚的性质，类似于前引张永明所说的各衙门"虽非事体"的"常用人役"，并非具有正式编制的"职役"。

至于胡先生所说"盐场歇家"，据《两淮盐法志》记载："灶盐抵关，先以联票投关，吏验发商垣量收。收若干填明后，票仍交关吏，以核其不符者。包垣之佣丁曰枚手，曰忙工；收买者曰歇家；船户自赴灶收买者曰拨户；司包垣者曰地户；代商在垣收买者曰掌管。定例惟许商灶见面交易，故忙工、地户不在禁，他皆禁焉。"②胡先生援引这段话后解释说："这里的'忙工'、'歇家'、'拨户'、'地户'、'掌管'等应都是盐场设置的各种'役'，其中歇家的职责是'收买垣盐'，即收买灶户送到盐垣之盐，而'掌管'则是代盐商收购垣盐，正因为这两类人掌管盐场之盐的买卖，故他们能利用此职责进一步包揽盐税。"③笔者认为，这些形形色色的人，只是依靠灶盐买卖谋生或牟利，并非盐场设置的"役"。况且文中明言"忙工、地户不在禁，他皆禁焉"，也就是说，"歇家"、"拨户"、"掌管"等，都是官方禁止的对象，而并非官方设置的"职役"。

胡先生所列"职役"中，只有两种肯定与赋税征收无关，这就是"在京法司歇家"和"兵歇家"。前文已说明"在京法司歇家"并不存在，这里再检视一下胡先生用以证明"兵歇家"的资料。

胡先生指出，"明朝官兵住歇家似成常例，出现专门的'兵歇家'"，并引郑若曾之言为证："郑若曾在其《复当道问兵务扎子》提到了'兵

---

① 胡先生引文"宛、大二县分拨水夫二名，东西厢各一人，朝房一人，歇家十名……"，其中"宛、大二县分拨"似应连属上文"刷印匠四名"，与下文水夫、看朝房、歇家等无关。

② 《重修两淮盐法志》卷15《图说门·灶盐归垣图》。

③ 胡铁球：《明清歇家研究》，第48—49页。

歇家'有防兵为盗的职责，其言：'如有一队为盗者连坐，更取各兵歇家甘结，如所歇之人为盗者，以知情论。昼则分派各教师、训习、武艺，三、六、九领兵官集至教场操练；夜则置签飞闸几队，以验各在歇家否，不在者究其去向，责其队长与房主人。'显然歇家为'房主人'，并具有管理军士的职责。"①当时东南倭寇猖獗，官兵、民壮、弓兵皆不堪用，只得另雇勇夫、水兵，但对这些人缺乏管理和训练，甚至出现"为兵者不惟不能捕盗而反为盗"的现象。所以郑若曾建议加强监督以防止兵变为盗，其方法一是"各取其本队甘结，保此一队不更为盗"；二是"取其邻队伍相甘结，如有一队为盗者连坐"；三是"取各兵歇家甘结，如所歇之人为盗者，以知情论"。同时白天将他们集中起来训练，夜间则进行抽查，如发现有士兵未在歇家住宿，其队长与歇家都要受到惩责。明代除前线或战时外，对于长期驻防的士兵，无论是官兵还是募兵，往往不提供营房，他们或在自家或自行租赁住处。郑若曾所说"歇家"或"房主人"，即指募兵租住寓所或房主，他们中有些可能是客店，有些可能只是房屋出租者，并非专门的"兵歇家"。

胡先生还谓戚继光在其著作中多次提及"兵歇家"，并摘引一些例证。如言："殊不知，教场操练不过鸣金鼓号令，习射打击刺手艺之能，此等事不是在人家房门院墙内做得，故设教场操练之。平时在各歇家之时，若肯心心在当兵，起念一心，以杀贼为计，蓄养锐气，修治军装，讲明法令，通之以情，结之以心，何尝不是操练也。"②又言："各兵远来，原为保障地方。不幸有病，地方主家当为调理，何乃忍视仆卧当

---

① 胡铁球：《明清歇家研究》，第48页。所引郑若曾言见《江南经略》卷8下《复当道问兵务札子》。其中"昼则分派各教师、训习、武艺"一句标点，似当去掉两个顿号；"三六九"后脱"日"字；"操练"当为"操演"。

② 戚继光：《练兵实纪》卷2《练胆气第二》。其中"若肯心心在当兵，起念一心，以杀贼为计"一句，似当标点为"若肯心心在当兵起念，一心以杀贼为计"。

街……应着原歇之家，领回调理。或驱逐不容，及调理不善，至伤本兵者，歇家抵罪。"① 笔者认为，戚继光所说"地方主家"、"歇家"，与郑若曾所说"房主人"、"歇家"含义相同，似乎看不出他们属于专门的"兵歇家"。胡先生还指出："与郑若曾一样，戚继光也给予了歇家一定的权力，如其规定士兵'抄誊文字仍要一字一言，不许增减及别添祸福之说，每传毕，差巡视旗于街上，或歇家，唤二三个军来问之，照不知条内，查治所由'。这里的歇家俨然一军官，可问责于军士。"② 军队发号施令，必然层层传达，为了保障传达的准确性，戚继光要求"传谕口令、抄誊文字"时必须严格依照原文，不许有一字一言的增减；为了检查号令是否真正传达到每个士兵，所以要让"巡视旗"在街上或歇家随机抽查，如士兵有不知号令内容者，就要查明其原因并惩治相关人员。我个人认为，负责随机查问的是"巡视旗"，而并非歇家，因此并不存在歇家"俨然一军官"的情况。

根据上引郑若曾、戚继光之说法，胡先生断言："明朝'兵歇家'是广泛存在的，并具有一定的职权和责任，具有准军营性质，但同时反映出歇家的基本功能是为官兵提供住宿。明朝之所以出现大量的'兵歇家'，是由于营房的缺失所致，也可以理解为明政府为了节省军费开支'寓兵于歇家'，故出现了歇家参与军队管理的奇特现象。'兵歇家'从普通的歇家转为具有管理军营职责的过程，可视为歇家向衙门'职役'转换的历史背景中的一个特殊缩影。"③ 明朝确有很多士兵寄住"歇家"，但这种歇家应当就是普通的房屋出租者或旅馆经营者，并非专门的"兵歇家"④。若果如此，则胡先生提出的明朝"寓兵于歇家"、"兵歇家"参

---

① 戚继光：《戚少保奏议·补遗》卷 2《存恤病兵》。
② 胡铁球：《明清歇家研究》，第 48 页。所引戚继光言见《练兵实纪》卷 2《练胆气第二》。
③ 胡铁球：《明清歇家研究》，第 48 页。
④ 事实上，戚继光所说"歇家"，有时只是行军过程中的临时住所，可能连旅馆或房屋

与军队管理，甚至歇家向衙门"职役"转换等一系列新颖论断，恐怕都要重新考虑了。

5. 结语

必须强调，以上只是针对《明清歇家研究》提出的一些新观点，谈了点个人不成熟的看法，并非对这部大著的全面评论。在为此书撰写的序言中 ①，著名历史学家王家范先生以其风趣而深刻的语言，已对此书价值做了十分精到的概括："全书的精彩处，在我看来，并不在'高大'，而在'细微'，细微处发见真情实况。透过这个窗口，移步换景，放大镜头，折射出了高度集权国家垂直制权力统合下基层官僚机构处境的艰困，实际操作应付手段的多方权变，官方与绅商、小民利益博弈如何成了'猫捉老鼠'般的游戏，以至于让'歇家们'无孔不钻，有声有色地扮演起'官家猫'与'民间鼠'的双重角色，吃里扒外，亟图一逞，好些细节是过去不曾被具体描述过的。"

在这篇序言中，王先生谈到他看到《上海书评》发表的一组纪念田余庆先生的文章，"涉及治学精神与治史方法，返身对照我们自己，大有良药苦口之感"。王先生特别提出两条：一是"用尽力气研究某个问题，沉浸既久，由宠爱而变溺爱，就很容易把问题强调到过分的程度"；二是"从理论出发"提出的问题往往是假问题，"研究中不应有预先设定的解释模式，一切从实际出发；研究务必注意反证，复杂的问题往往

出租者都不是。如《练兵实纪》卷 6《练营阵第六》第 16 条"拟驻宿"详细说明了"寻讨歇家"及住宿的办法，其中谈到："每一队务在一家，安歇时刻，不许相离，别生事端，互相觉察。若一家难容，即分间壁中，有衙门、士夫等家间者，即间一段，亦必挨去一队完，然后再歇一队，不许搀越。"要求每队相邻安歇，若只住旅馆恐怕很难实现，除衙门、士夫等家，大约都要接纳士兵住宿。

① 该序言以《体制之痛：明清地方治理的顽疾》为题，发表在《探索与争鸣》2015 年第 4 期。

有反证，反证方能显示问题的复杂"。对于胡先生"欲把'歇家'问题朝着'推动社会结构变动'的方向延伸拔高"，王先生表示自己"一直心存担忧，觉得有主观逻辑恣意扩张的危险"。我个人觉得，王先生的这些提醒，对所有历史研究者都有警示意义。回想自己发表的论著，恐怕也会有不少"由宠爱而变溺爱"、"主观逻辑恣意扩张"的地方吧。

第四章　明清经济发展的制度约束

一、中国原始工业化中的资本与制度问题
——以英国的原始工业化为参照

第二次世界大战后，随着对欠发达国家经济发展问题的重视，农村工业受到越来越多的经济史学家的关注。1972 年美国学者门德尔斯（Franklin F. Mendels）提出"原始工业化"（Proto-industrialization）概念[①]，引起很大反响，并为许多学者作为研究区域经济的一种理论和方法加以运用。中国和英国在前近代时期经济发展都已达到了原始工业化阶段，但二者的出路却很不相同：英国成为西方国家中唯一自发地完成了由原始工业化向工厂工业化过渡的国家，而中国的农村工业却长期在家庭生产的组织形式中徘徊而未能出现向工厂工业的过渡（至于近代以来中国某些地区出现的工厂工业较大规模的发展，乃是由于西方影响所致，属于另一问题）。因此，将英国与中国这两个独立发展而又结局迥异的国家的原始工业化作一比较，是有一定意义的。

[①]　See Franklin F. Mendels, "Proto-industrialization: the First Phase of the Industrialization Process", *the Journal of Economic History*, Vol. 32, No. 1, 1972, pp. 241-261.

1. 中国与英国的农村工业化

关于原始工业化，有关学者的定义不尽一致，大体上是指仍未脱离传统组织形式、但已被纳入广阔的市场网络之中的、主要分布在农村地区的工业发展。

英国的农村工业古已有之，但到 13 世纪才开始有较大规模的发展，到十五六世纪，工业在农村经济中已占有极为重要的地位。农村工业的门类很多，最重要的当推毛纺织业。据丹尼尔·笛福说，英国毛纺织业"在城市和邻近的村庄中所雇佣的工人人数几乎是难以相信的"[①]，其中尤以农村工人为多。有的学者估计，17 世纪时英国有 1/2 的人口在农闲时从事工业[②]，其中大多数从事毛纺织业，17 世纪初英格兰从事毛纺织业的人约在百万以上[③]。中国农村工业的历史恐怕比英国还要长，而且在相当长的时期里比英国发达，就是到十六七世纪，发展水平也不在英国之下。当然，由于中国疆域远比英国辽阔，各地经济发展水平很不均衡，农村工业在整个国民经济中的比重肯定比英国小，但就东南地区而言，以丝织业和棉织业为代表的农村工业的确十分重要，从业者很多。如苏州府吴江县"盛泽、黄溪四五十里间，居民乃尽逐绫绸之利，有力者雇人织挽，贫者皆自织，而令其童稚挽花"[④]。湖州府、嘉兴府、松江府的部分地区棉纺织业发达，"纺之为纱，织之为布者，家户习为恒业"[⑤]，"人以布缕为业"[⑥]。

---

① 保尔·芒图：《十八世纪产业革命：英国近代大工业初期的概况》，杨人楩译，商务印书馆 1983 年版，第 33 页。

② A. E. Newson, *The Growth of British Industry*, New York: Holmes & Meier, 1978, p.15.

③ 多布：《资本主义发展之研究》，滕茂桐译，新民书店 1951 年版，第 143 页。

④ 乾隆《吴江县志》卷 38《生业》。

⑤ 天启《海盐县图经》卷 4《方域篇》。

⑥ 康熙《松江府志》卷 4《土产》。

此时英国和中国的农村工业都已超越了只为地方市场提供产品的阶段，而为区间市场和国际市场进行生产。英国商人在开拓国外市场方面是十分成功的。在十六七世纪，由于毛纺织业的发展，呢绒成为英国最重要的出口商品。据统计，1503—1507 年间，英国全国平均每年出口呢绒 75000 匹，1533—1537 年间平均每年出口 102000 匹，1543—1547 年间平均每年出口 126000 匹。① 到 17 世纪晚期，英国毛纺织品的 1/2 都是为国外市场生产的。② 中国东南地区的纺织品也并非在本地消费，而被纳入广阔的市场体系。苏州吴江"绫罗纱绸出盛泽镇，奔走衣被天下，富商大贾数千里辇万金而来，摩肩连袂"③。江宁盛产绸缎纱绢等，"商贾载之遍天下"，"北趋京师，东北并高句骊、辽、沈，西北走晋、绛，逾大河，上秦、雍、甘、凉，西抵巴蜀，西南滇黔，南越五岭、湖湘、豫章、两浙、七闽，溯淮泗，道汝洛"④。上海"地产木棉，行于浙西诸郡，纺绩成布，衣被天下"，其中最受欢迎的是标布，"富商巨贾操重赀而来市者，白银动以数万计，多或数十万两，少亦以万计"⑤。中国的生丝和丝织品也有着广阔的国际市场，每年都有大量生丝和丝织品运往美洲、欧洲、印度、日本等地，据估计，明清间每年向海外输出的丝货，光是生丝一项，多时可能就在 1 万担以上。⑥

农村工业的发展必然推动商品性农业的发展，而商品性农业的发展又为农村地区工业的进一步发展提供动力。英国乡村毛纺织业的发展推

---

① Ralph Davis, *English Oversea Trade 1500-1700*, London: Palgrave Macmillan, pp.52-53.

② A. E. Newson, *The Growth of British Industry*, p.26.

③ 康熙《吴江县志》卷 17《物产》。

④ 黄卬：《锡金识小录》卷 1《备参上》。

⑤ 叶梦珠：《阅世编》卷 7《食货五》。

⑥ 参见全汉昇：《明清间中国丝绸的输出贸易及其影响》，陶希圣先生九秩荣庆祝寿论文集编委会编：《国史释论：陶希圣先生九秩荣庆祝寿论文集》上册，食货出版社 1987 年版。

动了养羊业的发展。据估计，英国 17 世纪末时羊只数目比 14 世纪初时增加了 3 倍多，到 1741 年，全国产毛羊达到 1660 万头。① 除养羊外，其他的纺织工业原料的种植也开始起步，如大青、茜草等染料作物的出现，就受到了农村纺织业的刺激，属于商品化的经济作物种植业。中国东南地区与农村工业相辅相成的商品性农业的发展也很惊人。丝织业带动了桑蚕业的发展，某些地区的桑树种植面积远远超过稻米种植面积。如湖州"以蚕为田，故胜意则增饶，失意则农困"②。原来不懂种桑养蚕的海盐县明万历年间始兴蚕利，发展迅速，到天启时已是"桑柘遍野，无人不习蚕矣"③。棉织业的原料需求刺激了植棉业的发展，松江府、苏州府和嘉兴府的一些地区出现了棉作压倒稻作的农作物配置结构。如苏州嘉定部分地区"种稻之田约止十分之一"④，太仓"地宜稻者亦十之六七，皆弃稻袭花"⑤。

农村工业的发展还带动了工商业城镇的勃兴。在英国，所有的农村工业区都出现了一些新兴工商业城镇，如曼彻斯特、伯明翰、波尔顿、哈利法克斯、利兹等。当时全国共有多少新兴城市尚不清楚，兰开夏至少有 10 个，格洛斯特郡有 6 个，萨默塞特郡至少有 5 个，威尔特郡有 3 个，东盎哥利亚 49 个城市中一大半是新兴城市。⑥ 在中国，从明代中期开始，工商业市镇的勃兴也成为经济运动的主要特点之一，江南地区形成了比较密集的市镇网络。正德《姑苏志》所载该府市镇达 73 个之多，

---

① J. Chartres ed., *Agricultural Markets and Trade, 1500-1750*, Cambridge: Cambridge University Press, 1990, pp.195-196.

② 谢肇淛：《西吴枝乘》，陶珽编：《续说郛》卷 26。

③ 天启《海盐县图经》卷 4《方域篇》。

④ 万历《嘉定县志》卷 7《田赋考下》。

⑤ 崇祯《太仓州志》卷 15《琐缀志·灾祥》。

⑥ 薛惠宗：《十五—十七世纪英国乡村工商业的发展与其早期近代化》，《世界历史》1987 年第 6 期。

万历《湖州府志》所载该府市镇也有 20 多个。以苏州府吴江县盛泽镇为例，东南至新杭市 5 里，东至王江泾镇 6 里，北至平望镇 15 里，西南至新城镇 30 里，至濮院镇 50 里，西至震泽镇 30 里，至南浔镇 50 里，非常密集。在原始工业化进程中，城市作为批发商人的基地，对农村工业的发展有着重大影响。

2. 商人资本与原始工业化

农村工业的不断发展和稳步壮大需要商业资金的支撑，或者说，与商业资本的联系正是原始工业化时期的农村工业有别于以自我消费为目的的、自古就存在的手工业生产的特征。"完全依靠自己的力量，手工业者是不大可能建立起出口工业的。他们必须依靠商业的服务，商人逐渐向他们提供流动资金，在原料采办上给予信贷，在销售上预付货款。最后，如同为纺织工业所写的文献有详尽记载的那样，商人组织了生产的全部过程"①。13 世纪以后迅速发展起来的英国农村工业基本上控制在商人资本手里，其组织形式约有两种，即分散的工场手工业和集中的工场手工业。

分散的工场手工业被称为"家内制"（domestic system）。这种形式的初级形态是商人资本向独立的农村毛纺工人赊卖原料和购买产品，但不参与生产过程，当然商人由于垄断了农村毛纺工人原本所具有的商业职能，因而取得了对生产者和生产过程的部分控制权。"家内制"的典型形态是商人定期向乡村手工业者发放原料，收回成品。笛福描述说："毛纺业的纺纱工作主要由村庄和农舍中的贫穷人们完成。呢绒制造商

---

① 卡洛·M. 奇波拉主编：《欧洲经济史》第一卷，徐璇译，商务印书馆 1988 年版，第 194 页。

老板一般都居住在大城镇里，每周由仆役带着马匹将羊毛送到纺工们的家中，同时把他们纺出并适合在当时织机上完成的毛纱带回去。"①这种形式促进了农村工业的发展。正如雪尔维娅·L.恩拉普所说："英格兰的工业，在城镇中进进出出，游动不定，随着地方商人资本组织包工制，把原料分发给村民，工业变得更加农业化。"②直到工业革命前夕，这种形式仍居主要地位。③

但是，仅停留在"家内制"上是不行的，因为这种形式"就它本身来说，它并没有引起旧生产方式的变革"④，不但商人资本家对变革生产方式兴趣不大，就是农村工人也不大具备提高和改进生产技术的手段。不过，由于"家内制"很难包揽全部工序，为集中的手工工场的出现提供了可能性，正如克拉潘所指出的，家庭手工业者"很少能自己进行成品处理或整理这最后一道工序。这项业务都集中在城镇上，由商人进行，或者为商人而进行。第一批拥有纺织工厂的'商人制造家'，大抵就是出身于这类匹头整理商的"⑤。商人资本家生产规模的扩大和经营手段的提高，以及"家内制"工人生产资料的丧失和贫困化，也为集中的手工工场的产生提供了有利条件。如1539年萨福克和埃赛克斯郡的织工抱怨说，由于呢绒制造商们达成协议，以极低的价格购买织工织的呢布，致使他们昼夜苦干仍不能养家糊口，于是许多人沦为制造商的雇工⑥。当时有些手工工场的规模很大，达千人以上。

---

① 保尔·芒图：《十八世纪产业革命：英国近代大工业初期的概况》，第36页。

② 卡洛·M.奇波拉主编：《欧洲经济史》第一卷，第208页。

③ 参见刘景华：《乡村工业发展：英国资本主义成长的主要道路》，《历史研究》1993年第6期。

④ 《马克思恩格斯全集》第25卷，人民出版社1974年版，第374页。

⑤ 克拉潘：《现代英国经济史》上卷第一分册，姚曾廙译，商务印书馆1964年版，第249页。

⑥ E. Lipson, *The Economic History of England*,Vol.1, London:Adam & Charles Black, 1959, pp.417-418.

与英国相比，中国农村手工业组织形式的变化要慢一些。有人认为，16世纪英国某些城市已进入工场手工业阶段，而中国直到鸦片战争前夕也未能进入工场手工业阶段。不过，明清时代商业资本与农村工业已建立起密切联系，是不争的事实。其时不少商人积聚起巨额资金，王稚登曾用"积金如丘山"来形容江浙丝商的富足。① 正是这些拥资巨万的富商大贾，支撑了江南农村工业的发展。"织妇抱冻，龟手不顾，匹夫怀饥，奔走长路。持莽莽者以入市，恐精粗之不中数。饰粉傅脂，护持风露，摩肩背以授人，腾口说而售我，思得金之如攫，媚贾师以如父。幸而入选，如脱重负"②。从上述描写中，可以清楚看出手工业者对商人的依赖。在明代，已出现了商人资本向工业资本转移的个别现象，"闽人货湖丝者，往往染翠红而归织之"③，可见福建丝商支配着一定数量的染、织工。到清代，商业资本向工业资本的转移不断增加，采用的方式主要有两种：

一是包买制，即商人向手工业者供给原料，收买成品，这种分散的工场手工业与英国的"家内制"相似。雍正时有人说过："商人积丝不解织，放与农家预定值。盘盘龙凤腾向梭，九日辛勤织一匹。"④苏州道光二年一个碑文上写道："查民间各户，将经丝交织机匠工织。"这里所谓机户，就是放料收货的绸缎铺号，他们把经丝、纬丝等原料以及一些工具交给机匠织造，回收成品，机匠们"计工受值"⑤。后来，机户、铺号发展成为"账房"，"凡贾人自置经纬，发交机户领织，谓之账房"⑥。

---

① 王稚登：《客越志略》，丁丙、丁申辑：《武林掌故丛编》第4集。
② 徐献忠：《布赋》，崇祯《松江府志》卷6《物产》。
③ 王世懋：《闽部疏》，沈节甫编：《纪录汇编》卷207。
④ 民国《双林镇志》卷16《物产》引沈泊村诗。
⑤ 江苏省博物馆：《江苏省明清以来碑刻资料选集》，三联书店1959年版，第13—14页。
⑥ 《刘坤一集》卷26《奏疏》。转引自彭泽益：《鸦片战争清代前苏州丝织业生产关系的形式与性质》，《经济研究》1963年第10期。

二是商人设立集中的手工工场。他们通过包购农户或手工业者的产品，设立工场加工制成产品。如在苏州，有棉布商人开设"字号"，向织户收购棉布，进行漂洗加工工作。苏州的踹布工场也很多，有"踹坊四百五十余处，每坊容匠各数十人不等"[①]。此外，商人们还直接投资于采矿、冶炼、制盐、制烟、造纸、木材等部门，将商业资本转为产业资本。总的来说，这种形式发展缓慢，且主要是在需要集中一批人力进行规模经营的部门中出现，像英国那样集中的纺织手工工场似很少见，对其性质不宜估计过高。

商业资本向工业资本的转移，或者说商业与手工业真正成为一个有机的整体，是十分重要的。马克思认为："货币经济是一切商品生产所共有的，产品在各种各样的社会生产机体中表现为商品。"[②] 也就是说，生产物的商品形态在很早的时代即已出现，倘若商业资本的职能只限于流通领域（马克思称之为"商人资本的独立发展"），则不会对工业生产产生大的促进作用，尽管"商人资本的存在和发展到一定的水平，本身就是资本主义生产方式发展的历史前提"[③]，但也应看到，商业资本或高利贷资本，其本身都还不能构成产生工业资本的足够的条件。商业资本向工业资本的转化，需要一些中介条件。而一旦这种转移顺利发生，就会对社会结构的转变起到巨大作用，商业的至上权带来产业的至上权，最终由原始工业化顺利发展到工业化社会。

因此，尽管中国和英国都已发展到了原始工业化阶段，原始工业化的出路却迥然有异。造成这种现象的原因是多方面的，商业资本向工业资本转移的数量和速度的不同当是一个极其重要的直接原因。"工业化前经济的大部分储蓄潜力都进入了非生产性的资本投资。对于成长中的

---

① 江苏省博物馆编：《江苏省明清以来碑刻资料选集》，第 53 页。
② 《马克思恩格斯全集》第 24 卷，人民出版社 1972 年版，第 133 页。
③ 《马克思恩格斯全集》第 25 卷，人民出版社 1974 年版，第 365 页。

工业经济来说，经济变革的一个重要特点就是资本从非生产性向生产性用途的转移"①。英国顺利实现了这种转移，商人资本成为工业资本的重要部分，"利润的再投资一直到十九世纪末期都是绝大多数英国投资的资金来源，这些投资又反馈到那些创造利润的工业部门"②。技术革新是提高利润的最有效的手段，因而"生意兴隆的商人抱着极大的兴趣赞助制造业的技术革新"③。工业，特别是那些实行技术革新、使生产成本不断下降的工业部门和企业，能源源不断地得到资金支持，必然会使经济发展后劲十足，充满生机。反观中国。商业利润除一部分作为追加商业资本用于扩大流通规模外，大部分从流通流域游离出来，但游离出来的利润只有极小一部分进入手工业等生产性领域，绝大部分进入非生产性领域，而农村工业的从业者由于利润微薄，负担沉重，也很难积累资金用于扩大再生产，这极大地限制了中国农村工业的发展，使其缺乏向工厂工业化阶段迈进的基础和动力。

中国与英国农村工业发展进程在速度、规模和程度上的不同还决定了两国农业与农村社会变化的差异，正如黄宗智所说，以英国为典型代表的"西方的小农分化过程，归结于农村经济的全面转化，中国则是在小农经济范围内的进展，它所导致的不是资本主义工业经济，而是一个分化了的小农经济"④。从英国的情况来看，从14世纪后期开始，随着大多数农民由"维兰"（Vllain）身份变为"公簿持有农"（Copy—holder），有些人在耕种份地、交纳货币地租外，还承租封建领主的自营地，开始从事带有资本主义经营性质的农业，其中部分人因此上升为

---

① 卡洛·M. 奇波拉主编：《欧洲经济史》第四卷上册，王铁生等译，商务印书馆1989年版，第160—161页。

② 卡洛·M. 奇波拉主编：《欧洲经济史》第四卷上册，第167页。

③ 卡洛·M. 奇波拉主编：《欧洲经济史》第四卷上册，第166页。

④ 黄宗智：《华北的小农经济与社会变迁》，中华书局1986年版，第7—8页。

"约曼"（Yeoman），即自由的自耕农，又称大农。但是，租地自由农的发展进程十分缓慢，既不是农业资本主义发展的主要道路，更不是农村资本主义成长的主要途径。直到 18 世纪左右发生农业革命之前，英国的农业生产率仍然很低，成为英国经济发展的瓶颈。可以说，农村社会经济结构仅仅依靠农业自身的发展是很难突破的，由于自然条件和技术条件的限制，在除去农业之外缺乏其他就业机会，或其他就业机会远远不足的状况下，农业陷入"过密化"恐怕是不可避免的。幸运的是，英国农村工业，特别是毛纺织工业的充分发展及其向资本主义手工工场的转化，解决了农业中剩余劳动力转移问题，极大地增强了农业自身消化其剩余劳动力的能力，为农场规模扩大、劳动生产率提高创造了机会，并大大促进了农业与市场结合的程度。尤为重要的是，大量资金流入农村，为土地的集中和农业资本主义改造提供了坚实的物质基础，而工商业者是这些资金的主要提供者。没有上述前提，英国农业革命是不可能发生的。[1] 中国正是由于缺乏上述前提，农业经济才长期在"过密型增长"的轨道上滑行。

3. 制度：资本流向的决定性因素

在做了上述分析之后，接下来的问题必然就是：中国原始工业化时期的商业资本为什么不像英国那样以较快的速度、较大的规模流向农村工业呢？换句话说，为什么英国的商业资本随着经济发展"已经不再是仅仅攫取生产的余额，而且是逐渐地侵蚀生产本身，使整个生产部门依附于它"[2]，而

---

[1]　参见毕道村：《英国农业革命发生的历史缘由》，《世界历史》1993 年第 6 期；毕道村：《英国农业近代化的主要动因》，《历史研究》1994 年第 5 期；刘景华：《乡村工业发展：英国资本主义成长的主要道路》，《历史研究》1993 年第 6 期。

[2]　《马克思恩格斯全集》第 25 卷，第 369 页。

中国的商业资本的绝大部分却不去"侵蚀生产本身"而长期处于"攫取生产的余额"状态或耗散于非生产性用途领域呢？

罗列起来，应有多种因素，但最为重要的，当是制度因素。菲利斯·迪恩在分析英国的工业革命时谈到："随着经济的发展，出现了两种情况。一方面，对于大规模资本的需求变得十分普遍和紧急，这种需求超出了个人以及私人关系能够提供的动力。另一方面，收入的增加意味着经济结余不断地被一些人创造出来，这些人要么不希望成为活跃的投资者，要么就是已经在他们自己经营的范围里达到资本积累的极限。如果要在这些情况下提高国家投资率，就必须为不愿意自己置办固定资本，而又有储蓄结余的人找到某种疏通渠道，把资金输送给急于购置新固定资产，而又没有能力集资的投资者手中。这就是制度上的问题。"①英国逐步找到了这种疏通渠道，股份公司就是最简捷的办法，而中国却迟迟未能出现合适的疏通渠道。

这就涉及市场结构问题。一谈到市场，我们就会想到传导信息、配置资源、通过促进技术进步降低社会平均必要劳动量等功能。但这些功能的顺利实现，必须有一个合理的市场结构作前提。市场结构包括两大要点：一是明确而独立的所有权，这是市场机制最基本的支撑点；二是完备的商业法规，它使所有权避免成为"法学上的幻想"②。概括言之，"兴盛的市场经济最需要的是那些能够保障个人权利（这种权利可以保证个人及其所建企业能够最大限度地通过有效的生产性活动以及互利的交易而获利）的制度"③，也就是说，市场机制有赖于明确而独立的所有权及切实保护所有权的具体而完备的商业法规的支持。

---

① 卡洛·M.奇波拉主编：《欧洲经济史》第四卷上册，第167页。

② 发展研究所综合课题组：《改革面临制度创新——"后包产到户"阶段的深层改革》，上海三联书店1988年版，第19页。

③ 曼库尔·奥尔森：《取决于制度安排的经济发展》，《世界经济译丛》1993年第6期。

1991 年度诺贝尔经济学奖获得者高斯指出："如果我们从交易成本为零的世界转向交易成本大于零的世界，那么，立刻变得清楚的是，在这个新天地里，法律制度至关重要。……个人拥有的包括义务和特权在内的权利将在很大程度上由法律决定。结果，法律制度就对经济体系的运转产生了深远影响，在某些方面可以说起着控制作用。"①高斯的卓越构想为其后研究经济史的新制度经济学派的学者们所证明，1993 年度诺贝尔经济学奖获得者诺思就是其中著名的一位，他通过对欧洲经济发展史的研究，论证了"资本市场需要保护产权，在政治统治者能够任意没收资产或急剧改变其价值的地方，资本市场是发展不起来的"②。而资本市场的不断完善和发展是由原始工业化向工厂工业化过渡的必不可少的条件。

确立明确而独立的所有权并围绕所有权建立一整套经济行为规范，在西方有着久远的历史，最迟在罗马法中就已经很完备了，如"罗马法文献包含有适用于达成各种类型契约的一整套高度复杂的规则，这些契约包括金钱借贷、财物借贷、抵押、买卖、租赁、合伙和委托"③等。罗马帝国衰亡以后，商业贸易大为萎缩，但罗马法的基本信念和模式却没有枯死，其中的许多规则一直存留下来，从 11 世纪后期开始，作为社会整体变革的一部分，商业迅速发展，为了满足新的职业商人阶级的需要，在西欧逐渐形成了一种新的商法体系。这种新的商法体系以当时新的法学为架构，从新发现的《民法大全》的有关内容中吸收了丰富营养，对以往的商业习惯进行了重大改造。无可置疑，"商人阶级的出现

---

① 罗纳德·高斯：《生产的制度结构》，《经济社会体制比较》1992 年第 3 期。

② 道格拉斯·C. 诺思：《论制度在市场经济发展中的作用》，李兴耕等主编：《当代国外经济学家论市场经济》，中共中央党校出版社 1994 年版。

③ 哈罗德·J. 伯尔曼：《法律与革命：西方法律传统的形成》，贺卫方等译，中国大百科出版社 1993 年版，第 413 页。参见彼德罗·彭梵得：《罗马法教科书》，黄风译，中国政法大学出版社 1992 年版。

是新商法发展的一个必要前提"，"商法最初的发展在很大程度上——虽然不是全部——是由商人自身完成的；他们组织国际集市和国际市场，组建商事法院，并在雨后春笋般出现于整个西欧的新的城市社区中建立商业事务所"①。众所周知，西方法律有所谓民法法系和普通法系之别，其实两者之间并无实质差异。"民法法系和普通法系的基本区别是从法律传统方面来解释的；那就是，差异是法律史的结果，而非由社会的经济的或政治的历史造成的"②。英国是典型的普通法国家，"由意大利带回去的罗马法曾遇到大学领域以外的抵制"，但商法的传统并没有受到法学界限的限制，也被英格兰所接受，因而，商法是"国际的、跨越政治界限而被普遍接受的商业规范"③。1473 年，英格兰大法官宣布，"这里的自然法即一些人所称的商法，它是世界通用的法律"。布莱克斯通在 18 世纪中叶写道："商业事务由商人自己称为商法或 Lex Mercatoria 的法律加以调整。所有的国家在商法上是一致的，并且都关注它。商法还特别被认为是英格兰法的一部分。它根据各种普遍法则决定商人的案件，这些规则应用在与国内贸易相关的所有商业问题上，如：提款、承兑和汇票支付。"商业法对商人的人身、财产和商业活动的保护是切实有效的，不仅本国商人会得到保护，外国商人也不例外。如英国 1275 年《威斯敏斯特法》规定："在任何城市、自治镇、集市或市场，如果一个处于本王国范围内的外国人不是某项债务的债务人或保证人，那么就不得因此项债务而扣押该外国人的财产。"为了使案件的审理公正、合理，符合商人的利益，商事法院普遍采用参与裁判制，即由市场或集

---

① 哈罗德·J. 伯尔曼：《法律与革命——西方法律传统的形成》，第 408、414 页。
② 艾伦·沃森：《民法体系的演变及形成》，李静冰、姚新华译，中国政法大学出版社 1992 年版，"英文版序"，第 2 页。
③ 格伦顿、戈登、奥萨魁：《比较法律传统》，米健、贺卫方、高鸿钧译，中国政法大学出版社 1993 年版，第 17 页。

市的商人们从他们的成员中选出法官。①

明确而独立的所有权，特别是对所有权切实有效的保护，保证了英国经济的顺利发展，有的学者甚至认为这正是英国率先实现工业革命的主要原因。诺思在解释 17 世纪英国经济的发展时指出，"工业的增益如同农业的增益一样，归因于在要素和产品市场建立了比较有效的所有权"。"到 1700 年英国的制度框架为经济增长提供了一个适宜的环境。……它发展了一套包含在习惯法中的有效的所有权。除排除了在要素和产品市场上资源配置的障碍外，英国已开始用专利法来保护知识的私有权了。现在舞台已为产业革命布置就绪"。②

现代中国的法律也有刑法和民法之分，这是从西方移植过来的概念。如果把近代以前中国与西方的法律作一对比，其最明显的差异大约就是西方民法十分发达，而中国则是民法消融于刑法之中；西方是将法律看作权利的保障，而中国没有产生权利观念，将法律的意义限定在治理工具上。梁治平指出："我们的司法制度原本不像英国普通法那般复杂，没有那么多政治的和民事的功能，也没有那么严密的组织和发达的技术手段，因为，我们的法律基本上只是礼的附庸，既不是用来维护人的权利也不能用以度量自由，更不是为处理复杂的商业关系而设计的，它的重点是在对农民的治理，其中的核心问题，则是社会秩序的安定。"③

当然，我们说中国古代法中缺乏权利观念，并不是说中国就没有所有权意识。中国很早就产生了成文法，其后不断发展、完善，篇幅越来越浩繁，尽管民事法律关系方面的内容与西方法律相比显得十分简陋，但毕竟也包含着许多保护私人财产权的条款。问题是，中国的法律规定

---

① 参见哈罗德·J.伯尔曼：《法律与革命——西方法律传统的形成》，第 11 章。

② 道格拉斯·诺思、罗伯特·托马斯：《西方世界的兴起——新经济史》，厉以平、蔡磊译，华夏出版社 1989 年版，第 167、170 页。

③ 梁治平：《法辨——中国法的过去、现在与未来》，贵州人民出版社 1992 年版，第 264 页。

并没有真正地、严格地得到贯彻执行，私人财产权在强大的政治特权面前很难像法典所宣称的那样得到保护。其一，商人经常遭到政治权力持有者的掠夺。英国的国王为了增加财政收入或解决财政危机只能向商人借贷或出售特许状，而中国的皇帝却可以肆无忌惮地公开掠夺。明神宗的开矿榷税就是典型的一例，他广派税使，遍布于重要城镇、关隘和水陆要道，"征榷之使，急于星火，搜括之令，密如牛毛"①，给工商业造成沉重打击。据万历三十年户部奏报："在河西务关，则称税使征敛，以致商少，如先年布店计一百六十余名，今止三十余家矣。在临清关，则称往年夥商三十八人，皆为沿途税使抽罚折本，独存两人矣。又称临清向来段店三十二座，今闭门二十一家；布店七十三座，今闭门四十五家；杂货店，今闭门四十一家；辽左布商绝无矣。在淮安关，则称河南一带货物，多为仪真、徐州税监差人挨捉，商畏缩不来矣。其他各关，告穷告急之人，无日不至。"②各级官府对商人的压榨勒索更是普遍存在，苏州留存下来的工商业碑刻中就有许多此类资料，如康熙三十三年《常熟县染户具控二弊碑》记载官府借布给染业作坊造成的危害说："本县则每逢公事，有天幔围幔、缠柱牌坊、扯轿名色，金票借用，几百几十。不能如数，讲炙不休。官票虽云用过即还，而一经用过，或工房典绝，或短少破碎，有赔垫、守候、废业之苦。"③

其二，在法律诉讼中，商人利益不易得到保护。由于专制皇权和官僚集团构成的力量十分强大，中国发展不出西方那样的市民社会，商人无法作为独立的力量登上历史舞台，更不可能作为陪审员参与到诉讼过程中去，当其利益受到侵害时，只能听凭官府颇为任意的处断，而在官府眼里，大凡商人都是奸商，恃钱骄纵，因而案件得到公正审理是很难

---

① 谷应泰：《明史纪事本末》卷 65《矿税之弊》。

② 《明神宗实录》卷 376，万历三十年九月丙子条。

③ 苏州历史博物馆等编：《明清苏州工商业碑刻集》，江苏人民出版社 1981 年版，第 58 页。

的。《樊山政书》中记载了一个案件，可资说明。职官施丞开"信与泰"钱铺，借新泰厚汇号银 3000 两，后拒不清还。此案上呈长安县，该县以"施丞是职官，尔是富商，钱债细故，何必传案过堂，致伤体面"为由，久不批答。此案久告不下，复呈于州府衙门，审理此案的樊增祥批曰："长安县受尔讥骂，大度包容，置之不理，尔遂愈控愈刁，胆敢以詈骂官长之词，抄呈本司阅看，实属糊涂胆妄，与廐狗无异。尔自谓索债无偿，尔之理直，抑知目无官长，我之法严乎？若商人赁恃钱神即可如此骄纵，体制安在，法纪何存？……本司先还尔之银，后正尔之罪，尔必是无父母，无师长，未经教训之人，任尔妄为，必致殃及尔身，连尔资东身家俱败。本司俟尔领银后，将尔两臂痛笞百板，枷号盐店街三个月，然后释放，以为刁商仗恃银钱，詈骂官长者戒。"①借债还钱，本属天经地义，而该案中商人为了讨回自己借出去的钱，竟受到如此严重的惩罚，恐怕以后遇上这类事再也不敢提起诉讼了；事实上，该商人还是幸运的，他毕竟要回了钱，在这种民告官的案件中，商人讨回债款的机会是不多的。如果再考虑到案件审理过程总是很长、官府在审案过程中大多百般勒索，许多商人即使遇到纠纷也不告官实在是合理的选择。中国老百姓不愿涉讼固然是受到"无讼"这一儒家理想的影响，而诉讼不能保护权利恐怕是更为现实的原因。

　　"为了适应变化了的环境而发生经济结构向着更高水平的效率和生产率转变，这并不是市场力量的结果。相反，这是支配着制度的变化及实验的法律和政策结构作用的结果"②。近代以前中国官僚政治结构的强大、商人力量的薄弱以及对所有权保护的软弱无力，使其经济陷入广泛

---

① 《樊山政书·批汇号新泰控词》。转引自梁治平：《寻求自然秩序中的和谐——中国传统法律文化研究》，上海人民出版社 1991 年版，第 169 页。

② V.奥斯特罗姆、D.菲尼、H.皮希特编：《制度分析与发展的反思——问题与抉择》，王诚等译，商务印书馆 1992 年版，第 11—12 页。

的"寻租活动"之中。我们知道，人都是追求经济利益的，但从社会效益的角度看，人类追求自身经济利益的行为可以分为两类，一类是生产性的增进社会福利的活动，另一类是非生产性的、有损于社会福利的活动。后一类活动就是寻租活动，它所追求的不是创造社会利益，而是既得社会利益，运用手中的权力和行政法律的手段维护既得经济利益或是对既得经济利益进行再分配这种非生产性活动是极为常见而且影响巨大的寻租活动之一。由于中国是个身份社会，士大夫在社会阶层中处于高层位置，对社会拥有很大支配权，因此做官成为最有利可图的职业，社会精英和优秀人才的注意力都被吸引到这条道路上而无暇旁及，这自然无助于生产力的进步。作为商人来说，当他的经营规模达到一定程度后，面临的主要矛盾不是寻求更为有利的投资机会，而是如何在对商人充满敌意的环境中保护自己的财产。他只能采取这样的途径：不惜重资与官府拉拢关系，以求得官府保护；通过让子弟读书入仕或为自己及子弟捐纳官职，成为官僚阶层的一员。这样，都会使商人对实业缺乏兴趣，使大量资金流入到非生产性领域之中。商人对土地的热衷也不是因为土地的收益率高于工商业的收益率，而是在中国这样一个重农的国家中，对土地所有权的保护远过于对工商业利益的保护。"由少数人设计的用以最大化控制和寻租活动的政体，不可能为个人提供因要努力解决他们自己的经济问题及因要更大地提高效率和增长所带来的个人机会而进行制度实验的尝试。简言之，宪法秩序可能大大阻止了制度创新"[①]。这就是中国经济未能像英国那样由原始工业化顺利过渡到工厂工业化的一个原因：对所有权保护的无效，或者说对工商业者利益保护的无效，导致了大量商业资本向非生产领域转移，同时也对与工商业发展相适应的制度创新和技术创新产生了强大的抑制作用。

---

① V. 奥斯特罗姆、D. 菲尼、H. 皮希特编：《制度分析与发展的反思——问题与抉择》，第 29 页。

4. 结语

近代以前，中国和英国都达到了原始工业化阶段，以纺织业为龙头的农村工业快速发展，从业人口不断增加，产品不是为了自身和本地的消费，而是为了供应区间市场和国际市场的需求。农村工业的发展刺激了商品性农业的发展，促进了一批工商业市镇的出现。而且，此时农村工业与商业资本发生了密切联系，家庭织工的工作和生活受商业资本的影响很大，有些商人已成为生产的组织者，而织工成了为他们做件工的工人，集中的手工工场也开始出现。

但是，中国与英国在原始工业化时期经济发展的广泛相似性却并未带来相似的结果。英国顺利地由原始工业化过渡到工厂工业化，完成了对世界历史产生巨大影响的工业革命，在工业大发展的促进下，农业革命也得以实现。而中国尽管在长时期里国民经济发展水平并不比英国落后，但工业的发展却步履维艰，长期徘徊于原始工业化阶段，无法实现进一步的突破，国民经济达不到"起飞"阶段，农业也长期在"过密型增长"的道路上滑行，无论在制度上还是在技术上都未能像英国那样发生一场重大革命。

造成这种现象的原因，分析起来应是多种多样的，其中极为重要的一点，是中国与英国的商业资本（扩展开来说，也应包括农业剩余）向工业资本的转移，在规模、速度方面都极不相同。中国的商业资本除一部分作为追加资本用于扩大流通规模外，绝大部分流入非生产性领域。而英国的商业资本却不断探索、拓展着流向工业资本的渠道，为工业发展源源不断地注入所需资金，使其充满活力。而且，越是为提高利润而进行技术革新的部门，越容易得到资金支持。

当然，出现这种情况并不是由于中国商人在追逐利润上比英国商人有所节制，而是制度因素使然。市场经济需要能够保障个人权利的制度。正是在这一点上，中国与英国显示了巨大差异。英国逐步确立了明确而独立的所有权并切实加以保护，而传统中国法律却不过是治理人民的工具，并不重视个人权利，对个人权利的保护更是脆弱无效。这样，在英国经济步入现代舞台的时候，中国经济却陷入广泛的"寻租活动"之中而不能自拔。

厉以宁指出："一个民族，虽然在某个发展阶段具备了生产要素条件，但如果不具备意识形态、伦理道德观念的条件，即缺乏产生工业革命或技术进步的社会环境和精神动力，那么工业革命仍然难以发生。"他还援引格辛克隆的观点说："传统社会结构对于现代化制动作用主要反映于生产要素供给的约束上。"① 斯论信然，故引以为本节的结语。

二、制度：儒家伦理与经济发展的中介
——以中日韩的现代化进程为例

1. 引言：中日韩现代化进程的差异

经济发展是世界各国普遍关注的问题，受到学术界高度重视。为了为欠发达国家的经济发展寻找有益经验，学者们把目光深入到历史之中，试图通过对"现代化史"作纵向的和横向的分析研究，确切把握以工业化为核心的经济发展进程的实质，获得一些规律性认识。在研究中，学者们根据世界各国启动现代化的时间和其他条件，进行类型划分，而各家的划分又不尽一致。按照比较通行的观点，现代化可分为两类：一是自我本土的发展或内发性的（indigenous）现代化，一是外

---

① 厉以宁：《比较经济史研究与中国的现代化》，《社会科学战线》1993 年第 1 期。

力促逼而生或外发性的（exogenous）现代化。前一种现代化是一个社会本身经过长期的"创新"发展而形成的，英、美、法等国属此类；后一种现代化是一个社会与前者接触后，"借取"前者经验而发展形成的，德、俄、日本以及世界上大部分国家均可归于此类。① 罗荣渠在此基础上进一步提出，现代化是突破原有农业大生产力形态转向工业大生产力形态引起的社会巨变，这一世界规模的大变革经历了三次大推进，或者说三次发展浪潮：第一次是由英国工业革命为开端，向西欧扩散的早期工业化过程，时间为 18 世纪后期到 19 世纪中叶；第二次是工业化向整个欧洲、北美扩散并取得胜利的过程，同时在非西方世界产生强大的冲击，拉开非西方世界走向现代化的序幕，时间为 19 世纪下半叶至 20 世纪初期；第三次浪潮发生在 20 世纪下半叶，是发达工业世界向高工业化升级与欠发达世界的大批国家卷入工业化的过程。② 这些论述，为我们认识世界现代化进程提供了广阔的历史视野。

中国、日本和韩国同处东亚，是相互毗邻的三个国家。然而，在通向现代化的进程上，三国却差异极大。日本是在上述第二次发展浪潮中被卷入世界现代化进程中的，面对前所未有的变局，日本作出积极回应，通过明治维新，迅速确立了适应经济发展的资本主义性质的制度体系，很快改变了贫穷落后的面貌，具备了与西方列强抗衡的实力，还与西方列强一起侵略过中国、朝鲜。由于军国主义思想的泛滥，在第二次世界大战中，日本给周边国家带来了巨大灾难，也给本国经济带来毁灭性打击。令人惊异的是，日本竟然在短时间内医治好战争创伤，再次创

---

① M.J.Levy, *Modernization and the Structure of the Societies*, Princeton: Princeton University Press, 1966。转引自金耀基：《现代化与中国现代历史》，罗荣渠、牛大勇编：《中国现代化历程的探索》，北京大学出版社 1992 年版。

② 罗荣渠称前者为"内源性现代化"，后者为"外源性现代化"，认为前者是一种"创新性巨变"，后者是一种"传导性巨变"。见氏著：《现代化新论——世界与中国的现代化进程》，北京大学出版社 1993 年版，"序言"第 3 页，第 115—142 页。

造出经济发展的奇迹，现已成为仅次于美国的世界第二经济大国。韩国是朝鲜半岛的一部分，这个半岛原本属于一个中央集权的统一国家，近代遭受日本侵略，沦为日本的殖民地达 36 年之久。1945 年日本战败投降后，朝鲜半岛获得独立，但从此也分裂为两个部分。1950—1953 年间发生了朝鲜战争，社会经济受创甚重。战后，韩国成为世界上最贫穷的国家之一，"人们几乎不敢想像韩国能从贫困的恶性循环中走出来"①。然而，仅用了不到 20 年的时间，韩国就一跃而成为新兴工业化国家，创造了举世瞩目的"汉江奇迹"，于是人们开始把韩国看作"第二个日本"，又把韩国与新加坡、中国香港与台湾地区合称"亚洲四小龙"。可以说，日本是第二次现代化发展浪潮中的佼佼者，又在第三次发展浪潮中大显身手，而韩国则是在第三次发展浪潮中才真正被纳入世界现代化进程，并很快成为成功者的突出代表。与日本和韩国相比，中国在现代化征途上起步得并不晚。在英国用炮舰打开中国大门之后十多年，美国提督培理才于 1853 年至 1854 年间用武力强迫日本开关，而当 1865 年中国创立江南制造局的时候，作为日本现代化之关键事件的明治维新还未发生。令人惋惜的是，中国卷入现代化发展浪潮的时间虽然比日本还早，在寻求富强的道路上却步履维艰，迟迟未能实现经济起飞。

中国、日本和韩国不同的发展道路和命运，引起许多人的思考和分析，迄今为止，学者们从政治、经济、文化、社会结构等各方面提出许多原因，大大深化了在这个问题上的认识。限于篇幅和学识，作者在此不可能对这些成果加以综合和评价，只是想就儒家伦理与经济发展的关系问题进行一些探讨。受韦伯《新教伦理与资本主义精神》的影响，更是由于日本、韩国、新加坡，以及中国香港、中国台湾这些被认为属于"儒教文化圈"的国家或地区经济迅猛发展的刺激，儒家伦理与经济发

---

① 朴圣相：《南朝鲜的经济发展与产业、金融政策》，《经济社会体制比较》1989 年第 2 期。

展的关系成为热门课题之一。有些人认为，儒家伦理对经济发展的助力不大，更多的人则坚信儒家伦理对东亚社会中企业及其他组织产生了正面效应，加速了上述国家或地区的现代化进程。① 事实上，探讨这一问题必须注意，它包含着两个层面：一个是儒家伦理在政治结构、经济结构和社会结构发生了实质转变的现代社会中对经济发展的影响；另一个是儒家伦理在传统的儒教社会中对经济发展的影响。作者在本文中所要阐明的观点是：富于活力的制度安排是经济发展的关键，儒家伦理不会孕育出这种制度体系，但当这种体系形成后，却能佐助这一体系更加和谐有效地运行，从而产生巨大的经济效益。

2. 传统社会中儒家伦理对经济发展的阻碍：以中国为例

直到明清时期，农业仍是中国国家经济的支柱。当时的农业结构具备欠发达农业发展经济学家所描绘的"传统农业"的标准特征。从规模上看，小型的家庭农场是典型的耕作形式，家庭成员是劳动力的主要来源，超过家庭经营能力的土地大多租与他人耕种，无论是落后的华北，还是富饶的长江三角洲，莫不如此。② 即使是在存在着大量族田和其他各种公田的广东，土地经营的碎化现象与其他地区也并无不同。③ 当然，也有一些拥有的土地超过自己家庭经营能力的人并不把土地出租，而

---

① See H.Kahn, *World Economic Development: 1979 and Beyond*, London: Croom Helm, 1979; R.Macfarquhar, "The Post-Confucian Threat to the West", *Economist*, No.8, 1980; Peter L.Berger and Hsin-huang Michael Hsiao eds., in *Search of an East Asian Development Model*, New Brunswick N.J.: Transaction, 1988.

② 参见黄宗智：《华北的小农经济与社会变迁》，中华书局 1986 年版，第二编；《长江三角洲小农家庭与乡村发展》，中华书局 1992 年版，第一编。

③ 参见陈翰笙：《解放前的地主与农民——华南农村危机研究》，冯峰译，中国社会科学出版社 1984 年版，第一章。

是通过雇工经营，成为"经营式农场主"，但这种形式的发展受到严重限制。[①] 明清时期的农业技术状况与农业结构的水平是相适应的，耕地、播种、除草、施肥、灌溉、收割等劳动所使用的工具大多都具有数百年以至上千年的历史，尽管使用者经常进行一些改造以使这些工具更加便于利用，但这些改造都很微小，在劳动生产率的提高方面作用不大。这一时期也出现或接受了一些新的生产技术，如玉米、番薯、烟草等作物和泰西水器的传入，它们对农业结构也没有实质影响。

在分析"传统农业"时，经济学家和经济史学家们试图建立一些模式。20 世纪 60 年代出现的"乔根森模型"认为，由于欠发达农业就劳动变化而言的产出弹性是相当稳定的，因而要想显著地改变贫穷和不发达状况，就需要或加速技术进步率，或减少人口增长率，两者齐头并进更好；如果技术进步率大于人口增长率，人均产出就会呈正增长，但当技术进步率等于人口增长率时，整个经济就将停滞于低水平的均衡陷阱中。[②] 伊懋可在分析中国农业经济时，运用了类似的模式，提出"高水平均衡陷阱"理论。在他看来，19 世纪末期以前，中国农业依靠自身的调节功能已达到比较高的产出水平，并能以不变的、但高于仅能维持生存所需的人均消费水平来养活比较多的人口，但到 19 世纪末期，在技术和耕地面积没有重大变化的情况下，中国农业已无法使产量增加跟上人口增加的步伐。[③] 近几年黄宗智提出"过密型增长"模式，认为中国农业总产量尽管续有增长，但这是以单位劳动日边际报酬递减为代价换取劳动力投入的增加而导致的，是"没有发展的增长"[④]。

---

① 参见黄宗智：《华北的小农经济与社会变迁》，第二编；《长江三角洲小农家庭与乡村发展》，第四章。

② 苏布拉塔·加塔克、肯·英格森特：《农业与经济发展》，吴伟东、韩俊、李发荣译，华夏出版社 1987 年版，第 113—114 页。

③ See Mark Elvin, *The Pattern of the Chinese Past*, Stanford, Calif.: Stanford University Press, 1973.

④ 参见黄宗智：《华北的小农经济与社会变迁》；《长江三角洲小农家庭与乡村发展》；《中

不论使用何种概念加以说明，中国经济结构长久未能发生实质性变迁是不争的事实。若想打破停滞，从整体经济结构来看，是要开辟农业以外的就业机会，调整产业结构，实现从以农业为主体的国民经济向以工商业为主体的国民经济体系的转移；从农业经济本身来看，是要不断取得技术突破，使产量超越劳动投入大规模增长。换句话说，也就是需要"制度创新"和"技术创新"。在探讨缺乏创新的原因时，学者们提出许多假设。有些人认为，中国过高的人地比例降低了对劳动替代型技术的需求，农业剩余不足抑制了新技术的创造和采用。[1] 但是，这种观点受到了有力的挑战。利皮特认为，中国的传统小农经济中存在着相当剩余，只是这些潜在剩余控制在统治阶级手中，他们只用来奢侈浪费，而不用往生产性投资上。[2] 张仲礼曾对清代绅士的收入进行专项研究，据他估计，在 19 世纪 80 年代，国民收入总值约为白银 278127.2 万两，其中绅士占有 67522.5 万两，所占比重高达 24%，而他们在全国人口中所占比例仅为 2%[3]，如果绅士们有投资意向的话，是绝不会缺少资本的。根据罗斯托的说法，发轫期的最大投资额为 10%，成熟期的投资额亦为 10%。[4] 民国时期的剩余情况与清末相较差别不是很大，但投资额增长很快，1912—1936 年的工业增长平均每年 9.49%，由此也可看出，

国经济史中的悖论现象与当前的规范认识危机》，《史学理论研究》1993 年第 1 期。

[1]　See Mark Elvin, *The Pattern of the Chinese Past*; "The Hligh Level Equilibrium Trap: The Causes of the Decline of Invention in the Traditional Chinese Textile Industries", W. E.Willmott ed., *Organization in Chinese Society,* Stanford, Calif.: Stanford University Press, 1972.

[2]　See Victor D. Lippit, *Land Reform and Economic Development in China, A Study of Institution Change and Development Finance,* White Plains, N.Y.: International Arts and Sciences Press, 1974.

[3]　Chung-li Chang, *The Income of the Chinese Gentry,* Seattle: University of Washington Press, 1962, pp.326-336.

[4]　Walt W. Rostow, *The Stages of Economic Growth*, London: Cambridge University Press, 1960, pp.22-23.

清代末期社会上是有投资能力的，只是拥有剩余资金者不愿向工业进行投资。可见，从剩余不足的角度考虑问题不可能得到满意的结果。近年林毅夫提出一种理论，我认为是有一定说服力的。他指出：在前现代时期，技术的发明基本源自于实践经验，中国人口规模庞大，发现新技术的几率也相应提高；而在现代，技术发明主要是从科学和实验中得到，西方成功地实现了从以经验为基础的发明方式到基于科学和实验的发明方式的转变，中国却未能实现这一转变，因而中国未能发生工业革命，走上工业化道路。①

分析至此，下一步的问题自然是追究中国为何未能出现西方式的现代科学发明方式，实现工业革命。在这一层面上，也可以从政治、经济、社会结构各方面进行分析，但在我看来，儒家伦理的影响应该突显出来。从根本上说来，技术创新和制度创新有相关性，它们需要适宜的社会环境和制度安排。从这一角度出发，我认为儒家伦理对制度创新和技术创新起了阻抑作用，其最重要者有三：

第一，儒家伦理不利于形成探求客观知识和进行技术创新的文化氛围。一个社会的价值观规范着其目标指向，儒家作为传统中国的主导思想，把知识阶层的视野限制在一个很狭窄的范围内。儒学的核心是伦理学，提倡通过道德修养来约束个人的行为，保持一个稳定的社会秩序。正如傅伟勋所说，儒家的知识论的基本立场是"泛道德主义"（Pan-moralism）的，"认为德性之知优先于闻见之知，前者是本，后者是末，这样不但容易忽视闻见之知的独立性与重要性，也很容易动辄混淆道德价值问题与经验事实问题，由是产生严密科学研究态度的奇缺，逻辑思考能力的薄弱，哲学论辩程序的过分简易化，论点证立上的过失或不充

---

① 林毅夫：《李约瑟之谜：工业革命为什么没有发源于中国》，《制度、技术与农业发展》，上海三联书店1992年版。

分等等理论知性的蔽塞或幼稚，开拓不出西方人所擅长的纯粹知性探求之路"①。程朱理学重视"格物致知"，但其目的绝非认识外在的客观事物，而是要扩充内在道德。科举制度是在儒家思想影响下发展起来的选拔官员方式，有一定的合理性，但是，"统治机构采用人才的合理性，阻碍了人才向其他方面发展"②，"产生了把不能中举的学术都不看作是学术的现象"③。科举制度把全国的读书人都吸引到一个目标上来，这就是通过熟读儒家经典步入仕途。科举制度的这种课程设置及其激励结构，造成"中国很少有人像欧洲人那样，有浓厚的兴趣获得科学革命所必需的人力资本"④。

第二，儒家伦理不利于形成机会多样化和个人自由发展的社会结构。一个充满活力、富于创新的社会，其公民必然在一定程度上脱离了各种依附和依赖关系，享有充分的经济自由和具有独立的经济人格，"由少数人设计的用以最大化控制和寻租活动的政体，不可能为个人提供因要努力解决他们自己的经济问题及因要更大地提高效率和增长所带来的个人机会而进行制度实验的尝试"⑤，这一点也适用于技术实验。只有为个人的发展和各种利益集团的形成提供条件，才能增加个人或社会团体追求多种多样的机会的可能，而正是这种追求构成创新的活水源头。金日坤说"西欧资本主义从一开始就是建立在极端个人主义的基础

① 傅伟勋：《儒家思想的时代课题及其解决线索》，杜念中、杨君实编：《儒家伦理与经济发展》，允晨文化实业股份有限公司 1988 年版。

② 依田憙家：《十九世纪后半叶日中两国的现代化》，《国外中国近代史研究》第 7 辑，中国社会科学出版社 1985 年版。

③ 依田憙家：《日本的近代化——与中国的比较》，卞立强译，中国国际广播出版社 1991 年版，第 11 页。

④ 林毅夫：《李约瑟之谜：工业革命为什么没有发源于中国》，《制度、技术与中国农业发展》。

⑤ V.奥斯特罗姆、D.菲尼、H.皮希特编：《制度分析与发展的反思——问题与抉择》，第 29 页。

之上"①，这无疑失之片面绝对，但西方经济的飞速发展的确和个性的解放和发展具有相关性。儒家伦理高扬道德的旗帜，强调个人修养和自我约束，培育了一种"家族集团主义"的国民性格，必然会窒息个人主义的发展。② 明清时代，中国的专制主义达到登峰造极的地步，中央集权的专制政体以及科举制、宗族制这些辅助制度使社会呈现"单一性"，任何人都难以不顾社会规范而按照自己的兴趣或利益寻求较大幅度的自我发展。

　　第三，儒家伦理不利于形成保护个人利益的法律制度。著名经济学家和经济史家诺思指出，有效率的经济组织是经济增长的关键，而所有权结构在决定经济增长的制度因素中处于核心位置。③ 在谈到技术创新时，他指出："创新可能并确曾在历史上在没有所有权保护创新者的社会里发生过。不过，发生的只是成本（或损失的风险）小得使个人收益率超过了它的那种创新。"④ 在浸透着儒家伦理的中国传统法律观念中，并没有与现代意义上的"权利"——即指个人的或由个人组成的团体的权力，这种权力为法律所承认并由法律的强制力来保证其实施——相对应的观念。金勇义认为，传统中国可以与现代法律权利的概念相匹配的观念是"义"，它强调道义上的正当而非法律权利。"中国的'义'的概念注重人在社会生活中的道德功能，而西方的'正义'的概念则注重社会生活中的法律功能。在西方人看来，作为法律概念的抽象而绝对的权利，即使它给另一方造成损失，也是可以实施的；而在中国则要考虑情

---

① 金日坤：《儒教文化圈的伦理秩序与经济——儒教文化与现代化》，邢东田等译，中国人民大学出版社 1991 年版，第 1 页。

② 金日坤：《儒教文化圈的伦理秩序与经济——儒教文化与现代化》；中岛岭雄：《明日的挑战——台湾、日本、韩国的新世纪》，罗亭编译，新潮社文化事业有限公司 1988 年版。

③ 道格拉斯·诺思：《经济史上的结构和变革》，厉以平译，商务印书馆 1992 年版；《制度、制度变迁与经济绩效》，刘守英译，上海三联书店 1994 年版。

④ 道格拉斯·诺思、罗伯特·托马斯：《西方世界的兴起——新经济史》，第 169 页。

势……在西方传统中，权利是内在的、神圣的，而在中国传统中，权利是相对的，有条件的。"[①] 哈耶克认为，不论是就法律还是就伦理而言，符合与促进个人自由的规则有两项：（一）规则必须具有普遍性，它们必须能平等地与没有例外地应用到社会的每一个人身上；（二）规则必须具有抽象性，它们必须是没有具体目的的，亦即不为任何具体目的服务。越是具有上述两项原则的传统，越能支持文明的演进。[②] 中国法律的精神却与这两项原则正相反，它维护等级制和特殊权力集团的利益。中国传统法律也在一定程度上承认个人权利，但又强调社会等级，个人权利依据其社会地位的相对分层而有不同，即使在家庭中亦然，各人在家庭中的不同地位限定了其个人权利的程度。中国的财产权也是不完备的，个人很难随心所欲地处理其财产。在家庭财产方面，中国的父权虽然很强盛，但家长对于家庭财产仅有处分权，并不具有完全的所有权，男性家长对家庭财产的独占管理权与家庭成员对家庭财产的共有权实际上是同时存在的。在土地所有权方面，传统法律并不否认私人所有权，而且保护世代相继的永久的所有权，但这种权利一旦碰到皇权或官府，又显得十分脆弱，无法用来保护自己。[③] 尤为严重的是，中国传统强调"人治"，虽有"法治"之说，但并不是指"法律主治"（Rule of Law）而是指"以法统治"（Rule by Law）——前者是用法律治理政治，后者是用法律为政治服务[④]，人依然凌驾于法律之上，造成了中国蔑视法律的传统，法律对私人权利的保护本来就有很大欠缺，而就是明确列入法典的条文也难以贯彻，执法者们在使用法律条文时很随意，上下其手，本就强调贵贱等级的法律在权力和金钱的夹击下被弄得面目

---

① 金勇义：《中国与西方的法律观念》，陈国平等译，辽宁人民出版社 1989 年版，第 11 页。

② 参见林毓生：《从苏格兰启蒙运动谈起》，《读书》1993 年第 1 期。

③ 参见金勇义：《中国与西方的法律观念》，第四章。

④ 林毓生：《从苏格兰启蒙运动谈起》，《读书》1993 年第 1 期。

全非，很少有什么公正性可言。在这样的法律文化中，很难形成西方那样的所有权意识和所有权结构，更不可能出现保护创新的知识产权观念和专利法。

上述种种因素，决定了中国社会很难孕育出一个适宜经济快速发展的制度体系，这使得中国经济发展水平在达到一定高度后，便陷入"没有发展的增长"的境地，而无法实现质性突破，出现经济起飞。

顺便说明，有的人把儒家伦理在传统社会中对经济发展的阻碍作用推衍到近代中国，认为儒家伦理对中国经济在近代未能实现起飞也应负重大责任，我认为这是值得商榷的。诚然，鸦片战争以后，一方面是由于延续下来的"文化中心主义"观念的影响，另一方面是西方侵略激发的民族主义的热情，中国对西方事物的接受较缓慢，变革运动虽然一个接一个到来，然而成效不大。但是，也应看到，尽管步子缓慢，中国人毕竟逐步认识到了西方技术和制度的优越性，把能够带来"富强"的现代化作为自己追求的目标。在这种局势下，儒家文化对变革虽然会有一些阻碍，但这种阻碍作用不是不可以克服的，因而构不成现代化的主要障碍。"在进入资本主义以前，不同的社会形态，固然对一个国家资本主义发展的速度及其向现代国家转变有很大影响，但并不是决定性的作用"①。从包括日本和韩国在内的"后起的发展国家"的事例来看，自上而下地推进现代化是一个重要特征。尽管儒家文化在中国的影响力非常强大，但在西方先进工业文明冲击的严酷现实下，如果一个强有力的政府参照西方的模式制定出合理的发展战略，并依靠政府的权威和力量推行这些政策，中国是有可能发展起来的。中国没有能形成这样的局面，这其中固然有深刻的内部原因，但帝国主义侵略造成的损害是更根本的。莫尔德比较了中国和日本的历史，认为日本的兴起不应主要归功

① 依田憙家：《十九世纪后半叶日中两国的现代化》，载《国外中国近代史研究》第7辑。

于它的独特社会"传统",而是应该归结于它在 19 世纪后期的国际政治经济秩序中的相对自主地位,这给了它一个决定性的"活动空间"。"中国之所以不能组织起类似的发展,是因为它被更紧密地纳入了世界政治经济格局,被最初是来自西方,后来是来自日本的一浪接一浪的帝国主义侵略狂潮吞没了"①。也就是说,"帝国主义在中国创造出社会、经济和政治发展的需要和愿望,同时又阻碍中国在没有革命的情况下达到这些目标"②。

3. 新制度条件下儒家伦理对经济发展的促进:以日本和韩国为例

作为"儒教文化圈"中的国家,日本和韩国也受到儒家学说的深厚影响。儒家思想传入日本和朝鲜半岛的时间很早。统治日本 260 余年的德川幕府(1603—1868 年),把儒教作为维护统治的思想工具,而统治朝鲜半岛将近 520 年之久的李氏朝鲜(1392—1910 年),更把儒教宣布为国教。可以说,儒家伦理在日本人和朝鲜人的思想上,打下深刻的烙印。但是,同受儒家伦理影响的中国、日本和韩国,在近现代时期经济发展却呈现出极大的差异,因而特别强调文化因素的学者们为了解释这种差异,便试图找出儒家伦理在三种文化中的不同特点。有的学者指出,在中国的儒教中"仁"具有核心的重要性,而日本的儒教则是以"忠"为中心的。③ 中国文化与日本文化虽然都有着"人与人之间关系"的价

① 怀特:《为什么中国未能走上日本式道路?》,罗荣渠、牛大勇编:《中国现代化历程的探索》;Frances V. Moulder, *Japan, China and the Modern World Economy, Toward a Reinterpretation of East Asian Development ca.1600 to ca.1918,* N.Y.: Cambridge University Press, 1978。

② 怀特:《为什么中国未能走上日本式道路?》,罗荣渠、牛大勇编:《中国现代化历程的探索》。

③ 森岛通夫:《日本为什么"成功"——西方的技术和日本的民族精神》,胡国成译,四川人民出版社 1986 年版,"导言"。

值强态的运作，但日本文化在这个重点上更为特殊而近乎绝对，以致日
本的传统族权及家长制模式权威也要比中国近乎绝对。朝鲜的儒教与中
国的儒教也不相同，有的韩国学者指出，朝鲜儒学最关心的是诸如"天
人合一"之类的宇宙论及世界属性之类的形而上学问题，并没有像中国
儒学那样，将首要的精力放在人间伦理上。① 我们认为，尽管儒家伦理
在各国中的表现形态有些不同，但这种不同并非质性差异，而是大同之
下的小异。对于传统的朝鲜社会来说，上面提到的儒家伦理对创新的阻
碍因素也发挥了完全相同的消极作用。宋丙洛指出："韩国的传统价值
观体系缺乏促进繁荣的宗旨。人们可以从韩国人各种各样的传统价值观
念中观察到这一点。例如，旧的儒家观念把商业和制造业看作是最下贱
的职业和社会等级。在传统的朝鲜社会中，理想的社会地位等级，是
处于最顶层的学者或政府官员，其次是农民（农业社会的基础）、工匠
或手艺人（实用物品的生产者），最后才是商人（获取非生产性利润的
人）。"② 上面提到的儒家伦理对创新的阻碍，大部分也适用于明治以前
的日本，只有第一点有所不同。中国实行科举制，把人才都吸引到狭隘
的求仕之路上来，而日本的统治机构一向贯彻血统制和世袭制的原则，
研究学问并不能成为改变身份的手段，这反倒使日本人形成荻生徂徕在
《辨名》中所说"学问惟在广泛吸取一切，扩一己之知见"的态度，能
够在权力机构以外存在学问和人才，有助于知识层面的扩展。③ 尽管如
此，日本在近代以前也未能出现西方式的科学发明方式的转变。但是，
这种求学态度与日本吸收外来文化的传统结合在一起，使得在与西方发
生接触时，日本人比中国人和朝鲜人更能够接受"西学"。再加上研习
新兴的西学有助于下层人士脱离其代代相传的卑下身份，更吸引了一批

---

① 鲁凡之：《论"四小龙"》，广角镜出版社 1988 年版，第 60、62 页。

② 宋丙洛：《韩国经济的崛起》，张胜纪、吴壮译，商务印书馆 1994 年版，第 60 页。

③ 依田憙家：《日本的近代化——与中国的比较》，第 13、30—32 页。

人才，促进了西学的传播。这大约就是日本在东亚诸国中较早地自觉
"西化"（脱亚入欧）的原因吧。

因此，近现代时期日本和韩国经济的崛起，绝不是其儒家伦理包
含着中国的儒家伦理所缺乏的有利于促进经济发展的因素所致，而是
制度变迁的结果。尽管有的学者认为，由于特殊的社会经济结构，"日
本的现代化是从德川时代就已经开始了"[①]，但从总体说来，德川时代的
"日本经济无疑可以称之为传统经济"[②]。实际上，直到19世纪后期，日
本还是一个落后的农业国，并不比当时的中国先进。据统计，1872年，
日本的农业人口占全部从业人口的72%，农业是国民经济的支柱。由
于地狭人众，日本人均占有耕地面积比中国还少，如1887年中国人均
耕地面积为0.17公顷，日本为0.12公顷。以农户计算，1888年时，日
本每户耕种不满0.79公顷土地的农户占全部农户的55%，耕种0.79—
1.48公顷土地的农户占30%，二者合计占全部农户的85%，土地经营
高度碎化，以家庭为单位的农业小生产方式占据着统治地位。[③] 如果依
其本身的社会经济发展水平而论，19世纪后期的日本还不具备发动工
业化的条件。但是，日本人通过举国上下的共同努力，却迅速改变了国
家面貌，跨入工业化国家，这样的"东亚奇迹"，没有制度方面的重大
变革，是不可能出现的。1868年，日本爆发了以推翻幕府体制、确立
天皇权威为宗旨的政变，建立起明治政府，由此开始了著名的明治维新
运动。在夺取政权时宣布的《五条誓文》中，明治政府明确表示要"破
旧有之陋习"，"求知识于世界"。1871年12月，国内刚刚安定下来，
明治政府就不惜耗费巨资，派遣"欧美使节团"出访，使节团由政府首

---

① 金日坤：《儒教文化圈的伦理秩序与经济——儒教文化与现代化》，第137页
② 休·帕特里克、亨利·罗索夫斯基主编：《亚洲新巨人——日本的经济是怎样运行的》
　　上册，《亚洲新巨人》编译组译，上海译文出版社1980年版，第6页。
③ 朱荫贵：《国家干预经济与中日近代化》，东方出版社1994年版，第5页。

脑和实权派官员组成，共 50 多人，相当于"日本行政部门的全体出动"。使节团通过对西方政治、经济、军事、教育等各方面情况的考察，坚定了学习西方的决心。在这些人的推动下，明治政府将"殖产兴业"、"富国强兵"、"文明开化"确定为三大基本国策，在全国范围内开始制定、颁布和实施一系列向西方学习的法律规章，利用国家的权力，从上而下地强力推行资本主义近代化运动。[①] 明治维新"打下按西方模式建立一个近代国家的基础"[②]，日本逐步形成既有近代资本主义的共同特征，又有本国特色的社会经济结构，为起飞奠定了基础。

同中国、日本一样，"19 世纪末期，在向西方开放门户的时候，朝鲜的经济是典型的传统农业经济"。在李氏朝鲜时期，朝鲜人口增长较快，这使得人地比例很高，据 1918 年的调查，其时朝鲜人均耕地面积仅为 0.12 公顷。与中国和日本相比，朝鲜的商业更为落后，社会经济更为农业化，"如果没有西方外国势力的入侵，朝鲜的儒家政府可能会继续保持它的传统社会制度"。与西方发生接触以后，朝鲜在制造业、基础设施、银行业和其他服务性行业中开始了渐进的结构性变革，但很缓慢。1910 年，朝鲜正式沦为日本的殖民地，朝鲜社会经济的结构性变革有所加速，平均经济年增长率达到 4% 的高速度，但应当看到，殖民地期间朝鲜经济发展的受惠者主要是日本以及日本在朝鲜的移民，而普通朝鲜人的生活比以前更糟了。[③] 日本殖民者在朝鲜推行"南农北工"政策，把南方作为日本工业劳动力的廉价食品供应地，致使南方工业基础薄弱，直到 1950 年代末，韩国经济结构仍是以分散的个体农业为基础的，日本人撤走后，不久又爆发了朝鲜战争，南方本来就不多的工业设施多遭摧毁，所以分裂之后的南部朝鲜，是一个十足的贫穷农业国。

---

① 朱荫贵：《国家干预经济与中日近代化》，第 9—15 页。

② 森岛通夫：《日本为什么"成功"——西方的技术和日本的民族精神》，第 79 页。

③ 宋丙洛：《韩国经济的崛起》，第 42—47 页。

直到 1960 年，韩国人均国民生产总值也只有 80 美元，当时几乎没有任何观察家对改善贫穷的韩国经济抱有多大希望。① 出乎人们意料的是，从 1963 年开始，韩国经济进入持续高速增长时期，到 1970 年，即进入"新兴工业化国家"行列，创造了令人惊叹的"汉江奇迹"。这一奇迹的取得，与日本一样，是制度变革的结果。1961 年，朴正熙通过军事政变获得国家最高领导权后，确立了"经济发展第一"的指导思想，经济增长被作为头号任务摆在了国家发展的首要位置上，并确立了出口导向的发展战略。② 为了实现预期目标，韩国各种制度的建立和改革都围绕着经济增长这一中心进行，探索出一套既适合本国特点，又能极大地刺激经济活力的制度体系，为经济的起飞创造了必要条件。

应当承认，无论是在日本，还是在韩国，社会经济结构的变迁都不是自身发展的内在逻辑结果，而是在西方资本主义体系扩张浪潮的刺激下开始的自上而下的工业化过程。因此，对于变革的出现，儒家伦理并没有起到多少积极作用。但是，我们绝不能因此轻视精神文化因素对经济发展的影响。正如金日坤所指出的："虽然许多发展中国家都热衷于经济开发，引进资本主义经济的原理，并为此竭尽全力，但现实上，能够成功地发展经济的国家却寥寥无几，而绝大多数发展中国家的经济依然处于贫困、落后的状态。由此可见，发展经济的关键并不仅仅在于必须引进有效的资本主义原理或经济原则，而在于必须处理好一个国家的社会文化同经济的内在关系这一根本性问题"③。日本和韩国能够实现经济起飞，与其有意或无意地处理好了上述"根本性问题"有关，本来对经济发展有阻力的儒家伦理，在新制度条件下，却变成促进经济发展的

① 宋丙洛：《韩国经济的崛起》，第 51、65 页；任晓：《韩国经济发展的政治分析》，上海人民出版社 1995 年版，第 1 页。
② 参见任晓：《韩国经济发展的政治分析》，第二章。
③ 金日坤：《儒教文化圈的伦理秩序与经济——儒教文化与现代化》，第 4 页。

强大助力。可以说，日本、韩国、新加坡，以及中国香港、中国台湾等国家或地区的成功经验，使我们认识到，儒家伦理尽管无助于孕育出一个适应经济发展的制度体系，但当在外力的刺激下，政府确立了仿效西方以建立一个强大的工业化国家的目标后，亦即在给定了一个新制度体系（市场经济为其核心）的条件下，儒家伦理对经济增长却能起到重要促进作用。概而言之，我认为其促进作用主要表现在以下三个方面：

第一，儒家伦理有助于国家最大限度地动员社会力量去从事经济建设。外发性的现代化国家与内发性的现代化国家的一个重大区别，是后者的现代化是社会经济发展的自然结果，是一个自下而上的过程，而前者的现代化是移植过来的，是一个自上而下的过程。因此，外发性现代化国家能否维持一个强有力的政府，能否把整个社会的力量都集中到经济建设这一目标上来，是能否实现经济高速增长的关键因素之一。经济学家劳埃德·雷诺兹根据对 41 个当代发展中国家 100 多年发展的历史资料所作的分析，得出如下结论：“经济发展中一个最为重要的解释性变量是政治组织和政府的施政能力。”[①]许多经济学家、政治学家还运用“软性国家”和“硬性国家”的概念从事分析，在他们看来，“软性国家所做的事大抵只是登记社会集团的需求，或者最多是抵制私人需求。它们能对经济施加影响，但它们无力控制这些影响的方向，使之与意图一致。硬性的国家不仅能够抵制私人需求，而且能够积极地塑造经济和社会。它们能够更多地控制干预所起作用的方向”[②]。南亚各国政府对民众的社会动员很低，是典型的“软性国家”，其经济发展受到低水平的社

---

① Lloyd D. Reynolds, "The Spread of Economic Growth to the Third World: 1850-1980", *Journal of Economic Literature*, Vol.21, Issue 3, 1983.

② 罗伯特·韦德：《驾驭市场——经济理论和东亚工业化中政府的作用》，吕行健等译，企业管理出版社 1994 年版，第 359—360 页。

会纪律的严重阻碍。① 日本、韩国则无疑要归于"硬性国家"之列，其政府对民众的社会动员程度很高，可以将制定的适宜经济发展的政策有效地付诸实施。在地域上相邻的东亚和南亚，为什么有如此大的差别呢？这不能不说是文化传统问题。正如金日坤所说，"儒家思想中，关于社会秩序的核心是寻求中央集权的社会组织结构的稳定性"，"以忠孝为支柱的儒教秩序，经过长期的体验和教化，把优于其它文化的整体号召机制保持至今"②。与西方人相比，日本人和韩国人比较强调群体，强调个体对群体的归宿，重视整个群体的和谐统一，而不是强调个体的权利和义务及个体间的平等。这样，在社会经济结构向着有利于经济增长的方向发生了转变以后，儒家的集团观念、忠诚意识和以富强国家、振兴民族为中心的民族主义思潮结合在一起，大大加强了国家政权集中资源以实现民族工业化的能力，也有助于提高工人的纪律性和勤奋性从而提高工作效率。沃格尔曾观察到："在日本，各界的领导人经常考虑怎样做才符合国家的整体利益。与此同时，日本还有许多由各种利益集团和各界代表构成的追求共同利益的协调机构。"③ 在韩国，形成了一种"官民合作体制"，"政府把握了国家发展的总体目标和长期利益，而企业则不断地进行扩大再生产，企业家不遗余力地发挥创新精神"，因而有的学者鉴于韩国官民一体致力于经济发展的格局，称之为"韩国股份有限公司"④。很显然，没有悠久深厚的儒教文化背景，日本、韩国这种

① 冈纳·缪尔达尔：《亚洲的戏剧——对一些国家贫困问题的研究》，谭力文、张卫东译，北京经济学院出版社 1992 年版，第 130 页。

② 金日坤：《儒教文化圈的伦理秩序与经济——儒教文化与现代化》，第 139—140 页。

③ 埃兹拉·沃格尔：《日本的成功与美国的复兴——再论日本名列第一》，韩铁英等译，三联书店 1985 年版，第 173 页。

④ 任晓：《韩国经济发展的政治分析》，第 57 页；Leroy P. Jones and It Sakong, *Goverment, Business and Enterepreneurship in Economic Development: The Korean Case*, Cambridge, Mass. : Harvard University Press, 1980, pp.66-69。

在政府主导下实现经济发展的模式，是不可能如此顺利地运行的，儒家伦理强化了国家实现既定目标的能力。

第二，儒家伦理有助于提高人力投资以培养高素质的劳动者队伍。近些年来，经济学家越来越重视人力资源在经济发展中的作用。人力资源包括量与质两个方面，前者是指人口数量、投身于有用工作的人口比例及实际劳动量等数量因素，后者则指技术、知识及影响人的生产能力的属性之类的质量成分。① 相对于前者而言，后者更为重要，特别是在人口密度很高的东亚一些国家和地区尤其如此。诺贝尔经济学奖获得者舒尔茨认为："人力资源质量的改进是经济增长的一个重要源泉。"② 经济学家哈比森也指出："是人力资本——而不是资本、收入、物质资源——构成了国民财富的最根本的基础。资本和自然资源是被动的生产要素；人才是积累资本，开发自然资源，建立社会、经济、政治组织和推动国民经济发展的能动因素。显然，一个国家如果不能提高其人民的技能和知识，并将他们的技能和知识有效地用于国民经济建设，它就不可能有什么发展。"③ 改善人力资源的素质，就需要发展教育，提高人力投资。儒家学派的开创者孔子就是一位大教育家，重视教育可以说是儒教的一大传统。在过去的时代里，教育的内容主要是儒家经典，其宗旨是维持现存社会秩序，但在新制度体系下，这一传统却有助于培养有技能和知识的劳动者。南亮进指出，德川时代私塾教育比较普及，造就了众多而优秀的劳动力，明治的日本继承了这宗最大的遗产，使其成为经济发展的生力军，"近代产业的兴旺，就是这些优秀的劳动力发挥了作

---

① 西奥多·W.舒尔茨：《论人力资本投资》，吴珠华等译，北京经济学院出版社1990年版，第8—9页。

② 西奥多·W.舒尔茨：《论人力资本投资》，第20页。

③ Frederick H.Harbison, *Human Resource as the Wealth of Nations*, New York: Oxford University Press, 1973, p.3.

用，对经济增长做出了贡献"①。他还具体分析说："如果没有基本的读写能力，新公布的法令，新的土地制度，新的户籍制度，就不可能得到圆满的实施，也不可能有农业技术的急速进步"，"私塾教育的效果最低估计也是进行了准备受教育的训练。农村的劳动力被城市的工厂所雇用，接受必要的训练，成为优秀的劳动力，也是这种教育所起的作用。基础教育的普及把'提高的可能'这一简单的概念植入人们的头脑中，成了社会经济发展的前提"②。正是由于认识到教育的重要性，明治政府于1872年颁布了"学制"，开始实行义务教育，到19世纪90年代初期，义务教育的入学率已超过了50%③，造就了一大批高素质的劳动力，使经济发展充满活力。韩国也十分重视人力投资，正如爱德华·梅森等人所说，"现代朝鲜东亚传统中最重要的部分，是儒家对教育的重视"④。宋丙洛指出："伴随着韩国经济增长的是对人力资本的大量投资。韩国的迅速现代化促进了这种投资，当然，这种投资反过来也大大加速了韩国的现代化进程。一般说来，韩国公共部门和私人对教育的全部支出通常超过国民生产总值的10%，这在所有的发展中国家是最高的。"⑤舒尔茨断言："人力投资的增长无疑已经明显地提高了投入经济奋飞过程中的工作质量，这些质量上的改进也已成为经济增长的一个重要源泉。"⑥日本和韩国为舒尔茨此论提供了最好的注脚。

---

① 南亮进：《日本的经济发展》，毕志恒、关权译，对外贸易教育出版社1989年版，第16页。

② 南亮进：《日本的经济发展》，第19页。

③ 南亮进：《日本的经济发展》，第19页。

④ Edward S. Mason and others, *The Economic and Social Modernization of the Republic of Korea*, Combridge, Mass.: Harvard University Press, 1980, p.70. 转引自宋丙洛：《韩国经济的崛起》，第55页。

⑤ 宋丙洛：《韩国经济的崛起》，第68页。

⑥ 西奥多·W.舒尔茨：《论人力资本投资》，第25页。

第三，儒家伦理有助于加强组织机构内部的和谐协作关系。这种关系可以区分为纵、横两个方面：从纵的方面看，是组织成员对组织有亲和力，服从领导；从横的方面看，是组织成员之间相互配合，和睦相处。在谈到东亚和西方的文化差异时，内森·格拉泽指出："这种差异表现在一系列义务中，这些义务把个人结合在一起，并通过在学校和工作单位进一步扩展这些义务，使家庭制度稳固——个人的价值观念和制度上的需要被糅和在一起，形成某种有机联系，而个人的心理对抗较少。"[1] 当然，这样说并不意味着东亚社会否定竞争的价值，日本就从西方吸收了竞争的观念和原则，明治政府的政策中包含了竞争原则的成分，"一人独立，一国独立"的思想激励人们的竞争意识，社会思潮和舆论也大都积极肯定竞争的行为方式。但是，西方在强调个性基础上形成的竞争原则经过了"日本化"过程，逐渐与强调协调的日本文化传统结合在一起，形成了日本式竞争，这就是"群体间竞争"，在群体外（即群体之间）鼓励激烈的排他性竞争行为，在群体内要求尽力保护协调行为。[2] 正如森岛通夫所说，"社会并非个人竞争的场所，而是一个队与另一个队竞争的那种集体斗争的地方"[3]。宋丙洛认为，韩国与西方的差异，同日本与西方的差异基本相同。[4] 因而，促进了日本经济增长的那些文化因素，也是韩国经济高速增长的源泉之一。"儒教文化圈内的国家，企业本身就是一个家族共同体，企业成员之间保持着家族般的人际关系。在日本，企业当然是扩大了的'家庭'。即使在韩国，许多企

---

[1] Nathan Glazer, "Social and Cultural Factors in Japanese Economic Growth", Hugh Patrick and Henry Rosovsky eds., *Asia's New Giant: How the Japanese Economy Works,* Washington, D.C.: The Brookings Institution, 1976, p.816. 转引自宋丙洛：《韩国经济的崛起》，第 60 页。

[2] 参见高增杰：《日本近代成功的启示》，中国和平出版社 1987 年版，第三章。

[3] 森岛通夫：《日本为什么"成功"——西方的技术和日本的民族精神》，第 69 页。

[4] 宋丙洛：《韩国经济的崛起》，第 60 页。

业也把职员们称为家族成员"①。就是在传统社会中因抑制个人主义滋长而不利于经济发展的家庭组织，在新制度条件下也转变了功能而成为有利因素，"许多韩国公司的职员都由公司所有者的远亲担任，公司内部则实行类似于家庭式的管理。根据这种模式，血缘关系和对等的家庭义务为企业提供了组织上的活力，同时，它也有助于减少在不受亲属关系束缚的公司决策人中间发生的对家庭责任和对组织责任之间冲突的可能性"②。可以概括地说，日本和韩国在引入西方的市场观念和竞争意识的同时，也充分发挥了固有的儒家伦理中重视忠诚和协调的因素，把两者熔为一炉，这是其经济高速发展的重要因素之一。

4.总结性评论

金日坤曾经指出，集团原则中的道德与秩序同经济原则中的效率和合理就如同社会文化的表里，但两者追求的目标又完全不同："集团原则首先以稳定社会秩序为目标，从而，追求严格的道德和秩序；经济原则首先以经济组织有秩序地运行为目标，从而，追求经济的效率性和合理性。"③

西欧的资本主义是从强调个人主义的市民社会发展起来的，私有、营利和自由是支撑其经济运行的三大经济原理，个人可以灵活运用经济理论，最大限度地追求合理性和效率性，促使经济不断发展。④中、日、韩受到儒家的影响很深，尽管儒学本身包括多方面的内容，三国的儒学也有差异，但在伦理践履层面上，基本上都表现为"规范之学"，以建

---

① 金日坤：《儒教文化圈的伦理秩序与经济——儒教文化与现代化》，第 145 页。

② 宋丙洛：《韩国经济的崛起》，第 62 页。

③ 金日坤：《儒教文化圈的伦理秩序与经济——儒教文化与现代化》，第 28 页。

④ 金日坤：《儒教文化圈的伦理秩序与经济——儒教文化与现代化》，第 8 页。

立和维护社会秩序为终极目标，属于金日坤所说的"集团原则"，从中发展不出西方式的"经济原则"，因而当近代西方因资本主义的建立经济蓬勃发展的时候，中、日两国都在沿着旧有的轨道缓慢前行，并最终被资本主义的炮舰敲开了大门，惊醒了迷梦。由于种种原因，中国仿照西方建立新政治经济模式的努力成效不大，而日本在明治维新以后，韩国自 20 世纪 50 年代以来，都仿效西方各国制度，基本上奠定了一个资本主义的框架，从此走上快速发展的道路。日、韩发展速度能够超越西方，很重要的一点就是将儒家伦理所强调的"集团原则"和源于西方的"经济原则"融为一体，这样，整个社会力量都凝聚起来去追求经济效率，自然带来高速发展。

由此想到，对于儒家伦理为主体的传统文化的评价，在中国是几经反复，或抑之入地，或捧之上天，都是不冷静、不客观的。社会学家帕森思认为，任何一个社会如要存在和发展必须有四种基本而必备的功能：一是"适应"（Adaptation），指社会系统必须对外界的压力与需求有所适应；二是"目的获求"（Goal-Attainment），指社会系统在"认定"目的后，动员内在的资源加以获求；三是"模式维持"（Pattern-Maintenance），指维持社会系统的文化模式；四是"整合"（Integration），指社会必须将系统内部的各单元调和统协为一个整体。[1] 儒家强调"集团原则"，重视"融合贯通于一统"[2]，在帕森思所说的后三项功能上都发挥着重要作用，但却阻碍了内部质变的可能性，使社会发展局限在"传统内变迁"模式中。但是，当外界的冲击突然来临时，如果社会的制度结构经过一番阵痛，能够作出相应的调整，当新的制度结构基本形成后，儒家伦理同样能在目的获求、模式维持和整合方面起到积极作用。近代

---

[1] Talcott Parsons, et. al., *Working Papers in the Theory of Action*, Glencoe, Ⅲ: Free Press, 1953, pp.183-186.

[2] 唐君毅：《中国文化之精神价值》，正中书局 1953 年版，第 15 页。

以前，中国未能自发地发展出资本主义，传统文化不能辞其咎；近代以来中国经济迟迟不能起飞，是由于帝国主义对中国的侵略和国内长期的政治分裂等等原因造成中国未能实现制度结构的转换，传统文化虽不能说毫无责任，但毕竟责任不大。现在，我们正在建设市场经济，强调个人的自主性，当市场经济模式初步确立后，适当地吸收儒家伦理，将有助于克服个人主义超越共同的目的和共同的利益无限制地泛滥，维护市场经济的良性循环。

三、资本主义兴起的法律阐释
——由泰格、利维《法律与资本主义的兴起》想到的

在中国现代史学史上，曾被称为"五朵金花"之一的"资本主义萌芽问题"在相当长的时间里是一个热度很高的中心课题，至今仍有不少学者在这一领域辛勤耕耘，不过研究的视角和方法随着时代发展不断有所变化。尽管这场持久的史学大讨论始终未能得出公认的有说服力的结论，但它开启了学人深入探究前近代时期中国社会经济发展状况的浓厚兴趣和学术理路，其意义之重大、功绩之伟著，是无可置疑的。当然，也毋庸讳言，在目的论的历史单线进化模式的规约和在中国社会内部寻觅"资本主义萌芽"证据的热切动机的刺激下，许多学者对"资本主义"的理解失于机械、片面和简单，大多围绕市场扩展、雇佣劳动、手工工场、货币流通一类的与"市场经济"有关联的指标做文章，使问题讨论难以不断深化。其实，按照年鉴学派第二代代表人物费尔南·布罗代尔的解释，在"市场经济"与"资本主义"之间是不能画等号的。他指出："这种充当基础的市场经济是形成资本主义的必要条件，而不是唯一条件。……中国的情形充分表明，在一个活跃的市场经济及其包含的各种

因素的基础上，资本主义的上层建筑并没有自动建立起来。"①

尽管我们今天可以说，资本主义社会的形成是历史的必然，但西方自远古发展到资本主义既不能说是命定的归宿，也不能说是代表了人类社会共同的发展道路。如果排除"上帝"、"世界精神"一类的形而上的虚构主体，我们不能相信有任何力量能按一定规格预先给人类铺设好一条"铁轨"，历史进程绝非是一个按照理性展开的必然的连续体，其间充满了断裂、错位、变异和偶然性。西方资本主义的兴起，就是多项因素、多种机缘凑泊作用的结果。为了解开"西方世界的兴起"之谜，学者们（主要是西方学者）进行了不懈的努力，从各种各样的角度予以观照、剖析。1977 年，泰格和利维合著的《法律与资本主义的兴起》一书在美国问世，引起较大反响。本书聚焦于法律意识形态在资产阶级争取社会变革的斗争中的作用，勾勒了长达 800 年的历史时期中商人阶层与法律体系的互动过程，不仅可以使我们对资本主义的兴起有进一步的了解，也为我们进一步探究具有发达的城市和悠久的商业传统的中国为何不能产生资本主义提供了有益的参照。

1. 法律发展与西方资本主义的兴起

西方"中世纪"在相当长的时间里被认为是"黑暗的时代"，人们在追溯资本主义兴起的过程时，比较看重文艺复兴和启蒙运动，认为在这前后西方历史发生了"断裂"。受经典作家关于资本主义萌芽于 14 世纪出现于地中海沿岸的一些城市的论断的影响，有些中国学者特别习惯于以这种"时代化"的模式看待西方历史，并以之与中国历史相比照。

---

① 费尔南·布罗代尔：《15 至 18 世纪的物质文明、经济和资本主义》第 2 卷，顾良译，三联书店 1993 年版，第 668 页。

随着对"中世纪"研究的深入，这种看法越来越受到人们的怀疑。泰格、利维对资本主义兴起脉络的梳理，是从 11、12 世纪开始的，显然他们认为这两个世纪在资本主义发展史上具有特殊意义。对于这两个世纪的性质，他们没有专门讨论，但在稍后出版的另一部法律史名著中，伯尔曼对此有集中阐释，正好可以参看。伯尔曼认为，从 11 世纪后半期到 12 世纪前半期，以教皇格列高利七世的改革为标志，欧洲发生了一场深刻的革命，近代西方的基本性格由此奠定。他断言，"1050—1150 年之前的欧洲与此后的欧洲之间确存在着根本的断裂"，"在西方，近代起源于 1050—1150 年这一时期而不是此前时期，这不仅包括近代的法律制度和近代的法律价值，而且也包括近代的国家、近代的教会、近代的哲学、近代的大学、近代的文学和许多其他近代事物"[①]。伯尔曼的论断提醒我们，我们惯常归之于"封建主义"和"资本主义"的各种事物之间存在着错综复杂的联系，作为"封建主义"之法律体现的封建法、庄园法和作为"资本主义"兴起之标志的商人法、城市法其实是在同一场决定了近代西方社会基本趋向的革命运动的促动下大体上同时形成的。

在泰格、利维眼中，11、12 世纪是"商人在封建秩序中寻求地位"的时代。其实，商业经济在西方起源很早，商人也曾取得过显赫的社会地位。罗马帝国的繁荣，就是以城市资产者的兴旺为基础的。据 M. 罗斯托夫采夫描绘，在公元 2 世纪，依靠经营商业作为财产主要来源的"富人或者家道康裕的人遍于帝国全境之内"，"他们是一些阔绰的人物，是一些豪华的资本家，他们总是在本城的社会生活中称雄作主，不仅本城人人知道他们的名字，而且在一个地区之内，甚至在整个省之内，提起他们的名字也是无人不知的"[②]。随着罗马帝国的衰落和倾覆，兴盛

[①]　哈罗德·J. 伯尔曼：《法律与革命——西方法律传统的形成》，第 4 页。

[②]　M. 罗斯托夫采夫：《罗马帝国社会经济史》上册，马雍、厉以宁译，商务印书馆 1985 年版，第 222 页。

一时的商业和商人也"繁华消歇尽"，在西欧大部分地区濒于灭绝。到公元 1000 年左右，商人重新在西欧出现时，他们不仅不再是引人注目的显赫人物，反而成了被"嘲笑、侮弄，甚至憎恨的对象"①。为了在充满敌意的环境中保护自己的人身和财物，商人们一般都结成武装的商队从事长途贩运贸易。这种自我保护的效用是有限的，为了适应规模不断扩大的商业活动，商人迫切需要一种制度化保障，既可保证人身安全，又可使贷款、保险、汇兑一类的复杂业务都能较方便地办理。当时的法律和习惯主要是用以保护封建当权者的利益的，对商人来说是敌对的和异己的，商人阶层与这种法律体制的冲突不可避免地日益加剧，他们便逐渐发展出一套属于自己的法律体系，这就是"商人法"。当然，在很长一段时间里，商人阶层并不是有意识地以革命的方式制定一套全新的法律，"毋宁说资产阶级寻求的是，对旧法律形式和原则，主要是古罗马的，赋予一种新的商业内容"②。

"属于教皇革命的对外战争"③的十字军东征是以宗教名义进行的关于商路和货币的战争，成为"西欧进行资产阶级改造的关键性事件"④，它不仅有助于排除最热衷于掠夺商人的非生产性的军人、骑士和小贵族阶层，为商人开辟了通往东方的安全的贸易路线和广阔的贸易前景，而且更重要的是，由它启动的东西方之间的密切商业交往给西欧"带回来罗马法，或者至少是带回来一种比西方任何地方残存的罗马法更有系统，也更合商业需要的文本"⑤，这样，"罗马法有关契约和所有权的各项原则得到再现，为扩大贸易关系提供了一个法律保护构架"⑥。这种新

---

① 泰格、利维：《法律与资本主义的兴起》，纪琨译，学林出版社 1996 年版，第 4 页。

② 泰格、利维：《法律与资本主义的兴起》，第 6 页。

③ 哈罗德·J. 伯尔曼：《法律与革命——西方法律传统的形成》，第 120 页。

④ 泰格、利维：《法律与资本主义的兴起》，第 56 页。

⑤ 泰格、利维：《法律与资本主义的兴起》，第 69—70 页。

⑥ 泰格、利维：《法律与资本主义的兴起》，第 66 页。

的、专门适应商人的法律最初兴起于罗马帝国衰亡后一直保持着商业传统的热那亚，很快在地中海沿岸传播开来，又循商路传到欧洲其他地方。公元 6 世纪时由东罗马帝国皇帝查士丁尼下令编纂的《民法大全》文本的发现，在财界、政界权要的推动和资助下新出现的欧洲大学中展开的对罗马法的讲授和研究，以及在这种研究中形成的对法律加以分析综合的经院主义方法，对商法的发展和完善起到重要推进作用。商法的兴起是商业发展的结果，同时又是商业发展的原因。正如伯尔曼所说："11 世纪晚期和 12 世纪新的法学为按照秩序和正义的新概念把各种商业关系制度化和系统化提供了一种框架。假如没有诸如流通汇票和有限责任合伙这样一些新的法律设计，没有对已经陈旧过时的以往商业习惯的改造，没有商事法院和商事立法，那么，要求变化的其他社会经济压力就找不到出路。因此，商业革命有助于造就商法，商法也有助于造就商业革命。"①

教皇与皇帝的"授职权之战"造成的政治分裂和宗教与世俗两界的脱离，以及十字军东征创造的巨大商业机会，还促使意大利各城邦的大商人开始为争取贸易保护或掌握政府权力而斗争，这种斗争推动并深刻影响了西欧当地原有的革命性城市运动。当时，"生产者和贸易者都懂得了，生产和销售过程是可以从封建经济中解脱出来、成为集中于城市的独立活动的"②。在一些城镇，商人、手工业者自由自愿地结成社团，"开始以一种非官方的形式适应了新兴社会的一切需要"，这样"自然而然地产生了一种新型市政机构"，"随着他们的财富和人数的增长，它们日益演化成为一个可以脱离封建国家的常设机构而独立存在的完善的自给自足组织"，作为"中世纪最伟大的社会创举之一"的自治联盟因之

---

① 哈罗德·J. 伯尔曼：《法律与革命——西方法律传统的形成》，第 409 页。
② 泰格、利维：《法律与资本主义的兴起》，第 78 页。

出现。① 这种联盟往往是以"公共誓约"的形式结成，故被称为"公社"。公社掀起了广泛的、有时也是很激烈的反抗封建生活限制的斗争，并在斗争中形成了一套保护自己经济生活的新的法律体制。各"公社"以协商或暴力的手段向封建领主要求"能在一座城市的地域以内得享各种权力，包括立法和执行权利"②，要求领主"按照当地法律草拟特许状，明白宣布存在以往不曾存在过的布尔乔亚（Bourgeois）、城市居民，亦即市民这种身份，并确定这种身份所当有的权利义务"③。城镇的斗争取得巨大胜利，它们从封建领主那里取得了特许状，尽管各城镇特许状因地方习俗不同、斗争双方力量强弱有异，规定的权利内容颇有差别，但在本质上却有相似之处。泰格、利维归纳说："这类公社特许状的实质特点就在于，领主承认市镇为一整体单位，亦即一个集体附庸。这认可赋予公社一些本质特征——公社成员的团结一致和彼此平等，公社享有内部自治权，等等。这类特许状实际上默认了城市居民阶层正如骑士、军士、僧侣、修道院长、大主教，以及所有其他已有明确界定的社会集团的成员一样，是应有某种适用于其本身的法律，和属于其独有的身份的。"④这为市民社会的形成奠定了法律基础，也为商法和城市法的运用和发展提供了社会空间。

商法和城市自治的出现，起初不过是商人和手工业者要求在封建体制内享有各种平等权利的表现。但是，这种能够适应并促进经济发展的新的社会组织和法律体系一旦形成，就必然会日益显示出其强大的力量。在十三四世纪，尽管由于自治城市内部阶级矛盾剧烈以及财政危机

---

① 克里斯托弗·道森：《宗教与西方文化的兴起》，长川某译，四川人民出版社1989年版，第186页。

② 泰格、利维：《法律与资本主义的兴起》，第81页。

③ 泰格、利维：《法律与资本主义的兴起》，第107页。

④ 泰格、利维：《法律与资本主义的兴起》，第84页。

等因素为王权干预提供了契机，西欧城市出现了"从自治到王室控制"的趋势，但其经济地位和功能并未削弱。市民阶层与王室的结合是双方互利的，不仅没有阻碍商业的扩张，反而井然有序地促进了贸易，使市民阶层获得了向外发展超越任何单个城市界限的经济联系的机会。泰格、利维指出，蓬勃展开的远程贸易"既引导也帮助了民族性和准民族性的各种法律和政治制度的自觉形成，这些制度不仅得益于贸易，而且为它的运作提供了合适架构"①。日益强大的王权在越来越大的地域行使公共权威，行政管理机构随之发展起来，而被吸纳到行政管理机构中的多是各大学的法学毕业生，他们基本上是西欧市民阶层家族的子弟，在共同的民法课程的培育熏陶下形成了比较统一的思想意识，在为中央权力效力的同时，也通过帮助形成有利的法律体制的方式为商业利益集团服务。13 世纪晚期，作为既受管制而又受过正式训练的从业人员的律师阶层出现，他们与各大贸易利益集团和势力强大的新兴君主形成同盟关系，"法律成为经济强者的仆役，由一个受他们雇佣，为他们利益行事的阶层来建构"②。契约原则的普遍化程度不断深化，市民阶层努力使一系列重要社会关系摆脱政府管辖，在他们日趋明确的意识中，政府的职能应是有限的，它"所应起的作用在于提供一套机构，来迫使订约各方遵守所订契约或为未能守约而赔偿损失"③。经过长期发展，"到 1600 年资产阶级私法的主要原则，即个人之间在契约、所有权等方面的法律，即使在实践中尚未完全取代，却也已在理论上取代了人际封建关系"④，资产阶级全面夺取权力的时代就要到来了。

从上面的论述中，我们可以看到，11 世纪以来西方法律变迁的主

---

① 泰格、利维：《法律与资本主义的兴起》，第 114 页。
② 泰格、利维：《法律与资本主义的兴起》，第 157 页。
③ 泰格、利维：《法律与资本主义的兴起》，第 148—149 页。
④ 泰格、利维：《法律与资本主义的兴起》，第 175 页。

要趋势，就私法方面而言，是与市场经济相适应的契约原则的日益客观化和普遍化，"在市场中唯有契约，才将有关各方联结起来，而不仅是家庭、村庄、公社或行会中某种持续关系的一个要素"①，当然与之相伴的还有产权的日益绝对化，产权逐步与其他社会因素相脱离，成为纯粹的"个人"与"物"之间的关系。就公法方面而言，则是法治与宪政原则的逐步推广，其表现主要有地方自治、政府和王权的法律限制以及立法、司法和行政部门在一定程度上的分立与相互制约等等。正是私法和公法这两方面相辅相成的发展，为资本主义的产生、成长和最终取得全面胜利提供了源源不绝的动力，当然资本主义的发展也构成它们不断发展的基础。

2. 中西法律与政治结构的差异

我们迫切期望了解西方兴起之由，在很大程度上是想知道中国落后之因。读了泰格、利维的著作，我们不免要思索，具有高度发展的物质文明和精神文明的中国，为什么不能出现西方那样的经济变迁与法律变革良性互动的过程呢？马克斯·韦伯认为，在中国，尤其是在中华帝国晚期，人口数量快速增长，货币经济迅速发展，人民享有很大的迁徙自由和择业自由，这些本来应是有利于资本主义发展的，然而"经济领域虽存在极有利的条件，但丝毫看不到向现代资本主义发展的苗头"②，甚至可以说事实上却强化了传统主义的束缚。造成这种现象的原因，在韦伯看来，是中国"缺乏资本主义'经营'的法律形式和社会学基础"③，也就是说，"中国缺乏像西方那样的一种自由的、通过协作来调节的商

---

① 泰格、利维：《法律与资本主义的兴起》，第 145 页。

② 马克斯·韦伯：《儒教与道教》，洪天富译，江苏人民出版社 1995 年版，第 69 页。

③ 马克斯·韦伯：《儒教与道教》，第 103 页。

业和手工业所拥有的一套稳固的、得到公认的、形式的，并且可以信赖的法律基础"[1]。应该说，至迟自宋代以降，随着经济规模的扩大和市场经济的发展，中国存在着对相应的法律的强烈的制度需求，民间契约的普遍化、复杂化和规范化就是其明证。但这种自发的发展很难形成精密、系统和思辨的法律体系，也难以发挥像西方的商法那样的效用。宋代以来，特别是明清时期，中国的城市经济发展很快，一批商业市镇崛起，但中国的城市缺乏西方那样的特殊性，它不是具有自己政治特权的"政区"，也没有与西方古代城市类似的市民阶级，更没有由市民组成的政治性誓约团体，"城市法"不可能有生存的余地。尽管中国也发生过一些"城市民变"，"但是他们的目的仅在于驱逐某一个具体的官吏，或排除某一项具体的法令，特别是一项新税，而从来不是为了争取得到一纸特许状，以确保（相对而言）城市的自由"[2]，这与西方式的争取城市自治和市民权利的运动是不可同日而语的，但是在中国"资本主义萌芽"研究中，我们却可以看到不少强加比附的现象。

中国产生不了资本主义经营的法律形式和社会学基础，按照韦伯的说法，"乃是由于城市与行会并未拥有自己的政治与军事力量的缘故，而这一事实，又可以用军队和行政中的官僚组织的早熟发展来加以说明"[3]。易言之，是由于中国很早就在广阔的地域建立起了统一的、绝对的、专制的中央权力。正如韦伯观察到的，"战国诸侯为争夺政治权力的竞争，导致诸侯的经济政策的理性化"[4]，从《史记·货殖列传》的描述和议论中，我们的确可以感受到一种经济自由主义的思潮。随着专制主义中央集权的确立和巩固，这种因政治权力的地域性分裂造成的带

---

① 马克斯·韦伯：《儒教与道教》，第26页。
② 马克斯·韦伯：《儒教与道教》，第20页。
③ 马克斯·韦伯：《儒教与道教》，第26页。
④ 马克斯·韦伯：《儒教与道教》，第53页。

有一点理性、自由色彩的经济政策和思潮也就一去不复返了。昂格尔曾将人类历史上出现的法律观念区分为习惯法、官僚法和法律秩序三种，认为法律秩序绝不是各种社会的普遍现象，而是一个非常罕见的历史现象，仅仅在非常特殊的环境中才能产生和生存。他所说的"特殊环境"就是近现代的西方社会。昂格尔指出，只存在于西方的法律秩序的形成，有赖于两种历史条件：其一是多元利益集团的存在，即"没有一个集团在社会生活中永恒地占据统治地位，也没有一个集团被认为具有与生俱来的统治权利"；其二是自然法观念的存在，即"以一种'更高的'普遍的或神圣的法则为依据，用它来论证或批判国家制定的实在法"①。伯尔曼也指出，"西方法律传统最突出的特征可能是在同一社会内部各种司法管辖权和各种法律体系的共存和竞争"，这种多元性"使法律的最高权威性成为必要和变得可能"，"西方法律的多元，已经反映和强化了西方的政治和经济生活的多元论，它一直是或一度是发展或成长（法律的成长和政治与经济的成长）的一个源泉，它也一直是或一度是自由的一个源泉"②。在昂格尔看来，中国历史与西方历史适成对照，"因为没有什么社会集团、等级或机构设法维护它们对于政府的独立性，中国封建秩序的瓦解就不能像西方所作的那样产生一个自由主义的国家和一种自由主义的理论"，"对中国古代来说，区分命令和法律、行政和司法基础的机会也就错过了，而这恰恰是欧洲法律理论的奠基石，并导致了法治和'法治国'观念"③。尽管昂格尔对中国历史事实的把握和论断不太准确④，但他的分析对我们来说仍是富有洞察力和启发性的，值得深入思考。

---

① R.M.昂格尔：《现代社会中的法律》，吴玉章、周汉华译，中国政法大学出版社1994年版，第59页。

② 哈罗德·J.伯尔曼：《法律与革命——西方法律传统的形成》，第11、12页。

③ R.M.昂格尔：《现代社会中的法律》，第94页。

④ 参见安守廉：《不可思议的西方？昂格尔运用与误用中国历史的含义》，高道蕴等编：《美国学者论中国法律传统》，中国政法大学出版社1994年版。

四、前近代中国的民事法秩序、人际信任与经济发展

——对相关学术观点的梳理和思考

随着对市场经济所依赖的法制环境的认识不断加深，人们对前近代时期中国法律与经济发展之间的关系问题的兴趣也与日俱增。事实上，此种研究理路在 20 世纪已成为一个重要的学术传统：西方学者期望透过以悠久历史闻名于世的中国文明这个参照物更加深刻地体认资本主义兴起的社会环境和制度要素，中国学者则期望从西方法律与经济的互动关系中探寻现代市场经济形成和发展的关键因子和必要条件。本节拟借助对有关学术观点的梳理，说明自己对这一问题的初步思考。不当之处，敬请教正。

1."实体理性"：中国传统法律的特点

就思考法律与经济之关系这一学术传统而言，德国社会学家马克斯·韦伯即使不是开创者，至少也是其中最富有洞察力的一位思想家。在对不同文明和历史时期的法律制度进行比较研究的基础上，韦伯抽象出了一套以二元对立为特征的法制类型学：一方是形式化的、理性的法律，另一方是非形式化的、非理性的法律。所谓"形式化"的，是指法律成为与道德戒律、宗教信条、政治原则等有着明显区别的规则体系，而且这套体系是由拥有法律知识的专业人士独立地操作，具有高度的自洽性和自主性；所谓"理性"的，是指法律规则可以普遍地、平等地适用于许多可归于同一概念范畴的事实状况，而不是专注于个别案件的实质结果。韦伯认为，这种"形式理性"的法律制度在现代资本主义市场经济正式形成之前即已逐步确立，它"构成了资本主义事业存在的最重

要的条件之一"，而且现代市场经济活动中所体现出来的形式理性又要求和促进法律制度的进一步形式理性化，两者之间呈现出一种辩证的良性互动关系。在韦伯眼里，古老的中华帝国的法律文化正好构成与西方法律文化相对的另一极：这种法律不是从恒定抽象的法律定理中逻辑地推导出来，它寻求的是"实际的公道"而不是"形式法律"，在很大程度上"依赖于一种实在的个体化与恣意专断"，带有典型的非形式化的和非理性的特征。韦伯断言，这就是业已产生了比较发达的货币经济的中国未能冲破传统的停滞经济形态而发展出资本主义市场经济的根本原因之一。①

韦伯对法律结构与经济发展的一般关系问题以及中国传统法律的特质问题所作的理论阐述，在很长一段时间里成为学术界的一种"规范认识"，而且至今也还具有较强的影响力。不过，这一理论模式与历史事实之间并非总是能够洽合的。美国著名法学家弗里德曼指出，韦伯的论说一直受到被称为"英国问题"——即普通法问题——的困扰。因为英国比许多欧洲大陆国家更早更快地发展了现代经济，但从韦伯的立场来看，英国的普通法制度较之欧洲大陆法制度的理性却要少得多；普通法推理不缜密、不严谨，较少理论性，缺乏民法法系国家那种精致的、完整的法典，是相当非理性的。弗里德曼虽然揭示了韦伯理论的这一内在矛盾，但他并未否认韦伯理论的思想价值。他认为，韦伯提出的问题是正确的，但不一定指出了获得正确答案的途径。在他看来，"英国问题表明，理性和法治可以采取不同的形式，没有什

① 参见王晨光：《韦伯的法律社会学思想》，《中外法学》1992 年第 3 期；公丕祥：《传统中国社会与法律：韦伯的理论分析》，公丕祥主编：《法制现代化研究》第二卷，南京大学出版社 1996 年版；苏力：《市场经济需要什么样的法律？》，《法治及其本土资源》，中国政法大学出版社 1996 年版；陈弘毅：《理性法、经济发展与中国之实例》，《法治、启蒙与现代法的精神》，中国政法大学出版社 1998 年版；马克斯·韦伯：《儒教与道教》，第四章。

么法律推理的特定模式、特定的法律编排形式或概念体系可以被确定为我们所定义的法治所必不可少的东西"。他认为"正式理性对于经济发展并非必不可少，需要有灵活性、适应性强的法律制度，而且必须是一项诚实的制度"，这样的法律制度"必须具有可预测性这一要素"，"值得商人和普通公民能够在共同的预期的基础上进行计划和工作"。①

事实上，对清教伦理与资本主义兴起的关系作过深入研究的韦伯，当然不会对"英国问题"无所认识。他提出的二元对立的概念模式的主要意义，是为比较法律制度研究建立一个类型学基础。在自己的法律学思考中，韦伯实际上已超越了这个简单的二元对立，提出一个他称之为"实体理性"的尝试性概念，不过他未对这一概念的内涵进行系统分析。美籍华裔学者黄宗智评论说，在韦伯的理论模式中，形式主义等同于理性主义，实体法等同于非理性，"实体理性"这个词显然暗示这两个对立面的矛盾统一。黄宗智认为，这对理解中国法律制度是一个有用的概念，它比韦伯的两个简单对立的抽象类型中的任何一个都更能抓住中国法制的特征，因为中国法律制度既不是形式主义和理性化的，也不是专横武断、反复无常和非理性的。黄宗智指出，"实体"概念可以用来刻画中国法制的三个特征：第一，官方表达坚持皇帝是一切法律的唯一的合法权力的来源；第二，法律应受道德原则指导，国法应与天理、人情相和谐；第三，司法程序强调事实真相，而不是满足于用形式主义的程序在法庭中建立起来的真实的近似。这些特征，当然不符合韦伯的"形式理性"。不过，黄宗智主张把韦伯的"形式理性"的核心意义与其连带意义分别开来；他认为韦伯赋予了"形式理性"更多的一般特征，其中最重要的是恒常性和可预期性。中国法律的官方表达虽然宣扬统治者的意志的作用，但并不主张统治者可以为所欲为，它的意图是通过法律

---

① 参见劳伦斯·M.弗里德曼：《法治、现代化和司法》，《北大法律评论》第1卷第1辑。

条文来体现统治者意志中普遍永恒的道德原则用以作为司法实践的指导。可以说，中国法律在恒常性和可预期性的意义上是理性的，在实用的意义上也是理性的。① 黄宗智根据自己对清代地方官府民事诉讼档案所作的实证研究，断言清代法律虽然没有绝对权利意义上的、独立于统治者行政和刑罚权威之外的产权观念，但在实际上却发挥了保护的效果，可以说清代法律中有保护产权的实质。②

2. 前近代中国的民事法秩序

中国传统法典所呈现出的鲜明的刑法和行政法色彩，很容易使人产生这不是一个能鼓励和促进经济发展的法律制度的印象。在作为西方现代法律之源头的罗马法中，"关于个人利益的规定"的"私法"与"关于罗马国家的规定"的"公法"③，不但有着泾渭分明的区别，而且前者比后者远为发达。如《查士丁尼法典》的前 9 卷均为私法，后 3 卷才是公法；罗马法学家的研究对象也集中于私法领域，多达 50 卷的《学说汇纂》只在第一卷和最后一卷中才有关于公法的文摘。在 11 世纪以后的罗马法复兴过程中，学者们的研究也是集中在私法方面，对他们来说，罗马法就是关于个人之间，关于人身、家庭、财产、合同、侵权等问题的法律规则。④ 与西方文化不同，中国传统文化里缺乏"个人"和"权利"这样一些概念，因此作为确定和保护私权之技术的"私法"便没有产生与发展的基础。⑤ 只要我们翻一翻标志着中华法系之成熟性的《唐律疏

---

① 参见黄宗智：《民事审判与民间调解：清代的表达与实践》，中国社会科学出版社 1998 年版，第九章。
② 参见黄宗智：《民事审判与民间调解：清代的表达与实践》，第 16 页。
③ 江平、米健：《罗马法基础》，中国政法大学出版社 1991 年版，第 9 页。
④ 参见陈弘毅：《西方法律政治史上的私法与公法》，《法治、启蒙与现代法的精神》。
⑤ 参见梁治平：《寻求自然秩序中的和谐》，中国政法大学出版社 1997 年版，第 4 章。

议》、《大清律例》等法典，就会感到内中属于今天被称为"民法"的内容相对来说确实很少①，并且被蒙上了一层浓重的刑罚色彩，难怪对中国科技史和中华文明作过深入研究的英国学者李约瑟认为："中国的政治和伦理的成熟水平远远超过其他制度的发展程度，这些制度包括一种多样化的经济体系，一部民事契约法典，以及一种保护个人的司法制度。"②

　　然而，只要我们不把法律严格地限定于国家制定法，而将其视为一套能够维持秩序、解决纠纷、建立确定预期的规则体系，就会发现前近代中国的民事领域并不缺乏法的秩序。由于国家在保证赋役征收和维护地方治安之外绝少干预民间的生活秩序，没有、不能也无意提供一套民间生活所需的规则、机构和组织，于是各种民间的组织和团体便在政府之外独立地发展起来，形成自己的组织，追求自己的目标，制定自己的规章，以自己的方式约束和管理自己。③ 这些从民众生活中自然滋长并逐步固定化的习惯和惯例发挥着分配权利义务、建立合理预期、规范人们行为的作用，并且形成了一套虽带有不确定性但总体看来还算相当有效的纠纷解决机制。当然，习惯法并不是完全自主的和自足的，尽管从《唐律》到《大清律例》关于民事的规定数量既少又缺乏变化，但这些法典并非像有的学者断言的那样已经"死亡"④，即使在民事领域它也仍发挥着实际功效，为纠纷解决提供了重要的指导性原则和威慑力量。清代地方官府民事诉讼档案显示，不论是审判官有意依照律例断案，还是他们依照"情理"所作出的判决恰好符合律例所主张的原则，清代民事

---

① 参见威廉·琼斯：《大清律例研究》，高道蕴等编：《美国学者论中国法律传统》。

② 李约瑟著，潘吉星主编：《李约瑟文集》，陈养正等译，辽宁科学技术出版社 1986 年版，第 279 页。

③ 梁治平：《清代习惯法：社会与国家》，中国政法大学出版社 1996 年版，第 28 页；马士：《中国行会考》，彭泽益主编：《中国工商行会史料集》上册，中华书局 1995 年版，第 66 页。

④ 马伯良：《唐律与后世的律：连续性的根基》，高道蕴等编：《美国学者论中国法律传统》。

纠纷的确大多得到了有助于保护产权的合理解决。① 在前近代时期的中国，特别是到了明清时代，尽管仍存在着各种各样的地方性差异，但习惯法确实已经具有了一定程度的统一性，可以说业已相当理性化并且高度发达。② 这样一种民事法秩序，对于当时蓬勃发展的社会经济起到了保护和促动作用，当然此种秩序本身也正是社会经济发展的产物。美国学者马若孟曾指出，在 16 至 19 世纪的中国，存在着一个相当成熟的产品市场和要素市场，并且存在一个有效的习惯法体系，各种习惯法制度的传播有助于降低市场交易成本，使得资源、商品和劳务的交换更大量地发生，维护和促进了当时的经济发展。③

帝制中国晚期商品经济得以蓬勃发展，除习惯法发挥了巨大作用外，中国传统文化孕育出的"信任格局"的功用也不可低估。信任是用来减少社会交往复杂性的机制，它能够超越现有的信息去概括出一些行为预期，从而用一种带有保障性的安全感来弥补所需要的信息。可见，信任在经济交往中乃是一个必不可少的基础。据有的学者研究，信任可以区分为"人际信任"和"制度信任"，前者建立在熟悉度及人与人之间的感情联系的基础上，后者则是用法律一类的惩戒或预防式的机制来降低社会交往的复杂性。④ 很显然，在前近代中国的社会交往中主要发挥作用的是"人际信任"，而且亲缘关系构成这一信

---

① 参见黄宗智：《民事审判与民间调解：清代的表达与实践》，第四章；高寿仙：《帝制中国晚期的民事法律、审判与调解》，《北京行政学院学报》2000 年第 1 期。

② 梁治平：《清代习惯法：社会与国家》，第 173 页。

③ Ramon H. Myers, "Customary Law, Markets, and Resource Transactions in Late Imperial China", Roger L. Ransom ed., *Explorations in the New Economic History*, New York: Academic Press, 1982.

④ See N. Luhmann, *Trust and Power*, Chichester: John Wiley & Sons Ltd., 1979; "Familiarity, Confidence, Trust: Problems and Alternatives", D. Gambetta ed., *Trust: Making and Breaking Cooperative Relations*, MN: Basil Blackwell, 1988.

任格局的中心内容。这是因为亲缘关系所隐含的角色义务及责任最清楚明确，而且隐含的顺从压力也最大，倘若一个人如果不履行自己的义务，他就会失去"面子"，不仅会受到别人的谴责，而且可能会失去关系网络及其中所包含的社会资源。[①] 美国学者克拉克认为，中国经济发展并没有因某些情况下缺乏有效实行权利的机制而受到严重妨碍，因为大量的商业交易可以在得到信任的中间人和对长久合作关系的期望的基础上达成，在此情况下由法律强制保障权利便不太重要了；琼斯也指出，商业活动在中国依赖"关系"而非法律和法制机构作为其经济利益期望的安全保证的基础，中国经济取决于"关系之道"而非法治。[②] 克拉克和琼斯的见解虽然得自于对现今中国法制与经济发展之关系的研究，却也能很好地用来解释前近代中国的经济秩序。日本学者的研究成果表明，在明清时代，当人们为了进行交易、从事经营而相互缔结契约时，往往依赖私人之间通过血缘、地缘等形成的关系网络。[③] 如在当时执商界之牛耳的徽州商人中，"挈其亲戚知交而与共事"[④] 是极常见的现象，商人们主要借助于亲缘组织和地缘组织在资金与人力方面相互支援，从而扩展商业规模和商业网络，甚至建立地域的或行业的商业垄断。[⑤] 可以说，以个别人

---

① 参见杨中芳、彭泗清：《中国人人际信任的概念化：一个人际关系的观点》，《社会学研究》1999 年第 2 期；彭泗清：《信任的建立机制：关系运作与法制手段》，《社会学研究》1999 年第 2 期。关于"面子"在习惯法运行中的强制性力量，参见梁治平：《清代习惯法：社会与国家》，第 153—158 页。

② Donald C. Clarke, "The Execution of Civil Judgments in China", *The China Quarterly*, No. 141, 1995; Carol A. G. Jones, "Capitalism, Globalization and Rule of Law: An Alternative Trajectory of Legal Change in China", *Social and Legal Studies*, Vol. 3, 1994。转引自陈弘毅：《法治、启蒙与现代法的精神》，第 202—203 页。

③ 滋贺秀三等著，王亚新、梁治平编：《明清时期的民事审判与民间契约》，王亚新等译，法律出版社 1998 年版，第 378 页。

④ 金声：《金太史集》卷 4《与歙令君书》。

⑤ 参见唐力行：《商人与中国近世社会》，浙江人民出版社 1993 年版，第 3 章第 1 节。

际关系为基础的信任机制在前近代中国的商业世界中的确成为维护稳定性、确实性、可预测性从而减少交易风险的极其重要的社会资源。

3. 前近代中国民事法秩序的局限性

尽管普通法和中国古代法这样不够"形式"但却不乏"理性"的法律制度的存在证明韦伯过分强调"形式理性"是不恰当的，尽管习惯法和关系网络在前近代中国的商业化进程中发挥了很大作用，但并不能由此得出结论说，前近代中国的民事法秩序已足可支撑一个现代化的市场经济体系，或为这样一个经济体系的出现提供了动力和基础。应该说，韦伯关于中国古代法律及其对经济发展的影响的论断确实需要进行修正，但仍不失敏锐性、深刻性和一定程度上的正确性。

对于一个法制史研究者来说，尽管可以通过概念修正来说明中国古代法同样具备"理性"，但却不能否认传统中国和欧洲的法律制度之间存在着巨大差异，因此，许多学者都把这两种法律视为对立的两极。从实际功能上看，中国古代法在一定程度上起到了保护私有财产和个人权利的作用，但这既不是它产生的根本原因，也不是它关注的中心焦点；中国古代法的基本任务始终是政治性的，即"对社会施以更加严格的政治控制"[1]。因此，中国法虽然在遥远的古代就实现了高度的发达，"却始终不能从自己的传统中生长出私法的体系来"[2]。在这样的法律观念和制度装置下，处理民事诉讼所需要的精细的法律技术和手段无法发展起

---

[1] D. 布迪、C. 莫里斯：《中华帝国的法律》，朱勇译，江苏人民出版社 1993 年版，第 7 页。中国古代法的这一特征与中国文明起源的特点有关，参见张光直：《考古学专题六讲》，文物出版社 1986 年版，第一讲；《一个文明起源新说的草稿》，《中国青铜时代（二集）》，三联书店 1990 年版。

[2] 参见滋贺秀三：《中国法文化的考察——以诉讼的形态为素材》，滋贺秀三等著，王亚新、梁治平编：《明清时期的民事审判与民间契约》。

来，因而很难满足日趋发达、复杂的社会经济体系的需求。黄宗智对清代地方官府民事诉讼档案的研究，就清楚地显露出这一点。黄氏研究的档案，分别来自 1760 至 1850 年间的四川巴县，1810 至 1900 年间的河北宝坻县，以及 1830 至 1890 年间的台湾淡水分府与新竹县。黄氏发现，这些资料显示了两种截然不同的型式：一种是社会经济发展程度相对较低的宝坻和巴县，法律制度的运作较有效率，大多数案子只须一次开庭就能迅速地结案；另一种是在商业化和社会分化程度较高的淡水—新竹，有钱有势的诉讼者在职业诉师的帮助下，总是把案情搞得扑朔迷离，以致官府越来越无力应付民事纠纷，案子往往一拖就是数年甚至数十年。黄氏由此总结说，清代民事审判是在相对简单的小农社会基础上形成的，并没有准备用来对付社会的商品化和日益分化所带来的种种后果，因此这套制度颇易对付像宝坻那样的较简单的社会，却不易对付像淡水—新竹那样的较复杂的社会。①

与正式的国家法律制度一样，习惯法也具有很大的局限性。习惯法是自发产生的，它过分依赖于"地方性知识"，内容往往不够确定，界限往往不够明晰，缺乏适度的抽象和系统性，很难达到较高程度的形式理性化，很容易造成混乱，引起纷争。旧中国广泛存在的"找贴"习俗就是一个明显例证。当时民间不动产交易大多不是一次卖绝，而是留下回赎的余地，一旦原业主到期不欲或不能赎回原业，就须补足典卖与绝卖之间的差价，许多人为了多得一点金钱，便一找再找，甚至早已卖绝仍强行索找，祖父卖田子孙索找，各地因此发生了大量争讼以及斗殴、杀伤情事。② 在罗马法中，也存在着被称为"正当价格"的原则，如《学说汇纂》中有一节规定，如果一项地产的卖主收到他可以向买主索取的

---

① 参见黄宗智：《民事审判与民间调解：清代的表达与实践》，第六章。
② 参见梁治平：《清代习惯法：社会与国家》，第 107—110 页。

"正当价格"不足一半的价款，那么他仍可以保留对免于履行契约义务的方法的选择。到 12 世纪以后，这项原则被逐步发展成为一种检验任何契约有效与否的首要原则。① 两者表面上有相似之处，但实质上并不相同："正当价格"是一项高度规范化的条款，其目的在于保护交易的公平性；"找贴"却是一项存在着很大不确定性的习惯，它所注重的是生计的维持和社会的稳定。总体看来，在市场经济不够发达的社会中，交易圈相对说来比较狭小，风土人情和行为习惯都很相似，交易双方各自的声誉对他们未来的交易会构成一种潜在而有效的制约，这样的环境当然可以保证交易的达成。但是，随着商业化程度的提高和跨地区交易的展开，交易双方的文化背景和风俗习惯不断拉大，对交易成功起到很大保护作用的社会舆论越来越难以形成并发挥实际约束作用，对这样一种日益复杂化的经济形态，习惯法在降低交易费用方面的效力就必然会变得不那么有用了。民国初年的司法调查表明，社会愈是晚近，习惯法的不适应性愈是突出。② 我们从明清经济中可以看到这样一种现象：商业高度繁荣，手工业发展却明显滞后，商业利润转入手工业领域的很少。这种现象的一个重要原因，是当时的财产权利保护机制不足以鼓励商人去从事需要投入较多固定资本并且回报期较长的手工业生产。③ 在以习惯法为基础的民事法秩序中，"市场半径"是不可能无限扩展的。

至于社会关系网络以及以关系为基础形成的"人际信任"，也存在着同样的缺陷。根据 20 世纪 40 年代初满铁在华北村庄所进行的调查，当时在金钱借贷中，未有中保人并立下契据的非正式借贷比有中保人作

---

① 哈罗德·J.伯尔曼：《法律与革命——西方法律传统的形成》，第 300 页。

② 梁治平：《清代习惯法：社会与国家》，第 174—175 页；苏力：《法治及其本土资源》，第 8—9 页。

③ 参见高寿仙：《试论中国原始工业化时期商业资本转化为工业资本的制度性障碍》，《新视野》1997 年第 4 期。

证并写下契据的正式借贷所引起的纠纷要多得多。这是因为仅仅立足于
个人关系基础上的非正式交易给赖账或至少是误解留下了很大空间，贷
方与借方是否能维持和谐"取决于借方还债的意愿和能力，或贷方体谅
借方的困难而放弃债权的意愿"，"而对一个在生存压力之下的人来说，
在亲戚邻里中的'面子'可能是一件不堪负担的奢侈品"，倘若一方或
双方在经济压力下不想再勉强地维持面子，势必会导致难以调解的矛
盾，甚至引发冲突并造成伤害。① 应该说，近代华北乡村经济的商品化
程度还较低，对于一个更复杂的商品经济来说，以关系为基础的交易必
将会面临更大的风险。在明清时代，随着经济交往的流动性、复杂性和
多元性的提高，在以亲缘和地缘关系为基础结成的合作经营与商业交易
中，可以发现很多滥用信任的事例，足见人际信任在促动"市场半径"
的伸展方面存在着内在局限性。当然，有人可能会以关系在当代华人企
业中仍发挥着很大作用来证明其有效性。的确，尽管现代经济制度与传
统社会的经济已有很大不同，但大多数经济交易仍旧深深植根于人际和
社会关系网络里②，当然不同的文化中人们倚重的关系类型会有所不同。
不过，应当注意，现代经济制度所依赖的关系与传统时代有着重大差
异：它是立基于一个坚实的法律制度基础之上的，这一制度基础可以起
到防止关系滥用的作用，促使关系在遵守一定规则体系的前提下充分发
挥其潜在的良性作用。

---

① 黄宗智：《民事审判与民间调解：清代的表达与实践》，第34—35 页。

② See Mark Granovetter, "Economic Action and Social Structure: The Problem of Embedded-
ness", in Mark Granovetter and Richard Swedberg eds., *The Sociology of Economic Life,* Boul-
der: Westview Press, 1992, chapter 2. 陈弘毅：《法治、启蒙与现代法的精神》，第207 页。

4. 结语

综上所述，在对前近代中国民事法秩序的研究中出现的两种相对的看法——一种认为当时社会里存在着能够顺利运转的民事法秩序，另一种认为当时社会里并不存在真正的民事法秩序——很可能都只抓住了部分事实真相。以韦伯的"形式理性"来衡量，传统中国法确实显得不够"成熟"，但它也并非像某些学者所想象的那样是任意专断的，毋宁说它属于一种"实体理性"的类型。各种习惯法制度和人际信任在民间社会中也发挥着维持交往活动的确定性和可预测性的功能，为以商品化为特征的经济发展提供了一个颇有秩序的法的空间。据记载，"1870年以前涉足中国内陆广大地区的英国游历者都描述了一个经济活动繁忙的世界，人们的财富水平即使不优于同时代的英国也可与之媲美"①。如果否认当时存在具有比较稳定的结构的民事法秩序，这种繁荣的经济景象是难以想象的。但是，也应看到，从重视政治控制和伦理教化的文化传统中生长起来的中国古代正式法和习惯法，以及建基于宗族乡里关系之上的人际信任，具有不利于"私法"发展的内存缺陷，难以适应一个日趋复杂化的商业经济社会。今天的中国，正在努力提高社会经济的法制化和市场化水平，在吸收西方的法律理念和技术以增加法律制度的形式化和理性化的同时，也应注意从"本土资源"中汲取营养增强法律制度的适用性和有效性。

---

① 陈锦江：《清末现代企业与官商关系》，王笛、张箭译，中国社会科学出版社1997年版，第4页。

五、帝制中国晚期的民事法律、审判与调解
——读黄宗智《民事审判与民间调解：清代的表达与实践》

为了解作为现代化之展开背景的前近代时期中国的民事法秩序以及此种秩序与经济发展之间的互动关系，帝制中国晚期民事法律关系的演变、民间纠纷的产生与解决机制之类的问题近些年来成为法律史和社会史学者思考的重要课题之一，并产生了一些值得注意的研究成果。比如，朱勇对清代宗族法和梁治平对清代习惯法的研究就大大加深了我们对于清代民间法的形态、功能和性质的认识；张晋藩的总括性论述使我们对清代民法的概貌有了进一步的了解；而郑秦对清代司法制度和吴吉远对清代地方政府司法职能的研究尽管是从国家法律制度的角度着眼，也有助于我们认识清代的司法体制以及地方官府对民间纠纷的态度、处理原则和方式。① 日本学术界对明清时期的民事法秩序的关注由来已久，先后出现了多位颇具影响的学者，近些年来的主要学术动向是探索重新建构分析旧中国"法"与司法活动的理论框架。王亚新、梁治平选编的论文集《明清时期的民事审判与民间契约》，虽然限于篇幅尚不能说是很完备，但已足可窥见日本学者在这一领域的主要学术动向和成就。② 美国研究清代以至民国时期的社会经济史的学者对当时民事法律制度的运作状况以及体现于这一制度之中的国家与社会的关系问题也表现出日益浓厚的兴趣，近年出版的艾力、黄宗智的专著以及黄宗智和白凯编辑

---

① 朱勇：《清代宗族法研究》，湖南教育出版社 1987 年版；梁治平：《清代习惯法：社会与国家》；张晋藩：《清代民法综论》，中国政法大学出版社 1998 年版；郑秦：《清代司法审判制度研究》，湖南教育出版社 1988 年版；吴吉远：《清代地方政府的司法职能研究》，中国社会科学出版社 1998 年版。

② 滋贺秀三等著，王亚新、梁治平编：《明清时期的民事审判与民间契约》。

的论文集向我们展现了他们的最新研究水平。① 作为一位勇于、善于思考和创新的出色学者，黄宗智的研究成果一直受到学术界的极大关注，也引起许多争论。本节拟就黄氏在《民事审判与民间调解：清代的表达与实践》一书中所提出的一些看法，并结合学术界对其看法的相关评论，作一简单述评。不妥之处，尚祈教正。

1. 前近代中国存在"民法"？

自清末以来人们对中华法系的体认与分析越来越倚重于来自西方的法学术语。将这套从西方法律体系——特别是民法法系——中抽绎出来的知识系统和概念范畴加诸中华法系之上，就必然会得出这样一个结论：中华法系不重视民事法律关系，而且缺乏部门法律之间的分化。不过，尽管学者们充分认识到了中国古代法典的刑事化或行政化特色，甚至有不少人断言中国古代法典都是刑法典或行政法典，但很少有人对中国古代"民法"之存在持否定态度。在教科书和法制史著作中，对中国古代法律体系最通常的概括就是"诸法合体"、"民刑不分"。这种标准化的看法近年来引起一些学者的质疑。如张晋藩指出，应该将中国古代的法典编纂体例与法律体系区分开来，从前一视角看，中国古代法典编纂的确具有以刑为主、诸法合体、民刑不分的特点，但如果从后一视角观察，就会发现它同样是由刑法、行政法、民法、诉讼法、经济法等各种部门的法律所构成的，可以说是"诸法并存，民刑有分"②。黄宗智对

---

① Mark A. Allee, *Law and Local Society in Imperial China*, Stanford, Calif.: Stanford University Press, 1994; Philip C. C. Huang, *Civil Justice in China: Representation and Practice in the Qing*, Stanford, Calif.: Stanford University Press, 1996（该书中译本名为《民事审判与民间调解：清代的表达与实践》）；Kathryn Bernhardt and Philip C. C. Huang eds., *Civil Law in Qing and Republican China*, Stanford, Calif.: Stanford University Press, 1994。

② 张晋藩：《清代民法综论》，"绪论"，第 1—2 页。

前近代中国民法的看法与张晋藩颇有相合之处，不过他有着更加明确的方法论自觉性。他深刻认识到法律的"官方表达"和"具体实践"之间存在着明显的背离现象，对通过"清代国家对它自己法律制度的表达"去研究清代法制史的传统学术理路提出严厉批评，主张对清代国家及其法律制度"只能通过其道德表达和具体实践的系统相关来解释"，并且断言"表达和实践之间的背离才真正界定了这一制度的本质"①。在研究了可以据以观察到"法律从表达到实践的整个过程"的来自于现存清代地方官府档案中的数百件民事案件后，黄氏深感美国学术界长期以来对中国法文化的基本看法——即认为"中国法律传统中政治自由权利不发达，而此种自由，乃是英美现代民法的根本，缺乏这种传统，便不可能具备现代型的民法"②——是不正确的。他争辩说，对于西方人来说，与"私法"可以相互通用的"民法"的确带有政治权利、个人权利以及国家与社会间之对立的含义，但民事自由并非构成民法的必要条件，比如 1900 年的德国民法典对政治权利就只字未提。因此，尽管"在中国的整个政治话语传统中都找不到国家权威和个人权利，或国家权威和市民社会这样一对对立的概念"，但清代中国事实上是存在民事法律的。③可以看出，黄氏是从实证的立场来看待清代有无"民法"这一问题的。在他看来，只要放弃"民法必须体现自由民主传统意义上的个人政治权利"这一概念要素，并且不被将"无讼"视为理想社会状态、不关心民事纠纷的清代官方表达所迷惑，而从中国社会和法律制度的实际出发，就不会得出清代缺乏民事法律的结论。第一，清代的"律"和"例"之间有着明显区别，"相对不变的律反映的是道德和行政—刑事原则，而不断增加和变化的例则反映了法律对变化着的社会与政治现实的调适"，

---

① 黄宗智：《民事审判与民间调解：清代的表达与实践》，第 1—3 页。

② 黄宗智：《民事审判与民间调解：清代的表达与实践》，"中文版序"，第 1 页。

③ 黄宗智：《民事审判与民间调解：清代的表达与实践》，第 7—8 页。

大清律例中（主要是"户律"部分）包含着大量规范民事法律关系的条款①；第二，与不理民事的官方表达相反，清代地方衙门实际上花费了大量时间与精力在民事案件上，档案资料显示民事案件事实上占了州县法庭承办案件的1/3，"民事案件在实践中是国家法律制度的一个重要组成部分"②；第三，尽管清代法律"没有绝对权利意义上的、独立于统治者行政和权威之外的产权观念，然而事实上许多诉讼当事人还是成功地通过法庭保护了自己的财产"，也就是说清代法律的"实际结果是保护了产权"③，这说明民事关系在清代是得到了法律的切实保护的；第四，清代地方衙门"在处理民事案件时几乎从不用刑"④，这说明地方衙门在法律实践中已意识到刑事案件与民事案件之间的区别。

黄宗智提出的法律的"表达"和"实践"之间的区别和背离，是所有法制史研究者都应充分加以注意的问题，具有十分重要的方法论意义。但是，他所提倡的抛开价值观念的争论来思考清代法律之实际的务实态度，恐怕难以真正解决业已引起长久争议的传统中国的"民法"问题。这样说并不是要否定黄氏所描述的清代民事法律实践的真实性，因为他对大清律例中民事条款的梳理和对地方衙门处理民事纠纷情况的分析，的确具有比较坚实的事实根据。问题是，"民法"或者说"私法"并不仅仅是一个用以区分法律部门的分类概念，更不是一个可以随意粘贴的标签，而是一套有着深厚的思想文化背景的体系和理念。如果将它抽离其赖以产生和发展的社会基础与文化背景并剔除其中的一些内涵，固然可以扩大这一概念的使用范围，但也必然会弱化这一概念的分析价值。对于我们来说，中国古代存在着规范和处理民事事务的规条和机制

---

① 黄宗智：《民事审判与民间调解：清代的表达与实践》，第15页，并参见第四章。

② 黄宗智：《民事审判与民间调解：清代的表达与实践》，第11页。

③ 黄宗智：《民事审判与民间调解：清代的表达与实践》，第16页。

④ 黄宗智：《民事审判与民间调解：清代的表达与实践》，第8页。

是没有什么值得奇怪的，我相信在所有古代文明中都可以或多或少地发现这一点，这是因为"婚姻、田土、钱债等事所生的关系既然是客观存在的社会现象，则社会亦不得不提供相应的准则、规则，这是一个文明社会最基本的要求"①。但是，我们绝不能将这些准则和规则等同于西方的"民法"或"私法"。为了使清代"民法"看起来与西方"民法"更相符合，黄氏认为政治权利和个人权利并非是"民法"概念的题中应有之义。但是，剔除了"权利"这一要素，我们便很难理解西方私法的起源与性质。诚然，"权利"在西方也是到中世纪将近结束时才出现的概念②，但其思想因素却可以追溯到文明的源头，希腊思想中"正义"概念中所包含的"在利益互相冲突的情况下给与每个人应得的份额"一类的意义，"给以后的罗马法的发展铺平了道路，而罗马法学又给现代的权利概念提供了思想基础"，"罗马法学含有对个人权利的有力的、尽管是默示而不是明示的肯定"③。换句话说，"私法是建立在个人权利平等基础上的"，"私法诞生之时，必已有私权的平等，私法发达之日，必定有私权平等的普遍化"④。反观古代中国，"人是用他在其中生活的社会人类关系来定义的，人性的实现是完成与个人担任的社会角色相联系的道德义务的问题，不存在纯粹的个人"，因此很难出现"自主的、自立的和拥有权利的个人的概念"⑤。此种文化传统中的法律，"涉及的仅仅是并且只能是治与被治的关系"，"自始便与权利无缘"，那些在今天看来纯粹属于民事法律的内容也被刑事化，"私法"无由产生。⑥ 概括地说，中国古代国家法和民间法中的确存在着与罗马私法相对应的一部

① 梁治平：《寻求自然秩序中的和谐》，第104页。
② 陈弘毅：《法治、启蒙与现代法的精神》，第118—119页。
③ 陈弘毅：《法治、启蒙与现代法的精神》，第130—132页。
④ 梁治平：《寻求自然秩序中的和谐》，第102页。
⑤ 陈弘毅：《法治、启蒙与现代法的精神》，第121—128页。
⑥ 梁治平：《寻求自然秩序中的和谐》，第102—103页。

分法律，但这部分法律并不具有"私法"或"民法"的性质。[①] 对这一问题的认识，必须顾及中国文化的独特性、整体性和统一性。

2. 调解抑或审判？

帝制中国晚期民事纠纷的解决原则、机制和程序，一向受到法制史研究者的高度重视；对这一问题的讨论，也构成了黄宗智这本专著的主体内容。与其他学者一样，黄氏也将当时解决民事纠纷的方法大致区分为两大类：一是调解[②]，二是审判。但在对这两类方法进行具体分析时，他提出不少不同于传统看法的观点。比如，传统看法认为，中国古代社会的统治者们一直秉持着"必也使无讼"的社会价值观，将词讼视为风俗浇漓、人心不古的表现，地方官对于被视为"细事"、"细故"的"户婚田土"一类的自理词讼持消极态度，本着息讼、教化的原则加以处理。[③] 黄氏则指出，传统学术视野中的清代法律制度反映的只是国家及其官僚们对这一制度的表达。事实上，清代地方衙门并不是不理民事或对民事纠纷漠不关心，民事案件在地方衙门审理的案件中占有较大比重；大多数民事诉讼也不是像官方宣扬的那样出于贪图个人私利的奸狡之徒与邪恶胥吏的挑唆，而是民众为了保护自己的合法权益和解决难以调解的争端而采取的主动行为。[④] 为了对这一现象作出合理解释，黄氏对诉讼费用和胥吏勒索这两个被认为是民众涉讼的主要阻碍因素进行了分析。他在综合考察了一些零星资料后认为清代的民事诉讼费用尽管从

---

① 梁治平在《寻求自然秩序中的和谐》第四章至第九章对此有系统深入的分析，请参看。

② 梁治平认为用"调处"一词更为恰当，见氏著《清代习惯法：社会与国家》，第16页注〔35〕。

③ 梁治平：《寻求自然秩序中的和谐》，第八章。

④ 黄宗智：《民事审判与民间调解：清代的表达与实践》，第11—12页。

小农的观点看来很高，但并不完全让人望而却步，如果为了给对手施压仅是告上一状而不坚持到堂审，费用就更低，小农完全可以承受；至于衙门胥吏在收费时肆意敲诈勒索的传统说法，更多的是出于官方对胥吏形象的构想而非事实。实情是地方衙门内尽管存在着越来越严重的腐败现象，但就通常情形而言，胥吏们收取的是早已被官方和民间普遍接受的"习惯性收费"，而不属营私舞弊的范围。① 这些结论是建立在翔实的档案材料基础上的，可能更符合清代民事法秩序的实况；当然，也应注意不能从一个极端走向另一个极端，要看到体现在成文律例、牧令须知、判案范例汇编之类资料中的官方表达在一定程度上也有事实基础和现实根据，并非纯属意识形态的道德说教。在这里，笔者还想对词讼繁多的原因做点补充。黄氏对小民涉讼行为的分析主要建立在支出—收益的理想预期上，实际上非经济因素在涉讼行为中也起着很重要的作用。比如，"面子"在中国社会中受到高度重视，"不论什么样顺良病弱的中国人，为了'面子'可以同任何强者搏斗"②，许多诉讼的产生并非出于"理性人"对支出—收益的精打细算，而是出于忍无可忍的怨恨忿恚和维持个人与家庭"面子"的情感需求，为此有人甚至不惜牺牲生命，当然也不会计较经济上的支出。③ 再比如，与厌讼心理密切相关的另一种社会心理现象，是普通民众对国法怀有深刻的敬畏、依赖和利用的心理，以致"在一些作为国法认为不必要介入的领域人们也经常提起诉讼或申请，要求国法的介入"④，这也会导致许多不必要的诉讼的出现。

　　黄宗智对地方衙门审理民事案件的原则和方式的描述，向滋贺秀三

---

①　黄宗智：《民事审判与民间调解：清代的表达与实践》，第174—182 页。

②　沙莲香主编：《中国民族性（一）》，中国人民大学出版社1989 年版，第133 页。

③　参见梁治平：《清代习惯法：社会与国家》，第153—157 页。

④　滋贺秀三等著，王亚新、梁治平编：《明清时期的民事审判与民间契约》，第39—40 页。

等人的观点提出了直接挑战。滋贺氏对清代民事法源的考察，是"着眼于现实的诉讼场景，通过分析审判事例，来揭示什么被作为审判的依据"①。应该说，黄氏所使用的研究方法，实际上也正是滋贺氏所倡导的；有趣的是，两人运用同样的方法，却得出了不同的结论。这固然是因为两人所用材料的来源——滋贺氏所用事例均取自判语集，黄氏则取自地方官府档案——不同，更重要的恐怕还是因为两人的学术背景和立场本就有所差异所致。根据滋贺氏的看法，"中国诉讼的原型，也许可以从父母申斥子女的不良行为，调停兄弟姐妹间的争执这种家庭的作为来寻求"，清代的民事审判是"没有实定法依据的，而且不能以判例的形式来生成法的审判"，"在解决民事纠纷的方面，可以供调整私人间利益对立时作为依据的条文在大清律例中也不是一点没有，但其数量既少又缺乏体系，因而想依照法律但又无可依照的情况很多。不仅如此，即便是存在有某种关连性条项的场合，只要注意不是极端地背离法律，就没有必要受法律文言的细枝末节所束缚。毋宁说，根据'情理'，融通无碍地寻求具体妥当的解决就是地方官的职分"，这种审判情形滋贺氏称之为"父母官诉讼"、"教谕式的调解"②。在黄宗智看来，滋贺氏所描绘的"教谕式的调解"的图景，乃是"来自清代民事诉讼甚少而官方法律制度并不关心民事的假设"，并不合乎实际。实际情况是："县官们

---

① 滋贺秀三等著，王亚新、梁治平编：《明清时期的民事审判与民间契约》，第 19 页。

② 滋贺秀三等著，王亚新、梁治平编：《明清时期的民事审判与民间契约》，第 13—16、20—21 页。滋贺秀三在《清代の司法における判决の性质——判决の确定という观念の不存在》(《法学协会杂志》91 卷 8 号，1974 年；92 卷 1 号，1975 年。收入氏著《清代中国の法と裁判》，创文社 1984 年版)中对此有详细论述。寺田浩明基本上承袭了滋贺的观点，认为"对滋贺氏的研究所揭示的事实和据此而展开的见解，几乎不存在表示异议的余地"。他还循着滋贺的学术理路进一步开掘，探讨了"把告状和审案连接在一起的规范基础是什么"这一问题，并总结出了一个"冤抑—伸冤"的话语结构(见氏文《权利与冤抑——清代听讼和民众的民事法秩序》，滋贺秀三等著，王亚新、梁治平编：《明清时期的民事审判和民间契约》)。这一论点具有重要意义。

在处理民事纠纷时事实上是严格按照清律来做的。只要可能，他们确实乐于按照官方统治思想的要求采用庭外的社区和宗族调解。但是，一旦诉讼案件无法在庭外和解而进入正式的法庭审理，他们总是毫不犹豫地按照《大清律例》来审断。换言之，他们以法官而非调停者的身份来行事。"①为了给这一论点提供实证基础，黄氏对他所使用的档案资料进行了细致梳理。他发现，在221件经过庭审的案子中，有170件（占77%）都是"经由知县依据大清律例，对当事双方中的一方或另一方作出明确的胜负判决"②。当然，黄氏也注意到县官凭主观断案的事例，但他认为"这种凭行政权力随意审理案件的情形只是一种例外，不属惯例"③。

应该说，黄氏对滋贺氏观点的概括有些失于简单化④，实际上滋贺氏从未否认律例在民事审判中的作用，他主张地方官断案"主要依靠建立在情理基础上的判决"，"如果有相关的法律条文则不妨参考之"，"法官在听讼时一般需要考虑国法中有哪些可作为其判断基准的条款"⑤。但是，也应看到，黄氏对学术问题的观察和把握是很敏锐的。正如寺田浩明所说，日本学者在明清法制史研究领域"获得的观点仅构成了契约性的民间秩序这一论点的论据，至于现实的审判时一个个案件的处理中实体法性质的规范究竟占有何种位置，却没有得到充分的考察"，黄氏所作的研究，正是为了缀合"民事实体性规范的研究与民事审判制度的研

---

① 黄宗智：《民事审判与民间调解：清代的表达与实践》，第12—13、77—78页。

② 黄宗智：《民事审判与民间调解：清代的表达与实践》，第四章。

③ 黄宗智：《民事审判与民间调解：清代的表达与实践》，第86页。

④ 寺田浩明认为，黄宗智"以滋贺为代表而加以批评的大部分有关清代民事审判性质的论点，其实不过是美国学术界旧来的俗说，与滋贺氏毫无关系"。见滋贺秀三等著，王亚新、梁治平编：《明清时期的民事审判与民间契约》，第252页注〔15〕。黄氏对滋贺观点的把握或许不够全面并有误解之处，但说"毫无关系"，恐怕亦失之偏颇。

⑤ 滋贺秀三等著，王亚新、梁治平编：《明清时期的民事审判与民间契约》，第85、29页。

究之间存在的断裂状态"①。不过，黄氏分析此一问题的思路及结论，似乎并不足以否定旧说。梁治平就曾对此提出质疑说：黄氏举出的地方官适用法典的例子几乎尽是"原则"而非法条②，但"这类'原则'并非清代法典所独有，它们是私有制度的一般原则，因此不但为唐、宋法典所承认，而且也是包括士大夫意识形态在内之社会公平意识的一部分，它们同时还是习惯法上的'原则'，在此情形之下，强调判案以'法典'为根据到底具有什么意义呢"？③ 这一批评，很值得黄氏和所有对旧中国民事法秩序感兴趣的学者加以重视。此外，还应注意，黄氏根据官府档案立论亦有其局限性，至少所谓地方衙门"凭行政权力随意审理案件的情形只是一种例外"的判断，恐怕就过于乐观，倘若真如黄氏所说，近代以来中国的现代化法制建设就不会如此步履维艰了。

3. 关于"第三领域"

在对关于民法制度的通常看法所做的修正的基础上，黄宗智还对清代国家性质及它同社会相互间的关系进行了深入反思，提出一些新观点。其中最引人注目、争议最大的，当属"第三领域"这一概念。黄氏指出，运用预设了"国家/社会"二元对立的"市民社会"、"公共领域"之类的概念，难以真正把握中国社会的实况，应用"国家/第三领域/

---

① 滋贺秀三等著，王亚新、梁治平编：《明清时期的民事审判与民间契约》，第253页注〔17〕。

② 如黄宗智为《淡新档案》中经过庭审的绝大部分案件都找到律例上的依据，但这是出于他的推论。实际上，据艾力统计，《淡新档案》中222件民事案件明确提到律例的只有4件。See Mark A. Allee, "Code, Culture, and Custom: Foundations of Civil Case Verdicts in Nineteenth—Century County Court", Kathryn Bernhardt and Philip C. C. Huang eds., *Civil Law in Qing and Republican China*。

③ 梁治平：《清代习惯法：社会与国家》，第136—137页注〔16〕。

社会"的三元模式取代"国家／社会"的二元模式。具体到清代民事纠纷的解决问题，所谓"第三领域"就是介于村社族邻的非正式调解和州县衙门的正式性审判之间的一个领域，在此中间阶段，国家与社会展开交接与互动，正式制度与非正式制度发生某种对话，清代绝大多数民众与国家机器的接触实际上主要发生在此一领域。黄氏认为，第三领域既不同于"更严格意义上的非正式调解"，也不同于"更严格意义上的正式司法"，只有在这一领域"正式的和非正式的纠纷处理才在几乎平等的关系下相互作用"，"在理想的情形下，第三领域的司法活动却能兼顾息事宁人的需要和法律条规的制约，将两者结合起来，成功地解决纠纷"①。其实，对民事纠纷的解决层次、审判与调解的区别与联系一类的问题，学术界早就进行过探讨。比如，斯普伦格尔在其具有开创意义的著作中，就认为传统中国的司法制度存在着三个层次：一是由适当的第三者居中进行的"非正式性调解"，二是根据宗族、行会、村落等人们直接所属的民间集团享有的权威而进行的"正式审判"，三是知州、知县衙门所从事的官方审判。② 显然，斯普伦格尔对清代司法制度——特别是对宗族、行会、村落等所从事的纠纷处理——所作的论述，存在着严重的误解③，但她的研究也给后来的学者以诸多启示。日本学者近年来也致力于依靠具体史料对民间解决纠纷、维持秩序的机构与国家官僚制度的结合部进行重新考察，如岸本美绪以清代初年上海知识分子的回

---

① 参见黄宗智：《民事审判与民间调解：清代的表达与实践》，第五章；《国家与社会之间的第三领域》，甘阳主编：《社会主义：后冷战时代的思索》，香港牛津大学出版社 1995 年版。"Between Informal Mediation and Formal Adjudication: The Third Realm of Qing Justice", *Modern China*, Vol.19, No.3, 1993。

② See Sybille Van Der Sprenkel, *Legal Instiutions in Manchu China*, London: The Athlone Press, 1962.

③ 滋贺秀三等著，王亚新、梁治平编：《明清时期的民事审判与民间契约》，第 77—82 页、132—133 页。

忆录《历年记》为素材，指出诉讼提起以及诉状被受理后民间仍然继续调解是当时常见的现象。① 黄宗智对这一问题的探索，可以说是深具学术价值的最新成果，理应受到高度重视。

不过，对于黄氏提出的"第三领域"概念，学术界从一开始就存有异议。如有学者指出，抛开"第三领域"仍未真正脱离"国家／社会"这个二元模式的理论预设不论，仅从制度本身的角度着眼，它是否成为一个独立的领域也是很值得怀疑的，因为作为"国家法"上的一个程序，诉讼的"中间阶段"当然是"正式的"制度的一部分，在此阶段"社会"与"国家"之间频频发生"互动"，但是最后并没有产生一套既不同于"正式法"又区别于"非正式法"的原则和规则，甚至在当今的美国，也存在着"正式的法律"和"非正式的法律"，存在着两种制度之间的"对话"和"互动"，难道"国家／第三领域／社会"的三元模式亦可用以说明当代美国社会？② 日本法学家棚濑孝雄对"纠纷与审判的法社会学"作过深入研究，并为纠纷解决过程提供了一个统一的理论基础和分析框架，对我们很有启发意义。他认为，纠纷解决过程的类型化可以考虑以两条相互独立的基轴来构成："规范性—状况性"基轴反映纠纷解决的内容是否受实体规范制约，"决定性—合意性"基轴则表示纠纷的解决是根据第三者的判断还是根据当事者之间的合意；两组基轴的两极表面上看是用来区别两种本质上完全不同的类型，但在实际生活中这种区别是非常流动的，"将现实生活中的纠纷解决过程以合意还是决定、状况性还是规范性的类型来加以截然区分是不可能的，这些因素总是混合在一起，而且混合的程度随纠纷当事者、利害关系者以及社会一般成员的利益所在、他们相互间的力量对比关系、与其他纠纷解决过程的关联等

---

① 岸本美绪：《清初上海的审判与调解——以〈历年记〉为例》，"中央研究院"近代史研究所编：《近世家族与政治比较历史论文集》，台湾"中央研究院"近代史研究所1992年版。
② 梁治平：《清代习惯法：社会与国家》，第9—14页。

状况的不同而多种多样"①。看来，与其将现实中的纠纷解决划分为层次分明的过程阶段和独立领域，倒不如将其视为在合意性与决定性、状况性与规范性之间混合与流动的综合过程。可以说，关于"第三领域"概念的有效性和适用性问题，还需要进行更加细致、系统、深入的探索，当然这种探索必须建立在将比较制度史的宏阔视野和中国社会史的微观研究相结合的基础上。

4. 结语

以上对黄宗智专著的述评，质疑多于褒扬，这是因为受篇幅所限，对这本专著的贡献和价值无法在这里详细予以评介。毫无疑问，这是一本学术价值很高的著作，提出了不少发人深省的问题。作为一位出色的中国社会经济史和法制史研究者，黄宗智对于自己研究所依据的"规范认识"一直抱着反思的态度。他注重发掘和使用更能反映现实社会生活的档案材料和乡土资料，将这些材料与学术界习用的理论框架加以对比，找出其间的窒碍矛盾之处，并以此为基点发展出一些新的理论和解释。这种方法论的深刻自觉性使他的研究工作产生了一批既具有坚实的实证基础，又有浓郁的思辨色彩的学术成果。我相信，这本关于清代法制史的新专著必将和他以前出版的两本乡村社会史专著②一样，在中国学术界产生较大影响，并推动此一领域的研究进一步走向深入。

---

① 参见棚濑孝雄：《纠纷解决过程的理论框架》、《准审判过程的基础理论》，《纠纷的解决与审判制度》，王亚新译，中国政法大学出版社 1994 年版。

② 黄宗智：《华北的小农经济与社会变迁》，中华书局 1986 年版；《长江三角洲小农家庭与乡村发展》，中华书局 1992 年版。笔者在阅读这两部著作后曾写有读后感，参见高寿仙：《过密型增长的极限与中国经济变迁的趋向》，《史学理论研究》1994 年第 2 期；《制度创新与明清以来的农村经济发展》，《读书》1996 年第 5 期（两文均收入拙著《明代农业经济与农村社会》，黄山书社 2006 年版）。

后　记

多年以来，我个人的兴趣游移无定，写的文章也是内容庞杂，很难整合在一本书中。《变与乱：明代社会与思想史论》编成后，我便接着整理与社会经济史有关的论文和评论，形成了这本《嘤其鸣：明清社会经济论评》。书名中用了"论评"二字，是因为所收文章大多由读书札记整理而成，而且多数带有评论和商榷性质。即使看起来像是论文的，如《关于明初的均工夫役》、《晚明户部的财政经制与实际收支》等，其实也是在与前辈学者对话的基础上展开的。因为在我看来，学术研究是一个不断积累、层层递进的过程，要想从事某个专题的研究，首先必须系统了解前人的相关成果，既要充分尊重和吸收，也要敢于提出不同意见。

《诗经》有云："嘤其鸣矣，求其友声。"前年我曾与胡铁球先生围绕明清歇家的史料解读问题展开讨论，我两次发文商榷，胡先生也两次发文回应，对于胡先生执着认真的学术态度，我由衷地感到钦佩。事实上，很多学者都认识到，同仁之间的切磋与交流，是推动学术进步的重要动力。但我个人感觉，与国外相比，国内学术界的争鸣风气似乎还不够浓郁，大家还习惯于自说自话，不太愿意相互商榷。在与胡先生再次商榷的文章最后，我写过这样一段话（发表时编辑略有删节），特转录于此：

> 明清史料浩如烟海，古今语言差别甚大，出现一些误读误解是难免的。我相信，在我个人的研究中，错解史料之处绝非鲜见，有

些可能还十分严重，只是尚未得到师友赐教而已。遥想当年，经君健先生在《历史研究》发表《校对一条史料》，对前贤有所批评；先师许大龄先生随即发表《读〈校对一条史料〉》，与经先生商榷。时过将近半个世纪，经先生仍感念不已，在《经君健选集》"后记"中写道："许大龄先生的批评使我深受教益。吃堑中长智。这篇东西时刻在提醒我，做学问必须严谨。"日本学者滋贺秀三首部专著《中国家族法论》出版后，已是中国法制史权威的仁井田陞给予严厉批评，十几年后滋贺先生在《中国家族法原理》"序言"中谈到："仁井田先生给予我的教益非常之大，我的旧著公刊以来，先生再三执笔提出严厉的论难，对此无论如何也应当道谢，如果说正是在经受这些批评而想要站直了的努力之中本书才得以产生出来，恐怕也非夸张。"前辈学者对学术的执着与热诚，着实令人感到钦佩。学术乃天下之公器，作为学术共同体的成员，理应在相互交流、相互论难中共同进步。

如同《变与乱：明代社会与思想史论》一样，各文收入本书时，除早期几篇手写文章系据发表本外，其他文章皆据电子底稿录入。有些文章与发表本有所差异，乃是当时编辑或自己做过删节或改动所致。此外在编辑过程中，也校改了一些文字舛误。

感谢陆丽云女士和其他编辑校对人员付出大量时间和精力，核对引用论著并纠正了很多错误。至于多年来其他帮助过我的师友和家人，由于人数太多，无法一一列举，仍然在此一并表示感谢。

高寿仙

2019 年 2 月谨识于乐闲斋

责任编辑：陆丽云

封面设计：木　辛

图书在版编目（CIP）数据

嘤其鸣：明清社会经济论评／高寿仙 著 . —北京：人民出版社，2019.11

ISBN 978－7－01－021453－5

I. ①嘤…　II. ①高…　III. ①社会史－研究－中国－明清时代②经济史－研究－
中国－明清时代　IV. ① K248.07 ② F129.48

中国版本图书馆 CIP 数据核字（2019）第 234432 号

嘤其鸣：明清社会经济论评

YING QI MING: MINGQING SHEHUI JINGJI LUNPING

高寿仙　著

人民出版社 出版发行

（100706　北京市东城区隆福寺街 99 号）

北京汇林印务有限公司印刷　新华书店经销

2019 年 11 月第 1 版　2019 年 11 月北京第 1 次印刷
开本：710 毫米 ×1000 毫米 1/16　印张：22.75
字数：290 千字

ISBN 978－7－01－021453－5　定价：88.00 元

邮购地址 100706　北京市东城区隆福寺街 99 号

人民东方图书销售中心　电话（010）65250042　65289539